Sonido y sentido

Georgetown Studies in Spanish Linguistics series
John M. Lipski, Series Editor

Sociolingüística y pragmática del español
Carmen Silva-Corvalán

Sonido y sentido: Teoría y práctica de la pronunciación del español contemporáneo con audio CD
Jorge M. Guitart

Sonido y sentido

Teoría y práctica de la pronunciación
del español contemporáneo
con audio CD

Jorge M. Guitart

Georgetown University Press/Washington, D.C.

Georgetown University Press, Washington, D.C.
© 2004 by Georgetown University Press. All rights reserved.
Printed in the United States of America
10 9 8 7 6 5 4 3 2   2004
This book is printed on acid-free, recycled paper meeting the
requirements of the American National Standard for
Permanence in Paper for Printed Library Materials.

Figure 2.1, "El aparato fonador," from *Contemporary Linguistics: An
Introduction*, by O'Grady et al., 4th ed., p. 18. © 2001 by Bedford/St.
Martin's. Reprinted with permission.

Figure 4.1, "Vista lateral de las partes y sub-partes principales del aparato
fonador, mostrando los articuladores móviles e inmóviles," from *Principles of
Phonetics*, by John Laver. Cambridge: Cambridge University Press, 1994, p.
120. Reprinted with permission.

IPA symbols are used by permission of the International Phonetic
Association, which is the copyright owner of the International Phonetic
Alphabet. Visit IPA at http://www2.arts.gla.ac.uk/IPA/ipa.html.

Library of Congress Cataloging-in-Publication Data
Guitart, Jorge M.
   Sonido y sentido : teoría y práctica de la pronunciación del español con
audio CD / Jorge M. Guitart
p. cm. — (Georgetown studies in Spanish linguistics)
   Includes bibliographical references and index.
   ISBN 1-58901-026-4 (pbk. : alk. paper)
1. Spanish language—Pronunciation. I. Title. II. Series.
   PC4137.G85 2004
   468.3'4—dc22
                                                       2004043202

A mi Sarah adorada,
con todo mi amor y agradecimiento
(este proyecto te debe muchísimo más de lo que crees);
y a Nick y Jenny,
imprescindibles personajes de nuestra felicidad.

Índice

Audio Program CD for *Sonido y sentido*

Recorded by Alejandro Rutty at Hartwick College Studios, Oneonta, NY.
Mastered by Robert D'Alessandro at Garden Recording, Lockport, NY.

INDEX

INDEX

Reconocimientos

En la preparación del contenido de este libro nos fueron sumamente útiles las críticas y comentarios de Ellen Kaisse, Íbico Rojas y dos reseñistas anónimos que evaluaron la primera versión del manuscrito por encargo de la editorial. En su preparación electrónica contamos con la sabia orientación de Sarah D. Guitart y la cooperación de Marti Brydges. El programa de audio se hizo realidad gracias al esfuerzo desinteresado y entusiasta de Alejandro Rutty. Stan Whitley tuvo siempre la amabilidad de contestar nuestras preguntas sobre fonología inglesa. Agradecemos el apoyo editorial de Gail Grella, Deborah Weiner y Hope Smith.

Aprovechamos para reconocer la positiva influencia que tuvieron en nuestra formación lingüística tres excelentes maestros universitarios: David Lagmanovich, William Cressey y Charles Kreidler. Va un reconocimiento especial a James W. Harris, a quien nunca tuvimos la suerte de tener de profesor, pero de cuya obra, así como del afortunado contacto personal con él, hemos aprendido muchísimo a lo largo de los años. También nos hemos beneficiado intelectualmente del contacto con tres colegas con los cuales tuvimos la suerte de colaborar en otros proyectos: Francesco D'Introno, Rafael Núñez-Cedeño y Juan Clemente Zamora-Munné.

Prefacio

Si el mundo hispánico es el dominio geográfico donde se habla español como primera lengua, o lengua materna, podría decirse que ese mundo comprende no sólo los países hispanoamericanos, España y las antiguas posesiones españolas en África, sino también Estados Unidos, porque efectivamente viven en él numerosos inmigrantes, en su mayoría de Hispanoamérica, que han mantenido vivo su español. En parte por la presencia en Estados Unidos de tantos hispanohablantes y en parte por las extensas relaciones históricas, políticas, comerciales y culturales de EE.UU. con España e Hispanoamérica, el español es la lengua más importante de la nación después del inglés, y es la que más se estudia como segunda lengua en las escuelas, colegios y universidades.

Es principalmente para estudiantes de español en EE.UU. cuya lengua materna es el inglés—anglohablantes—para quienes se ha escrito este libro, pero creemos que puede servir también como referencia para personas de cualquier idioma interesadas en el español. Creemos además que en sus partes teóricas y descriptivas puede servir de introducción al estudio de la fonología española para no especialistas.

Damos por sentado que uno de los objetivos principales de las personas que estudian español es llegar a comunicarse oralmente en él. La presente obra se ofrece como ayuda al logro de ese objetivo. Nos fundamentamos en tres suposiciones ampliamente validadas por la experiencia. La primera y más obvia es que mientras más se acerque la pronunciación de una persona extranjera a la pronunciación nativa más fácil será entender lo que dice. La segunda es que es posible mejorar la pronunciación de una lengua extranjera combinando el conocimiento consciente de la misma con la práctica, de modo que el conocimiento se vuelva inconsciente y llegue a aplicarse automáticamente. La tercera es que mientras más conciencia se adquiera de cómo están organizados en sistema los sonidos del español y por qué procesos pasan, más se facilitará tanto la pronunciación como la comprensión de las palabras y frases dentro de las cuales aparecen los sonidos.

El libro está pensado principalmente para cursos de fonética y/o de fonología española ofrecidos a nivel de pre-grado ('undergraduate') en colegios universitarios y universidades de Estados Unidos. Creemos que el vocabulario y el estilo del libro lo hacen accesible a estudiantes que no dominan todavía completamente el español hablado pero pueden leerlo sin grandes dificultades. En casos de palabras de poca frecuencia cuyo significado es difícil o imposible de determinar dado el contexto o la falta de un contexto, hemos puesto entre paréntesis su traducción inglesa.

El libro consta de 20 capítulos, un glosario de términos y una bibliografía selecta para quienes quieran ampliar conocimientos. El contenido del libro es como sigue:

- El capítulo 1 presenta conceptos fundamentales sobre el lenguaje humano, la lengua española y la enseñanza de la pronunciación.
- Los capítulos 2 a 4 constituyen una introducción a la fonética articulatoria en general y a la fonética española en particular, presentándose en el capítulo 4 la descripción fonética tradicional de las consonantes españolas. En esta parte del libro se introduce el uso del Alfabeto Fonético Internacional, que es

el que utilizamos exclusivamente, y se explican las convenciones que se siguen en la transcripción de palabras, frases y oraciones.

- Los capítulos 5 a 8 forman una introducción al análisis teórico-descriptivo de la fonología española que trata de destacar conceptos y minimizar el formalismo que suele asustar a no especialistas. Aunque el enfoque es generativista, trata de no ser rígido y de concentrarse en lo que las diferentes posiciones dentro del generativismo actual tienen en común, incluyendo el supuesto de que hay formas psicológicas invariables, formas fonéticas variables y principios que relacionan lo psicológico y lo fonético (ya sean esos principios restricciones o reglas o de ambas clases). La descripción de los sonidos hace uso tanto de las categorías tradicionales como de las establecidas en el análisis en rasgos distintivos. Se ilustran fenómenos tanto del español como del inglés. En esta sección, en vez de simplemente describir los distintos procesos que llevan a que las formas fonéticas difieran de las formas léxicas, hemos tratado también de explicar por qué tienen lugar, apelando a tendencias comunes a las lenguas humanas.
- Los capítulos 9 a 19 constituyen una introducción a la pronunciación del español contemporáneo que combina la descripción con la práctica. Es en esta parte del libro donde están contenidos todos los ejercicios de pronunciación grabados en el disco que acompaña al libro. Los ejercicios practican fenómenos de la pronunciación española que no existen en inglés así como la pronunciación de clases de fonemas que tienen los mismos rasgos en las dos lenguas pero no están afectados por los mismos procesos. La meta de la práctica es disminuir, y en el mejor de los casos, eliminar, el "acento" que se manifiesta en principiantes que no dominan los elementos y principios de la pronunciación del español. Cada capítulo de esta parte contiene una sección en la que se describen diferencias entre los distintos lectos con respecto a los fenómenos de los cuales se ocupa el capítulo, y contiene también una sección en la que se describen las diferencias principales entre el español y el inglés con respecto a la pronunciación de una clase de fonemas o con respecto a la entonación (de la cual se ocupa el capítulo 19).
- El capítulo 20 ofrece una síntesis de los errores de pronunciación característicos de estudiantes de español como segunda lengua cuya lengua materna es el inglés de Estados Unidos.

Cada capítulo termina en un breve resumen que sintetiza su contenido y contiene todos o los principales términos técnicos utilizados en el mismo. Todos los términos técnicos están recogidos en el glosario al final del libro. Además, en todos los capítulos se subrayan datos y conceptos importantes presentándolos por separado dentro del texto.

En todos los capítulos menos el 1 y el 19 hay ejercicios de transcripción fonética. En nuestra experiencia, la transcripción fonética ayuda a incrementar la conciencia de los diferentes procesos que afectan a los segmentos españoles y también la conciencia de las diferencias entre el español y el inglés.

Todos los capítulos contienen en la sección de ejercicios una sección titulada Para pensar, cuyo objetivo es lograr precisamente que se piense críticamente sobre aspectos de la estructura fonológica del español examinados en el capítulo. Las respuestas aparecen en un apéndice al final del libro.

Creemos que para usar el libro como manual de fonética con mayor efectividad los ejercicios de pronunciación deben realizarse en clase. De esa manera la instructora o instructor tiene la opción de llamar la atención sobre errores concernientes a otros fenómenos aparte del que se practica. El/la estudiante siempre tiene la opción de practicar la pronunciación fuera de clase utilizando el disco que acompaña al libro.

Nuestra experiencia indica que el libro puede cubrirse cómodamente en un curso universitario de duración normal, sobrando tiempo para repasos, pruebas y exámenes. Recomendamos que por su contenido y longitud se dedique por lo menos la mitad del curso a cubrir los capítulos 14 a 20. Creemos que debe dedicarse especial atención a los capítulos 15 a 18, que cubren los fenómenos relativos a las vocales y semivocales, por considerar que el desconocimiento de estos fenómenos es un obstáculo significativo a la comprensión del español hablado.

Capítulo 1

Español: lengua y lecto

1.1. Lengua y dialecto

Es un hecho que una lengua que se habla en distintos países no se pronuncia igual en todos los países. Y también es un hecho que una lengua que se habla en un solo país que tenga distintas regiones no se pronuncia igual en todas las regiones. Podemos decir que toda lengua que no se habla en una sola localidad tiene *variedades*. Dentro de la lingüística como ciencia del lenguaje se ha utilizado sin ninguna connotación negativa el término **dialecto** como sinónimo de variedad. Este uso supone que no hay dialectos que sean mejores o peores que otros con respecto a sus respectivos sistemas; si hay problemas de comunicación entre hablantes de dos dialectos cualesquiera, no es por la inferioridad de uno de los dos en cuanto a su sistema, sino porque los dos sistemas no son idénticos en cuanto a sus principios o elementos, ya sea con respecto a la pronunciación, la gramática o el vocabulario.

Lamentablemente este uso neutral de la palabra 'dialecto' está en conflicto con ciertos significados que la palabra tiene fuera de la lingüística. No pocas personas, siguiendo un criterio completamente subjetivo, entienden por 'dialecto' *una variedad defectuosa de la lengua*, y creen que lengua es únicamente lo que hablan las personas instruidas mientras que las personas de escasa o ninguna instrucción hablan dialecto; creyendo además que cualquier dialecto es siempre menos útil, menos expresivo y menos efectivo que la lengua, e incluso menos bello. En apoyo de esto último se invoca el hecho de que los mejores escritores de una lengua han creado obras de gran nivel estético y por contraste no hay nada comparable a esas obras en el arte verbal de las personas que hablan un dialecto, ya que los dialectos no tienen escritura propia. Las personas que así piensan consideran también que cualquier lengua extranjera que no tiene escritura no es en realidad una lengua sino un dialecto.

Hay que apuntar que hay otras personas—inclusive lingüistas—que, pensando que ningún sistema humano de comunicación oral es superior a ningún otro, distinguen sin embargo entre lenguas y dialectos en base a si tienen escritura (son lenguas) o no (son dialectos).

1.2. Lecto en vez de dialecto

Por las connotaciones tan negativas que tiene la palabra 'dialecto' fuera de la lingüística, hemos decidido *no* utilizarla en ninguna parte de este libro fuera de esta introducción y emplear en cambio, como sinónimo de variedad, el término neutral **lecto**.

El punto de vista que adoptamos aquí es que toda persona habla por lo menos un lecto (normalmente el que aprendió en su infancia), y habla un lecto de alguna lengua. En esta forma de ver las cosas, lengua no se opone nunca a lecto. La lengua es algo abstracto que se manifiesta en cada lecto. Si dos personas que hablan lectos diferentes se entienden entre sí, eso quiere decir que hablan lectos de una misma lengua. Los lectos de una misma lengua tienen sistemas muy parecidos que difieren en características que no impiden la comunicación.

> *Lecto es lo mismo que 'variedad de una lengua'. Toda persona que habla una lengua, habla por lo menos un lecto de esa lengua. No hay nadie que no hable un lecto.*

1.3. Idiolectos, geolectos y sociolectos

Cuando nos referimos a la forma individual de hablar de una persona que lo distingue de cualquier otra persona utilizamos el término **idiolecto**. Mi idiolecto es distinto al de todas las demás personas. Desde el punto de vista del uso del lenguaje en sociedad, los idiolectos son de poco interés porque lo importante es lo que tenemos sistemáticamente en común con otras personas que nos permite comunicarnos con ellas.

Cuando nuestra forma de hablar es similar al de las personas que viven en la misma comunidad geográfica que nosotros, ya sea ésta tan pequeña como un barrio o distrito, o tan grande como una región o un país, entonces esas personas y nosotros hablamos el mismo **geolecto**. Los geolectos se identifican por comunidad geográfica. Así en el contexto de la lengua inglesa se habla por ejemplo del inglés de Inglaterra, o del inglés de Estados Unidos (en lo adelante nos referiremos a este país como EE.UU.), o del inglés de Londres o de Chicago o de Brooklyn. Y en el dominio hispánico se habla por ejemplo del español de América (queriendo decir de todo el continente, no exclusivamente EE.UU.), del español de España, o del de México, o del de Lima (capital de Perú), o del de Buenos Aires (capital de Argentina) o del de Quito (capital de Ecuador).

A veces para identificar un geolecto se usa un adjetivo que funciona como sustantivo y puede ser igual al nombre de los habitantes de un país, región, ciudad, etc. Y así se dice, por ejemplo, *andaluz* en vez de *español de Andalucía* (Andalucía es una región de España), *caraqueño* en vez de *español de Caracas* (Caracas es la capital de Venezuela) y *habanero* en vez de *español de La Habana* (La Habana es la capital de Cuba).

Un geolecto puede tener **subgeolectos**. Por ejemplo una persona de La Habana, habla *habanero*, que es un subgeolecto del geolecto *cubano*. A su vez un subgeolecto puede también tener subgeolectos. Por ejemplo el español de una gran ciudad puede tener subgeolectos que son propios de distritos de esa ciudad. Por ejemplo, dentro del inglés de la ciudad de Nueva York el inglés de Brooklyn no es igual al inglés de Staten Island.

A cada nivel entonces habrá semejanzas y diferencias entre los distintos subgeolectos. Los geolectos de una misma lengua, aunque se diferencien en su pronunciación, tienen suficientes características en común y esto asegura la comunicación entre los hablantes de esa lengua. Lo mismo se puede decir de los subgeolectos de un geolecto y de los subgeolectos de un subgeolecto.

Un geolecto es el lecto característico de un grupo que vive en un lugar determinado.

En el mundo hispánico no se ha visto hasta ahora que de un modo sistemático hablantes de un geolecto determinado no entiendan o entiendan mal a hablantes de otro geolecto. La mayoría de los problemas de comunicación son causados por diferencias de vocabulario, que no suelen ser grandes. Los distintos geolectos hispánicos tienen tanto en común en lo gramatical, en el vocabulario e inclusive en la pronunciación, que normalmente es posible deducir el significado de una palabra desconocida en base al contexto en el cual aparece.

Otro concepto que se utiliza en lingüística cuando se estudia la variación dentro de una lengua es el de **sociolecto**. Un sociolecto es la forma característica de hablar de una clase socioeconómica determinada o de cualquier grupo determinado socialmente en vez de geográficamente. Y así se habla del sociolecto de clase alta frente al de clase media o de clase trabajadora. La combinación de geolecto y sociolecto permite descripciones más precisas. Puede hablarse por ejemplo de la pronunciación de cierto sonido en el lecto madrileño de clase media o en el lecto caraqueño de clase trabajadora, etc. También se habla del sociolecto de las personas instruidas frente al sociolecto de personas de poca o ninguna instrucción. Inclusive puede especificarse que se trata del sociolecto de estudiantes de universidad o de secundaria o de primaria.

Un sociolecto es un lecto definido por alguna característica social común a todos sus hablantes—por ejemplo que pertenezcan a la misma clase social o que tengan el mismo nivel educativo.

1.4. Español y castellano

La lengua cuya pronunciación estudiamos aquí tiene dos nombres. Normalmente las personas nacidas y criadas en la región de España conocida tradicionalmente como Castilla, y lo mismo las personas nacidas y criadas en Cuba, República Dominicana, Puerto Rico, Colombia, México y Venezuela (por nombrar sólo algunos países en los que esto sucede) dicen que su lengua materna es **el español**. En cambio las personas nacidas y criadas en Perú, Argentina, Uruguay y Chile (por nombrar sólo algunos países donde esto sucede) dicen que su lengua materna es **el castellano**. Lo mismo sucede dentro de España en las regiones llamadas Cataluña, Galicia y el País Vasco. En cada una de esas regiones se habla también otra lengua, respectivamente, el catalán, el gallego y el éusquera (o vasco). Quienes las hablan estiman que esas lenguas son también, en sentido estricto, *lenguas españolas*. Aunque la Constitución de España de 1978 dice que en efecto hay cuatro lenguas españolas, que son el castellano y las tres de las regiones que acabamos de nombrar, en las zonas no bilingües, incluyendo la capital de España, Madrid, se sigue llamando español a la lengua dominante de ese país.

El desacuerdo sobre el nombre de la lengua, tanto entre españoles como entre hispanoamericanos, obedece a razones históricas. Creemos interesante examinar esas razones. En un principio la lengua se llamó castellano porque era la lengua del reino de Castilla, donde surgió. En el siglo XV de nuestra era, Castilla llegó a dominar todo el territorio de lo que es hoy España e impuso su geolecto como lengua oficial, cambiando el nombre de la lengua para identificarla como la lengua de la nación. Este cambio no fue aceptado en las regiones fuera de Castilla, sobre todo en Cataluña y el País Vasco, y la falta de aceptación se manifiesta aún en nuestros días en la tendencia en esas regiones a llamar a la lengua castellano en vez de español. Por su parte ciertos países sudamericanos, al liberarse de España en el siglo XIX y con el objeto de subrayar su independencia política, rechazaron para la lengua la etiqueta 'español' a favor de la de 'castellano'.

Es interesante agregar que en inglés el nombre de la lengua común al mundo hispánico es siempre 'Spanish', y 'Castilian' se refiere exclusivamente a la variedad que en los estudios lingüísticos recibe el nombre de **geolecto peninsular centronorteño**, llamado así por hablarse en las regiones centro y norte de la porción de la península ibérica ocupada por España. Otro nombre para ese mismo geolecto, más informal, pero que también utilizaremos en este libro, es **castellano de Castilla**.

En este libro optamos por llamar español a la lengua, por ser el término más usado, no sólo en el mundo hispánico sino también en EE.UU., aunque no dejamos de reconocer que sería más lógico que el único nombre de la lengua fuera castellano. Imaginemos por un momento que en la época colonial de EE.UU., o sea, antes de 1776, los ingleses, para subrayar su dominio de las Islas Británicas, hubieran cambiado el nombre de su lengua de inglés a *británico*. Eso posiblemente no hubiera sido aceptado nunca, por ejemplo, ni en Escocia ni en Gales ni en Irlanda (que era entonces en su totalidad colonia de Inglaterra) donde el inglés no era la única lengua. Para completar este paralelismo imaginario, supongamos que en las trece colonias americanas se hubiera impuesto el cambio pero al independizarse y crearse EE.UU. se hubiera escogido decir *inglés* en vez de *británico* con el objeto de subrayar aú más la separación política entre el nuevo país y su antiguo colonizador.

El término más usado para la lengua común al mundo hispánico es español pero muchos la llaman castellano. En inglés 'Castilian' se refiere únicamente al geolecto peninsular centronorteño o castellano de Castilla.

1.5. ¿Qué lecto enseñar?

No se puede esperar que quienes estudian español como segunda lengua en EE.UU. aprendan un lecto específico, ya que no están normalmente expuestos a uno solo sino a varios, ya sean nativas o no las personas que se lo enseñan. Mucho menos se puede esperar el dominio de más de un lecto, ya que normalmente no son capaces de ello ni siquiera las personas nativas. Teniendo lo anterior en cuenta, en los ejercicios de pronunciación de este libro hemos dado preferencia a los fenómenos comunes a todos los lectos que no suceden en inglés y cuyo desconocimiento lleva a pronunciaciones que se desvían notablemente de las nativas. En los casos de divergencia entre los fenómenos característicos del español de España (principalmente del castellano de Castilla) y los del español hispanoamericano hemos favorecido los segundos, teniendo en cuenta que en el mundo hispánico hay muchos más hablantes que los hacen y que en un contexto pedagógico en EE.UU. hay más posibilidades de contacto con hablantes de Hispanoamérica que de España.

En resumen, no enseñamos aquí la pronunciación de un solo lecto ni tampoco pretendemos que se alcance con sus enseñanzas el dominio de más de un lecto. La meta es lograr que las personas que usen este libro, si son estudiantes, lleguen a comprender mejor el español conversacional y se hagan entender mejor en él, no importa con quienes hablen.

1.6. Por qué el español no se pronuncia igual en todas partes

Antes de pasar al estudio de la pronunciación española, creemos de interés explicar por qué dicha pronunciación no es la misma en todas partes. Toda lengua que se habla en puntos geográficos distintos siempre tiene más de un lecto. La diversidad lectal se debe fundamentalmente a la existencia del cambio lingüístico: el sistema de toda lengua humana cambia inexorablemente con el paso del tiempo. Por ejemplo, el español del siglo XXI es diferente al del siglo XVII y éste es diferente al del siglo XV. El inglés contemporáneo es diferente al inglés de la época de Shakespeare, que es a su vez diferente al inglés de la época de Chaucer. El cambio lingüístico se debe a que cada generación introduce pequeñas innovaciones en el sistema de la lengua que habla. En cuanto a la pronunciación, se debe en parte a que los niños no siempre perciben exactamente los mismos sonidos a los cuales están expuestos. También se ha visto que los hablantes inician inconscientemente cambios de pronunciación con el objeto de diferenciarse socialmente de otros hablantes, y luego estas nuevas pronunciaciones las adquieren los niños, con lo cual se trasmiten a generaciones siguientes. El lecto de una generación de hablantes será diferente al de una generación anterior. Por eso en una época determinada el habla de la gente joven no es igual a la de la gente de mayor edad.

Otra causa de que existan lectos de una misma lengua que coinciden en el tiempo es el aislamiento entre grupos de hablantes de una misma lengua. La historia demuestra que si miembros de una comunidad de hablantes de una localidad determinada emigran a otra localidad, llegan con el tiempo a pronunciar la misma lengua de una manera diferente. La razón es que el cambio lingüístico no es uniforme de una localidad a otra porque depende de la suma de experiencias individuales y éstas no van a ser las mismas. Esto incluye la influencia de la lengua o lenguas que ya se hablaban en la localidad. Además, si no llega a haber más contacto entre dos grupos de hablantes de una misma lengua que viven en dos localidades distintas, con el tiempo se acumulan los cambios en los sistemas de los dos lectos y se vuelven tan distintos que ya los dos grupos de hablantes, en caso de encontrarse, no pueden entenderse mutuamente: los dos lectos han pasado a ser lectos de dos lenguas distintas.

Esto último fue lo que sucedió en Europa con el latín. Todo lecto del español actual desciende históricamente de algún lecto del latín que se hablaba en la península ibérica y que llegó con el tiempo a ser una lengua diferente a, por ejemplo, la que descendió de un lecto del latín que se hablaba en lo que es hoy Francia o en lo que es hoy Italia. Visto de otra forma, las **lenguas románicas**, que son las descendientes del latín, fueron todas en un tiempo lectos del latín. Al caer el imperio romano sus regiones quedaron aisladas unas de otras y la falta de contacto hizo que los lectos evolucionaran por separado hasta llegar a ser lenguas distintas.

Surge la pregunta de si los lectos hispánicos llegarán a ser con el tiempo lenguas distintas. La respuesta es por ahora negativa, ya que aunque los hablantes de distintos lectos viven separados, existe un alto grado de comunicación entre ellos gracias a los medios electrónicos (radio y televisión), al contacto internacional a nivel individual (turismo) y a una fuerte herencia cultural compartida por todos los pueblos hispánicos.

La diversidad lectal existe porque las lenguas cambian con el tiempo y porque los cambios no son los mismos en comunidades que viven aisladas unas de otras.

Un aspecto importantísimo de esta herencia es que existe una escritura común. Podemos siempre, si sabemos leer y escribir, comunicarnos por escrito. Además, la lengua escrita tiene un efecto conservador, no sólo sobre el cambio fonético sino también sobre el cambio morfológico (cómo se forman las palabras) y el sintáctico (cómo se forman las frases y oraciones de la lengua). Por otra parte el grado de comunicación no logra crear uniformidad porque las comunidades siguen viviendo aisladas unas de otras, ya sea en lo geográfico o en lo social o en ambos.

1.7. Relación entre lengua y lecto y la gramática mental

Otra manera de ver la relación entre lengua y lecto se centra, no en el examen de las semejanzas y diferencias entre los modos de hablar característicos de distintos grupos separados en el tiempo o el espacio sino en el examen de la adquisición individual del conocimiento de una lengua.

Desde ese punto de vista se dice que todo ser humano normal adquiere en la niñez una lengua humana que le permite comunicarse con otros que han adquirido una lengua lo suficientemente parecida a la de él. Toda lengua humana es una manifestación de la capacidad del lenguaje, la cual es claramente instintiva de la especie *Homo sapiens*. Eso quiere decir que nacimos programados para adquirir la habilidad de utilizar una lengua humana, del mismo modo que nacimos programados para adquirir la habilidad de caminar en dos patas (¡las llamamos piernas!) en vez de cuatro como otros mamíferos, e igualmente programados para adquirir la habilidad de caminar, correr, etc. en vez de volar como los pájaros o nadar como los peces. Tenemos lenguaje humano del mismo modo que tenemos brazos y piernas en vez de alas o aletas.

¿Qué significa desde ese punto de vista *adquirir* una lengua humana? Significa en realidad llegar a la posesión de la **gramática** de esa lengua. Pero 'gramática' en este caso no se refiere al conjunto de reglas escritas que aparecen en libros destinados a quienes quieren saber más sobre una lengua que ya conocen, o en libros destinados a quienes quieren aprender una segunda lengua. En el momento de la evolución de nuestra especie en que todavía no existía la escritura pero sí ya el lenguaje, existía ya también la gramática en el sentido en que hemos utilizado ese término al principio de este párrafo. En la niñez adquirimos esa gramática antes de ir a la escuela y sin que nuestros padres ni ninguna otra persona nos la enseñe conscientemente. Téngase en cuenta además que las personas que saben bien una lengua que no tiene escritura (y en el mundo hay muchas así) saben bien la gramática de esa lengua.

Adquirir una lengua es adquirir la gramática mental de esa lengua, y esa gramática reside en el cerebro.

La gramática de la cual hablamos es la que dentro de la lingüística moderna recibe el nombre de **gramática mental**, y con lo de mental no nos referimos a algo inmaterial sino a algo que tiene su base en el cerebro humano. La gramática mental está dentro del cerebro, aunque no en un solo lugar sino en varios, cada uno especializado para alguna función o grupo de funciones, pero de algún modo conectados. Seguramente las partes que se ocupan del sonido están conectadas a las partes que se ocupan del sentido (el significado), puesto que nos comunicamos a través del lenguaje hablado.

La gramática mental se distingue entonces de las gramáticas escritas, ya sean teóricas, descriptivas, pedagógicas o prescriptivas. Las gramáticas teóricas proponen hipótesis sobre cómo es la estructura de la gramática mental, incluyendo la parte que se encarga de la pronunciación. Las gramáticas descriptivas—como lo indica su nombre—describen los hechos observables, lo que dicen los hablantes, pero no dejan de hacer consideraciones teóricas. Por su parte las gramáticas pedagógicas se escriben con el propósito de enseñar la lengua conscientemente y entre ellas se incluyen aquellas dirigidas a las personas que tienen una lengua materna distinta. Por último las gramáticas prescriptivas se proponen determinar cómo se debe hablar 'correctamente' y lo que se considera correcto en ellas siempre coincide con las normas del sociolecto de la clase alta, que es siempre la clase dominante en lo político y lo social.

Pero hay que tener claro que toda persona que sabe una lengua humana, ya sea rica o pobre, instruida o sin educación, posee una gramática mental de esa lengua. Se trata simplemente de un conjunto de principios y elementos contenidos en el cerebro. Los principios determinan cómo se usan los elementos. Entre los elementos están las estructuras sintácticas y las palabras, pero también los sonidos, de modo que ciertos principios que son parte de la gramática mental determinan todo lo concerniente a la pronunciación de las palabras, frases y oraciones de la lengua que sea. Por supuesto que las personas que saben dos o más lenguas humanas poseen dos o más gramáticas mentales, una para cada una de las lenguas que saben.

La relación entre gramática mental, idiolecto y lecto es como sigue. Todo idiolecto es en realidad una lengua humana individual de una sola persona. Hay lingüistas que establecen una distinción, que nos parece útil, entre **lengua I** (por 'lengua interna') y **lengua E** (por 'lengua externa'). Podemos decir que lengua I, que equivale a lo que hemos llamado lengua humana, es simplemente la manifestación de la gramática mental de una persona. En cambio lengua E es una etiqueta de conveniencia para una agrupación arbitraria de lenguas I que se parecen mucho y comparten una historia. En ese caso lo que llamamos español, inglés, francés, japonés, ruso, suajili, etc. no son más que lenguas E. En sentido estricto todo el mundo sabe por lo menos una lengua I, que es su propio idiolecto, pero nadie 'sabe' una lengua E porque nadie tiene en su cerebro la gramática de todas las demás personas de una comunidad, ya sea local, regional, nacional o internacional (en este último caso formada por los hablantes de español en el mundo entero). Desde ese punto de vista decir 'yo sé español' o 'yo sé inglés' o 'yo sé ruso', etc. equivale en realidad a decir 'yo poseo una gramática mental bastante parecida a la de otras personas con los cuales comparto cierta historia'.

Decir 'Yo sé español' equivale a decir que poseo una gramática mental parecida pero no idéntica a otras personas que pueden decir lo mismo. Lo que permite que nos comuniquemos es que nuestras distintas gramáticas mentales tienen mucho en común.

Considérese además que al ser diferentes todas las gramáticas mentales individuales, lo que llamamos lecto es en realidad otra etiqueta de conveniencia. Las personas que hablan un mismo lecto tienen simplemente gramáticas mentales parecidas, no idénticas. Y las personas que hablan distintos lectos de una misma lengua E también tienen gramáticas mentales parecidas pero menos parecidas que las de hablantes de un mismo lecto. Por otra parte las diferencias no crean mutua incomprensión.

Puede decirse entonces que el presente libro se propone ayudar a anglohablantes a adquirir una gramática mental que se parezca suficientemente—principalmente en su sistema de pronunciación—a otras agrupadas bajo la etiqueta 'español', de modo que puedan ser capaces de comunicarse con toda persona que tenga una gramática mental de ese tipo. Hay que decir que suponemos que toda persona que estudia español como segunda lengua tiene una gramática mental del español que es por supuesto distinta a su gramática mental del inglés y es por supuesto imperfecta. Óptimamente con el estudio y el contacto con el español nativo, hablado y escrito, se irá acercando más y más a una gramática mental correspondiente a la de una persona nativa.

Resumen

Toda lengua que se habla en distintos puntos geográficos tiene variedades que preferimos llamar **lectos** en vez de dialectos por las connotaciones negativas de este último término. Toda lengua es algo abstracto: es el conjunto de sus lectos. Y aunque los lectos difieren entre sí, tienen sin embargo muchísimas más cosas en común que diferentes, lo cual hace posible la comunicación entre hablantes de lectos distintos. Cuando un lecto se define geográficamente recibe el nombre de **geolecto**, llamándose **sociolecto** al habla característica de una clase social. Si dos lectos cualesquiera son mutuamente comprensibles, son lectos de la misma lengua. Toda persona que habla **español** (llamado por muchos **castellano**) habla por lo menos un lecto del español. En este libro no se enseña la pronunciación de un solo lecto sino que se practican fenómenos comunes a todos los lectos, dándose en los fenómenos menos generales preferencia a la pronunciación hispanoamericana. Los lectos de una lengua surgen a consecuencia del **cambio lingüístico** y de la creación de comunidades de hablantes separadas las unas de las otras. El español no corre peligro de sufrir la misma suerte que el latín porque existe un alto grado de comunicación entre los pueblos hispánicos que incluye el compartir el mismo sistema de escritura. Otra manera de ver la relación entre lecto y lengua es decir que todo el que adquiere una lengua humana adquiere en realidad una **gramática mental** de esa lengua y que lecto y geolecto son, como 'el español', etiquetas útiles que se refieren a un grupo de gramáticas mentales lo suficientemente parecidas como para asegurar la comunicación entre los hablantes que las poseen.

Ejercicios

Para pensar

1. La información contenida en el capítulo 1 permite afirmar que existen por lo menos tres significados distintos de la palabra *dialecto*. Diga cuáles son.

2. Dada la siguiente afirmación, "No todo el que habla un lecto del español habla la lengua española", explique por qué no puede considerarse verdadera según el presente libro.

3. Explique brevemente por qué en un país de habla española de extensión territorial relativamente grande se hablan varios lectos distintos del español.

4. Utilizando el concepto de gramática mental, trate de describir el hecho de que a una persona que está estudiando español le resulta difícil entender lo que dice un grupo de hispanohablantes conversando a una velocidad normal.

Capítulo 2

Introducción a la fonética

2.1. Sistema fónico y fonética articulatoria

En toda lengua humana sus sonidos están organizados en sistema, y éste recibe el nombre de **sistema fónico**. El estudio del sistema fónico de cualquier lengua debe incluir cómo se *articulan* los sonidos de esa lengua, que quiere decir cómo se producen: qué órganos de nuestra anatomía intervienen en la articulación y qué función realizan. La parte de la lingüística que se encarga de describir los hechos de la articulación se llama precisamente **fonética articulatoria**.

Antes de describir la articulación de los sonidos españoles—lo cual haremos a veces en comparación con la articulación de los sonidos del inglés—debemos examinar cómo se representan por escrito los hechos de la pronunciación.

2.2. Escritura alfabética y alfabeto fonético

Muchas personas sin conocimientos de lingüística, incluyendo personas de nivel universitario, piensan en la pronunciación en términos de *letras*, creyendo que pronunciar una palabra consiste siempre en pronunciar una a una las letras de las cuales se compone. Pero muchas lenguas del mundo no tienen escritura y otras con escritura no usan letras. Ejemplo de esto último es el mandarín, la lengua principal de China, que cuenta con millones de hablantes. En mandarín cada palabra se representa con un ideograma, una figura gráfica estilizada que no proporciona ningún dato sobre la pronunciación.

Debe tenerse en cuenta además que en el caso normal toda persona que adquiere en su niñez una lengua que tiene escritura alfabética—o escritura que utiliza letras—sabe pronunciar dicha lengua *antes* de aprender a leer. En un momento determinado de nuestra niñez nos enseñan a pronunciar las letras, es decir nos enseñan la conexión entre letra y sonido, pero eso ocurre normalmente *después* que hemos aprendido a pronunciar los sonidos, es decir, después que hemos aprendido de modo inconsciente a pronunciar las palabras y frases de nuestra lengua. En el caso normal la ortografía es siempre secundaria al habla. Y hemos reiterado 'en el caso normal' dado que hay niños que habiendo nacido sordos o perdido el oído a edad temprana nunca han aprendido a

En el caso normal aprendemos a leer y escribir después de haber aprendido a pronunciar los sonidos de nuestra lengua materna, de modo que las letras son secundarias a los sonidos.

pronunciar, o pueden haber aprendido a pronunciar *después* de haber aprendido a leer.

Por otra parte, aún en el caso normal de haber aprendido a pronunciar antes de haber aprendido a leer, no debe nunca dejarse a un lado la ortografía cuando se describe una lengua con escritura alfabética, puesto que dicha escritura refleja, (aunque no perfectamente) aspectos del conocimiento inconsciente de los hablantes sobre su lengua.

Por ejemplo, en español las palabras que empiezan con *b* se pueden pronunciar de dos maneras: hay en realidad dos clases de sonidos 'b' (detalles luego); ahora bien, quienes no saben nada de fonética no se dan cuenta de dicho fenómeno y piensan subjetivamente que pronuncian siempre el mismo sonido. Vemos entonces que la ortografía refleja esa constancia, ya que no usamos dos letras diferentes para las dos clases de 'b'.

Además la escritura alfabética, con sus secuencias de elementos discretos, refleja un fenómeno psicológico que se da por cierto en la lingüística: el de que las palabras están representadas en el cerebro en formas de secuencias de elementos igualmente discretos que reciben el nombre de *fonemas*.

Como veremos más adelante, los fonemas son unidades abstractas de carácter psicológico. En este capítulo, sin embargo, nos limitaremos a hablar de la pronunciación en términos físicos, es decir, no en términos de fonemas, que son unidades mentales inobservables (pero cuya existencia podemos suponer), sino en términos de sonidos, que son unidades físicas observables.

Es importante destacar que las palabras en su representación física observable se pueden analizar también como secuencias de sonidos discretos. En español la palabra *sol* se compone de tres sonidos y la palabra *amor* se compone de cuatro. Ahora bien, y aquí empiezan las discrepancias entre ortografía y pronunciación, la palabra *hora* se compone únicamente de tres sonidos, ya que la *h* en ella no representa ningún sonido, y la palabra *chica* se compone únicamente de cuatro sonidos: la *c* y la *h* en combinación representan un solo sonido.

En ciertos casos la falta de correspondencia entre ortografía y pronunciación dentro de una palabra es al revés: en vez de haber más letras que sonidos, hay más sonidos que letras. Por ejemplo la palabra *sexo* tiene cuatro letras pero cinco sonidos, que en fonética se representan como sigue: [s], [e], [k], [s] y [o].

> **No existe una correspondencia total entre pronunciación y ortografía en español: la ortografía del español no es completamente fonética.**

Nótese el uso de *corchetes* ('[ ]', llamados 'square brackets' en inglés) cuando se habla de un sonido y no de la letra que lo representa en la ortografía. La representación fonética, ya sea de un sonido aislado, o de una secuencia de sonidos, o de una palabra o frase, se escribe normalmente entre corchetes.

Los ejemplos anteriores indican que la ortografía del español, aunque es mucho mejor guía para la pronunciación que la del inglés, no es completamente fonética. Lo sería si se cumplieran dos condiciones: (1) que cada letra del alfabeto ortográfico representara exclusivamente un solo sonido, y (2) que cada sonido se representara siempre por la misma letra. Pero ninguna de las dos condiciones se cumple. La primera condición la violan los casos en que la misma letra puede representar más de un sonido; por ejemplo en el español hispanoamericano, *c* a veces representa a [s] (como en *cero*) y a veces a [k] (como en *caro*). Y la segunda condición la violan los casos en que el mismo sonido puede representarse por letras distintas; por ejemplo el sonido [k] se representa de tres modos diferentes en la ortografía española— no sólo como *c* (ya vimos *caro)* sino como *qu* (por ejemplo en *queso)* y como *k* (por ejemplo en *kilómetro).*

Resulta obvio entonces que si queremos representar de un modo exacto la pronunciación de las palabras españolas, el alfabeto ortográfico del español no nos va a servir en todos los casos. Para las descripciones exactas que queremos hacer nos hace falta un alfabeto que sea totalmente fonético, y así son efectivamente los **alfabetos fonéticos** utilizados por los lingüistas. Lamentablemente no existe un solo alfabeto fonético, sino varios. El más utilizado en todo el mundo es el **Alfabeto Fonético Internacional** (en lo adelante AFI, que traduce el 'International Phonetic Alphabet' o IPA), propuesto por la Asociación Fonética Internacional (International Phonetics Association) y es el que utilizaremos aquí. Seguimos en general las normas establecidas en el manual de fonética de la asociación. (Véase International Phonetics Association 1999 en la sección I de la bibliografía selecta al final de este libro.)

Como en todo alfabeto fonético, en el AFI la correspondencia entre sonido y símbolo es exacta: un sonido determinado se representa siempre con el mismo símbolo o la misma combinación de símbolos.

Cuando se escribe una palabra en notación fonética se habla, no de escritura sino de **transcripción**. En este libro se darán amplias oportunidades de practicar la transcripción fonética. El AFI utiliza, pero siempre con un solo valor y nunca para representar más de un sonido, un gran número de letras del alfabeto latino, cuyas letras se utilizan en la ortografía tanto del español como del inglés. Ahora bien, tanto en español como en inglés como en otras lenguas que utilizan el alfabeto latino en la escritura, el número de sonidos es *mayor* que el número de letras de ese alfabeto. Por esa razón, el AFI debe utilizar símbolos que no aparecen en el alfabeto latino. Algunas de las letras del AFI son de alfabetos ortográficos de otras lenguas, por ejemplo letras griegas, como β (*beta*) y ɣ (*gama*) y una letra del alfabeto utilizado en el inglés antiguo, ð (llamada *eth)*. A veces se añaden a las letras ciertas marcas llamadas **diacríticos** que especifican ciertas diferencias de pronunciación. Veremos luego que, por ejemplo, en inglés [pʰ] no es el mismo sonido que [p] y que en español [o̧] no es el mismo sonido que [o].

Es importante tener en cuenta que algunas letras del alfabeto latino tienen en el AFI un valor distinto al que tienen tanto en la ortografía española como en la inglesa. Dos de esas letras son *x* ('equis') y *j* ('jota'). La primera se utiliza invariablemente para simbolizar un sonido, [x], que no existe en inglés. Es el primer sonido de las palabras *junio* y *gente* en la mayoría de los lectos hispánicos y es el último sonido del nombre *Bach* en alemán. Algunos hablantes de inglés, que conocen la pronunciación alemana, lo producen al pronunciar *Bach*. De lo contrario pronuncian el último sonido como [k].

En cuanto a *j*, esta letra se utiliza en el AFI para simbolizar un sonido, [j], que existe tanto en español como en inglés. No se parece en lo más mínimo a ningún sonido representado por *j* en la ortografía española. En inglés es el segundo sonido de la palabra *view* y en español es el segundo sonido de la palabra *viuda*. Es un sonido muy similar a la vocal que se transcribe [i] pero distinto a ella, como veremos luego.

Para ayudar a combatir la falsa equivalencia entre letra ortográfica y sonido es mejor decir que la forma escrita de una palabra, o sea, su forma ortográfica, *se compone de letras*, mientras que la transcripción fonética de la misma palabra *se compone de símbolos fonéticos* (a pesar de que algunos también sean letras del alfabeto ortográfico). Debe además tenerse siempre presente que la forma escrita de una palabra es siempre algo *que se ve* mientras que la forma fonética de la misma palabra es siempre algo *que se oye*, ya se transcriba o no. *Nadie habla en letras. Nadie oye letras.* Lo que sale de nuestra boca cuando hablamos no son letras sino sonidos, y son lo que llega al oído de la persona con quien hablamos. Téngase en cuenta lo siguiente: Si alguien que está aprendiendo la escritura de una lengua nos pide, porque sabe que sabemos esa lengua, "Por favor pronuncie esta letra", eso en realidad no describe con precisión lo que quiere que hagamos y es un mero decir, puesto que si hacemos lo que nos pide, lo que hacemos es pronunciar el *sonido* representado por esa letra en la escritura.

> *Lo que sale de la boca y lo que llega al oído no son letras sino sonidos. La forma escrita de una palabra se compone de letras; su forma fonética se compone de sonidos, ya se transcriban o no.*

2.3. Aparato fonador y fonación

El conjunto de órganos de nuestra anatomía que interviene en la articulación recibe el nombre de **aparato fonador**. Se trata de órganos que no tienen una función exclusivamente lingüística. Entre ellos están los **pulmones** y otras partes de las vías respiratorias. En realidad el habla consiste en una serie de modificaciones a la respiración normal. En efecto, en la articulación de los sonidos se utiliza la corriente de aire que sale de los pulmones, es decir el aire espirado, porque el habla tiene lugar normalmente durante la espiración o salida del aire, no durante la inspiración o entrada del aire.

El aire espirado sale de los pulmones por sendos tubos llamados **bronquios**. (La bronquitis es una inflamación de la membrana que los cubre.) Los dos bronquios se unen en un solo tubo: la **tráquea**, y ésta se continúa en una especie de caja compuesta de cartílagos, músculos y tejido conjuntivo llamada la **laringe**. (Si se inflama, tendremos laringitis.) La laringe está formada principalmente por dos cartílagos inmóviles: el cricoides y el tiroides—no confundir con la tiroides, que es una glándula cercana a la laringe y no es parte del aparato fonador. En los varones adultos el cartílago tiroides presenta en su parte anterior la protuberancia llamada *nuez de Adán* ('Adam's apple' en inglés).

De la laringe el aire pasa a una cavidad conocida como la **faringe** o **cavidad faríngea**, y de ahí pasa a la boca, o **cavidad bucal**, y por último al exterior. En la cavidad bucal está la lengua, y los labios se consideran parte de ella. Como pronto veremos, en la producción de ciertos sonidos el aire pasa a la **cavidad nasal** y sale por la nariz.

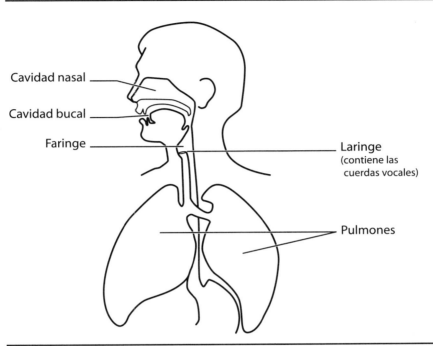

Cavidad nasal

Cavidad bucal

Faringe

Laringe
(contiene las
cuerdas vocales)

Pulmones

Figura 2.1 El aparato fonador

La laringe contiene las **cuerdas vocales**, que no son cuerdas como las de los instrumentos musicales sino dos membranas musculares gemelas de carácter elástico, perpendiculares a las paredes del tubo. Las cuerdas vocales están ligadas en su parte anterior al tiroides y en su parte posterior a dos cartílagos gemelos (uno para cada membrana): los aritenoides, que son sumamente móviles y en sus movimientos extremos juntan las cuerdas vocales como si fueran labios, o las separan, dejando una abertura en forma de V. Dicha abertura es la **glotis**. Directamente encima de la glotis hay una banda cartilaginosa móvil llamada la epiglotis, que automáticamente cubre la glotis cuando tragamos, lo cual impide que los alimentos entren a la tráquea. Ocasionalmente y de modo inconsciente hablamos y tragamos a la misma vez, lo cual provoca una tos violenta porque se expulsa de la tráquea cualquier partícula de alimento de modo que baje al estómago por lo que debe ser su camino normal, que es otro tubo llamado el esófago, el cual lamentablemente (¡el diseño no es perfecto!) también desemboca en la cavidad faríngea.

En la respiración normal las cuerdas vocales están separadas, permitiendo el paso libre del aire por la glotis. En la pronunciación de ciertos sonidos, también están separadas, pero menos, formando una estrechez. En el habla las cuerdas pueden juntarse y ponerse tensas y el aire que viene de los pulmones pasa entre ellas y las hace vibrar. El zumbido característico de esta vibración recibe el nombre de **voz**, o técnicamente, **fonación**.

2.4. Tono de la voz y entonación

En el proceso de la fonación, y siguiendo instrucciones cerebrales inconscientes, las cuerdas vocales se pueden acortar o alargar, y también se les puede impartir distintos grados de tensión, poniéndolas relativamente más tensas o más laxas. Esta combinación produce distintas frecuencias de vibración que se perciben como distintos tonos. Es decir, el fenómeno del **tono** (que en inglés se llama 'pitch') es el fenómeno psicológico que corresponde al fenómeno físico de la **frecuencia**. Ésta se mide en términos de número de vibraciones por segundo. El tono depende enteramente de la acción de las cuerdas vocales. Mientras más se acorten y tensen las cuerdas, más alta es la frecuencia con que vibran (se producen más vibraciones por segundo) y por tanto más alto o **agudo** el tono; y mientras más se alarguen y relajen las cuerdas, más baja es la frecuencia con que vibran (se producen menos vibraciones por segundo) y por tanto más bajo o **grave** el tono. Normalmente, siendo las cuerdas vocales de los niños y de las mujeres anatómicamente más cortas que las de los varones adultos, aquéllos tienen relativamente la voz más aguda y éstos la tienen más grave.

El tono de la voz es el fenómeno psicológico que depende del hecho físico de la frecuencia de vibración de las cuerdas vocales. A mayor frecuencia, más agudo el tono; a menor frecuencia, más grave.

El tono tiene consecuencias comunicativas tanto en español como en inglés, jugando un papel fundamental en el fenómeno de la **entonación**, que consiste en que normalmente dentro de una **locución** (cualquier cosa que se diga, sea una palabra o frase) se producen cambios de tono, tal como se producen dentro de una melodía en la música. Es más, toda melodía que no sea monótona consiste en un conjunto de tonos distintos. La 'melodía' de una locución es su **patrón entonacional**, y a distintos tipos de patrones entonacionales corresponden distintos tipos de locuciones. Por ejemplo, en español, si al combinar las palabras *vuelven* y *mañana* para formar una oración, bajamos el tono al final (alargando y relajando las cuerdas vocales), dicha oración se percibe como una afirmación o declaración: *Vuelven mañana*. En cambio, si subimos el tono al final (acortando y tensando las cuerdas vocales), la misma combinación se percibe como la pregunta *¿Vuelven mañana?* Como se ve entonces, la intención comunicativa de un mismo grupo de palabras con el mismo significado puede marcarse exclusivamente a través de la entonación. Sobre la entonación volveremos en detalle posteriormente.

Es importante destacar que a los efectos de la comunicación un tono es agudo o grave en comparación siempre con otro tono emitido por la misma persona. Por ejemplo, si una mujer baja el tono al final de una locución sabemos que quiso emitir una afirmación y no una pregunta absoluta, porque comparamos ese tono con el que tenía su voz antes del final de la locución, a pesar de que su tono más grave puede ser más agudo que el tono con el cual un hombre podría terminar una pregunta absoluta. No comparamos el tono de ella con el de nadie sino con otro tono anterior de ella misma dentro de la misma locución. Y lo mismo, no comparamos el tono final del hombre con el tono de otro hablante sino con el tono del propio hombre antes del final de la locución. En otras palabras, como el hombre subió el tono, percibimos que quiso emitir una pregunta absoluta; y como la mujer bajó el tono, percibimos que quiso emitir una afirmación, a pesar de que el tono grave de ella sea más agudo que el tono agudo de él.

A los efectos de la comunicación, un tono es más agudo o más grave en comparación siempre con otro tono emitido por la misma persona.

2.5. Amplitud y volumen

Aparte de una frecuencia determinada, todos los sonidos, incluyendo los del habla humana, tienen una **amplitud** determinada, que depende del grado de energía de la vibración. Para una misma frecuencia las cuerdas vocales pueden vibrar suavemente o con dureza. Una vibración suave tiene una amplitud menor que una dura. Ya hemos visto que al fenómeno físico de la frecuencia corresponde el fenómeno psicológico del tono. Pues bien, al fenómeno físico de la amplitud corresponde el fenómeno psicológico del **volumen**, que es, como el tono, un fenómeno relativo. Si dos sonidos no tienen la misma amplitud, el que tiene mayor amplitud se percibe como más alto ('louder') que el otro, y el otro como más bajo ('softer').

2.6. Volumen y tono en el fenómeno del acento

La palabra **acento** tiene varios significados en español. Uno es la forma de pronunciar una lengua que notamos en una persona extranjera que no la domina, o en una persona, que hablando la misma lengua que nosotros, habla un lecto distinto al nuestro. A este fenómeno nos referiremos siempre en este libro poniendo la palabra entre comillas ("acento"). La palabra también se refiere a cierta marca que se coloca algunas veces encima de las letras *a, e, i, o, u* en la ortografía española. Es ése el significado que tenemos en mente cuando decimos por ejemplo que la palabra *examen* no lleva acento pero la palabra *exámenes* sí lo lleva, etc. Por último un tercer significado de la palabra es lo que en inglés recibe el nombre de 'stress'. Es únicamente con este significado con el cual vamos a utilizar la palabra *acento* sin comillas en este libro. Para evitar confusiones, a la marca que aparece, por ejemplo, encima de la *a* en *árbol* o encima de la *i* en *comí*, o encima de

Acento, sin comillas, es solamente lo que en inglés se llama 'stress'; "acento" se refiere a la pronunciación no nativa o a la de un lecto diferente al nuestro. Tilde (femenino) es la marca que se pone sobre una letra vocal en la escritura (como en lápiz *y* pasión).

la *o* en *habló* la llamaremos siempre *tilde* en este libro. Se trata de un sustantivo femenino y así se dice, *la tilde, una tilde*, etc.

El fenómeno del acento puede apreciarse cuando se pronuncia en aislamiento cualquier palabra que tenga más de una sílaba. Una de las sílabas se percibe naturalmente como la más *prominente*. Es la sílaba cuya vocal recibe el acento. En una palabra como *casa*, es la primera sílaba; y en una palabra como *papel* es la segunda (y última). Es interesante preguntarse cuál es la causa física del acento. Tradicionalmente se ha pensado que la prominencia acentual en español depende enteramente del volumen relativo con que se pronuncian las sílabas y que siempre en una palabra de dos o más sílabas la sílaba prominente se pronuncia con más volumen que la(s) otra(s) de la misma palabra. Ahora bien, existen pruebas de que en español la prominencia acentual tiene que ver más con el tono que con el volumen. Al parecer dentro de la sílaba más prominente se produce algún *cambio* de tono que no se produce en la(s) otra(s) sílaba(s) de la palabra y que de algún modo llama la atención, percibiéndose como el **acento primario** (llamado informalmente 'fuerte'). Dicho cambio puede consistir en que el tono suba o baje cuando se pronuncia la sílaba en cuestión, o inclusive que suba y baje o baje y suba dentro de la misma sílaba. En el caso del español se dice que cualquier sílaba que no reciba acento primario recibe **acento débil**. Lo de 'débil' debe entenderse como un término arbitrario porque no se trata de que se pronuncie con menor energía sino de que no ocurran los cambios de tono que llaman la atención

> *El fenómeno del acento primario tiene que ver principalmente con cambios de tono dentro de una sílaba determinada, no con el volumen relativo con que se pronuncie esa sílaba.*

En inglés, sin embargo, hay más de dos grados de acento. Por ejemplo, la palabra *photograph* tiene acento primario en su primera sílaba y débil en la segunda, pero de la tercera, que no es tan prominente como la primera pero es más prominente que la segunda, se dice que recibe **acento secundario**. Debe añadirse que en inglés la sílaba más prominente puede tener más volumen que las demás y normalmente tiene más duración (es más larga) que la(s) otra(s) sílabas. Por contraste en español las sílabas de una palabra tienen todas más o menos la misma duración.

Volveremos en detalle sobre el fenómeno del acento en un capítulo posterior, pero conviene anticipar que en español cuando las palabras se combinan en frases y oraciones ciertas clases de palabras nunca reciben acento primario. Entre ellas están los artículos definidos como *el, la*, etc., y las preposiciones como *a, de, entre, por* y *para*. La frase *para el carro* ('for the car'), tiene un solo acento primario, que está en la primera sílaba de *carro*. En cambio la oración *para el carro* ('stop the car') tiene dos acentos primarios, el de *carro* y el de la forma verbal *para*, del verbo *parar*. Las dos combinaciones de palabras tienen los mismos sonidos aunque no por supuesto las mismas palabras. El hecho de que en un caso la primera palabra de la secuencia se perciba como la preposición y en el otro caso como la forma verbal depende enteramente del grado de acento con que se pronuncia la primera sílaba de esa palabra.

2.7. Timbre de los sonidos y articuladores móviles e inmóviles

En el mundo físico, todo sonido emitido por un cuerpo vibrante tiene lo que se llama una **frecuencia fundamental**, pero tiene también una serie de **frecuencias secundarias**. Estas últimas dependen de la forma del cuerpo vibrante y del material de que está hecho.

En la música la melodía de toda composición depende enteramente de la frecuencia fundamental. Cada nota musical tiene su propia frecuencia fundamental. Una canción tiene la misma melodía, no importa en qué instrumento musical se toque. El instrumento puede ser las cuerdas vocales de un/a cantante. Si un hombre canta una canción determinada y luego una mujer canta la misma canción, reconocemos que se trata de la misma canción gracias a que las relaciones entre las frecuencias fundamentales son las mismas: la frecuencia fundamental sube o baja o se mantiene igual en distintos momentos de la melodía de la canción. En cuanto al habla, la entonación, que, como hemos dicho, es la 'melodía' de la locución, depende igualmente de los cambios en la frecuencia fundamental, e igualmente de un modo relativo: una pregunta absoluta se interpreta como tal, ya la haga un hombre o una mujer.

Considérese ahora que dos instrumentos musicales distintos no suenan igual. Eso se debe a que al tener formas distintas y/o estar hechos de distintos materiales, vibran con frecuencias secundarias distintas. El fenómeno psicológico correspondiente a la combinación de frecuencias secundarias recibe el nombre de **timbre**. Un piano y un violín, por ejemplo, no tienen el mismo timbre.

En cuanto al habla, la diferencia entre dos sonidos es en la gran mayoría de los casos una diferencia de timbre. El timbre característico de un sonido producido en la boca depende mayormente de las frecuencias secundarias con las cuales vibra en la cavidad bucal, o en ésta y en la cavidad nasal, la corriente de aire procedente de los pulmones. En el caso del habla, el material de que está hecho el cuerpo vibrante es prácticamente el mismo. Lo esencial es la forma que adopta la cavidad bucal y si vibra también o no la cavidad nasal.

La cavidad bucal puede adoptar varias formas gracias a la acción de tres **articuladores móviles**: los **labios**, la **lengua** y la **mandíbula inferior**. Los labios pueden redondearse o estirarse. Además el labio inferior puede acercarse o unirse al labio superior o a los dientes superiores; y la lengua puede tocar o acercarse a distintas partes inmóviles de la cavidad bucal, incluyendo los dientes superiores. Por su parte la mandíbula inferior puede hacer que la boca se abra o se cierre, haciendo más pequeño o más grande el espacio donde vibra el aire. Los dientes superiores y otras partes inmóviles de la cavidad bucal que pronto describiremos constituyen los **articuladores inmóviles**.

El tono de un sonido del habla depende de la frecuencia fundamental de vibración de las cuerdas vocales. El timbre depende de las frecuencias secundarias, que a su vez dependen de la forma que adopta el aparato fonador por la acción de los articuladores móviles.

Resumen

La **fonética articulatoria** describe cómo se producen los sonidos del habla. El **aparato fonador** es el conjunto de órganos que intervienen en la articulación de los sonidos. De él son un componente importante las **cuerdas vocales**. De las vibraciones de éstas depende el fenómeno del **tono**. Al hablar, no lo hacemos en letras sino en sonidos. Las palabras y frases se componen de sonidos discretos y en la transcripción fonética cada sonido se representa siempre con el mismo símbolo o combinación de símbolos. Los símbolos utilizados en este libro son los del **Alfabeto Fonético Internacional** (AFI), que usa letras del alfabeto latino pero también otros símbolos y marcas. Todo sonido del habla tiene **tono** y **timbre**. El tono depende de la **frecuencia fundamental,** que es la frecuencia con la cual vibran las cuerdas vocales. Las variaciones de tono en una locución constituyen su melodía o **entonación**. El **acento primario** es el fenómeno de percibir como más prominente una sílaba dentro de una palabra y ello depende de cambios de tono internos a esa sílaba. Un sonido se diferencia de otro en su **timbre** y éste depende de la forma que adopta el aparato fonador por la acción de **articuladores móviles** y de las cavidades por las cuales pasa el aire espirado.

Ejercicios

Práctica de transcripción

Escriba entre los corchetes el símbolo fonético para los siguientes sonidos:

1. el primer sonido de *quiero:* [   ]

2. el primer sonido de *solo:* [   ]

3. el último sonido de *tórax:* [   ]

4. el segundo sonido de *ciudad:* [   ]

5. el primer sonido de *julio:* [   ]

6. el primer sonido de *honor:* [   ]

Para pensar

1. Para cada uno de estos dos casos, escriba en ortografía corriente una palabra española que sirva de ejemplo y que sea diferente a los ejemplos dados en este capítulo: (a) su transcripción fonética tiene menos símbolos que su representación ortográfica; (b) su representación ortográfica tiene menos símbolos que su representación fonética.

2. Ilustre por lo menos con un ejemplo del español los siguientes casos: (a) a veces una letra del alfabeto latino representa en la escritura el mismo sonido que esa letra representa como parte del AFI; (b) a veces una letra del alfabeto latino representa en la escritura un sonido distinto al que representa como parte del AFI.

3. Trate de explicar en sus propias palabras por qué, según este libro, es erróneo decir de un niño pequeño que todavía está aprendiendo a hablar que está en una fase en la cual sólo pronuncia letras aisladas.

4. ¿Cómo puede describirse en una sola oración, utilizando el concepto de tono, la diferencia entre *No puedes entrar* y *¿No puedes entrar?*

5. Utilizando los conceptos de tono y timbre explique los siguientes casos: (a) yo canto una canción y para cada nota musical digo [a] y todo el mundo que sabe español oye que he repetido el sonido [a] un número de veces; (b) utilizando la misma nota musical canto los sonidos [i], [e], [a], [o] y [u] una sola vez, y todo el mundo que sabe español percibe que he pronunciado cinco sonidos diferentes.

Capítulo 3
Modo de articulación

3.1. Introducción

Una de las metas de la fonética articulatoria de una lengua específica es describir con exactitud cada uno de los sonidos de esa lengua, logrando una descripción exclusiva para cada uno, es decir, una descripción que lo distinga de todos los demás sonidos de la misma lengua. Lo interesante es que cada sonido no es completamente diferente a todos los demás y esto en realidad facilita la descripción. Los sonidos tienen características en común con otros sonidos. Estas características permiten agrupar a los sonidos en *clases*. Para cada clase puede determinarse si un sonido pertenece a ella o no. Veremos que utilizando un número relativamente pequeño de clases podemos describir físicamente cada sonido de una lengua de manera que se diferencie de todos los demás sonidos de la misma lengua. Conviene empezar por clasificar los sonidos atendiendo a *cómo* se realizan, al modo o manera en que se realizan según ciertos criterios. Las clases que resultan se agrupan bajo la categoría de **modo de articulación**.

3.2. Sonidos sordos y sonoros

Una distinción fundamental de modo tiene que ver con la vibración de las cuerdas vocales. Un sonido se clasifica como **sonoro** ('voiced' en ingles) si las cuerdas vocales están vibrando durante su articulación. Por el contrario es **sordo** ('voiceless' en inglés) si se articula sin vibración de las cuerdas. Esta diferencia sirve para distinguir, tanto en español como en inglés, entre los miembros de los pares de sonidos [p]/[b], [t]/[d] y [k]/[g]. El primer miembro de cada par es sordo y el segundo es sonoro. Se llama **sordez** a la ausencia de vibración de las cuerdas vocales y **sonoridad** a su presencia.

> *En los sonidos sordos no hay vibración de las cuerdas vocales; en los sonidos sonoros sí.*

3.3. Sonidos orales y nasales

Otra distinción fundamental de modo de articulación entre los sonidos del habla tiene que ver con que si en su articulación el aire espirado pasa o no por la cavidad nasal. Es preciso especificar que el acceso a la cavidad nasal está gobernado por la acción del **velo**, también llamado **paladar blando** por no tener hueso detrás. Es la parte posterior del **cielo de la boca** (o parte superior de la boca) y termina en el apéndice carnoso llamado **úvula**. En la

respiración normal el velo no está en contacto con la pared de la faringe. La corriente de aire que viene de los pulmones puede pasar a la cavidad nasal y de ahí salir al exterior, y también por supuesto puede pasar del exterior a la cavidad nasal y de ahí a la faringe y últimamente a los pulmones si hemos inhalado aire por la nariz. Ahora bien, en la articulación de la mayoría de los sonidos del habla, el velo se alza y se adhiere a la pared faríngea, impidiendo que el aire pase a la cavidad nasal y haciendo que salga únicamente por la boca. Los sonidos que se producen con el velo alzado son **orales**. Dos ejemplos son [p] y [d]. En cambio los producidos con el velo descendido, o sea, no adherido a la pared faríngea, son **nasales**. Dos ejemplos son [m] y [n]. Debe señalarse que todos los sonidos nasales del español son sonoros. En cambio los orales pueden ser sonoros o sordos. Por ejemplo [b] es sonoro y [s] es sordo.

Si se hace descender el velo, se produce un sonido nasal, ya que el aire espirado pasa a la cavidad nasal. Si el velo se mantiene alzado, el sonido es oral: el aire sale solamente por la boca.

3.4. Consonantes y vocoides

Los sonidos se clasifican también atendiendo a si en su producción se presenta o no algún tipo de constricción al paso del aire en alguna parte del aparato fonador. Los sonidos que se articulan creando cierta constricción o impedimento a la corriente espiratoria se llaman **consonantes**. En cambio los sonidos que se articulan sin constricciones o impedimentos de ningún tipo al paso del aire reciben el nombre de **vocoides**. Estos incluyen, no sólo los sonidos llamados **vocales** sino otra clase, como veremos pronto en esta sección.

Es importante señalar que la fonética española tradicional sigue la costumbre (lamentablemente seguida también en la fonología española contemporánea) de referirse a un sonido individual o a una clase de sonidos utilizando el género gramatical femenino en vez del masculino y así se habla por ejemplo de *la* vocal (no *del* vocal) [a], de *la* consonante (no *del* consonante) [k], y de *las* vocales, *las* consonantes, *las* nasales, etc. Esa costumbre, creemos, perpetúa la confusión entre letra y sonido que es muy común entre quienes se inician en los estudios lingüísticos, y es reflejo de un pensamiento de otra época centrado en la escritura, como si la escritura fuera lo primario y la pronunciación lo secundario.

Es algo que no tiene absolutamente ninguna razón de ser dentro de la lingüística moderna, ya que sabemos perfectamente que lo que produce el aparato fonador no son letras sino sonidos. Es una costumbre sin embargo tal vez imposible de erradicar: hemos consultado a un buen número de colegas y el consenso es que se siga usando el femenino para hablar de los sonidos en particular y de sus clases. Por esa razón continuamos aquí esa práctica.

En los sonidos consonánticos o consonantes hay algún impedimento al paso del aire. En los vocoides (incluyendo las vocales) no hay ninguno.

3.5. Clases de vocoides y número de vocales

Consideramos útil aplazar la descripción detallada de la pronunciación de los vocoides hasta que hablemos en un capítulo posterior de cómo se organizan dichos sonidos desde el punto de vista psicológico. Conviene sin embargo adelantar algunos datos. Los vocoides se dividen en dos clases generales: vocales y **semivocales**. Son vocales los vocoides que por sí solos pueden constituir una sílaba. La preposición española *a* se compone de una sola sílaba que a su vez consiste en la vocal [a]. Claro que la vocal de una sílaba puede estar precedida o seguida de sonidos que no son vocales. En la palabra *pan*, que tiene una sola sílaba, [a] está precedido de la consonante [p] y seguida de la consonante [n].

Por contraste son semivocales los vocoides que por sí solos no pueden formar sílaba, y por eso aparecen siempre antes o después de una vocal *dentro de una misma sílaba*. Por ejemplo, la segunda sílaba de la palabra *mutua* es [twa]. Su segundo sonido es la semivocal [w], que es idéntica al segundo sonido de la palabra inglés *swat* (que tiene una sola sílaba) y muy parecida a la vocal [u], sólo que ésta puede formar por sí sola una sílaba y [w] no.

Otra semivocal del español es [j], que es el segundo sonido de *ciudad*, palabra cuya primera sílaba es [sju]. La semivocal [j] es muy parecida a la vocal [i], pero, al igual que [w], no puede formar sílaba por sí sola. Esta semivocal también aparece en inglés: es por ejemplo el segundo sonido de la palabra *few*. Cuando describamos en detalle los vocoides españoles más tarde en este libro, veremos que [j] y [w] no son las únicas semivocales que pueden aparecer en la pronunciación del español.

En español únicamente las vocales pueden por sí solas formar sílaba; las semivocales no y por eso están siempre en la misma sílaba que una vocal.

Volviendo a las vocales, es conveniente advertir que en español, desde el punto de vista estrictamente físico, no hay un solo tipo de 'a' ni un solo tipo de 'e', ni de 'i', etc. Sin embargo, estas diferencias surgen cuando las vocales se combinan con otros sonidos. Si se nos pide que pronunciemos aisladamente las diferentes vocales del español, aparecen únicamente cinco, y son las mismas que los hablantes distinguen como diferentes desde el punto de vista psicológico. Esos cinco sonidos vocálicos se transcriben [i], [e], [a], [o] y [u].

¿Cuántas vocales hay en inglés? Si se le pregunta a una persona de habla inglesa que no sabe nada de fonética pero sabe leer y escribir, responderá que cinco, pero es porque piensa en términos de *letras*—específicamente de las letras *a, e, i, o, u* del alfabeto ortográfico. En realidad en inglés hay muchas más de cinco vocales, como se puede comprobar fácilmente comparando las siguientes palabras según las pronuncian la mayoría de los hablantes cuya lengua materna es el inglés de EE.UU.: *beat, bit, bait, bet, bat, Burt, but, bought, boat* y *boot*. Cada una de estas diez palabras contiene una sola vocal, y esas diez vocales son todas distintas, seguramente desde el punto de vista psicológico, ya que los hablantes oyen diez palabras distintas. Pero además son distintas desde el punto de vista físico. Una persona entrenada en fonética puede pronunciar esas distintas vocales en aislamiento, presentando características que no dependen de los sonidos con las cuales se han combinado. Debe añadirse que esas diez vocales no son las únicas del inglés de EE.UU. Por ejemplo la vocal de *book* no es como ninguna de ellas. En realidad, y como veremos luego en más detalle, algunos sonidos del inglés considerados inconscientemente por los hablantes como un solo sonido son en realidad sonidos complejos que pueden analizarse como secuencias de vocal y semivocal. Ejemplos son la parte no consonántica de las palabras *bait*, *bite*, *boat* y *bout*. El lecto del inglés de EE.UU. utilizado como ilustración en el manual de la Asociación Fonética Internacional (se describe la pronunciación de un hablante de Los Angeles, California) tiene once vocales simples y tres vocales complejas (véase International Phonetics Association 1999, 42–43).

> *Desde el punto de vista psicológico, en español hay sólo cinco vocales; en inglés hay más de diez y algunas son sonidos complejos que los hablantes consideran inconscientemente como un solo sonido.*

3.6. Clases de consonantes

En cuanto a las consonantes, hay dos clases generales de ellas atendiendo al modo de articulación: **obstruyentes** y **resonantes**. Antes de explicar sus diferencias, debe mencionarse que la constricción característica de cada consonante se debe siempre a la acción de algún articulador móvil. En la mayoría de los casos el articulador móvil es la lengua, que toca o se acerca a algún articulador inmóvil.

3.7. Consonantes obstruyentes

Las consonantes **obstruyentes** se caracterizan por presentar alguna constricción en alguna parte del aparato fonador *sin que por ninguna otra parte se produzca paso libre del aire.* Desde el punto de vista acústico, las obstruyentes se caracterizan por presentar predominio de frecuencias irregulares que las acercan a lo que llamamos normalmente *ruidos* en la experiencia ordinaria. Las vibraciones de las obstruyentes, como la de los ruidos, son **aperiódicas**, lo cual quiere decir que las frecuencias con las cuales vibran las cavidades supraglotales no son las mismas cada segundo.

Las obstruyentes se dividen en tres clases: **plosivas**, **fricativas** y **africadas**.

3.7.1. Plosivas

Las plosivas se realizan formando un obstáculo total al paso del aire. Las plosivas pueden ser **explosivas** cuando consisten en formar el obstáculo y resolverlo abruptamente, como en [p], que es el primer sonido de *pan*; pero también pueden ser **implosivas**, que consisten en formar el obstáculo y no resolverlo abruptamente, como en [p˺] en inglés, que es el sonido final de las expresiones *yep* (usada en vez de *yes*) y *nope* (usada en vez de *no*) en la pronunciación sin énfasis. En este caso el articulador móvil son los labios. Otros ejemplos de plosivas son [t] como primer sonido de *tomo* y [k] como primer sonido de *casa*, siendo ambas explosivas. En [t] y [k] el articulador móvil es la lengua y daremos detalles de su acción más adelante.

3.7.2. Fricativas

Las fricativas se articulan creando, en alguna parte del aparato fonador, un estrechamiento tan radical que constituye un obstáculo parcial al flujo del aire espirado. La fricativa más cerrada siempre se produce con un estrechamiento más radical que el de las vocales con la abertura bucal más estrecha posible, que en español son [i] y [u]. Éstas no presentan ruido consonántico pero los sonidos fricativos sí, a pesar de que el aire no se detiene.

En algunas fricativas el estrechamiento es lo suficientemente pequeño como para causar un grado significativo de turbulencia en el aire espirado, lo cual a su vez causa un grado notable de ruido. Las fricativas así producidas se clasifican como **estridentes**. Ejemplos son [s] y [f] que son el primer sonido de *silla* y *fama* respectivamente. En [s] el articulador móvil es la lengua y en [f] lo es el labio inferior.

Hay otras fricativas: las **inestridentes**, que son menos 'ruidosas' porque el estrechamiento no es tan radical y no se produce turbulencia en el aire espirado. Un ejemplo es [β], que es el tercer sonido de *lobo* en la pronunciación normal sin demasiado relajamiento de la mayoría de los lectos hispánicos. El articulador móvil son los labios. Ejemplos de fricativas inestridentes del inglés son [θ], que es el primer sonido de *thick* y el último de *breath*; y [ð], que es el primer sonido de *then* y el último de *breathe*. En esos dos sonidos el articulador móvil es la lengua.

3.7.3. Africadas

Las africadas son sonidos simples desde el punto de vista psicológico, pero son en realidad complejos desde el punto de vista físico porque constan de dos momentos o **fases**. En toda africada primero se hace un obstáculo total al paso del aire como en los sonidos plosivos. A continuación este obstáculo total se resuelve de *manera gradual* en vez de abruptamente, y esta resolución gradual puede ser igual a un sonido fricativo porque se da el estrechamiento característico de las fricativas. Normalmente las africadas del español y del inglés se componen de una fase plosiva seguida de una fase fricativa. Ejemplos de africadas son el primer sonido del español *chico* y del inglés *check*, que se simboliza [tʃ], y el primer sonido de *gym* y de *jump* en inglés, que se simboliza [dʒ].

Las consonantes obstruyentes presentan un obstáculo al paso del aire, que es total en las obstruyentes plosivas y parcial (una constricción) en las obstruyentes fricativas. En cuanto a las obstruyentes africadas, éstas se componen de una fase plosiva seguida de una fase fricativa, pero se consideran sonidos simples desde el punto de vista psicológico.

3.8. Consonantes resonantes

Antes de entrar a describir lo que es una consonante resonante, conviene decir que se trata de un término técnico arbitrario que se refiere a una propiedad que tienen en común los sonidos consonánticos resonantes y los vocoides (los cuales son todos resonantes) y que consiste en que se realizan con fonación espontánea. Esto quiere decir que las cuerdas vocales vibran normalmente en su producción. En cambio, en los obstruyentes la fonación no es espontánea: pueden ser sordos, pero cuando son sonoros las cuerdas vocales no vibran espontáneamente, necesitándose un esfuerzo especial para hacerlas vibrar.

Debe señalarse que en contraste con las obstruyentes, las consonantes resonantes presentan, en parte, vibraciones regulares o periódicas, es decir, aquellas que mantienen la misma frecuencia de un intervalo de tiempo a otro, lo cual acerca ese tipo de consonante a los vocoides. Recuérdese que las obstruyentes sólo presentan vibraciones irregulares o aperiódicas, lo cual las acerca, como ya dijimos, a lo que en la experiencia ordinaria llamamos ruidos.

Las consonantes resonantes también reciben el nombre de **inobstruyentes.** Este último término puede dar lugar a confusión si se piensa equivocadamente que las obstruyentes son las únicas consonantes que presentan un obstáculo. No es ése el caso puesto que en las consonantes resonantes, como se verá a continuación, siempre hay un obstáculo *total*.

Las consonantes resonantes presentan una combinación, simultánea o secuencial, de obstáculo total y paso libre del aire.

Es útil pensar que obstruyente equivale a 'tipo de consonante con obstáculo total o parcial y sin paso libre del aire por ninguna parte', mientras que consonante resonante puede verse como 'tipo de consonante que combina obstáculo total y paso libre del aire por alguna parte'. Efectivamente, las consonantes resonantes se caracterizan por presentar, ya sea simultánea o secuencialmente, obstáculo total y paso libre del aire. Debe advertirse que en todas las consonantes resonantes el obstáculo total es causado por la lengua.

Hay tres clases de consonantes resonantes: **nasales, laterales** y **vibrantes**. En las nasales y laterales el obstáculo total y el paso libre del aire ocurren simultáneamente pero en partes distintas del aparato fonador. En cambio en las vibrantes, la formación del obstáculo es muy breve y va seguida inmediatamente del paso libre en la misma parte del aparato fonador. Veamos cada clase en detalle.

3.8.1. Nasales

Las consonantes resonantes nasales presentan paso libre del aire por la cavidad nasal pero obstáculo total en la cavidad bucal. Un ejemplo es [m], que es el primer sonido del español *madre* y del inglés *mother*.

3.8.2. Laterales

Las consonantes resonantes laterales presentan en el centro de la cavidad bucal un obstáculo total similar al de las plosivas pero el aire se escapa por los lados de dicha cavidad (de ahí su nombre). Un ejemplo es [l], que es el primer sonido del español *luna* y del inglés *lane*.

3.8.3. Vibrantes

Las consonantes resonantes vibrantes consisten en una rápida sucesión de obstáculo total y paso del aire en el centro de la cavidad bucal. A pesar de no componerse de una sola fase, toda vibrante se percibe *como un solo sonido*. Las vibrantes se llaman así tradicionalmente porque el aire espirado hace que la lengua vibre, pero lo importante es la sucesión de obstáculo y paso libre y el hecho de que la duración del obstáculo es mucho menor que en una consonante obstruyente. Son de dos tipos: **vibrantes simples** (llamadas 'flaps' o 'taps' en inglés) y **vibrantes múltiples** (llamadas 'trills' en inglés). En una vibrante simple la secuencia de obstáculo y paso libre tiene lugar una sola vez. En cambio, en una vibrante múltiple tiene lugar varias veces y se percibe una vibración relativamente larga. Es preciso aclarar que una vibrante múltiple no es simplemente una secuencia de varias vibrantes simples. La simple y la múltiple son sonidos muy distintos, aunque tengan en común la combinación secuencial de obstáculo y paso libre del aire. Una característica que las separa claramente es que la vibrante múltiple se produce con mucha mayor tensión muscular que la simple. Teniendo este hecho en cuenta, podemos decir que la vibrante múltiple es *tensa* mientras que la simple es *laxa*.

Un ejemplo de vibrante simple es el tercer sonido de *pero*. Dicho sonido que podemos llamar informalmente "ere" cuando nos referimos a él oralmente—lo transcribiremos siempre [ɾ] en este libro, tal como lo hace el AFI, de modo que la palabra *pero* se transcribe [pé.ɾo]. Nótese que el símbolo [ɾ] es diferente a la letra *r* del alfabeto latino.

En cuanto al sonido vibrante múltiple—que podemos llamar informalmente "erre" cuando nos referimos a él oralmente—lo transcribiremos [r], tal como lo hace el AFI. O sea, se utiliza la letra *r* del alfabeto latino. La vibrante múltiple es, por ejemplo, el primer sonido de *rata, reloj, risa*, etc., el segundo de *arreglo, horror* y el tercero de *perro, carro, enredado, alrededor*, etc. Nótese que [r] se representa en la ortografía a veces como *r* y a veces como *rr*, mientras que [ɾ] se representa únicamente como *r*.

> *Siguiendo el AFI, transcribimos el sonido "ere" como [ɾ] (símbolo especial) y el sonido "erre" como [r] (igual que la letra r del alfabeto ortográfico).*

Es interesante señalar que en el inglés de EE.UU. no hay un sonido vibrante múltiple—que sí se encuentra en ciertos otros geolectos ingleses como el escocés. Ahora bien, en el inglés de EE.UU. sí hay una vibrante simple, muy parecida en su timbre a la vibrante simple del español y que se transcribe [ɾ] como ésta. Ejemplos son el tercer sonido de *city* y de *tidy*. Cuando tratemos en detalle de cómo los hablantes perciben los sonidos, veremos que los hablantes de inglés de EE.UU. perciben [ɾ] como 't' en ciertos casos y como 'd' en ciertos otros casos.

3.9. **Sonidos líquidos**

Es importante mencionar que las consonantes resonantes orales (es decir, no nasales) constituyen la clase de **líquidas**, o sonidos líquidos. En ciertas lenguas del mundo, aunque no en español ni en inglés, las líquidas constituyen una clase psicológica. Esto quiere decir que en esas lenguas, dentro de las consonantes resonantes orales, las laterales y las no laterales se consideran variantes del mismo sonido. Entre dichas lenguas están el mandarín (una de las lenguas principales de China) y el japonés, y por eso sus hablantes tienen grandes dificultades en distinguir por ejemplo entre *pelo* y *pero* en español y entre *red* y *led* en inglés.

Las líquidas son las consonantes resonantes no nasales. En español son líquidas las laterales y las vibrantes.

3.10. **Aproximantes y contoides**

Tanto en español como en inglés como en otras lenguas existen sonidos que se asemejan a las vocales en no presentar ningún tipo de obstáculo al flujo del aire espirado y sin embargo aparecen en las posiciones normalmente ocupadas por consonantes. Por ejemplo, aparecen delante o después de una vocal dentro de una sílaba. Estos sonidos reciben el nombre de **aproximantes**. En realidad todas las semivocales son aproximantes, ya que siendo vocoides como las vocales, siempre aparecen delante o después de una vocal dentro de una misma sílaba. Ahora bien, en este capítulo nos interesan principalmente las aproximantes que se clasificarían tradicionalmente como consonantes.

Es conveniente observar que en el sistema AFI se clasifica toda consonante lateral (por ejemplo [l]) como aproximante, basándose en el hecho de que toda lateral se realiza con paso ininterrumpido del aire espirado por la cavidad bucal, sin importar que la lengua esté formando al mismo tiempo un obstáculo total en el centro de esa cavidad. Pero siguiendo esa lógica habría que clasificar a las nasales también como aproximantes (lo cual no hace el sistema AFI), ya que, como hemos visto, aunque hay obstáculo en la boca, también hay paso libre del aire (por la cavidad nasal). En esta obra nos apartamos del sistema AFI con respecto a las laterales, utilizando una definición más restrictiva de aproximante. Consideraremos sólo aproximantes los sonidos que no presentando obstáculo *en ninguna parte* ni ruido consonántico de ningún tipo aparecen sin embargo en las mismas posiciones en las cuales aparecen las consonantes. Esto último las distingue de las vocales.

Entre las aproximantes del inglés está el sonido inicial de las palabras que en la escritura del inglés comienzan con la letra *r*, como *red* y *run*. Este sonido se simboliza [ɹ] en el AFI (una *r* al revés). En este libro consideraremos que la fase continua de toda vibrante española es una aproximante. Es decir, una vibrante consiste en una o más secuencias de plosiva breve y aproximante.

Es importante señalar que con frecuencia en español una fricativa inestridente o débil como [β] en *lobo*, o [ð] en *todo*, o [ɣ] en *hago*, se pronuncia aproximante en el habla sumamente relajada. Por ejemplo, para [β] el gesto hecho con el labio inferior no logra crear en combinación con el labio superior la estrechez que se necesita para que el sonido resulte fricativo. O sea, no hay ruido consonántico alguno. Ahora bien, no existe un símbolo especial para la pronunciación aproximante de estos sonidos, de modo que en esta obra [β], [ð] y [ɣ] designan sonidos continuos que aparecen en las posiciones en las cuales aparecen las consonantes y que son obstruyentes cuando son fricativas pero deben considerarse resonantes cuando son aproximantes.

Creemos conveniente introducir el término contoide para hacer referencia a la clase compuesta por las consonantes y las aproximantes que no se consideran semivocales. Es decir, toda consonante es un contoide pero también lo es toda aproximante que es una variante relajada de una consonante fricativa.

En las aproximantes no hay ruido consonántico ninguno. Las consonantes y las aproximantes que son variantes relajadas de las fricativas débiles forman la clase contoides.

Resumen

El **modo de articulación** sirve para distinguir entre los sonidos del habla. Un sonido es o **sonoro** (acompañado de vibración de las cuerdas vocales) o **sordo** (sin vibración de las cuerdas); y es o **nasal** (con paso del aire por la cavidad nasal) u **oral** (el aire sale únicamente por la boca). De la mayoría de los sonidos puede decirse que son o **consonantes** (con alguna obstrucción significativa al paso del aire) o **vocoides** (con paso libre del aire). Un vocoide es **vocal** (puede formar sílaba por sí solo) o **semivocal** (no puede formar sílaba solo). Las consonantes son **obstruyentes** si se producen con vibraciones aperiódicas como los ruidos; de lo contrario son **resonantes** (todo vocoide es resonante también). Una obstruyente es o **plosiva** (obstáculo total) o **fricativa** (obstáculo parcial) o **africada** (sonido complejo con una **fase** plosiva y otra normalmente fricativa).

Las consonantes resonantes presentan, a la vez o consecutivamente, obstáculo total y paso libre del aire. Una consonante resonante es o **nasal**, o **lateral** (obstáculo central y el aire se escapa por los lados) o **vibrante**, con una o más secuencias de obstáculo total de breve duración y paso libre del aire. En una **vibrante simple** esa secuencia pasa una sola vez; en una **vibrante múltiple** pasa varias veces. Además la múltiple es **tensa** y la simple es **laxa**. Las laterales y vibrantes juntas forman la clase de **consonantes líquidas**.

Un sonido es **aproximante** cuando se produce sin ruido consonántico pero aparece en las mismas posiciones que las consonantes. Toda semivocal es aproximante pero también lo es toda variante muy relajada de una fricativa débil en la cual no se completa el gesto necesario para que haya ruido consonántico. Estas variantes relajadas y las consonantes forman la clase llamada **contoides**.

Ejercicios

Práctica de transcripción

Escriba entre los corchetes el símbolo para los siguientes sonidos de estas palabras:

1. el segundo sonido de *amor*: [   ]

2. el tercer sonido de *bobo* (¡ojo: no es [b]!): [   ]

3. el tercer sonido de *horror*: [   ]

4. el segundo sonido de *hora*: [   ]

5. el primer sonido de *cosa*: [   ]

6. el tercer sonido de *todas* (¡ojo: no es [d]!): [   ]

7. el primer sonido de *china*: [   ]

8. el tercer sonido de *lago* (¡ojo: no es [g]!): [   ]

Para pensar

1. Para los siguientes pares de sonidos españoles diga por lo menos una característica relativa al modo de articulación que los dos sonidos tienen en común: (A) [l] y [m]; (B) [m] y [s]; (C) [s] y [b]; (D) [s] y [f]; (E) [ɾ] y [r]; (F) [ɾ] y [l]; (G) [b] y [tʃ]; (H) [p] y [k].

2. Demuestre por qué es verdadera o por qué es falsa la siguiente afirmación: "Si un sonido es sonoro, es siempre resonante".

3. Demuestre por qué es verdadera o por qué es falsa la siguiente afirmación: "Si un sonido es oral, es siempre sonoro".

4. ¿En qué se diferencian las plosivas y las fricativas y qué tienen en común además de ser consonantes?

5. ¿En qué se diferencian las fricativas y las africadas y qué tienen en común además de ser consonantes?

6. ¿En qué se diferencian las plosivas y las africadas y qué tienen en común además de ser consonantes?

7. ¿En qué se diferencian las consonantes nasales y las laterales y qué dos características tienen en común además de ser consonantes?

8. ¿En qué se diferencian las vibrantes y las laterales y qué dos características tienen en común además de ser consonantes líquidas?

9. ¿Qué nombre se da a la clase de consonantes resonantes orales?

Capítulo 4

Lugar de articulación, consonantes españolas y transcripción

4.1. Introducción al lugar de articulación

Supongamos que queremos especificar cómo se diferencian exactamente desde el punto de vista físico dos consonantes cualesquiera de una misma lengua. Es fácil ver que no podemos hacerlo utilizando únicamente las categorías de modo de articulación presentadas en el capítulo anterior. Supongamos que las consonantes sean [s] y [f]: las dos son orales, obstruyentes, fricativas y sordas. O supongamos que sean [m] y [n]: las dos son resonantes, nasales y sonoras. ¿En qué se diferencian entonces? La fonética tradicional responde que se diferencian en su **lugar de articulación**, que es el punto, zona o región del aparato fonador donde se crea el obstáculo, ya sea parcial o total, que caracteriza a toda consonante. En la cavidad bucal el obstáculo se crea, o por la acción de los **labios** o por la acción de la **lengua**. Ésta puede tocar o acercarse a tres partes importantes de la cavidad bucal, que nos interesa destacar, que son **la cresta alveolar** ('the alveolar ridge' en inglés), **el paladar duro** y **el paladar blando** o **velo**. De éste último ya hablamos cuando describimos su función en la distinción entre sonidos orales y nasales. La cresta alveolar es la protuberancia rugosa que está después de los **dientes superiores**. Recibe ese nombre porque cubre los **alveolos**, que son las cavidades (¡ojo!: 'sockets', no 'cavities') en las que brotan los dientes. El paladar duro es la parte del cielo de la boca que está entre la cresta alveolar y el velo, y se llama así por tener hueso detrás. Ya mencionamos que el velo no tiene hueso detrás y por eso se llama paladar blando. La cresta alveolar, el paladar duro y el velo constituyen respectivamente las zonas o regiones **alveolar**, **palatal** y **velar**. La parte más anterior del paladar duro que está inmediatamente después de la cresta alveolar recibe el nombre de región **alveopalatal**.

4.2. Partes de la lengua

Como la mayoría de las consonantes, tanto del español como del inglés, se producen con intervención de una o más partes de la lengua, conviene que describamos cuáles son esas partes antes de entrar en la clasificación de los sonidos por su lugar de articulación. En la lengua se pueden distinguir tres partes generales llamadas **lámina**, **dorso** y **raíz**.

La lámina (también llamada **corona**) es la porción más anterior de la lengua y la más móvil, siendo la parte que sale de la boca cuando sacamos la lengua sin gran esfuerzo. La parte más anterior de la misma recibe el nombre de **ápice**. La lámina puede adoptar dos formas muy distintas. En la articulación de ciertas consonantes la lámina adopta una forma relativamente puntiaguda y la obstrucción se realiza con el ápice, como en [θ], que es el primer sonido de la palabra inglesa *thick*. Los sonidos así efectuados se denominan **apicales**. El ápice puede flexionarse hacia detrás en configuración cóncava, de modo que la articulación se realiza, no con la cara superior de la lámina sino con su cara inferior o **sublámina**. A este fenómeno se da el nombre de **retroflexión**, llamándose **retroflejos** a los sonidos así producidos. En el inglés de la India hay obstruyentes retroflejas. En muchos lectos ingleses (incluyendo el de EE.UU.) el sonido inicial de *red* y el tercero de *very* es una aproximante alveolar retrofleja, y ya hemos mencionado que se transcribe [ɹ].

La configuración no apical de la lámina recibe simplemente el nombre de

La lámina de la lengua se acerca naturalmente a los dientes superiores, a la cresta alveolar y a la porción anterior del paladar duro (región alveopalatal); el anteriodorso se acerca naturalmente a la parte posterior del paladar duro (región palatal); y el posteriodorso se acerca naturalmente al velo y a la úvula (regiones velar y uvular).

laminal, porque la parte de la lámina aparte del ápice no tiene nombre propio. El sonido [s], con acercamiento de la lámina a la región alveolar es laminal en la gran mayoría de los lectos hispanoamericanos. Por contraste es apical en el castellano de Castilla. El dorso, a continuación de la lámina, es más grande que ésta y además más masivo y menos móvil. El dorso se divide en dos porciones. La parte anterior del dorso, que es la que puede moverse naturalmente hacia el paladar duro, es el **anteriodorso**. Su parte posterior, que es la que puede moverse naturalmente hacia el paladar blando, es el **posteriodorso**. Por último, la raíz es la parte más posterior de la lengua y es la parte que puede acercarse naturalmente a la pared de la faringe.

4.3. Clasificación tradicional de las consonantes por el lugar de articulación

La fonética tradicional reconoce las siguientes clases de consonantes basadas en el lugar de articulación:

- **bilabiales**, que se articulan, o uniendo los dos labios, como en [p] y [m], o acercándolos como en la fricativa débil [β];

- **labiodentales,** que se articulan haciendo que el labio inferior se acerque a los dientes superiores, como en [f] o en [v] (que no es un sonido general en español) o en [ɱ], que es la nasal que aparece en español delante de consonantes de este tipo (por ejemplo en *sinfonía*);

- **interdentales**, en las cuales el ápice de la lengua se coloca debajo del borde de los dientes superiores, como en [θ], que es el primer sonido del inglés *thick* y el primer sonido de *cero* y *zona* en el castellano de Castilla, o en [ð], que es el segundo sonido de *cada* en español y el primero de *then* en inglés.

- **dentales**, en las cuales la lámina de la lengua toca o se acerca a la cara interior de los dientes superiores, como en [t̪] y [d̪] del español y en [n̪], que es la nasal que aparece en español antes de consonantes con ese lugar de articulación;

- **alveolares**, en las cuales la lámina (ya sea en configuración apical o laminal) hace contacto con la cresta alveolar, como en [t] y [d] del inglés y en [l] y [n] de ambas lenguas; o se acerca a ella, como en [s] de ambas lenguas;

- **alveopalatales**, en las cuales la lámina toca o se acerca a la región alveopalatal que es, como dijimos, la localizada inmediatamente después de la cresta alveolar. Ejemplo de consonante alveopalatal que se articula por contacto es la africada [tʃ], que es el primer sonido de *chico* y el segundo de *ocho*. Ejemplo de alveopalatal en la cual hay acercamiento en vez de contacto es [ʃ], que es el primer sonido de *shame* en inglés;

- **palatales**, que en realidad son parcialmente alveopalatales, ya que al mismo tiempo que el anteriodorso toca o se acerca a la parte posterior del paladar duro, que es la región palatal, la lámina toca o se acerca a su parte anterior, que es precisamente la región alveopalatal. Ejemplo es [ɲ] del español, que es el sonido representado por *ñ* en la escritura, como en *ñandú* y *niño*;

- **velares**, que se articulan haciendo que el posteriodorso toque o se acerque a la región velar. Ejemplos son la plosiva [k], la fricativa débil [ɣ] (como en el tercer sonido de *hago*) y la fricativa estridente [x], que no existe en inglés y es el primer sonido de *gente* y *julio* en un gran número de lectos;

- **uvulares**, en las cuales el posteriodorso toca o se acerca a la úvula; un ejemplo es el sonido representado por *r* en el francés estándar. En inglés no hay uvulares y en español sólo existen en unos pocos lectos. En algunos sublectos del castellano de Castilla la fricativa inicial de *gente* y *julio* es uvular ([χ]) en vez de velar ([x]);

- **faríngeas**, en las cuales la raíz de la lengua toca o se acerca a la pared de la faringe. No existen ni en inglés ni en español pero sí por ejemplo en árabe;

- **glotales**, en las cuales las cuerdas vocales actúan como articuladores móviles aparte de vibrar para crear la voz o fonación. Un ejemplo es la fricativa [h], que es la consonante inicial de *gente* y *julio* en ciertos lectos hispánicos y del inglés *ham*, *his*, *her*, etc. Otro ejemplo es la plosiva [ʔ]. Este sonido no es una variante común en español pero sí en inglés: es la consonante media en palabras como *cotton* y *kitten*, y aparece en la segunda sílaba de la expresión *uh-oh* (indicativa de que algo anda mal). A veces en el habla enfática precede a la vocal inicial de una palabra, como en la pronunciación del nombre *Ann*.

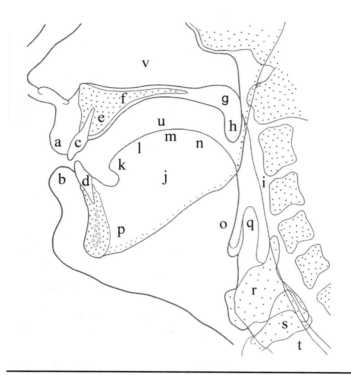

Figura 4.1 Vista lateral de las partes y sub-partes principales del aparato fonador, mostrando los articuladores móviles e inmóviles

a. Labio superior
b. Labio inferior
c. Dientes superiores
d. Dientes inferiores
e. Cresta alveolar
f. Paladar duro
g. Paladar blando
h. Úvula

i. Pared de la faringe
j. Lengua
k. Ápice
l. Lámina
m. Anteriodorso
n. Posteriodorso
o. Raíz
p. Mandíbula inferior

q. Epiglotis
r. Cartílago tiroides
s. Cartílago cricoides
t. Tráquea
u. Cavidad bucal
v. Cavidad nasal

Nota: Las cuerdas vocales están dentro de la laringe, formada por r y s
(From John Laver, *Principles of Phonetics*, Cambridge University Press, 1994, page 120. Reprinted by permission.)

4.4. Nuevo análisis de las palatales

Veremos en un momento que utilizando conjuntamente las categorías de lugar y modo de articulación se hace posible dar a cada consonante del español una descripción fonética exclusiva a ella que la diferencia de todas las demás consonantes de la lengua. Pero antes de clasificar de esa manera las consonantes más importantes de la lengua, es preciso señalar una diferencia significativa entre nuestro análisis y el tradicional. La diferencia tiene que ver con cómo se describe el modo de articulación de la obstruyente palatal no fricativa. En la gran mayoría de los lectos hay dos consonantes palatales obstruyentes: una es fricativa y la otra no, pero ambas se representan de la misma manera en la ortografía, lo cual tiene sentido porque en realidad, como veremos en un capítulo posterior, ambas se consideran psicológicamente variantes de un mismo sonido. Por ejemplo, si después de una pausa digo, como parte de una conversación, *Ya vino*, el primer sonido de la palabra *ya* es la variante no fricativa. En cambio, si digo *Vino ya*, entonces el primer sonido de *ya* es la variante fricativa. El símbolo AFI para esta última es [ʝ], y es el que utilizaremos. Se trata de una jota terminada en un 'ricito' en su parte inferior, descrita en inglés como 'a curly-tailed j' (International Phonetic Association 1999, 177). En muchos estudios que no utilizan el AFI, se transcribe [y]. La variante no fricativa, que se transcribe [ŷ] en esos mismos estudios, se ha descrito tradicionalmente como africada. Nosotros consideramos sin embargo que se trata de una plosiva, basándonos en el hallazgo del fonetista español Antonio Quilis, reportado en su tratado de fonética y fonología españolas (1993, 295–98) de que el sonido en cuestión no tiene una fase fricativa y es efectivamente plosivo. (Véase la referencia completa a Quilis 1993 en la sección III de la bibliografía selecta al final de este libro.) Su símbolo en el AFI es [ɟ], una jota sin punto cruzada por una barrita, descrita en inglés como 'a barred dotless J' (International Phonetic Association 1999, 177). Es conveniente agregar que en la mayoría de los lectos en los cuales las únicas consonantes palatales son [ɟ] y [ʝ], éstas se representan ortográficamente, no sólo con y sino también con ll. Por ejemplo, las formas verbales *haya* (de *haber*) y *halla* (de *hallar*) se pronuncian exactamente igual en esos lectos: [á.ʝa]. El sonido [ʝ] puede aparecer en inglés como el primero de las palabras *yield* y *yeast*.

4.5. Introducción a la clasificación fonética de las consonantes españolas

Utilizando las clases de sonidos que hemos descrito hasta ahora es posible clasificar cada sonido consonántico español de modo que se distinga absolutamente de todos los demás, lo cual se puede lograr con un máximo de tres palabras y en algunos casos con sólo dos. En todos los casos se logra una descripción física exclusiva para cada sonido. Por ejemplo, decimos de [f] que es la *fricativa labiodental sorda*. Es la única consonante que tiene esas tres características. Y de [m] decimos que es la *nasal bilabial*. Es la única consonante que tiene esas dos características. En las listas de consonantes que siguen ponemos el símbolo de cada una delante de su descripción y a continuación damos palabras y frases en ortografía corriente, indicando en negrita ('bold') la letra o letras que representan al sonido en cuestión.

4.6. Clasificación de las obstruyentes españolas

Para describir una obstruyente, primero se especifica si es plosiva, fricativa o africada; a continuación se da su lugar de articulación; y por último se dice si es sorda o sonora. Las obstruyentes más importantes del español en general son las siguientes:

[p]	plosiva bilabial sorda	**p**eso
[b]	plosiva bilabial sonora	**b**eso
[β]	fricativa bilabial sonora	lo**b**o, ese **b**eso
[f]	fricativa labiodental sorda	**f**orma
[θ]	fricativa interdental sorda	**z**umo, hi**c**e (en peninsular centronorteño)
[t]	plosiva dental sorda	**t**oma, se**t**a
[d]	plosiva dental sonora	**d**ueña, don**d**e
[ð]	fricativa interdental sonora	ca**d**a, la **d**ueña
[s]	fricativa alveolar sorda	**z**ona, pre**s**idente, hi**c**e
[tʃ]	africada alveopalatal sorda	**ch**ino, cor**ch**o
[ɟ]	plosiva palatal sonora	¿**Y**a?, in**y**ección, ¿**Ll**eno?, sin **ll**enarlo
[j]	fricativa palatal sonora	ha**y**a, ha**ll**a, no lo **ll**enó
[k]	plosiva velar sorda	**c**asa, **k**ilómetro, **qu**iero
[g]	plosiva velar sonora	¿**G**anaron?, tan**g**o
[ɣ]	fricativa velar sonora	¿No **g**anaron?, pá**gu**eme
[x]	fricativa velar sorda	**j**unio, **g**ente
[h]	fricativa glotal sorda	**j**unio, **g**ente (en vez de [x] en ciertos lectos)

Con respecto a los símbolos [β ð ɣ], es conveniente recordar que en este libro los utilizaremos cuando la pronunciación es aproximante (es decir, sin ruido consonántico notable) en vez de fricativa en el habla sumamente relajada y que la contrapartida aproximante de la fricativa palatal [j] es la semivocal [j]. Dado que la pronunciación de estos sonidos es a veces fricativa y a veces aproximante según la tensión con que se articulen, estimamos útil decir que [β ð ɣ] simbolizan **contoides continuos** que tienen un grado variable de ruido consonántico que de todos modos es bajo cuando se pronuncian como fricativas débiles y es prácticamente cero cuando se pronuncian como aproximantes. Recuérdese que la clase contoides es la formada por las consonantes y las variantes aproximantes de éstas. Podemos decir entonces que [β] representa una continua bilabial sonora, [ð] una continua interdental sonora y [ɣ] una continua velar sonora.

4.7. Consonantes nasales españolas más importantes

En la descripción de cada nasal no hace falta especificar que es sonora, ya que todas las nasales son sonoras. Basta decir que es nasal y especificar a qué clase pertenece según el lugar de articulación. Las nasales españolas más importantes son las siguientes:

[m]	nasal bilabial	madre, bomba, inversión
[ɱ]	nasal labiodental	inferior
[n̪]	nasal dental	entrada, donde
[n]	nasal alveolar	no, ansiedad, fin
[ṋ]	nasal alveopalatal	ancho
[ɲ]	nasal palatal	año, inyección
[ŋ]	nasal velar	cinco, ángel, tengo

4.8. Consonantes laterales españolas más importantes

Las laterales españolas son:

[l]	lateral alveolar	luna, malo, final
[ʎ]	lateral palatal	(es la pronunciación de la letra *ll* en ciertos lectos)

La segunda tiene un timbre parecido a la de la secuencia de [l] y [j] en palabras inglesas como *million* y *billion*. En la mayoría de los lectos hispánicos este sonido aparece únicamente cuando a una palabra que termina en [l] la sigue una palabra que empieza con una consonante palatal (ésta se pronuncia plosiva), como en [éʎ.ɟá.lo.sá.βe] por *él ya lo sabe*.

4.9. Consonantes vibrantes españolas

Para las vibrantes no hace falta especificar el lugar de articulación ya que ambas son alveolares. Las únicas vibrantes son:

[ɾ]	vibrante simple	pero, drama
[r]	vibrante múltiple	rojo, Enrique, perro,

4.10. Convenciones para la transcripción de palabras y frases

En esta obra seguimos fielmente las pautas de la Asociación Fonética Internacional en cuanto a la transcripción de los sonidos en sí, utilizando siempre el AFI. Igualmente, como recomienda el sistema AFI, utilizamos puntos para separar una sílaba de otra dentro de una palabra. Por ejemplo, transcribimos *pasta* como [pás.ta]. Ahora bien, como muestra el mismo ejemplo, nos desviaremos del sistema AFI en la marcación del acento primario. En el sistema AFI dicho acento se marca colocando una raya vertical en posición de superíndice delante de la sílaba que lo recibe. Por ejemplo pasta tendría que ser ['pas.ta]. En este libro sin embargo marcaremos siempre el acento primario con una tilde colocada sobre el símbolo fonético de la vocal que recibe dicho acento. Es importante subrayar que haremos esto *invariablemente*, incluyendo los casos en que no lleva tilde la letra que en la ortografía simboliza la vocal que recibe el acento primario. Por eso transcribimos, no sólo *pasta* como [pás.ta] sino *papel* como [pa.pél], *amor* como [a.mór], *examen* como [ek.sá.men], etc., a pesar de que ninguna de esas palabras lleva tilde en la ortografía.

> En las transcripciones fonéticas se ponen tildes en las vocales que reciben acento primario, aún si no se tildan en la ortografía.

Véanse estos otros ejemplos:

Ortografía	Transcripción fonética
hace	[á.se]
hizo	[í.so]
pero	[pé.ro]
perro	[pé.ro]
horror	[o.rór]
horrores	[o.ró.res]
tamaño chico	[ta.má.ɲo.tʃí.ko]
Ya vino	ɟá.βí.no
Vino ya	bí.noɟá
Un yoyo	úɲ.ɟó.ɟo
Ramón Gómez	ra.móŋ.gó.mes
Elena Gómez	e.lé.na.ɣó.mes
Jorge Gener	xór.xe.xe.nér

Debe señalarse que en las transcripciones fonéticas, como se ve en los tres últimos ejemplos, nunca se usan letras mayúsculas si el símbolo para el sonido no es una letra mayúscula en el AFI, a pesar de que se use una mayúscula en la escritura. Si se nos pide transcribir la oración *Vamos con ella*, que vemos así escrita, la primera palabra no se transcribe *[βá.mos] sino [bá.mos], siempre. (El asterisco se usa para señalar una incorrección, ya sea una transcripción mal hecha o una pronunciación equivocada.) Otra diferencia entre la escritura y la transcripción fonética es que en ésta no se deja nunca espacio entre las palabras de una frase u oración pronunciada sin pausa. La frase *la casa* se transcribe [la.ká.sa] y la oración *Oye, ven pronto* se transcribe [ó.je.βém.prón̩.to]. Esta práctica tiene además la virtud de mostrar claramente el hecho de que la pronunciación de una palabra dentro de una locución no es siempre igual a la pronunciación de la misma palabra en aislamiento. Nótese que en el último ejemplo *ven* se pronuncia [bém] por influencia de la presencia de [p], que es bilabial.

> *En la transcripción fonética no se usan mayúsculas y no se deja espacio entre palabras cuando no ha habido pausa entre ellas.*

La transcripción debe mostrar además siempre las sílabas verdaderas, que a veces no coinciden con las de las palabras pronunciadas en aislamiento. En español la consonante final de una palabra tiene que estar en la misma sílaba que la vocal con la cual empieza la palabra siguiente. Por ejemplo, la frase *por eso* se pronuncia [po.ré.so], no *[por.é.so]. (Recuérdese que una preposición no recibe acento primario). Si transcribiéramos cada palabra por separado, no reflejaríamos este fenómeno. Otro fenómeno común que sería imposible de captar separando la transcripción en palabras es que en el habla espontánea y a una velocidad normal, si la vocal que empieza una palabra no recibe acento primario y la última vocal de la palabra anterior es idéntica a él, se pronuncia una sola vocal en vez de dos. Por ejemplo *la alarma* se pronuncia [la.lár.ma] y *te enamoraste* se pronuncia [te.na.mo.rás.te].

> *En la transcripción fonética se muestran claramente fenómenos tales como el de que una consonante siempre está en la misma sílaba que la vocal que la sigue y que dos vocales idénticas en contacto suelen pronunciarse como una sola.*

Resumen

Por su **lugar de articulación** toda consonante española pertenece a una de estas clases: **bilabiales** (como [p] y [b]), **labiodentales** (como [f]), **interdentales** (como [ð]), **dentales** (como [t] y [d]), **alveolares** (como [s] y [n]), **alveopalatales** (como [tʃ]), **palatales** (como [ɟ], [j] y [ɲ]), **velares** (como [k], [g] y [x]), **uvulares** (como [χ]) o **glotales** (como [h]). Utilizando estas clases en combinación con las basadas en el modo de articulación se puede describir cada consonante de una manera que la diferencia claramente de todas las demás consonantes de la lengua. A diferencia de la clasificación tradicional consideramos que [ɟ] es plosiva en vez de africada. En la **transcripción fonética** de palabras y frases no se usan mayúsculas, no se separan las palabras si no hay pausa entre ellas, se separan las sílabas por puntos y se marca siempre con una tilde el acento primario de una palabra aunque no se tilde en la ortografía.

Ejercicios

Práctica de transcripción

A. Trate de escribir entre los corchetes, sin consultar el libro, el símbolo fonético co para las consonantes españolas siguientes, ninguna de las cuales se representa con un símbolo que es igual al de una letra del alfabeto latino

1. continua bilabial sonora: [ ]

2. plosiva palatal sonora: [ ]

3. continua palatal sonora: [ ]

4. continua dental sonora: [ ]

5. africada alveopalatal sorda: [ ]

6. fricativa velar sorda: [ ]

7. nasal palatal: [ ]

8. nasal velar: [ ]

9. continua velar sonora: [ ]

B. Transcriba fonéticamente las siguientes palabras:

1. mira _____

2. mirra ('myrrh') _____

3. dicho _____

4. yo _____

5. mayo _____

6. queso_____

7. ido_____

8. sabes_____

9. haga_____

10. dejo_____

C. Escriba en ortografía corriente las siguientes locuciones (las comas y signos de interrogación son para facilitar la comprensión y no se usan en las transcripciones normales):

1. tó.ðo.tó.ro.tjé.ne.kwér.nos

2. ek.sa.mí.ne.ká.ða.ká.ra. koŋ.kwi.ðá.ðo.por.fa.βór

3. ¿pe.ro.nó.ðí.seŋ.ke.pé.ro.ke.lá.ðra.nó.mwér.ðe?

4. á.ɣa.lo.a.ó.ra, nó.lo.ðé.xe.pa.ra.des.pwés

5. los.ká.ros.ðe.lú.xo.sóm.mwi.ká.ros

6. és.te.ɣá.to.βjé.xo.já.nó.ká.sa.ra.tó.nes.

7. ɟó.nó.kó.mo.kár.ne.por.ke.sój.βe.xe.ta.rjá.no

8. en.lo.sáŋ.xe.les.ka.li.fór.nja.βí.βem.mú.tʃos.tʃí.nos

9. al.nór.te.ðes.tá.ðo.su.ní.ðo.ses.tá.ka.na.ðá; al.sú.res.tá.mé.xi.ko

10. é.ja.ðí.se.ke.nó.sá.βe.ná.ða.ðe.kí.mi.ka.ni.ðe.mú.si.ka

11. ¿te.sír.βo.té? ¿o.pre.fjé.res.ka.fé?

12. kjé.ro.βaj.lár.koṇ.tí.ɣo.pe.ro.me.dwé.len.los.pjés

13. ¿ɟá.su.pís.te.la.no.ti.sja? xu.ljé.ta.se.ká.sa.ma.ɲá.na.kon.ro.mé.o

14. si.nó.le.ɣús.ta.la.ko.mí.ða.ké.xe.se

15. a.mí.mi.má.ðre.me.dí.xo.ke.di.xé.ra.la.βer.ðáð.sjém.pre

Para pensar

Para cada una de las siguientes afirmaciones, diga primero si es verdadera o falsa y a continuación explique brevemente por qué es verdadera o por qué es falsa, dando ejemplos:

1. "En español existen pares de sonidos que son iguales en todas sus características relativas al modo de articulación y se diferencian únicamente en su lugar de articulación";

2. "Hay consonantes que se simbolizan de la misma manera en inglés y en español pero no se articulan en el mismo lugar en las dos lenguas";

3. "Las únicas consonantes nasales que pueden aparecer en español son [m], [n] y [ɲ]";

4. "Hay sonidos clasificados tradicionalmente como obstruyentes que no son ni plosivos ni fricativos ni africados";

5. "En ninguna consonante española se usan al mismo tiempo la lámina y parte del dorso";

6. "En español no hay fricativas sordas que se articulen utilizando el posterio-dorso".

Capítulo 5

Introducción a la fonología

5.1. Fonética y fonología

La fonética articulatoria es en realidad una rama de la fonética general, que es el estudio de los sonidos del habla humana desde un punto de vista puramente físico, e incluye no sólo cómo se producen los sonidos (ya hemos visto la fonética articulatoria de los sonidos consonánticos españoles) sino sus características como sonidos en sí, por ejemplo qué tipo de vibraciones presentan, qué amplitud tienen, etc. (datos que en realidad no hace falta especificar en detalle a los propósitos de este libro y que son el objeto de estudio de la fonética acústica).

A su vez la fonética general es una rama de la lingüística. Pero hay otra rama de la lingüística que ocupándose de los sonidos del habla humana, y teniendo muy en cuenta la información que ofrece la fonética, va más allá de la mera descripción física de los sonidos. Nos referimos a la **fonología**, que en general es el estudio de los sistemas fónicos de las lenguas humanas y en particular el estudio del sistema fónico de una lengua específica. Si decimos *fonología española* estamos hablando del estudio del sistema fónico de una persona que habla español, y si decimos *fonología inglesa* estamos hablando del estudio del sistema fónico de una persona que habla inglés.

La fonología como estudio del sistema fónico va más allá de la descripción física porque se ocupa también de fenómenos relativos a los sonidos del habla que son de carácter *psicológico*. El estudio de la dimensión psicológica de todo sistema fónico incluye el caso en que dos sonidos que son físicamente iguales se perciben como iguales y también el caso en que dos sonidos que son físicamente distintos se perciben como distintos. Si yo digo [ú.ɲa.úɲa], cualquier persona que sepa español y que me haya escuchado podrá decir que he pronunciado dos veces la palabra *uña*. Eso es prueba de que esa persona ha percibido como iguales sonidos que son iguales. En cambio si digo [ú.na.ú.ɲa], la misma persona podrá decir que he dicho la frase *una uña*, y eso es prueba de que ha percibido como distintos sonidos que son distintos: las vocales de las dos palabras son iguales pero no sus consonantes: [n], nasal alveolar, no es igual a [ɲ], nasal palatal.

Pero que se perciban como iguales sonidos que son iguales y distintos sonidos que son distintos no son las únicas posibilidades. De gran interés para la fonología es el fenómeno, frecuente en las lenguas humanas, de que dos sonidos que son físicamente distintos no se perciben como distintos sino como iguales. Veamos un ejemplo del español. En la gran mayoría de los lectos hispánicos la palabra *voy*, dicha después de silencio o de pausa, se pronuncia [bój]. Ahora bien, en los mismos lectos la oración *no voy* se pronuncia [nó.βój]. O sea, debido a un fenómeno bastante común cuya causa explicaremos más adelante, la palabra *voy* en la segunda oración se pronuncia [βój] en vez de [bój]. Es decir, su primer sonido es la continua (fricativa débil o aproximante) [β] en vez de la plosiva [b]. Supongamos ahora que a una amiga que sabe español perfectamente y a quien estemos pidiendo consejo sobre si debemos ir a cierto lugar o no, le preguntemos después de un silencio, *¿Voy o no voy?* ('Should I go or not?'). En ese caso pronunciaremos la primera manifestación de *voy* como [bój] y la segunda como [βój]. Que mi amiga haya entendido perfectamente la pregunta quiere decir que percibió [bój] y [βój] como la misma palabra. Eso a su vez quiere decir que mi amiga no percibió [b] y [β] como sonidos distintos a pesar de que son distintos físicamente. El fenómeno no está limitado a la palabra *voy*. En cualquier palabra que empiece con un sonido bilabial sonoro, éste es [β] en vez de [b] cuando la palabra está después de una palabra que termina en vocal. Por ejemplo *va* se pronuncia [bá] después de silencio o pausa, pero se pronuncia [βá] en *no va*.

Hay otra posibilidad de percepción de sonidos dentro de las lenguas humanas que es el reverso de lo que acabamos de ver. Se trata del caso en que dos sonidos que son físicamente iguales se perciben sin embargo como distintos. Veamos un ejemplo del inglés de EE.UU. Debido a un fenómeno que describiremos pronto en detalle, es normal que en el inglés de EE.UU. en la conversación ordinaria las palabras *Adam* ('Adán') y *atom* ('átomo') se pronuncien exactamente iguales y que su segundo sonido sea un sonido vibrante, [ɾ], que es prácticamente igual al tercer sonido de la palabra española *pera* ('pear'), o sea a la "ere" española, y sin embargo en contexto se percibe una u otra palabra sin confusión. Si digo *atoms contain electrons* ('los átomos contienen electrones') la secuencia de los cuatro primeros sonidos que pronuncio se percibe por mis oyentes como la palabra *atom*, pero si digo *Adam and Eve* ('Adán y Eva') la misma secuencia de sonidos se percibe por mis oyentes como la palabra *Adam*.

> En la fonología interesa no sólo el caso en que dos sonidos físicamente iguales se perciben como iguales y el caso en que dos sonidos físicamente distintos se perciben como distintos, sino también el caso en que dos sonidos físicamente distintos se perciben como iguales ([b] y [β] del español) y el caso en que dos sonidos físicamente iguales se perciben como distintos ([ɾ] de atom y [ɾ] de Adam).

Tanto el ejemplo del español como el del inglés sugieren que cuando percibimos palabras no nos guiamos completamente por las características físicas de los sonidos que las componen. Sobre esto volveremos.

5.2. Fonología como sistema y fonología mental

La palabra 'fonología' no tiene un solo significado dentro de la lingüística. Además de usarse para designar el estudio del sistema fónico, se usa para designar el sistema fónico en sí. Suponemos que ese sistema es parte de la gramática mental, de la cual ya hablamos en el capítulo 1. En otras palabras, suponemos que la gramática mental contiene una fonología. Suponemos además que la gramática mental contiene una **morfología**, o sistema de formación de palabras, y una **sintaxis**, o sistema de formación de oraciones. Por supuesto 'morfología' y 'sintaxis' también significan, respectivamente el *estudio* de los fenómenos morfológicos y sintácticos de una lengua.

Al igual que otras partes de la gramática mental, la fonología mental no se puede observar directamente, pero podemos teorizar cómo es por sus *efectos*, que sí son observables. Entre esos efectos están, por supuesto, los sonidos en sí, cuya articulación podemos observar y describir, y además podemos observar cómo se combinan y cómo cambian cuando están al lado de otros sonidos dentro de una palabra o frase.

> *Hay una fonología mental, o sistema fónico, que es parte de la gramática mental. No podemos observarla directamente, pero podemos teorizar cómo es en base a sus efectos.*

La teoría sobre la fonología mental recibe el nombre de **teoría fonológica**. Una de las tareas de la teoría fonológica es determinar cómo están organizados los sonidos desde el punto de vista psicológico.

Nuestras ideas sobre la organización psicológica de los sonidos de una lengua determinada se derivan de observar cómo los hablantes utilizan el contraste entre sonidos en la comunicación porque esto nos indica qué sonidos los hablantes consideran iguales y qué sonidos consideran distintos.

5.3. **Papel de la palabra en la fonología**

Un hecho de gran interés para la fonología es que las palabras de una lengua no siempre se pronuncian de la misma manera. Es decir, la forma fonética de una palabra, que es su forma *física*, varía. Veamos un ejemplo muy sencillo del inglés de EE.UU. En la conversación ordinaria y sin ningún tipo de énfasis, la palabra *lot* (con el significado de 'gran cantidad') no se pronuncia igual en las frases *a lot less* ('mucho menos') y *a lot of money* ('mucho dinero'). En la primera frase la consonante final de *lot* es [t], plosiva alveolar, pero en la segunda es una vibrante simple sumamente parecida a [ɾ] española, como en el tercer sonido del apellido español *Lara*. Ya hemos dicho que es el tercer sonido tanto de *Adam* como de *atom*. En el sistema AFI el sonido inglés se transcribe igual que el sonido español. Siendo [ɑ] la vocal de *lot*, vemos entonces que en *a lot less*, *lot* se pronuncia [lɑt] pero se pronuncia [lɑɾ] en *a lot of money*. Hay que agregar que si no sigue ni vocal ni consonante, por ejemplo porque se hace una pausa después de *lot* o porque *lot* es la última palabra de lo que dijimos, entonces no aparece [ɾ] sino [t]. En resumen, la palabra *lot* se pronuncia por lo menos de dos maneras: [lɑt] y [lɑɾ].

Por supuesto que a pesar de la variación en la pronunciación de *lot*, los hablantes la oyen siempre *como la misma palabra*. Y lo mismo pasa con todas las palabras cuya pronunciación varía. Este hecho es de gran interés para la fonología.

5.4. La palabra en un modelo teórico de la pronunciación

¿Cómo se establece en la gramática mental la relación entre una palabra y sus diferentes realizaciones físicas? No lo sabemos a ciencia cierta y es imposible averiguarlo mirando dentro de nuestra propia mente porque el sistema fónico no es accesible a la conciencia. Sin embargo, como en toda ciencia que estudia algo que no se puede observar directamente, los fonólogos que suponen la existencia de una gramática mental han propuesto diversos *modelos teóricos* del sistema fónico. Un modelo teórico es una descripción de un objeto que no se puede inspeccionar directamente y sirve para expresar nuestras suposiciones de cómo es y cómo funciona ese objeto. El modelo se construye a base de los efectos que tiene el objeto en el mundo físico. Para poner un ejemplo de la física, los protones son partículas contenidas en el núcleo de un átomo. Tanto los átomos como los protones son invisibles pero existen modelos del átomo que muestran los protones como pequeñas esferas contenidas dentro de una esfera más grande que es el núcleo. Los resultados de experimentos confirman que efectivamente los protones de un átomo están contenidos en su núcleo y no fuera del núcleo y esas representaciones esféricas constituyen una forma útil de referirnos a la relación entre átomos y protones.

En la lingüística un objeto que no podemos inspeccionar directamente es la gramática mental, incluyendo su sistema fónico, pero podemos imaginar cómo debe de ser éste partiendo de sus efectos, que incluyen los sonidos en sí y cómo los perciben los hablantes.

El modelo para la fonología mental que utilizamos en esta obra incluye la suposición de que cada palabra de una lengua está *representada* de algún modo en alguna parte del cerebro y que el sistema fónico incluye relaciones entre la representación mental de una palabra y sus pronunciaciones. Queremos dejar claro que cuando decimos 'representación mental' no queremos decir algo que se pueda 'ver' en la mente (como cuando vemos la cara de una persona cuando pensamos en ella) sino de una forma constituida por un conjunto de informaciones de las cuales no tenemos conciencia ni podemos inspeccionar directamente. Parte de la información mental sobre una palabra se refiere crucialmente a características de los sonidos que la integran y esas características son, como veremos, determinantes en la articulación y percepción de los sonidos.

En la fonología teórica, para hacer referencia a la representación mental de una palabra se utiliza el término **forma subyacente** (en inglés, 'underlying form'). Y para dar cuenta del hecho de que una palabra, como quiera que se pronuncie, se percibe como la misma palabra, el modelo teórico que utilizamos incluye las dos suposiciones fundamentales siguientes:

1. La forma subyacente de una palabra es invariable;
2. Cuando percibimos una palabra, lo que percibimos es su forma subyacente.

Nuestro modelo también incluye la suposición de que la forma subyacente de cada palabra es una secuencia de representaciones mentales de sonidos individuales de la lengua a la cual pertenece la palabra. Por ejemplo la forma subyacente de la palabra inglesa *lot* es una secuencia de las representaciones mentales de los tres sonidos que componen esa palabra, es decir, la representación mental del sonido [l] seguida de la representación mental del sonido [ɑ], seguida a su vez de la representación mental del sonido [t]. Dado que la forma subyacente de una palabra es invariable, también lo son lógicamente las representaciones mentales de cada uno de los sonidos que componen la palabra.

Podemos decir que la representación mental de un sonido determinado es *la forma subyacente de ese sonido*, de modo que la forma subyacente de una palabra es una secuencia de formas subyacentes de sonidos. Conviene mencionar que si una palabra tiene un solo sonido (por ejemplo la preposición *a* en español) la forma subyacente de esa palabra se compone únicamente de la forma subyacente de ese sonido.

Es preciso subrayar que la representación mental de un sonido no es una representación visual: no se trata de su símbolo en un alfabeto fonético sino de un conjunto de datos concernientes a la pronunciación de ese sonido contenidos en el cerebro. A ese conjunto le ponemos por conveniencia como etiqueta el símbolo fonético del sonido. Por ejemplo, [t] es la etiqueta para un conjunto de datos cerebrales relativos a cómo se pronuncia el sonido que se simboliza así.

> *Toda palabra está representada inconscientemente en la mente por su forma subyacente, que es invariable. Cuando percibimos una palabra, lo que percibimos es su forma subyacente.*

5.5. Fonemas y segmentos

Siguiendo con el ejemplo de la palabra inglesa *lot*, la forma subyacente de su primer sonido contiene la información de que se trata de una lateral alveolar sonora, y la forma subyacente de su último sonido contiene la información de que se trata de una plosiva alveolar sorda. En la fonología la forma subyacente del primer sonido de *lot* se representa gráficamente como /l/ para diferenciarla de su forma fonética que, como sabemos, se representa gráficamente como [l], y la forma subyacente de su último sonido se representa gráficamente como /t/, para diferenciarla de su forma fonética que, como sabemos, se representa gráficamente como [t]. Es decir, la forma subyacente de un sonido se escribe siempre entre líneas oblicuas.

En fonología se utiliza el término **fonema** para hacer referencia a la forma subyacente de un sonido. Puede decirse entonces que la forma subyacente de una palabra es siempre una secuencia de fonemas. La forma subyacente de la palabra *lot* puede representarse gráficamente como /lɑt/. Es decir, cuando representamos gráficamente la forma subyacente de una palabra, ponemos todos los fonemas juntos entre líneas oblicuas.

De cada fonema puede decirse que es *la forma psicológica de un sonido determinado*. Es decir, el fonema es el sonido que percibimos y el sonido que creemos pronunciar.

Otro concepto útil es el de **segmento**. Segmento es el nombre dado a un sonido de la lengua visto como parte de la forma de una palabra en la fonología mental, ya sea la forma subyacente de la palabra o su forma fonética. La forma subyacente de *lot*, /lɑt/, se compone de tres segmentos y lo mismo sus formas fonéticas [lɑt] y [lɑɾ].

Una manera de expresar la relación entre la forma subyacente de una palabra y su forma fonética es decir que cada segmento que aparece en una forma fonética es una *realización*, es decir, una manifestación, del fonema *que lo subyace* ('that underlies it') y que aparece como un segmento en la forma subyacente. Por ejemplo, en la pronunciación de *lot* como [lɑt], el segmento /t/ del plano subyacente se ha realizado como el segmento [t] del plano físico, mientras que en la pronunciación de *lot* como [lɑɾ], el segmento /t/ del plano subyacente se ha realizado como el segmento [ɾ] del plano físico.

Un fonema es la forma mental invariable de un sonido. El segmento es el sonido visto como parte de una forma subyacente o de una forma fonética.

5.6. Carácter abstracto de las representaciones fonéticas

Conviene señalar que aunque las diferentes formas fonéticas de una palabra determinada se refieren a las distintas realizaciones físicas de esa palabra, su división en segmentos discretos no se corresponde exactamente con los hechos físicos. Veamos por qué. Si desde un punto de vista estrictamente físico examinamos cuidadosamente lo que sucede cuando pronunciamos una palabra, podemos ver que los movimientos articulatorios que consideramos correspondientes a un sonido del habla no se completan necesariamente antes de empezar los movimientos que consideramos correspondientes al sonido que lo sigue. Considérese la pronunciación de la palabra española *clan* que se transcribe [klán] y ésa es precisamente su forma fonética compuesta de los segmentos [k], [l], [a] y [n]. Pues bien, no es verdad que después de adherir el posteriodorso a la región velar para pronunciar [k] lo despeguemos *antes* de adherir el ápice a la región alveolar para pronunciar [l] y no es verdad que despeguemos el ápice de la región alveolar *antes* de abrir la boca para pronunciar [a]. Considérese además que el gesto de bajar el velo para pronunciar la nasal [n] se produce durante el tiempo en que la abertura de la boca y la posición de la lengua son las correspondientes para pronunciar [a]. El resultado es que [a] se pronuncia con cierta nasalización. En resumen, no hay nada puramente *físico* que marque una separación entre, digamos, [k] y [l] o entre [l] y [a] o entre [a] y [n] en la pronunciación de *clan*. Esto quiere decir que esa separación es *puramente psicológica*. La propia existencia de la transcripción fonética confirma la realidad mental de la segmentación.

Inclusive la existencia de la escritura alfabética en ciertas culturas (como la nuestra) es una prueba de que dividimos las palabras psicológicamente en segmentos discretos, aunque no debemos olvidar que la escritura alfabética no es tan precisa como la transcripción fonética en la representación gráfica de la pronunciación. Además, la escritura alfabética es más bien *fonemática* que fonética. Por ejemplo, no hay letras diferentes para los sonidos [b] y [β] en español; normalmente la letra *b* del alfabeto representa al fonema /b/. Y en inglés la letra *t* representa normalmente al fonema /t/: la palabra cuya forma subyacente es /lɑt/ se escribe *lot*, siempre, y no se escribe diferente cuando se pronuncia [lɑɾ] como en a *lot of money*.

Por otra parte, aunque la separación en segmentos le da cierto carácter abstracto a las representaciones fonéticas que se utilizan en el análisis fonológico, dichas representaciones se acercan más a los hechos físicos que las formas subyacentes, siendo estas últimas de carácter puramente psicológico o mental.

> *La separación de una palabra en segmentos es algo que la mente impone y no se corresponde exactamente con lo que sucede en el plano físico.*

5.7. Discrepancias entre las formas subyacentes y las formas fonéticas

Enfoquemos ahora el caso de la pronunciación de *lot* como [lɑɾ] en el inglés de EE.UU. Vemos que hay una *discrepancia* entre la forma subyacente de la palabra y su forma fonética con respecto al último segmento de ambas. El último segmento de la forma subyacente es el fonema /t/, que es obstruyente y sordo. En cambio el último segmento de la forma fonética es [ɾ], que es en parte resonante y además sonoro.

Como la forma subyacente es invariable y es lo que se percibe, eso explica que la secuencia [lɑɾ] se perciba como la palabra *lot*. Si nos concentramos en el fonema /t/ dentro de esa palabra, podemos decir que es la forma psicológica del último sonido de la palabra. Quien pronuncia *lot* como [lɑɾ] sin saber nada de fonética no tiene conciencia de que no ha pronunciado [t] sino [ɾ] y además cree haber pronunciado [t]. Y quien percibe *lot* como [lɑɾ] percibe el último sonido como una plosiva alveolar sonora. Ahora bien, en este último caso, en vez de decir que percibe [t], que es su forma física, decimos que percibe /t/, que es su forma psicológica. Y en general percibe la forma psicológica de la palabra *lot*, que es precisamente su forma subyacente.

Es importante señalar que es muy común que en la pronunciación de una lengua se registren discrepancias entre la forma subyacente de una palabra y su forma fonética. Tendremos oportunidades de ver que este fenómeno ocurre con frecuencia tanto en español como en inglés.

> *Una palabra no tiene que pronunciarse siempre con los mismos sonidos y por eso puede haber a veces discrepancias entre la forma subyacente de una palabra y su forma fonética con respecto al modo o al lugar de articulación.*

5.8. Un proceso fonológico

Falta explicar cómo se representa en nuestro modelo de la fonología mental el fenómeno de que en el inglés de EE.UU. el fonema /t/ se realice a veces como [ɾ]. En lo que sigue describiremos dicho fenómeno en más detalle y mucho más adelante ofreceremos una explicación de por qué sucede.

De entrada hay que decir que el fenómeno no está limitado a la palabra *lot*. Se manifiesta también por ejemplo en la pronunciación de la palabra *bit* (con el sentido de 'pequeña cantidad'). En *Wait a bit* ('Espera un poco') o *a bit less* ('un poco menos') /t/ se realiza como [t] pero en *a bit of luck* ('un poco de suerte') /t/ se realiza como [ɾ]. En realidad el fenómeno no está limitado a ciertas palabras sino que es mucho más general: es siempre una de las posibilidades de pronunciación del fonema /t/ en ciertas circunstancias, y en las mismas circunstancias es también una de las posibilidades de pronunciación del fonema /d/. Por ejemplo *good* se pronuncia con [ɾ] final en *good afternoon*.

Es conveniente añadir que el fenómeno no está limitado al caso en que los fonemas /t/ y /d/ son el último sonido de una palabra: tanto en *petal* ('pétalo') como en *pedal* ('pedal') el tercer sonido es [ɾ]. Si se le pide a un/a hablante de inglés de EE.UU. que especifique si quiso decir *petal* o *pedal* en cierta oración pronunciada en aislamiento (por ejemplo "Look at the ___", donde en el blanco podría ir lo mismo *petal* que *pedal*), pronunciará *petal* con [t] y *pedal* con [d] según el caso. Este fenómeno nos permite suponer que la forma subyacente de *petal* contiene /t/ y la forma subyacente de *pedal* contiene /d/.

Una suposición similar puede hacerse con respecto a otros pares de palabras que, como *petal* y *pedal*, se pronuncian iguales en el inglés de EE.UU. Entre esos pares están *atom/Adam*. Si hay suficiente contexto, puede percibirse sin problema qué palabra quiso decirse. (Ya vimos el ejemplo de *atoms contain molecules* en comparación con *Adam and Eve*). Eso nos permite suponer que la forma subyacente de *atom* contiene /t/ y la de *Adam* contiene /d/.

Llamaremos en este libro **vibrantización** al fenómeno de que, dadas ciertas circunstancias, los fonemas /t/ y /d/ se realizan como el sonido vibrante [ɾ], que ya hemos dicho es prácticamente idéntico desde el punto de vista físico al sonido vibrante simple del español. (Este fenómeno se denomina *flapping* en inglés por recibir las vibrantes simples el nombre de *flap*.) Hay sin embargo una diferencia psicológica entre la vibrante simple del español y la vibrante del inglés de EE.UU. La forma subyacente de la vibrante española es /ɾ/: hay un fonema vibrante en español. En cambio, como hemos visto, la forma subyacente de la vibrante del inglés de EE.UU. es en ciertos casos /t/ y en ciertos otros casos /d/. Un/a hablante de inglés de EE.UU. que no sepa español no percibe [ɾ] nunca como /ɾ/ ya que en el inglés de EE.UU. no hay un fonema /ɾ/.

Al fenómeno de la vibrantización lo clasificamos como un **proceso fonológico**, considerando que se trata de algo dinámico. Podemos decir que cuando el proceso de vibrantización sucede es porque el aparato fonador ha seguido instrucciones del cerebro de que en ciertas circunstancias se realicen como vibrantes los fonemas /t/ y /d/.

5.9. El fonema 'afectado'

Es común que al hablar de la fonología de una lengua determinada se diga que en ella un determinado proceso *afecta* a cierto fonema o a cierto grupo de fonemas. Esto no debe entenderse nunca en sentido literal ya que al fonema 'afectado' no le "pasa" nada. Es decir, la naturaleza de un fonema no cambia porque tenga lugar un proceso. Los fonemas son formas invariables, como lo son las formas subyacentes de las palabras, de las cuales son parte los fonemas. Decir que un proceso ha afectado a un fonema determinado equivale a decir que el segmento resultante, que es siempre la representación física de un determinado fonema, presenta una o más características fónicas que son diferentes a las características fónicas de las cuales depende la identidad del fonema. Por ejemplo, en el caso de la vibrantización de /t/, [ɾ] tiene por lo menos dos características que lo diferencian de /t/: es parcialmente resonante en vez de totalmente obstruyente y es sonoro en vez de sordo. En cambio, cuando no hay vibrantización, la forma física del fonema no es diferente a su forma psicológica con respecto a esas características. Cuando no hay vibrantización, [t] es obstruyente y sordo, tal como lo es /t/.

Tampoco hablamos en sentido literal cuando decimos por ejemplo que en ciertas circunstancias /t/ y /d/ **se vibrantizan**. Esto quiere decir simplemente que el representante físico de /t/ o /d/ es vibrante y no significa que /t/ y /d/ se hayan "convertido" o "transformado" en vibrantes. Insistimos en que a la forma subyacente de una palabra no le "pasa" nada cuando la palabra se pronuncia con discrepancias entre las características de un fonema y las características del segmento que es su realización en el plano físico. Como veremos más adelante en detalle, un fonema y su realización fonética pueden diferir con respecto al modo o al lugar de articulación.

Cuando decimos que un proceso afecta a un fonema determinado, hablamos en sentido figurativo, no real: al fonema no le pasa nada porque es invariable, pero sí se crea una discrepancia entre el fonema y su realización fonética en cuanto al modo o al lugar de articulación.

5.10. Entorno de un proceso

¿Cuáles son las circunstancias que tienen que darse para que tenga lugar la vibrantización? Para responder a esa pregunta debemos apelar al concepto del **entorno** de un proceso. (En inglés recibe el nombre de 'environment'.) El entorno de un proceso es el contexto fónico en que el proceso tiene lugar. Un contexto fónico es expresable en términos del segmento o segmentos adyacentes o vecinos al fonema al cual se refiere el proceso, o en términos de la posición que ocupa el fonema afectado en una unidad como la sílaba o la palabra. Por ejemplo puede ser que un proceso determinado afecte a cierto fonema cuando éste está delante de cierto tipo de consonante, o cuando está entre vocales, o cuando está a principio de palabra o a final de sílaba, etc.

El entorno de la vibrantización de /t/ y /d/ se define tanto en relación con los límites de la palabra como en relación con la clase de sonidos adyacentes a /t/ y /d/. Para que se produzca la vibrantización, /t/ y /d/ tienen que estar en posición *no inicial* de palabra y tienen que estar entre vocales. Además, la segunda vocal tiene que estar en una sílaba que no recibe acento primario.

La vibrantización no afecta a /t/ de *terrific* ('sensacional') en la oración *You're terrific* ('Eres sensacional'), porque a pesar de estar entre vocales y de no tener acento primario la vocal que lo sigue, /t/ está en posición inicial de palabra. Por la misma razón no se vibrantiza /d/ en *a demand* ('una demanda'). Nótese además que la vibrantización no tiene lugar en palabras como *attain* ('alcanzar') y *adorn* ('adornar') porque aunque /t/ y /d/ están entre vocales, la segunda vocal recibe acento primario en los dos casos.

5.11. Alófonos

Ya hemos visto que un mismo fonema puede tener diferentes realizaciones físicas. Por ejemplo /b/ del español se realiza [b] o [β]. Las diferentes manifestaciones físicas de un mismo fonema reciben el nombre de *alófonos* (en inglés 'allophones'), que etimológicamente quiere decir 'sonidos diferentes'. En efecto, dos alófonos de un mismo fonema difieren siempre entre sí en alguna característica física. Pero esa diferencia no es importante para la comunicación, ya que los dos sonidos se consideran psicológicamente iguales. Si después de un silencio o pausa, se dice a alguien en español a una velocidad normal, *Venga, venga*, por ejemplo invitando a alguien a venir, no hay pausa entre las dos palabras y sucede además que el primer sonido de *venga* es [b] en el primer caso pero es [β] en el segundo caso. Es obvio que [b] y [β] se consideran psicológicamente iguales ya que cualquiera que entienda el mensaje percibe la misma palabra dicha dos veces. Y por supuesto la forma subyacente de la palabra *venga* empieza invariablemente con el fonema /b/.

Debe observarse que un fonema puede tener más de dos alófonos. Por ejemplo /t/ del inglés tiene también un alófono *aspirado* (lo cual significa en este caso que el sonido va acompañado de un soplo extra de aire) que se transcribe [tʰ] y aparece al principio de una palabra o de una sílaba acentuada, como en *Timothy* y *attain*; y tiene también un alófono implosivo que consiste en que la lengua hace contacto con la cresta alveolar pero el contacto no se resuelve abruptamente. Más bien la lengua se queda pegada a la cresta alveolar un instante. Este sonido, que se transcribe [t̚], puede aparecer cuando lo que sigue a /t/ es un silencio, es decir, cuando la palabra terminada en /t/ es la última de una locución y además la pronunciación es relajada. Por ejemplo, *it* puede pronunciarse [ɪt̚] en la pronunciación sin énfasis de la expresión *that's it*.

El sonido [t], del cual hemos venido hablando, es el alófono plosivo inaspirado. Es el que aparece, por ejemplo, cuando /t/ sigue a /s/ en la misma sílaba, como en *steam*. (Compárese con la pronunciación de *team*, donde aparece el alófono aspirado.)

Los alófonos de un fonema son sus distintas representaciones físicas. Los alófonos son físicamente distintos pero psicológicamente iguales: los hablantes los perciben como el mismo sonido.

Resumen

Todo/a hablante de una lengua divide psicológicamente las palabras de esa lengua en **segmentos discretos** que no se corresponden exactamente con lo que sucede en la pronunciación. De esta segmentación son manifestaciones tanto la transcripción fonética como la escritura alfabética. Los sonidos de una lengua se organizan en clases psicológicas llamadas **fonemas**. Las variantes físicas de un mismo fonema son sus **alófonos**. Los alófonos de un mismo fonema se perciben como iguales a pesar de ser físicamente distintos: se perciben precisamente como el fonema del cual son sus realizaciones. En la fonología se utilizan **modelos teóricos** para describir los hechos de la pronunciación. Para dar cuenta del hecho de que las distintas pronunciaciones de una misma palabra se perciben como repeticiones de esa palabra, se teoriza que cada palabra tiene una **forma subyacente invariable** cuyos segmentos son fonemas y que cada segmento de las diferentes **formas fonéticas** de la misma palabra es alófono de algún fonema. Dicho de otra manera, la forma subyacente de cada palabra se compone de fonemas y cada una de sus formas fonéticas se compone de alófonos. A veces hay discrepancias entre las características articulatorias de un alófono y las del fonema que lo subyace, como sucede cuando [ɾ] es alófono de /t/ o de /d/ en el inglés de EE.UU., o cuando [β] es alófono de /b/ en un lecto del español. Que haya o no discrepancias entre fonema y alófono depende del **entorno** en que se encuentre el fonema—por ejemplo, si está o no en contacto con cierto tipo de fonema, o si está o no en cierta posición dentro de la palabra o de una sílaba. Cuando hay una discrepancia entre fonema y alófono en cierto entorno, ésta se describe diciendo que ha tenido lugar un **proceso fonológico**, que consiste en la ejecución de instrucciones dadas por el cerebro al aparato fonador para que el fonema se realice como ese alófono y no como el alófono que no discrepa del fonema.

Cuando decimos que un proceso *afecta* a un fonema determinado no hablamos en sentido literal sino figurado, ya que el fonema no pierde las características que lo distinguen de otros fonemas.

Ejercicios

Práctica de transcripción

A. Escriba entre las rayas oblicuas el símbolo AFI para el fonema representado por la letra o combinación de letras escritas en negrita en cada una de las siguientes oraciones del inglés de EE.UU.; y escriba también entre los corchetes el símbolo AFI para el alófono de ese fonema que aparece cuando se pronuncian esas oraciones dentro de una conversación espontánea:

1. The plo**t** was discovered: / /, [ ]
2. It was a plo**t** against us: / /, [ ]
3. He's ma**dd**er than ever: / /, [ ]
4. It doesn't ma**tt**er: / /, [ ]

B. Dado que en español existen los fonemas siguientes: /t/, que entre vocales se pronuncia [t]); /d/, que se pronuncia normalmente [ð] entre vocales en la conversación espontánea; y /ɾ/ que se pronuncia [ɾ] siempre entre vocales, escriba el símbolo AFI del fonema representado por la letra en negrita en las siguientes palabras y escriba también el símbolo del alófono que aparece cuando se pronuncia la palabra:

1. pi**t**a: / /, [ ]
2. si**d**a ('AIDS') : / /, [ ]
3. Ci**r**a (nombre de mujer) : / /, [ ]
4. to**d**o: / /, [ ]
5. to**r**o: / /, [

Para pensar

1. La afirmación "En el inglés de EE.UU. /ɾ/ puede ser alófono de [t]" contiene dos errores de carácter técnico, no de contenido. Identifique esos errores.

2. Explique brevemente por qué es incorrecto decir que en inglés la letra *t* tiene más de un alófono.

3. Demuestre que no es verdad que en español todas las palabras tengan una sola forma fonética.

4. Utilizando los conceptos de fonema y alófono, explique brevemente por qué cuando Amy, estudiante estadounidense de español elemental, le preguntó a su amiga Lourdes, hablante nativa de español, "¿Qué significa *cada*?", Lourdes contestó "face" en vez de "each".

Capítulo 6

El segmento por dentro: rasgos distintivos

6.1. Introducción a la estructura interna de los segmentos

El segmento—es decir, el sonido como parte de la forma subyacente o de la forma fonética de una palabra—es una unidad indispensable en nuestro modelo de la organización de la fonología mental. El concepto del segmento da cuenta de la intuición correcta de los hablantes de que los sonidos del habla son unidades que se diferencian claramente de otros sonidos con los cuales aparecen en la misma palabra. Ahora bien, el segmento no es la unidad mínima del análisis fonológico, ya que todo segmento tiene una estructura interna, ya se vea como fonema a nivel subyacente o como alófono a nivel fonético.

6.2. Fases de un segmento

Una parte fundamental de la descripción de la estructura interna de un segmento consiste en especificar si es simple o complejo. De un segmento simple se dice que tiene una sola fase: ocupa un solo 'momento' en el tiempo. Por contraste un segmento complejo tiene dos fases. Ya hemos visto que entre los sonidos complejos están las africadas y las vibrantes. Notamos anteriormente que la africada [tʃ] (primer sonido de china, etc.) se compone de una fase plosiva seguida de una fase fricativa; y que la vibrante [r] ("ere") se compone de una breve fase plosiva seguida de una fase aproximante. Dado que las fases de un sonido complejo no tienen las mismas características articulatorias, teorizamos que en la fonología mental las características articulatorias de un segmento no están asociadas directamente al sonido como segmento sino a sus fases. En una africada, la característica de que sea en parte un sonido no continuo está asociada únicamente a su primera fase, y la característica de que sea en parte un sonido continuo está asociada únicamente a su segunda fase. La asociación entre las características de un sonido y sus fases incluye por supuesto el caso en que un sonido tiene una sola fase. Por ejemplo las características de [s], el que sea, como hemos visto, una consonante obstruyente y sea además fricativa, alveolar y sorda, están todas asociadas a su única fase.

Las características de un segmento no están asociadas directamente a él sino a su única fase si es un segmento simple y a cada una de sus dos fases si es un segmento complejo. Esto permite que las dos fases de un segmento complejo tengan características opuestas.

6.3. Introducción a los rasgos distintivos

Existe en la fonología contemporánea una manera más precisa de referirse a las características que distinguen a un sonido de una lengua determinada de los demás de esa lengua. Consiste en la utilización de **rasgos distintivos** (llamados 'distinctive features' en inglés). En nuestro modelo de la fonología mental, toda fase, ya sea la única de un sonido simple o cada una de las fases de un sonido complejo, está asociada a un conjunto de rasgos distintivos.

Creemos que describir tanto los segmentos como los procesos que los afectan en términos de rasgos distintivos es mucho más revelador que describirlos en términos de las categorías fonéticas tradicionales que hemos presentado en capítulos previos, no sólo cuando se trata de analizar los aspectos físicos y psicológicos de los segmentos y de los procesos sino también de darles una explicación.

Algunas clases de sonidos definidas por rasgos distintivos se asemejan a las clases de sonidos propuestas en la fonética articulatoria. Otras son diferentes, como veremos a continuación.

6.4. Rasgos binarios y clases naturales

Obsérvese cómo ciertas clases de sonidos pueden definirse negativamente. Sonidos orales son aquellos en los cuales no hay nasalidad, obstruyentes aquellos en los cuales no hay fonación espontánea, sordos aquellos en los cuales no hay fonación, y vocoides aquellos en los cuales no hay obstáculo al paso del aire. Hay ciertas ventajas en clasificar los sonidos atendiendo a si poseen cierto rasgo o no. Por ejemplo, los sonidos orales se clasifican como no nasales, los obstruyentes como no resonantes, los sordos como no sonoros y los vocoides como no consonánticos. Si expresamos lo negativo utilizando el signo matemático de menos (–), y lo positivo el signo matemático de más (+), podemos decir que en cuanto al rasgo **Nasal** (los nombres de los rasgos se escriben con mayúscula por considerarse nombres propios), todo sonido nasal se clasifica como [+Nasal] y todo sonido oral como [–Nasal]. (Nótese que los valores de los rasgos siempre se escriben entre corchetes.) Se dice entonces que el rasgo Nasal es un **rasgo binario** porque tiene dos valores: uno positivo asociado a los sonidos nasales y uno negativo asociado a los sonidos orales. Del mismo modo, clasificamos como [+Resonantes] a los sonidos resonantes pero como [–Resonantes] a los sonidos obstruyentes; como [+Sonoros] a los sonidos sonoros pero como [–Sonoros] a los sonidos sordos; y como [+Consonánticos] a las consonantes pero como [–Consonánticos] a los vocoides; y decimos que existen los rasgos binarios **Resonante**, **Sonoro** y **Consonántico**.

Entre los rasgos binarios se encuentra también el rasgo **Continuo**. Una fase está asociada al rasgo [+Continuo] si en su producción el aire espirado fluye *por la parte central de la boca*, ya haya un obstáculo (que tiene que ser parcial) o no. De lo contrario es [–Continuo]. Nótese que los segmentos laterales como /l/ se clasifican como [–Continuos] ya que en ellos el aire no fluye por la parte central de la boca sino por los lados. Los vocoides son todos [+Continuos] y lo son algunas consonantes, por ejemplo todas las fricativas. Por contraste las plosivas son [–Continuas]. En cuanto a las africadas, su fase plosiva es [–Continua] y su fase fricativa es [+Continua]. Es importante señalar que las africadas no son los únicos sonidos complejos que presentan valores distintos para el rasgo Continuo en sus dos fases. Las vibrantes como [r] son también sonidos complejos: su primera fase, aun si es sumamente breve, corresponde a una plosiva, y está por tanto asociada al rasgo [–Continuo]; su segunda fase corresponde a una aproximante, y está por tanto asociada al rasgo [+Continuo]. Por cierto que las vibrantes se clasifican como resonantes en la fonética articulatoria tradicional, pero dado que su primera fase corresponde a una plosiva breve, hay que convenir que solamente es [+Resonante] su segunda fase, equivalente a una aproximante.

Tanto el valor positivo como el negativo de un rasgo binario definen lo que se llama una **clase natural** de sonidos de las lenguas humanas. Una clase natural es aquélla cuyos miembros se comportan todos del mismo modo en relación con algún fenómeno. Por ejemplo, en todos los sonidos nasales se hace descender el velo para que el aire pase a la cavidad nasal, de modo que [+Nasal] define una clase natural. Pero [–Nasal] también define una clase natural porque en todos los sonidos orales, se hace ascender el velo para que el aire pase únicamente a la cavidad bucal.

La combinación de valores de varios rasgos binarios (que pueden no ser todos positivos o todos negativos) sirve para definir clases naturales menos amplias, pero siguen siendo clases naturales porque todos sus miembros se comportan igual con respecto a algún fenómeno, que puede ser particular a una lengua. Por ejemplo, en inglés, los fonemas de la clase de obstruyentes plosivos sordos, /p t k/, que comparten el rasgo positivo para Consonántico y los rasgos negativos para Resonante, Sonoro y Continuo, cumplen todos el principio de pronunciarse 'aspirados', esto es, con un soplo extra de aire, cuando son el primer sonido de una palabra o de una sílaba que recibe el acento primario, como ya hemos mencionado—y por lo tanto /p t k/ constituyen una clase natural.

Entre los rasgos binarios de carácter más general están también los cuatro siguientes:

- **Nuclear**, que distingue los sonidos que pueden ser núcleo de sílaba de los que no pueden serlo. Las semivocales son por definición [–Nucleares]. En cambio, también por definición, todas las vocales son [+Nucleares]. Pero las vocales no son las únicas que pueden ser nucleares: en ciertas lenguas, entre ellas el inglés, pero no el español, hay núcleos que no son vocales. Por ejemplo, en inglés, la última sílaba de la palabra *cradle* tiene como núcleo, y como único segmento, la consonante lateral /l/;

- **Lateral**, aplicable únicamente a las consonantes; distingue las consonantes en los cuales el aire se escapa por los lados de la cavidad bucal de aquellas en que esto no ocurre. Sólo las consonantes laterales presentan el valor positivo para este rasgo; las demás consonantes son [–Laterales];

- **Estridente**, aplicable únicamente a las consonantes. Son [+Estridentes] los sonidos que se producen con un grado notable de ruido producido por la turbulencia del aire espirado en una abertura estrecha como la que se forma en la articulación de ciertas fricativas. Este rasgo sirve para distinguir las fricativas 'ruidosas' como [s], [ʃ] y [ʒ] de las fricativas 'suaves' como [β], [ð] y [ɣ], que en español, recuérdese, tienen el mismo punto de articulación que las plosivas [b], [d] y [g] respectivamente.

- **Tenso**, que distingue, dentro de clases de sonidos, entre sonidos articulados con relativamente mayor tensión muscular, clasificados como [+Tensos], y sonidos articulados con relativamente menor tensión muscular, clasificados como [–Tensos]. Este rasgo sirve en español para distinguir entre la vibrante múltiple, que es [+Tensa], y la vibrante simple, que es [–Tensa].

6.5. Rasgos unarios

Los que hemos mencionado hasta ahora no son los únicos rasgos binarios existentes. Antes de examinar los demás, aplicables a una descripción del español, es preciso hablar de la clase de **rasgos unarios**.

Hay ciertos rasgos distintivos que se refieren a la acción de algún articulador móvil. Los que nos interesan para la descripción del español son los rasgos llamados **Labial**, **Coronal** y **Dorsal**.

Un sonido es Labial si en su producción interviene como articulador uno de los dos labios o ambos; es Coronal si en su articulación interviene la lámina de la lengua (también llamada **corona**—de ahí el nombre del rasgo); y es Dorsal si en su articulación interviene una de las dos partes del dorso, ya sea el anteriodorso o el posteriodorso.

Labial, Coronal y Dorsal no son rasgos binarios sino unarios. Se llaman así porque tienen un solo valor, el positivo, simplemente porque no existe una clase natural formada por los sonidos no labiales o por los sonidos no coronales o no dorsales. No hay en las lenguas humanas ningún fenómeno que se refiera únicamente a los sonidos de la clase no labiales (o sea, a todos los sonidos menos los labiales) y lo mismo se puede decir de los sonidos no coronales y de los sonidos no dorsales.

Hay segmentos que están asociados a un solo rasgo unario. Por ejemplo [p] es únicamente Labial, [t] es únicamente Coronal y [k] es únicamente Dorsal. Ahora bien, hay sonidos que por el hecho de su articulación están asociados a la vez a dos rasgos unarios. Tanto en inglés como en español existe la semivocal [w], que es el segundo sonido tanto del inglés *sweat* como del español *sueño*. Lo que sucede en la articulación de este sonido es que los labios se redondean al mismo tiempo que el posteriodorso se acerca a la región velar. Esta semivocal se clasifica tradicionalmente como labiovelar; en términos de rasgos distintivos es tanto Labial como Dorsal. En la producción de [w] el redondeamiento de los labios y el acercamiento del posteriodorso a la región velar se producen simultáneamente, teniendo lugar lo que se denomina **coarticulación**, que es el uso simultáneo de dos articuladores móviles diferentes en la producción de un sonido. La coarticulación es posible gracias al hecho de que los labios y las diferentes partes de la lengua se pueden mover independientemente. A sonidos como [w] podemos llamarlos **labiodorsales**.

Otra posibilidad es que un sonido sea a la vez Labial y Coronal. Existen lenguas en las cuales se articulan consonantes avanzando la lámina de la lengua de modo que toque el labio superior que se ha movido hacia abajo. Esta posibilidad (la de sonidos **labiocoronales**), no se da ni en inglés ni en español.

Una tercera posibilidad que sí existe en inglés y en español es que un sonido sea a la vez Coronal y Dorsal. Es este el caso de las consonantes españolas llamadas tradicionalmente palatales, como [ɲ], [ɟ] y [j]. En su producción, como se recordará, la lámina de la lengua toca o se acerca a la región alveopalatal mientras que al mismo tiempo el anteriodorso toca o se acerca a la región palatal. A los sonidos que son a la vez coronales y dorsales los llamaremos aquí **coronodorsales**. En el inglés de EE.UU. existe como alófono de /l/ el sonido coronodorsal [ɫ], que es la realización de /l/ a final de palabra, como en *hill*, y en algunos casos ante vocal que recibe acento débil (o menor grado de acento), como en *silly*. En la realización de [ɫ] la lámina toca la región alveolar al mismo tiempo que el posteriodorso se acerca a la región velar.

> Labial, Coronal y Dorsal son rasgos unarios en vez de binarios, y algunos sonidos pueden tener a la vez dos de ellos cuando dos articuladores independientes actúan simultáneamente en la producción de esos sonidos. Ése es el caso de los sonidos labiodorsales como [w] y coronodorsales como [ɟ] del español y [ɫ] del inglés.

6.6. Rasgos binarios dominados por rasgos unarios

Hay ciertos rasgos binarios que se usan exclusivamente para establecer distinciones entre sonidos pertenecientes a una clase definida por un rasgo unario y no se usan con ninguna otra clase de sonido. De un rasgo binario que distingue únicamente entre sonidos que poseen un mismo rasgo unario se dice que está *dominado* por ese rasgo unario.

6.7. El rasgo Redondeado

Hay un rasgo binario llamado **Redondeado**, que está dominado por el rasgo unario Labial. Un sonido Labial es [+Redondeado] si en su articulación ambos labios se unen o se acercan. De lo contrario es [−Redondeado] (podemos decir, informalmente, irredondeado). Este rasgo sirve para distinguir entre las bilabiales como [p], que tienen el valor positivo para el rasgo, y las labiodentales como [f], que tienen el valor negativo.

6.8. Los rasgos Anterior y Distribuido

Hay dos rasgos binarios que se aplican únicamente a los sonidos que tienen el rasgo Coronal y están por lo tanto dominados por ese rasgo. Uno de ellos, **Anterior**, tiene que ver con la posición de la lámina de la lengua en relación con la región alveopalatal. Si un sonido coronal se articula con la lámina situada en una región anterior a la región alveopalatal se clasifica como [+Anterior]. Si la lámina está situada en la región alveopalatal, entonces el sonido coronal tiene el valor negativo para ese rasgo. Son [+Anteriores] entonces las consonantes tradicionalmente descritas como interdentales, dentales y alveolares, siendo [–Anteriores] (informalmente, inanteriores) las descritas tradicionalmente como alveopalatales y palatales. Recuérdese que estas últimas tienen el rasgo Dorsal además del de Coronal.

El otro rasgo binario exclusivo de los coronales recibe el nombre de **Distribuido**. Se trata de un término técnico arbitrario. Este rasgo se refiere a la longitud que tiene, en relación con la dirección del aire espirado, la parte de la lámina que interviene en la articulación de un sonido coronal. Si esa parte es relativamente larga, que es lo que sucede cuando la lámina tiene una configuración laminal, el sonido coronal se clasifica como [+Distribuido]. En cambio si la parte es relativamente corta, que es lo que sucede cuando la lámina adopta una configuración puntiaguda o apical, el sonido coronal se clasifica como [–Distribuido] (indistribuido).

Los sonidos coronales laminales son distribuidos mientras que los apicales son indistribuidos.

6.9. Los rasgos Alto, Bajo y Retraído

En cuanto a los sonidos que tienen el rasgo unario Dorsal, hay tres rasgos binarios aplicables únicamente a ellos y dominados por tanto por ese rasgo unario. Los tres se definen atendiendo a la posición de la lengua en relación con lo que se denomina la **posición neutral**, que es la que adopta la lengua justo antes de comenzar a hablar. En español la posición neutral corresponde a la que tiene la lengua en la pronunciación de la vocal [e].

Antes de definir esos rasgos, es preciso señalar que los mismos sirven para clasificar no sólo las consonantes dorsales sino además los vocoides, ya que en la pronunciación de todo vocoide interviene el dorso. Los rasgos en cuestión se llaman **Alto**, **Bajo** y **Retraído** (este último recibe el nombre de 'Back' en inglés).

Si un sonido dorsal se pronuncia retrayendo ('retracting') el dorso de la posición neutral se clasifica como [+Retraído]. De lo contrario es [–Retraído] (irretraído). Las consonantes velares y uvulares son retraídas mientras que las palatales son irretraídas. Entre las vocales españolas, [a], [o] y [u] son retraídas mientras que [i] y [e] son irretraídas.

Por otra parte, los sonidos dorsales que se producen alzando la lengua por encima de la posición neutral se clasifican como [+Altos] y los que no como [–Altos] (no altos). Este rasgo sirve para distinguir las vocales altas como [i] y [u] de las no altas como [a], [o] y [e] Entre las consonantes dorsales, las palatales y velares son altas y las uvulares son no altas.

Finalmente, los sonidos dorsales que se producen bajando la lengua de la posición neutral se clasifican como [+Bajos]. De lo contrario son [–Bajos]. Ningún sonido dorsal consonántico es bajo pero hay vocoides bajos, por ejemplo la vocal [a] del español. Los demás vocoides españoles son [–Bajos].

Conviene agregar que es por supuesto físicamente imposible que un sonido dorsal sea alto y bajo al mismo tiempo, porque la lengua no puede estar a la vez por encima y por debajo de la posición neutral. Ahora bien, en algunos sonidos dorsales la lengua está en la posición neutral, de modo que dichos sonidos se clasifican como [–Altos, –Bajos]. Entre las consonantes dorsales sólo las uvulares se clasifican así. Entre los vocoides que no son ni altos ni bajos están por ejemplo las vocales españolas [e] y [o]. A los vocoides que no son ni altos ni bajos los llamaremos informalmente *medios*, como hace la fonética tradicional. Pero decimos 'informalmente' porque no existe un rasgo binario Medio: no hace falta en lo absoluto clasificar los dorsales como medios o no medios. Con dos categorías, Alto y Bajo, distinguimos claramente entre los sonidos altos, medios y bajos, como se ve a continuación:

	Altos	**Medios**	**Bajos**
Alto	+	–	–
Bajo	–	–	+

Es conveniente agregar que Dorsal no es el único rasgo unario al cual puede estar asociado un vocoide (ya sea vocal o semivocal). Por ejemplo en español las vocales irretraídas [i] y [e] son coronodorsales y las vocales retraídas no bajas [u] y [o] son labiodorsales.

Labial domina a Redondeado; Coronal a Anterior y Distribuido; Dorsal a Alto, Bajo y Retraído.

6.10. Papel de los rasgos en la percepción

Es importante señalar que los rasgos distintivos deben considerarse no sólo categorías relativas a la producción de los sonidos sino también a su percepción. Nótese que el nombre del rasgo Estridente se refiere a una característica acústica mientras que el nombre de los demás rasgos se refiere a características relativas a la producción del sonido.

Sin embargo, todos los nombres de los rasgos son en realidad arbitrarios y sirven meramente como etiquetas recordatorias. ¿Por qué? Porque en realidad a cada característica articulatoria corresponde una característica acústica y tiene que haber una unión indisoluble entre los dos en la mente tanto del que habla como el del que escucha.

Por ejemplo, si tú y yo sabemos español perfectamente y estamos en una situación en la cual no me puedes ver la boca, porque estamos en la oscuridad, y yo te pido que repitas algo que voy a decir y digo simplemente [bá] y tú por tu parte repites exactamente [bá], eso quiere decir que has analizado la señal acústica del primer sonido como la que corresponde a la consonante que requiere establecer un obstáculo total con los labios, alzar el velo, vibrar las cuerdas vocales, etc. y analizas además la señal acústica del segundo sonido como la que corresponde a la vocal que requiere bajar la lengua de la posición neutral pero no retraerla. En otras palabras tanto tú, oyente, como yo, hablante, tenemos el mismo conjunto de rasgos abstractos que se refieren a la vez a la producción y a la percepción. Por eso no es un disparate decir que alguien *produjo* una fricativa estridente ni tampoco que alguien *percibió* una bilabial.

Los rasgos se refieren a la vez a categorías articulatorias y a sus correspondientes categorías perceptuales. Por eso se puede decir, por ejemplo, que alguien pronunció una estridente o que alguien percibió una bilabial.

6.11. Función distintiva de los rasgos

En las secciones anteriores nos hemos concentrado en la función *clasificatoria* de los rasgos distintivos, es decir, los hemos utilizado para describir clases de sonidos. Cuando tienen esa función los rasgos sirven para hacer distinciones fonéticas, para expresar cómo un sonido es físicamente distinto a otro. Veamos ahora su función propiamente *distintiva*, que es de carácter psicológico. Los rasgos sirven también para diferenciar entre segmentos a nivel subyacente. Dos fonemas de una misma lengua difieren siempre por lo menos en un rasgo distintivo. Por ejemplo, /p/ y /b/ difieren en que el primero es [+Sonoro] y el segundo es [–Sonoro] y por eso percibimos [pé.so] y [bé.so] como dos palabras distintas. El rasgo Sonoro es distintivo dentro de la clase de segmentos plosivos, ya que sirve para distinguir, no sólo entre /p/ y /b/, sino también entre /t/ y /d/: [kwán.to] y [kwán.do] se perciben como palabras distintas: *cuanto* y *cuando*; y entre /k/ y /g/: [kó.sa] y [gó.sa] se perciben como palabras distintas: *cosa* y *goza*. Ahora bien, es un fenómeno general de las lenguas que un rasgo que es psicológicamente distintivo dentro de una clase de sonidos puede no serlo dentro de otra clase. En español el rasgo Sonoro no es psicológicamente distintivo dentro de la clase fricativas. Por ejemplo en muchos lectos /s/ tiene un alófono [z] que es la realización de ese fonema delante de consonante sonora, como en [éz.mí.o] por *es mío*. Ahora bien [éz] se percibe como la misma palabra que [és] en [és.tú.jo] por *es tuyo*, o sea, como la palabra *es*. No habiendo en español un fonema /z/, [z] se percibe siempre como /s/. Por eso un hispanohablante que no domine el inglés no oye la diferencia entre, por ejemplo, *sue* y *zoo*.

Otro ejemplo: el rasgo Continuo, que es distintivo entre las obstruyentes sordas, sirviendo parcialmente para distinguir entre /p/ y /f/ (hay otro rasgo que los distingue, y es Redondeado), no es distintivo dentro de las obstruyentes sonoras. Por eso no hay diferencia psicológica entre las plosivas [b d ɟ g] y las continuas [β ð ʝ ɣ].

> *A nivel subyacente los rasgos sirven para distinguir psicológicamente entre fonemas; a nivel fonético sirven para distinguir físicamente entre alófonos.*

6.12. Valores binarios como rasgos distintivos

Los rasgos unarios cuentan, claro está, como rasgos distintivos, pero es importante notar que los dos valores de los rasgos binarios cuentan también cada uno como un rasgo distintivo. Es decir, [+Nasal], [+Continuo], [+Sonoro], etc. son rasgos distintivos pero también lo son [–Nasal], [–Continuo], [–Sonoro], etc. Así, por ejemplo, [b] y [m] se diferencian en parte en que [b] presenta el rasgo distintivo [–Nasal] y [m] presenta el rasgo distintivo [+Nasal].

6.13. Diferencias y semejanzas entre rasgos de fases de un mismo segmento

Los segmentos complejos se caracterizan por tener dos fases que difieren con respecto a por lo menos un rasgo distintivo. Por otra parte hay siempre rasgos que están asociados a ambas fases. Por ejemplo en el caso de [tʃ], africada sorda, su primera fase está asociada a [–Continuo] y su segunda fase a [+Continuo]. Ahora bien las dos fases se realizan en el mismo lugar de articulación, de manera que las dos están asociadas a los rasgos [Coronal, –Anterior, +Distribuido] y están además asociadas a los mismos rasgos de modo de articulación excepto Continuo. Es decir, el segmento es consonántico, obstruyente, sordo, etc. en toda su duración. Las diferencias y semejanzas entre las dos fases de un mismo segmento se dan también en los vocoides complejos, que no existen en español pero sí en inglés. En inglés hay vocoides considerados psicológicamente como un solo segmento, como una sola 'vocal', aunque en realidad son vocales solamente en parte ya que tienen una fase semivocálica. Por ejemplo, en inglés se considera que las palabras *bay* y *bait* contienen una sola vocal, que se simboliza [eʲ]. Pero este vocoide tiene una fase vocálica asociada a los rasgos [+Nuclear, –Alto, –Bajo, –Retraído], equivalente a [e], y una fase semivocálica asociada a los rasgos [–Nuclear, +Alto, –Bajo,–Retraído] equivalente a [j]. Nótese que las dos fases difieren en los rasgos Nuclear y Alto, pero ambas están asociadas a los valores negativos para Bajo y Retraído y coinciden también en otros rasgos. Por ejemplo, las dos están asociadas a los rasgos [–Consonántico, +Resonante].

Las dos fases de todo sonido complejo difieren por lo menos en un rasgo pero tienen siempre rasgos en común.

Resumen

Los **rasgos** que distinguen a unos sonidos de otros en la comunicación son **binarios** cuando sus dos valores describen **clases naturales**, y son **unarios** cuando el valor negativo no describe ninguna clase natural. Los segmentos tienen una estructura interna en el sentido de que constan de una o dos **fases**, y los rasgos que los distinguen de otros sonidos están asociados a las fases y no directamente a los segmentos. Por eso un segmento puede tener valores opuestos para un rasgo binario en sus dos fases (ejemplos son las africadas y los vocoides complejos). Cada uno de los dos valores de un rasgo binario cuenta como un **rasgo distintivo**. Los principales rasgos binarios no dominados por un rasgo unario son **Consonántico**, **Resonante**, **Sonoro**, **Nasal**, **Continuo**, **Nuclear**, **Lateral**, **Estridente** y **Tenso**. Los rasgos unarios necesarios para describir el español y el inglés son **Labial**, **Coronal** y **Dorsal**. Un sonido puede tener uno o más rasgos unarios. Tanto en español como en inglés hay sonidos **labiodorsales** y **coronodorsales**. Cada rasgo unario domina a uno o más rasgos binarios: Labial a **Redondeado**; Coronal a **Anterior** y **Distribuido**; y Dorsal a **Alto**, **Bajo** y **Retraído**. Los rasgos distintivos sirven para describir lo mismo a los vocoides que a las consonantes. Todos los vocoides españoles están asociados al rasgo Dorsal.

Ejercicios

Práctica de transcripción

Escriba entre los corchetes el símbolo fonético de cada uno de los sonidos españoles descritos en rasgos distintivos:

1. –Resonante, –Sonoro, Labial, –Redondeado: [ ]
2. –Resonante, +Sonoro, +Continuo, Dorsal, +Alto, +Retraído: [ ]
3. +Consonántico, +Resonante, Labial, +Redondeado, +Nasal, +Sonoro: [ ]
4. –Resonante, –Sonoro, Coronal, –Anterior, +Distribuido, con una fase +Continua y otra –Continua: [ ]

5. +Nuclear, +Bajo, +Retraído: [ ]
6. +Nuclear, −Alto, −Bajo, +Retraído: [ ]
7. +Nuclear, +Alto, +Retraído: [ ]
8. +Nuclear, +Alto, −Retraído: [ ]

Para pensar

1. Las consonantes españolas [b] y [m] son ambas [Labiales, +Redondeadas] pero se diferencian con respecto a dos rasgos binarios. ¿Cuáles son y qué valores tienen esas consonantes para esos rasgos?

2. Dado que las consonantes líquidas españolas tienen en común el ser las consonantes resonantes no nasales y son las únicas que son así, ¿qué rasgo binario se puede utilizar para distinguir entre las vibrantes y las laterales?

3. Explique por qué un vocoide que tiene una sola fase no puede estar asociado al mismo tiempo a los dos valores del rasgo Alto.

4. Explique brevemente por qué para describir la vocal [a] del español es suficiente decir que es la vocal baja de esa lengua pero para describir [o] no es suficiente decir que es la vocal [−Baja, +Retraída].

5. Explique por qué en la descripción de la consonante española [k] no se especifica que sea [−Redondeada] o que sea [−Anterior].

6. Si el conjunto [+Consonántico, +Nasal] describe la clase de consonantes nasales, ¿qué clases tradicionales de sonidos mencionadas en el capítulo 4 describen los siguientes conjuntos de rasgos binarios? Escriba el nombre de cada clase en los espacios en blanco.

A. [–Consonántico, +Nuclear]: _____

B. [–Consonántico, –Nuclear]: _____

C. [–Resonante, Coronal, Dorsal]: _____

D. [–Resonante, Labial, +Redondeado]: _____

E. [–Resonante, Dorsal, +Alto, +Retraído]: _____

F. [+Consonántico, +Resonante, –Nasal]: _____

G. [+Consonántico, +Resonante, –Nasal, –Lateral]: _____

Capítulo 7

Fidelidad, simplificación, principios fonológicos y variación

7.1. Alófonos fieles e infieles

Ahora que hemos descrito los segmentos en términos de fases y rasgos nos proponemos continuar la descripción de la organización psicológica de los sonidos, enfocando de nuevo el hecho de que a veces hay discrepancias entre la forma subyacente de una palabra y su forma fonética. En algunos casos la discrepancia se debe a que la forma subyacente y la fonética no tienen el mismo número de segmentos. Este caso lo veremos más tarde. Las discrepancias que nos interesan ahora son aquellas que se deben a que por lo menos un alófono no está asociado a los mismos rasgos a los cuales está asociado el fonema. En algunos casos esto se debe en parte o totalmente al hecho de que el alófono y el fonema no tienen el mismo número de fases. A veces el alófono tiene una fase menos que el fonema: un fonema complejo se realiza como simple (veremos luego que un fonema africado puede tener un alófono fricativo); y a veces sucede lo contrario: un fonema simple se realiza como complejo. Esto último es lo que sucede en la vibrantización de /t/ y /d/ en el inglés de EE.UU.: /t/ y /d/ son simples pero [ɾ] tiene una fase plosiva y otra aproximante.

Es conveniente mencionar ahora que todo fonema tiene un **alófono fiel**, que es el que está asociado a los mismos rasgos unarios y a los mismos valores de rasgos binarios que el fonema que lo subyace. En cambio, es **alófono infiel** todo alófono que no está asociado a los mismos rasgos que el fonema que lo subyace.

Cada fonema tiene un solo alófono fiel. Conviene apuntar que el símbolo del AFI para un fonema determinado es siempre igual al de su alófono fiel, y así tenemos el fonema /t/ y su alófono fiel [t], el fonema /d/ y su alófono fiel [d], etc. En cambio un fonema puede tener más de un alófono infiel. Lógicamente un alófono infiel nunca se transcribe igual que el alófono fiel y por tanto nunca se transcribe igual que el fonema que lo subyace. Se utiliza un símbolo distinto (por ejemplo [β] en vez de [b] en

> El alófono fiel de un fonema está asociado a los mismos rasgos que el fonema que lo subyace, el alófono infiel no.

español) o se añade al símbolo para el fonema algún diacrítico (como en el caso de [tʰ] para señalar el alófono aspirado de /t/ en inglés).

Hay casos en que un alófono infiel está asociado a un rasgo que no es distintivo a nivel subyacente. Considérese el caso del alófono aspirado de /t/ del inglés, o sea [tʰ]. Las consonantes sordas que se articulan con un soplo extra de aire, fenómeno llamado informalmente 'aspiración' en la fonología inglesa, presentan el valor positivo para un rasgo llamado Glotis Extendida (en inglés 'Spread Glottis'), abreviado G.E. Recuérdese que la glotis es el espacio entre las cuerdas vocales. Los sonidos que son [+G.E.] se articulan con un espacio entre las cuerdas vocales mayor que el de los sonidos sordos inaspirados, que son [–G.E.]. Recuérdese además que en los sonidos sordos las cuerdas vocales están separadas y por tanto no están vibrando. G.E. no es un rasgo psicológicamente distintivo en inglés: no hay pares de palabras que se diferencien porque teniendo ambas iguales todos los demás sonidos una tenga /tʰ/ y la otra tenga /t/.

7.2. Por qué no son fieles todos los alófonos

Una de las suposiciones teóricas que guían nuestro análisis es que la pronunciación de las lenguas humanas se guía por dos tendencias opuestas. Una favorece a quien percibe lo pronunciado y la otra a quien pronuncia. La que favorece a quien percibe lo pronunciado es la tendencia a mantener en el plano fonético el contraste entre fonemas que se da en el plano subyacente. La meta u objetivo de esta **tendencia al contraste** puede formularse así:

> Meta de la tendencia al contraste: Dos segmentos que contrasten en sus rasgos distintivos a nivel subyacente deben contrastar de la misma manera a nivel fonético.

Si la pronunciación tuviera exclusivamente el propósito de alcanzar esta meta, toda palabra se pronunciaría siempre igual, pues cada palabra tendría el mismo carácter invariable de su forma subyacente. Pero hemos visto que una misma palabra puede pronunciarse de más de una manera y que además palabras con significados distintos se pronuncian iguales, de modo que es obvio que la pronunciación no se guía invariablemente por la meta del contraste. Por supuesto que todo alófono infiel no cumple la meta del contraste. Por otra parte todo alófono fiel la cumple. El hecho de que no todos los alófonos sean fieles se debe en muchos casos a la otra tendencia, la favorable a quien pronuncia, que es **la tendencia al menor esfuerzo** cuya meta puede formularse como sigue:

> Meta de la tendencia al menor esfuerzo: Todo segmento debe realizarse con el menor esfuerzo articulatorio posible compatible con la comunicación.

La meta del menor esfuerzo se cumple cuando habiendo más de una manera de pronunciar un segmento en un determinado entorno se escoge la manera en que se invierte menos energía. Supongamos dos secuencias de segmentos compuestas cada una de dos segmentos y cada segmento está asociado a un solo rasgo unario. En una de las secuencias los dos segmentos son coronales y tienen exactamente los mismos rasgos binarios dominados por Coronal (por ejemplo, los dos segmentos son anteriores y distribuidos); en la otra secuencia el primer segmento es Coronal pero el segundo es Dorsal. Debe ser obvio que la primera secuencia exige menos esfuerzo que la segunda ya que la posición de la lengua no tiene que cambiar, mientras que en la segunda sí. Como pronto veremos, existe una tendencia en las lenguas humanas, que se manifiesta tanto en inglés como en español, a que en ciertas secuencias los alófonos que la componen compartan un rasgo unario aunque los fonemas que los subyacen tengan rasgos unarios diferentes, apareciendo entonces por lo menos un alófono infiel. Nótese que cada vez que se escoge pronunciar una secuencia en la que los alófonos que componen la secuencia tienen un rasgo en común pero los fonemas que los subyacen no tienen ese mismo rasgo en común, no se cumple la meta del contraste pero sí la del menor esfuerzo.

Ahora bien, como existen alófonos fieles eso quiere decir que la tendencia a alcanzar la meta del menor esfuerzo no predomina siempre. En realidad lo normal es que dentro de una palabra no predomine la tendencia a alcanzar una meta sobre la otra en toda la extensión de la palabra, sino que el predominio se manifieste en los segmentos individuales, y por eso puede suceder que dentro de una misma palabra haya un segmento en cuya pronunciación haya predominado el contraste y otro segmento en cuya pronunciación haya predominado el menor esfuerzo.

Es conveniente apuntar que el predominio de una u otra tendencia está influido por el entorno del segmento. Por ejemplo, en posición inicial de palabra después de un silencio o pausa tienden a aparecer alófonos fieles, posiblemente por el deseo inconsciente de eliminar cualquier posible ambigüedad y trasmitir claramente de qué palabra se trata. En cambio, en posición interna o final de palabra tienden a aparecer alófonos infieles, posiblemente porque la parte de la palabra que ya se ha pronunciado proporciona suficiente contexto, y eso a su vez hace posible pronunciar alófonos que requieren menos esfuerzo.

7.3. Relación entre la infidelidad fonética y los procesos fonológicos

Todo proceso fonológico puede verse como la ejecución de instrucciones dadas por el cerebro al aparato fonador sobre cómo pronunciar un segmento o una secuencia de segmentos. Eso quiere decir que cuando se pronuncia un alófono fiel también han ocurrido procesos. Por otra parte en fonología no hay nombre para el proceso de realizar un fonema con los mismos rasgos que tiene a nivel subyacente. Por eso, cuando hablamos de procesos nos referimos únicamente a aquellos que causan una discrepancia entre la forma subyacente de una palabra y su forma fonética. Recuérdese que cuando decimos que un proceso afecta a un fonema, hablamos en sentido figurado ya que las formas subyacentes son invariables. Veremos que en algunos casos un proceso lleva, no a que se pronuncie un alófono infiel sino a que un fonema simplemente no se pronuncie, y en otros casos lleva a que aparezca en la forma fonética un alófono cuyo fonema no aparece en la forma subyacente. Por eso la definición de proceso se refiere a la palabra en su totalidad y no al segmento como el elemento afectado por un proceso.

Cada vez que en la pronunciación de una palabra tienen lugar uno o más procesos fonológicos, la forma fonética de la palabra es diferente a la forma fonética que tiene la misma palabra cuando se compone solamente de alófonos fieles.

Es conveniente señalar que aunque muchos procesos parecen tener su motivación en la tendencia al menor esfuerzo, no es verdad que en todos los casos el resultado de un proceso sea un segmento que requiere menos energía que el alófono fiel del fonema que lo subyace, como se verá posteriormente.

7.4. Procesos de simplificación

Los procesos fonológicos que más nos interesan aquí son aquellos motivados por la tendencia a producir formas fonéticas que son de algún modo más *simples* que las que se realizarían si la pronunciación estuviera dominada exclusivamente por la tendencia al contraste y su meta de fidelidad. En efecto hay ciertos **procesos de simplificación**. Éstos se guían aparentemente por el principio del menor esfuerzo, pues el resultado es cierto ahorro de energía. Debe observarse que la simplificación puede ser **secuencial** o **segmental**.

La simplificación es secuencial cuando lo que requiere menos energía es la secuencia de sonidos que resulta al pronunciarse el alófono infiel en comparación con la secuencia que resulta cuando se pronuncia el alófono fiel. En ese caso el alófono infiel en sí no requiere necesariamente menos energía que el fiel, pero la secuencia constituida por el alófono fiel y el segmento que lo sigue o lo precede sí requiere menos energía.

7.5. Asimilación

La simplificación secuencial recibe tradicionalmente el nombre de **asimilación**. En el lenguaje general la palabra 'asimilación' se refiere tanto a la acción como al efecto de que un ser o cosa se vuelva más semejante o parecido a otro ser o cosa. En fonología se clasifica como asimilación todo proceso que resulta en que a nivel fonético un segmento, que podemos llamar el segmento afectado, presenta uno o más rasgos distintivos que son los mismos que presenta un segmento vecino (normalmente el segmento que lo sigue o lo precede) y sin embargo no son los mismos rasgos que presenta el fonema que subyace al segmento asimilado. O sea, en términos de rasgos distintivos el segmento afectado resulta más parecido a un segmento vecino que al fonema que lo subyace, siendo alófono infiel de éste.

Un ejemplo de este fenómeno es la asimilación de nasal, que ocurre tanto en inglés como en español. En el habla espontánea es normal que una consonante nasal presente el mismo punto de articulación que la consonante que la sigue. En inglés el último sonido de la palabra *ten* ('diez') es [n], coronal, pero en la frase *ten boys* suele ser, no [n] sino [m], labial; y en la frase *ten keys* suele ser [ŋ], dorsal. Lo mismo pasa en español: la preposición *sin* se pronuncia [sim] en la frase *sin problema* pero se pronuncia [siŋ] en la frase *sin cuidado*. En todos esos casos las nasales que aparecen a nivel fonético son alófonos infieles de /n/. Debe ser obvio que la asimilación de nasal, como toda asimilación en que un segmento presenta el mismo punto de articulación que el segmento que lo sigue, implica menor gasto de energía, ya que los órganos articulatorios no tienen que cambiar de posición durante la secuencia constituida por el segmento afectado y el segmento que lo sigue.

La asimilación puede ser también con respecto a rasgos de modo de articulación. En muchos lectos del español, /s/, fonema sordo, se realiza como su alófono infiel [z], sonoro, delante de consonante sonora. En la oración *es alto*, donde /s/ está delante de vocal, aparece el alófono fiel, /s/: pero en *es delgado* aparece [z]. Hay un ahorro de energía puesto que en la secuencia resultante las cuerdas vocales mantienen la misma configuración en la articulación de los dos segmentos en vez de tener que adoptar una configuración distinta de un segmento al siguiente.

La asimilación consiste en realizar un fonema como un alófono asociado a uno o más rasgos del segmento adyacente, con el propósito de invertir menos energía articulatoria, pero el alófono resultante no tiene los mismos rasgos que el fonema que lo subyace y es por tanto infiel.

7.6. Simplificación segmental y gestos articulatorios

En contraste con la asimilación, la simplificación segmental no se origina en la adopción de rasgos de sonidos vecinos. En todos los casos de simplificación segmental la articulación del alófono infiel resultante requiere menos energía que el alófono fiel. La causa de que esto suceda no es siempre la misma. Hay dos clases de simplificación segmental, que llamaremos **reducción** y **supresión**. Los dos términos se refieren a los **gestos articulatorios**, que son los movimientos que hacen las distintas partes del aparato fonador en la articulación de un sonido. Hay tres clases de gestos: **bucales**, **vélicos** y **laríngeos**. Los gestos bucales son los que se hacen en la cavidad bucal con la lengua, los labios y la mandíbula inferior. Los gestos vélicos son los relativos a la acción del velo en la diferenciación entre sonidos orales y nasales; uno es mantener el velo descendido para hacer que el aire espirado salga por la nariz (cuando se quiere hacer un sonido nasal); el otro es el gesto de alzar el velo para que el aire salga únicamente por la boca (cuando se quiere hacer un sonido que no sea nasal). Por último los gestos laríngeos son los que tienen lugar en la laringe, incluyendo la fonación (o vibración de las cuerdas vocales) y el estrechamiento de la glotis en los sonidos sordos.

7.7. Reducción

La reducción consiste en pronunciar como alófono fiel de un fonema un sonido en que los gestos son, tanto en lo espacial como en lo temporal, más cortos o breves que en la pronunciación del alófono fiel porque los diferentes articuladores se alejan de su posición de reposo menos que en la pronunciación del alófono fiel y se mantienen en la posición que les da su timbre característico menos tiempo que en el caso del alófono fiel.

En español es muy común un caso de reducción que afecta a ciertas vocales. Consiste en que dadas ciertas circunstancias, que examinaremos más adelante en gran detalle, las vocales altas /i/ y /u/ se pronuncian como las semivocales [j] y [w] respectivamente. Esto sucede normalmente en el habla espontánea cuando dichas vocales no reciben acento primario y están en contacto con otra vocal que tampoco recibe acento primario. Por ejemplo la frase *tu amigo* se pronuncia [twa.mí.ɣo] en vez de [tu.a.mí.ɣo]. En [w] la lengua 'viaja' menos lejos que en [u] y está en la posición para ese sonido menos tiempo que en [u]. Lo mismo puede decirse de [j] con respecto a [i]. La brevedad resultante lleva siempre a que una semivocal esté en la misma sílaba que la vocal adyacente (recuérdese que las semivocales se clasifican como [–Nucleares]), dando como resultado que para una misma locución haya menos sílabas en su forma fonética que en su forma subyacente.

En inglés es muy común un tipo de reducción que afecta a ciertas vocales cuando reciben el grado más débil de acento, pronunciándose todas como la vocal transcripta [ə] y llamada *shwa* (o *schwa*), pronunciada en inglés [ʃwa] y en español [tʃwá] (como si se escribiera *chuá*). Esta vocal, que es media y retraída, se pronuncia con una abertura de la boca y una configuración de los labios y la lengua que requieren el menor desplazamiento posible de éstos en comparación con el requerido para las demás vocales. Obsérvese el siguiente ejemplo de reducción a shwa que se manifiesta en la pronunciación del artículo indefinido del inglés, equivalente a 'un/una' del español. Este artículo tiene, como se sabe, dos formas: una es *a* (como en *a boy*) y la otra es *an* (como en *an apple*). En aislamiento, o cuando se hace énfasis en ellas, se pronuncian respectivamente [eʲ] y [æn], por lo cual podemos suponer que su forma subyacente es, respectivamente, /eʲ/ y /æn/. Ahora bien, en la conversación normal, *a* se pronuncia [ə] y *an* se pronuncia [ən], de modo que [ə] es alófono infiel de /eʲ/ en el caso de *a* y alófono infiel de /æ/ en el caso de *an*.

La reducción consiste en realizar un fonema como un alófono infiel que es más fácil de hacer porque requiere gestos más breves.

7.8. Supresión

La supresión consiste en hacer *menos* gestos de los que se necesitan en la articulación del alófono fiel. Un caso muy común de supresión es el fenómeno llamado tradicionalmente **aspiración de /s/** que se manifiesta en muchos lectos del español. El alófono fiel de /s/ es por supuesto [s]. La aspiración consiste en suprimir los gestos bucales que se necesitan para pronunciar [s], principalmente el de acercar la lámina de la lengua a la región alveolar. Ahora bien, al mismo tiempo no se suprime el gesto laríngeo que acompaña a todas las consonantes sordas, que es el de crear una estrechez entre las cuerdas vocales, equivalente al sonido [h]. El resultado de la supresión es que aparece como alófono infiel de /s/ precisamente el sonido [h]. El fenómeno es frecuente cuando /s/ está a final de sílaba. Por ejemplo *esto* se pronuncia [éh.to].

La aspiración de /s/ es un ejemplo de supresión parcial, ya que se suprimen únicamente los gestos bucales. Ahora bien, tanto en español como en inglés se dan casos de supresión total, que consiste en no hacer ningún gesto, ni siquiera los relativos a la posición de las cuerdas vocales. La reducción por supresión total recibe el nombre de *elisión* ('deletion' en inglés). En el inglés de EE.UU. es muy común *elidir* ('delete') la representación fonética de /t/ cuando este fonema está precedido por /n/. Por ejemplo la forma verbal *want* contiene [t] en el habla formal pero no en la conversación espontánea. A veces este fenómeno se representa en el tipo de escritura que trata de imitar la pronunciación sin utilizar símbolos fonéticos, solo ortográficos, como en *I wanna* por *I want to*. Esta ortografía, que es una manifestación de lo que llamaremos *transcripción coloquial* (llamada en inglés 'eye dialect' o 'eye dialect transcription') refleja el hecho de que se ha elidido [t] no sólo al final de *want* sino al principio de la preposición *to*. En el inglés de EE.UU. es común tambien la elisión del sonido final de la preposición *of* cuando va seguido de consonante. Nótese la transcripción coloquial de *pot of tea*, que es *pot o' tea*.

Un ejemplo de elisión en español es el de [ɾ] cuando va seguido de [r], lo cual hace que, por ejemplo, *ser razonable* ('to be reasonable') y *sé razonable* ('be reasonable') se pronuncien exactamente iguales: [sé.ra.so.ná.βle]. Otro es la elisión de /s/ final de locución característica de ciertos geolectos (los del Caribe hispánico entre ellos), lo cual hace que, por ejemplo *cómpralas* ('buy them') se pronuncie igual que *cómprala* ('buy it'). En muchos lectos españoles es normal elidir en la conversación espontánea la representación de /d/ a final de palabra y decir, por ejemplo, [us.té] y [beɾ.ðá] por *usted* y *verdad*.

Es común decir en fonología que un determinado fonema se elide en determinado entorno—por ejemplo /d/ a final de palabra en español. Debe quedar claro, sin embargo, que esto no significa que el fonema /d/ desaparezca en esos contextos, ya que la forma subyacente de la palabra permanece inalterable. Decir que un fonema se elide en cierto entorno equivale simplemente a decir que en ese entorno el fonema no está representado por ningún alófono. El fonema, repetimos, sigue existiendo a nivel subyacente. Dado suficiente contexto, que es lo normal, se perciben fonemas que no tienen representación fonética. Por ejemplo en un lecto en el cual se elide /s/, en la frase [úŋ.ku.βá.no] (*un cubano*), [ku.βá.no] se percibe como la palabra *cubano* (que es /kubano/ en lo subyacente), pero en la oración [sóŋ.ku.βá.no] (*son cubanos*), [ku.βá.no] se percibe como la palabra *cubanos* (que es /kubanos/ en lo subyacente). He aquí un ejemplo del inglés. Si alguien dice lo que en transcripción coloquial se escribiría *I wanna do it*, quien lo escucha percibe el fonema /t/ al final de la palabra *want* y el fonema /t/ a principio de la palabra *to* a pesar de que no se pronuncia ninguno de los dos, percibiendo efectivamente lo que se ha dicho como la oración *I want to do it*. Es fácil probar que *wanna* se percibe como *want to*: cualquier nativohablante de inglés a quien se pida que escriba exactamente lo que alguien dice en un contexto en que no se esté hablando de pronunciación escribirá *I want to do it* si escucha lo que informalmente se transcribe como *I wanna do it*.

> *La supresión parcial consiste en no hacer todos los gestos requeridos para el alófono fiel, resultando un alófono infiel. La supresión total, llamada elisión, consiste en suprimir todos los gestos, por lo cual la forma fonética de una locución tiene por lo menos un segmento menos que su forma subyacente.*

7.9. Debilitamiento y fortalecimiento

Tradicionalmente se ha dado el nombre de **debilitamiento** ('weakening' o 'lenition' en inglés) a fenómenos de simplificación segmental, incluyendo casos de reducción y supresión de gestos. Esto incluye por ejemplo la realización de una consonante como aproximante en vez de fricativa (que es un caso de reducción) y la realización glotal de un fonema bucal (como en el caso de la aspiración de /s/, que hemos visto es supresión). Inclusive los casos de elisión (que hemos visto son de supresión) se han clasificado como de debilitamiento. Ahora bien, existen procesos fonológicos en los cuales el alófono infiel requiere *mayor* energía que el alófono fiel. Este fenómeno ha recibido tradicionalmente el nombre de **fortalecimiento** ('strengthening' o 'fortition' en inglés). Es un concepto útil que incorporaremos a nuestro análisis. Por ejemplo en español hay un fonema vibrante simple /ɾ/. A final de palabra si no sigue vocal se realiza como la vibrante múltiple [r], sobre todo en el habla enfática. En una frase como *¡qué calor!*, *calor* se pronuncia a veces [ka.lór] en vez de [ka.lóɾ]. En ese caso [r], que es articulatoriamente más complejo que [ɾ], es alófono infiel de /ɾ/. No está claro que este fenómeno, que no favorece a quien pronuncia, favorezca en cambio a quien escucha, y puede que se trate de un recurso meramente expresivo.

En otros casos la realización de un alófono infiel más complejo que el fiel parece favorecer el contraste. Por ejemplo en inglés en general los fonemas plosivos sordos /p/, /t/ y /k/ se pronuncian a principio de palabra o de sílaba que recibe acento primario con la glotis más extendida que en otros entornos, resultando en un soplo extra de aire, fenómeno que, como hemos visto, también se llama aspiración. Ahora bien, es posible pensar que la aspiración favorece en general el contraste, por lo menos a principio de palabra, porque marca precisamente dónde empieza una palabra, lo cual favorece la comprensión.

7.10. **Infidelidad en el número de segmentos**

A veces la discrepancia entre la forma subyacente y la forma fonética de una palabra no consiste en que un determinado alófono no tenga los mismos rasgos que el fonema que lo subyace. Por ejemplo, en todo caso de elisión no puede hablarse de un alófono que discrepe del fonema. Más bien la discrepancia consiste en que la forma fonética tiene menos segmentos que la subyacente. Pero a veces la discrepancia consiste en que la forma fonética tiene *más* segmentos que la forma subyacente. Para describir este fenómeno se dice que ha tenido lugar un proceso de inserción de segmento, normalmente conocido como **epéntesis**. En español es común entre algunos hablantes insertar en andante una vocal epentética entre [ɾ] y la consonante que la precede en un grupo prenuclear, y esa vocal "copia" a la que sigue a [ɾ], y así resulta por ejemplo [pá.ðe.ɾe] por *padre* y [ó.ɣo.ɾo] por *ogro*. Un ejemplo de epéntesis en inglés es pronunciar *warmth* como [wɑɹmpθ] en vez de [wɑɹmθ], insertando [p] entre [m] y [θ].

7.11. **Principios fonológicos**

Supongamos una palabra cuya forma fonética contiene el mismo número de segmentos que su forma subyacente pero contiene un alófono infiel a causa de la asimilación, la reducción o la supresión parcial de gestos. Si la palabra se percibe como la palabra que es y no se confunde con ninguna otra palabra, tiene que ser que se ha percibido el alófono infiel como el fonema que lo subyace. Supongamos ahora una palabra cuya forma fonética contiene un segmento menos que su forma subyacente porque ha habido elisión. Si la palabra se percibe correctamente, tiene que ser que se han percibido todos los fonemas que la integran, inclusive el fonema que no está representado a nivel fonético.

Para el primer caso, cuando la forma fonética y la subyacente tienen el mismo número de segmentos surge la pregunta de cómo puede percibirse por ejemplo como coronal una consonante que es labial o como sorda una consonante que es sonora, o como vocal una semivocal, etc. Para el segundo caso, cuando ha habido elisión surge la pregunta de cómo puede percibirse un segmento que no se pronunció.

La respuesta que damos en nuestro modelo teórico es que la percepción se guía por el conocimiento inconsciente que tenemos de los distintos procesos fonológicos particulares al sistema de nuestro lecto que pueden ocurrir en la pronunciación. En la percepción sabemos, recalcamos que inconscientemente, qué procesos se han aplicado a qué clases de sonidos en qué entornos. Por ejemplo, en ciertos entornos ciertas vocales se pronuncian como semivocales. Al proceso que tiene lugar lo llamamos **desnuclearización** por el hecho de que el vocoide afectado debe pronunciarse [–Nuclear] en vez de [+Nuclear]. Si yo, hablante de español, detecto la semivocal en ese entorno, supongo que ha tenido lugar la desnuclearización y que la forma subyacente es [+Nuclear]. Así, al escuchar [twa.mí.ɣo] por *tu amigo*, detecto que [tw] es la palabra /tu/ porque sé que en ese entorno /u/ se realiza [w].

En cuanto al caso en que hay menos segmentos en la forma fonética que en la forma subyacente, si sé por ejemplo que en determinado entorno se elide /s/, al detectar que falta [s] de dónde debería estar, supongo inconscientemente que ha tenido lugar elisión y que la forma subyacente contiene /s/.

Ahora bien, es sumamente importante tener en cuenta que los procesos no se aplican indiscriminadamente sino que están gobernados por **principios fonológicos** que determinan a qué clase de fonemas se aplica un proceso determinado y en qué entornos.

Lo que relaciona a las formas subyacentes con las fonéticas y hace posible tanto la articulación de los sonidos como su percepción es precisamente el conjunto de principios fonológicos que determinan, no sólo cómo se pronuncian sino también cómo se perciben las palabras. Podemos decir que en la articulación las formas subyacentes son el input al conjunto de principios fonológicos y el output de ese conjunto son las formas fonéticas. En la percepción sucede al revés: las formas fonéticas se analizan a través del conjunto de principios fonológicos, 'rescatándose' así las formas subyacentes. Insistimos en que todo esto tiene lugar de modo inconsciente y que los mecanismos que se aplican son inaccesibles a la experiencia.

> *Los procesos fonológicos están gobernados por principios que determinan a qué clase de fonemas y en qué entornos se aplica cada proceso.*

7.12. ¿Restricciones o reglas?

En la fonología contemporánea ha adquirido gran influencia la idea de que todos los principios fonológicos constituyen **restricciones** (llamadas 'constraints' en inglés) que se aplican *simultáneamente* a las formas subyacentes para especificar las formas fonéticas. Esto reemplaza la idea de que los principios son *reglas* que se aplican sucesivamente para 'derivar' las formas fonéticas de las formas subyacentes. La fonología teórica que predominaba antes de la década de los 90 era 'reglista'. La que predomina ahora es 'restriccionista'.

En el momento actual el modelo restriccionista más influyente es el conocido como **Teoría de la Optimidad** (en inglés 'Optimality Theory'), en lo adelante TO. (Véase Archangeli y Langendoen 1997 y McCarthy 2002 en la sección I de la bibliografía selecta al final de este libro.) En la TO se considera que existe un conjunto de restricciones universales, es decir presentes en las lenguas humanas en general, que tienen como característica común el hecho de no ser obligatorias sino *violables* porque reflejan tendencias en vez de fenómenos sin excepción. Por ejemplo, existen restricciones destinadas a que se cumpla lo que hemos llamado la meta de la fidelidad y restricciones destinadas a que se cumpla lo que hemos llamado la meta del menor esfuerzo, pero lógicamente ninguna de esas restricciones se aplica sin excepción, y la prueba es la existencia tanto de alófonos fieles como de alófonos infieles.

En la TO se considera además que todas las restricciones universales están presentes en la gramática mental de toda lengua humana y lo que diferencia a una lengua humana de otra (o a un lecto de otro) es la manera en que las restricciones se disponen en orden de importancia, siendo dicho orden (o jerarquía) fijo para cada lengua.

La TO no deja de resultar atractiva ya que se basa en las distintas posibilidades que se dan en las lenguas humanas y trata de eliminar las imposibilidades. Debe observarse sin embargo que a la TO no le interesa enfocar las particularidades de una lengua o lecto ya que eso no arroja luz sobre las características universales del lenguaje.

Por nuestra parte sin embargo creemos que en la empresa de tratar de enseñar una lengua a personas para las cuales va a ser una segunda lengua (a cuya empresa se propone contribuir este libro) es preciso enfocar precisamente las particularidades de la segunda lengua y hacer explícito cómo difieren de las de la primera lengua para beneficio de estudiantes de edad adulta. La experiencia indica que estudiantes de ese tipo se benefician de la exposición explícita de las diferencias entre las dos lenguas. Por ese motivo creemos útil no renunciar a la idea de que los principios fonológicos de una lengua determinada no son todos restricciones universales (aunque se guíen por restricciones universales) sino que algunos son particulares a esa lengua. Las diferencias de pronunciación que se dan entre dos lenguas cualesquiera pueden explicarse diciendo que además de no tener esas dos lenguas exactamente los mismos fonemas, tampoco tienen los mismos principios. En inglés hay un fonema /ð/ pero no hay un fonema /ɾ/. En español sucede exactamente lo contrario: hay un fonema /ɾ/ pero no hay un fonema /ð/. Pero además en inglés hay un principio de vibrantización de plosivas coronales que especifica que tanto /t/ como /d/ se realicen como [ɾ] en determinados entornos y en español en cambio no hay tal principio: /t/ y /d/ nunca se pronuncian así. Por otra parte en español hay un principio de **desplosivización** de plosivas sonoras que especifica que /b/, /d/, /ɟ/ y /g/ se realicen como continuas (fricativas o aproximantes) en determinados entornos, pero el inglés, aparte de no tener /ɟ/, carece de ese principio: /b/, /d/ y /g/ se realizan siempre como plosivas.

Aunque en este libro no nos referimos a principios particulares a una lengua utilizando el término 'regla', no renunciamos por otra parte a la idea, descartada por la TO y todas las demás posiciones estrictamente restriccionistas, de que hay principios que requieren para su cumplimiento que se aplique previamente *otro* principio. Por ejemplo, si un principio se refiere a la posición de un segmento en la sílaba, hace falta que se hayan aplicado antes los principios que determinan cómo se dividen en sílabas las palabras.

Debe añadirse que la noción de proceso fonológico está totalmente ausente del modelo TO. Dicho modelo analiza el resultado fonético exclusivamente en términos de principios. Siempre hay por lo menos dos principios que están en conflicto: uno favorece la fidelidad y otro la infidelidad. Supongamos que la forma subyacente de una palabra termine en consonante y que una de sus formas fonéticas termine en vocal. La forma terminada en vocal viola la fidelidad pero la forma terminada en consonante viola la restricción de que no puede haber consonantes posnucleares (es una restricción universal basada en el hecho de que las lenguas humanas prefieren la sílaba del tipo consonante seguida de vocal (CV). Lo que falta es mencionar que el cerebro da instrucciones al aparato fonador para que en un caso no pronuncie C final y en el otro caso sí. Para este último caso ya hemos dicho que no hay nombre. Al caso en que no hay C hemos dado el nombre de proceso de elisión.

7.13. **Variación fonológica y principios obligatorios**

Ya hemos visto que la pronunciación de un fonema puede diferir según el entorno en que aparezca. Ahora debemos añadir que no es verdad que en todos los casos el entorno sea el factor determinante en la fidelidad o infidelidad del alófono que se realiza. Es un hecho que a veces en el habla de una misma persona en un entorno determinado aparece el alófono fiel de un fonema y otras veces en exactamente el mismo entorno aparece un alófono infiel. Supongamos que la última palabra de una locución española sea la palabra *calor*. En ese caso la vibrante con la cual termina esa palabra está en lo que se denomina posición final absoluta. Pues bien, a veces el segmento resultante a nivel fonético es la vibrante simple [ɾ] y a veces es la vibrante múltiple [r]. Es decir, a veces la palabra se pronuncia [ka.lóɾ] y a veces [ka.lór]. En el segundo caso se considera que [r] es alófono infiel del fonema /ɾ/ y que ha ocurrido un proceso de **multiplización** de vibrante. Si postulamos que en español hay un principio de multiplización de vibrante uno de cuyos entornos de aplicación es la posición final absoluta, es obvio que dicho principio no es de obligatorio cumplimiento en ese entorno.

En el caso de ese principio en particular, el alófono infiel es articulatoriamente más complejo que el alófono infiel. Hay otros casos en los cuales el principio que no se cumple gobierna un proceso en el cual el alófono infiel es más simple. Si postulamos que ciertos lectos hispánicos tienen un principio de aspiración de /s/ que resulta en que /s/ se realice [h] (por supresión de los gestos bucales) y que esto sucede delante de consonantes, vemos que ese principio no es obligatorio porque en el habla de una misma persona la palabra *esto* puede pronunciarse [éh.to] o [és.to] pero cuando no se cumple el principio, aparece el alófono fiel, que es más complicado que el infiel [h].

Se da el nombre de **variación fonológica** al fenómeno de que un determinado proceso fonológico a veces ocurre y a veces no dado un mismo entorno. Los principios que gobiernan esos procesos y que por tanto no siempre se cumplen han recibido tradicionalmente el nombre de **reglas variables**.

En un modelo restriccionista, qué principio es más importante que otro es también variable. Supongamos un lecto español en el cual se elide /s/ a final de palabra. Cuando se pronuncia por ejemplo [pjé] en vez de [pjés] por *pies*, eso quiere decir que la fidelidad es menos importante que la simplificación. Pero como la elisión es un proceso variable, un/a hablante que dice [pjé] por *pies* a veces dice [pjés]. En ese caso la fidelidad es más importante que la simplificación.

Es importante añadir que aunque hay principios fonológicos variables, hay otros que no lo son porque se cumplen siempre. A éstos los llamaremos los **principios obligatorios**. Por ejemplo en inglés la aspiración de /p/, /t/ y /k/ es obligatoria; y es obligatorio que una vocal se nasalice en contacto con una consonante nasal. En español es obligatorio que una vibrante a principio de palabra sea múltiple, nunca simple; y es igualmente obligatorio que una nasal adopte el punto de articulación de la consonante que la sigue si entre las dos no media ninguna pausa. Hay además, como veremos posteriormente, un número de principios obligatorios relativos al acento y a la estructura silábica en español.

7.14. Estilos de pronunciación

El examen de la variación fonológica muestra que hay cierta relación entre la aparición o ausencia de un proceso variable y el grado de velocidad y/o relajamiento con que se pronuncia. Normalmente los procesos de simplificación que resultan en alófonos infieles más simples que los fieles ocurren más en el habla que combina mayor rapidez y mayor relajamiento (por ejemplo en la conversación espontánea entre amigos) que en el habla que combina mayor lentitud y tensión muscular (por ejemplo en una entrevista de trabajo o cuando se lee un texto en voz alta).

> *Un principio fonológico es variable si el proceso al cual gobierna no ocurre siempre, a pesar de que el sonido está en el entorno en el cual el proceso tiene lugar. En cambio un principio obligatorio se cumple siempre que se da el entorno de su aplicación.*

A esto puede agregarse que en el habla enfática, caracterizada por mayor tensión muscular, pueden aparecer alófonos infieles que son más complejos que los fieles. Ya dimos el ejemplo de la frase *¡qué calor!*, en la cual, pronunciada con gran énfasis, aparecerá como segmento final [r] en vez de [ɾ].

Hay que agregar que la velocidad del habla también influye en la existencia de los entornos de los procesos. Si se habla con excesiva lentitud al extremo de crear breves pausas entre palabras o inclusive entre sílabas, puede eliminarse el entorno de aplicación de algún proceso. Si en el inglés de EE.UU. se pronuncia la frase *a lot of money* tan lentamente como para crear una pausa entre *lot* y *of*, desaparece el entorno intervocálico que hace falta para que se aplique el proceso de vibrantización y la pronunciación de *lot* es [lɑt] en vez de [lɑɾ]. En español la palabra *envase* ('container') se pronuncia normalmente [em.bá.se] porque la nasal se asimila a la bilabial [b]. Sin embargo, si se pronuncia cuidadosamente creando cierta pausa entre las sílabas, la pronunciación es [en.│ba.│se] (donde el símbolo '│' marca pausa) porque ha desaparecido el entorno para la asimilación.

Es conveniente añadir que normalmente el grado de velocidad es proporcional al grado de precisión con que se pronuncia un sonido y cabe tal vez preguntarse si la velocidad es la causa o la consecuencia del grado de precisión. Si tenemos menos tiempo para trasmitir el mismo mensaje, tenemos que reducir el número de gestos correspondientes a cada sonido e inclusive no pronunciar algunos sonidos. Ahora bien, si sabemos inconscientemente que podemos enviar el mismo mensaje utilizando menos gestos e inclusive menos sonidos, el mensaje en que ahorramos energía tomará lógicamente menos tiempo.

Nos parece que esto último es lo que ocurre en la comunicación. Es decir el hablante sabe inconscientemente que puede trasmitir el mismo mensaje con menos esfuerzo y el hacer menos esfuerzo toma menos tiempo. Nótese por otra parte que hablar con mayor rapidez no significa automáticamente hablar con menor precisión. Hay personas que estando obligadas a hablar a la vez con gran rapidez pero igual precisión que si hablaran despacio logran hacer las dos cosas. Un ejemplo es el de las personas que trasmiten anuncios comerciales de muy corta duración por radio o televisión. Por otra parte, hablar más despacio no lleva automáticamente a pronunciar con mayor precisión: una persona puede hablar a la vez despacio y con menor precisión cuando está muy cansada.

En resumen creemos que la velocidad en sí no es el factor determinante de la precisión sino que lo es la intención inconsciente del hablante de ser más o menos preciso según las necesidades comunicativas. Ahora bien, la intención de pronunciar con mayor precisión pueda fallar por no disponerse de la energía suficiente, como es el caso de una persona que quiere hablar más claro pero no puede porque está enferma, cansada, etc.

Y sin embargo en las descripciones fonológicas el grado de precisión se describe normalmente en términos de la velocidad, probablemente porque la velocidad es fácilmente perceptible y la precisión no. Además la intención inconsciente del hablante, que es lo que creemos determinante de la precisión, no es directamente observable.

La forma de pronunciar relacionada con la velocidad recibe el nombre de **estilo**. Siguiendo la propuesta de James W. Harris (véase Harris 1969 en la seccion III de la bibliografía selecta al final de este libro), distinguimos cuatro estilos cuyos nombres se derivan de la música (y, como muchos términos musicales, son palabras de origen italiano):

largo: exageradamente lento y ultra-preciso; utilizado por ejemplo para mostrarle a un extranjero cómo se pronuncia una palabra; equivale prácticamente a pronunciar una palabra o una sílaba en aislamiento;

andante: lento y preciso pero sin exageración; característico del lenguaje formal público; es por ejemplo el que predomina cuando se da una conferencia o un discurso;

alegreto (del italiano 'allegretto'): rápido y relativamente impreciso; con la velocidad característica del habla espontánea en un ambiente informal y relajado;

presto: más rápido e impreciso que alegreto pero igualmente espontáneo.

Debe entenderse que los estilos no son categorías exactas sino de carácter impresionista porque hasta ahora no se ha medido matemáticamente cuál es la velocidad correspondiente a cada uno de ellos. Debe especificarse además que los estilos no están totalmente determinados por la situación en que ocurren. Es decir, que en un ambiente formal como lo es el de una conferencia o un discurso, una persona puede utilizar a veces alegreto; y viceversa: en un ambiente informal como lo es una fiesta entre amigos, el hablante puede utilizar andante, por ejemplo porque habla más despacio. Incluso en una misma comunicación y aun dentro de una misma palabra, se puede cambiar de un estilo a otro.

> *Los estilos de pronunciación no se corresponden exactamente con el tipo de situación en la cual se encuentra la persona que habla. Es posible cambiar de estilo dentro de una frase u oración, e incluso dentro de una palabra.*

Resumen

El **alófono fiel** de un fonema es el que está asociado a los mismos rasgos unarios y binarios que el fonema que lo subyace. Cualquier segmento que a nivel fonético no esté asociado a los mismos rasgos que el fonema que lo subyace es **alófono infiel** de ese fonema. En las lenguas humanas existen dos tendencias opuestas, una al **contraste** y otra al **menor esfuerzo**. Esta última lleva a la **simplificación**, que puede ser secuencial (**asimilación**) o segmental (**reducción** y **supresión**). Aparte del caso en que hay **elisión** (supresión total), la simplificación siempre da como resultado un alófono infiel. La forma fonética de una palabra tiene lógicamente menos segmentos que su forma subyacente cuando ha habido elisión, pero tiene más segmentos cuando ha habido **epéntesis**. Toda discrepancia entre la forma subyacente y la forma fonética de una misma palabra se debe a que ha tenido lugar algún **proceso fonológico**. Los procesos fonológicos de una lengua están gobernados por **principios fonológicos** particulares a esa lengua que determinan a qué clase de fonemas y en qué entornos se aplican esos procesos. En la fonología reciben el nombre de **estilos** las distintas formas de pronunciar que dependen de la velocidad y el grado de tensión muscular con que se pronuncie. Hay cuatro estilos: **largo**, **andante**, **alegreto** y **presto**. Los principios que dependen de los estilos a veces se aplican y a veces no, y se consideran por eso **variables**. Entre ellos están los que gobiernan los procesos de simplificación. Existen sin embargo **principios obligatorios** que siempre se cumplen.

Ejercicios

Práctica de transcripción

Transcriba las formas fonéticas de las siguientes palabras españolas en las cuales ha tenido lugar el proceso que se menciona entre paréntesis (no se olvide de marcar el acento primario con una tilde):

1. *inmenso* (asimilación):_____

2. *hasta* (supresión de gestos bucales):_____

3. *todo* (desplosivización):_____

4. *asma* (sonorización):_____

5. *envío* (asimilación):_____

6. *es* (supresión total de consonante posnuclear):_____

7. *amor* (multiplización de vibrante):_____

8. *tigre* (epéntesis) :_____

Para pensar

1. Explique por qué es verdadero o por qué es falso decir que siempre que ocurre un proceso fonológico aparece en la forma fonética de una palabra por lo menos un segmento que es alófono infiel del fonema que lo subyace.

2. Explique por qué es verdadero o por qué es falso decir que un alófono infiel siempre requiere menor esfuerzo muscular que el alófono fiel del mismo fonema.

3. Explique por qué es verdadero o por qué es falso decir que la tendencia al menor esfuerzo se manifiesta en la pronunciación de las mismas clases de sonidos en inglés y en español.

4. Utilizando los conceptos de forma subyacente, forma fonética y principio fonológico explique por qué un/a hablante de español es capaz de percibir la secuencia de sonidos [sé.ra.so.ná.βle] como *sé razonable* en *No seas así: sé razonable*, pero como *ser razonable* en *Hay que ser razonable*.

Capítulo 8

Morfemas, palabras y sílabas

8.1. Lo morfológico en la fonología y el lexicón

En español, como en otras lenguas, se da el fenómeno de que hay dos o más palabras que contienen secuencias de segmentos que, significando exactamente lo mismo, no se componen sin embargo de los mismos segmentos. Es ése el caso por ejemplo de formas de verbos irregulares del español. Si comparamos *sentí* y *sintió* vemos que la secuencia [sent] significa lo mismo que la secuencia [sint]: las dos secuencias se refieren a experimentar un sentimiento. En ambos casos, la secuencia es la **raíz** del verbo, que es la parte principal de toda forma verbal, a la cual se añaden **sufijos**, o elementos que siguen a la raíz y que sirven para indicar categorías verbales tales como el tiempo, la persona y el número. El hecho de que la raíz de un verbo no siempre se pronuncie igual parecería ser un fenómeno de interés para la fonología. Creemos sin embargo que no se trata de un fenómeno regido por principios fonológicos y que esta variación es completamente diferente al fenómeno de que una palabra entera se pronuncie de diversas maneras. En este capítulo explicaremos la diferencia entre ambos casos. Para explicarla hace falta que examinemos el hecho de que una palabra es analizable en ciertas unidades más pequeñas que las palabras que no son ni sus segmentos ni sus sílabas y que algunas veces son del tamaño de esas dos unidades y otras veces son más grandes que ellas.

Empezamos nuestro examen de esas partes de la palabra mencionando un hecho bastante obvio: toda persona que sabe una lengua tiene un vocabulario, es decir, sabe cierto número de palabras. Ese número puede ser mayor o menor según la experiencia individual de cada persona. Una pregunta de gran interés para la teoría lingüística en general es cómo están 'almacenadas' o 'guardadas' las palabras en la gramática mental. Lingüistas de distintos puntos de vista teóricos están de acuerdo que el componente morfológico de la gramática mental de toda lengua humana incluye un 'diccionario mental' donde las formas que integran el vocabulario de una persona, llamadas **ítems léxicos**, están asociadas a sus significados y/o funciones dentro de la estructura de la lengua de esa persona. Ese diccionario mental recibe el nombre de **lexicón**, y se supone que se compone de **entradas léxicas**, como las que aparecen en los diccionarios ordinarios, ya sean impresos o electrónicos.

8.2. Concepto de morfema

En un diccionario ordinario el ítem al cual se refiere una entrada léxica es en la mayoría de los casos una palabra entera. ¿Es ese el caso del lexicón? En otras palabras ¿es el lexicón mayormente una lista de palabras en la que se especifica para cada una su significado, su función gramatical, los fonemas que la integran, etc.? La posición teórica que adoptamos aquí es que en muchos casos la forma a la cual se refiere una entrada del lexicón es una unidad léxica menor que la palabra que recibe el nombre de **morfema**.

El morfema es la unidad gramatical mínima que no puede dividirse en partes que tengan un significado o función propios contribuyentes al significado o función del todo. Por ejemplo, en español hay un morfema *mar* ('sea') pero dentro de él ni *m* ni *ma* ni *ar* ni *a* ni *r* significan nada que contribuya al significado o función de *mar*. Hay también una palabra *mar*, que es **monomorfemática**, es decir, contiene un solo morfema. Por contraste la palabra *amar* ('to love'), forma verbal, no es un morfema sino una secuencia de tres morfemas: *am* es la **raíz** que se refiere a cierto sentimiento, *a* es la llamada **vocal temática** que señala que el verbo es de la primera conjugación y *r* es el morfema de infinitivo.

> El morfema es la unidad léxica que no se puede descomponer en partes más pequeñas que contribuyan al significado del todo. Por contraste cada palabra se compone de uno o más morfemas, y cada uno contribuye al significado del todo.

Siguiendo un criterio de economía, suponemos que las distintas formas de un mismo verbo español no tienen cada una su propia entrada en el lexicón de una persona de habla española. Es decir, no hay entradas separadas para *amo, amas, ama, amábamos, amaría, amado, etc.* La raíz verbal *am* sí tiene su propia entrada y lo mismo la vocal temática *a* y la marca de infinitivo *r*. Estas dos últimas, como sufijos, se combinan con las raíces verbales de todos los verbos de la primera conjugación para formar el infinitivo de esos verbos. La vocal temática *a* aparece en otras formas verbales aparte del infinitivo, por ejemplo en *amas*; y en esta última aparece un sufijo *s*, que es la marca de segunda persona singular familiar (la que se usa con alguien a quien llamamos *tú*) y este morfema sufijo también tiene su propia entrada. En los verbos de la segunda conjugación la vocal temática es *e* (como en *comer*) y en los de tercera conjugación es *i* (como en *vivir*) y, claro está, cada una tiene su propia entrada léxica. En resumen, cada raíz y cada sufijo verbal tienen su propia entrada léxica, y cada uno de ellos aparece una sola vez en el lexicón.

Por supuesto que además de raíces verbales, el lexicón contiene raíces nominales, adjetivales y adverbiales. Por ejemplo, hay una raíz nominal /kas/ que aparece en *casa, casas, casita*, etc.; una raíz adjetival /grand/ que aparece en *grande, grandes*, etc., y una raíz adverbial /pront/ que aparece en *pronto, prontísimo*, etc. Las raíces se combinan con distintos **afijos**; es decir, no sólo sufijos sino también **prefijos** (como *sub* en *subdirector*) e **infijos** (como *it*, que se inserta en *Carlos* para formar *Carlitos*).

> En muchos casos las palabras se componen de raíces y afijos que están almacenados por separado en el lexicón.

8.3. Morfemas abstractos y alomorfos

En la gran mayoría de los casos los morfemas se componen de fonemas. Hay sin embargo **morfemas abstractos** que no se componen de fonemas, y las que se componen de fonemas son sus manifestaciones llamadas **alomorfos**. Por ejemplo, en español hay un morfema abstracto de pluralidad que tiene dos alomorfos: uno es /s/ y el otro es /es/. Este último se añade a los singulares terminados en consonante con excepción de aquellos terminados en /s/ que no reciben el acento primario en la última sílaba: el plural de *papel* es *papeles* y el de *examen* es *exámenes*, pero el plural de *lunes* no es *lúneses ni el de síntesis es *síntésises. La entrada léxica del morfema de pluralidad se compone de la lista de sus alomorfos e información sobre con qué morfemas se combinan. Por supuesto que todos los alomorfos de un mismo morfema abstracto tienen el mismo significado. Tanto /s/ como /es/ significan 'más de uno'.

Otro morfema abstracto es el prefijo de negación que se manifiesta como *in-* en la mayoría de los casos pero como *i* si la raíz empieza con una consonante líquida. Y así tenemos por ejemplo *inestable* e *insoluble* pero *ilegible* (no **inlegible*) e *irracional* (no **inracional*). La entrada léxica para este morfema contiene la lista {/in/, /i/} y la información de que se usa el segundo alomorfo cuando la raíz comienza con consonante líquida y que de lo contrario se usa el primero.

No todos los morfemas abstractos son afijos. Hay morfemas abstractos que son raíces. Por ejemplo la raíz del verbo *dormir* tiene tres alomorfos: /dorm/ como en *dormir*, /dwerm/ como en *duermo* y /durm/ como en *durmieron*. La entrada léxica de la raíz de *dormir* incluye información sobre lo que significa esa raíz, qué tipo de raíz es, etc., así como la lista de sus tres alomorfos e información sobre con qué sufijos se combinan.

Todo alomorfo es la representación de un fonema abstracto que tiene por lo menos otro alomorfo. Los alomorfos están relacionados entre sí porque tienen el mismo significado.

8.4. Presencia de bases en el lexicón

Dentro de nuestra teoría sobre la estructura del lexicón adoptamos la hipótesis de que no todas las entradas léxicas se refieren a morfemas individuales. En algunas el ítem léxico es una **base** ('stem' en inglés), o conjunto de morfemas a los cuales pueden añadirse afijos. Considérese el caso de los nombres propios que son nombres compuestos. Son estructuras complejas que contienen más de una raíz. Supongamos que en un país hispánico haya un pueblo localizado en las montañas llamado Buenavista (literalmente 'good view'). Aunque es posible analizar ese nombre como compuesto de cuatro morfemas, /buen/ + /a/ + /bist/ + /a/, teorizamos que a la hora de utilizarlo en una locución no se efectúa de ningún modo una operación mental de combinar cuatro morfemas del mismo modo que combinamos /am/, /a/ y /ɾ/ para formar *amar*. Esa operación sí sucedió al crearse el nombre Buenavista por alguien que utilizó morfemas ya existentes, pero la operación no se repite cada vez que usamos dicho nombre. Asumimos en cambio que hay una entrada léxica para una base /bwenabist/ que se combina activamente con /a/ para formar *Buenavista* y por ejemplo con /eɲ/ y con /o/ para formar *buenavisteño*, que es como llaman a los varones que son de ese pueblo (siendo *buenavisteñas* las mujeres).

Es conveniente añadir que en algunos casos las entradas léxicas que son bases contienen afijos además de una o más raíces. Por ejemplo el sustantivo *abrelatas* ('can opener'), creado originalmente combinando *abre* y *latas* y analizable en cinco morfemas: /abr/, /e/, /lat/, /a/ y /s/, se compone enteramente de una base que tiene su propia entrada en el lexicón y no es necesario conjugar el verbo combinando /abr/ y /e/ ni formar *latas* a partir de /lat/, /a/ y /s/ pluralizando el sustantivo, etc., cada vez que se va a usar esa palabra. La prueba está en que la forma singular es *abrelatas*, terminado en /s/, como se ve en las frases *un abrelatas* y *ese abrelatas*. Este análisis puede extenderse a formas como *tocadiscos*, *parabrisas*, etc. Cada una tiene su propia entrada léxica.

8.5. Por qué los principios fonológicos no operan en la morfología

El hecho de que la mayoría de las palabras contengan más de un morfema unido a la suposición de que muchas entradas léxicas se refieren a morfemas individuales nos lleva a suponer que el componente morfológico de la gramática mental contiene, además del lexicón, un conjunto de **principios de formación de palabras** que determinan las posibles combinaciones de elementos léxicos en palabras. Suponemos además que el output del componente morfológico son precisamente las formas subyacentes de las palabras. A su vez las formas subyacentes son el input al conjunto de principios fonológicos que determinan su forma fonética.

Es importante subrayar que los principios fonológicos se aplican únicamente después que se han aplicado los principios de formación de palabras. Es decir, los principios fonológicos *no operan dentro del componente morfológico*. La razón de ello es que no es necesario que operen en ese componente, ya que hay invariabilidad entre la forma fonemática que tiene un elemento léxico dentro del lexicón y la forma fonemática que tiene como parte de la forma subyacente de una palabra. Los morfemas que no son abstractos se componen siempre de los mismos fonemas en su entrada léxica y en las formas subyacentes en las cuales aparecen. Por ejemplo la raíz del verbo regular *amar* es /am/ en el lexicón y es igualmente /am/ como parte de la forma subyacente de *amar*, *amamos*, etc. En cuanto a los morfemas abstractos, éstos no aparecen en las formas subyacentes: los que aparecen son sus alomorfos, que son sus manifestaciones. Ahora bien, al igual que todo morfema no abstracto, todo alomorfo se compone de los mismos fonemas en el lexicón y las formas subyacentes de las cuales forma parte. Por ejemplo el alomorfo del morfema abstracto 'raíz del verbo *sentir*', que según los principios de formación de palabras es el que debe combinarse con el sufijo /-i/ para formar, por ejemplo, la palabra *sentí*, tiene la forma /sent/ dentro del lexicón (específicamente dentro de la entrada léxica de ese morfema abstracto), e igualmente tiene la forma /sent/ como parte de la forma subyacente de la palabra *sentí*. Y el alomorfo /sint/, que según los principios de formación de palabras es el que debe combinarse con los sufijos /-i/ y /-o/ para formar, por ejemplo, *sintió*, tiene la forma /sint/ tanto dentro de la entrada léxica del morfema abstracto del cual es manifestación como dentro de la forma subyacente de la palabra *sintió*.

En otras palabras, los alomorfos de un morfema abstracto no están relacionados por principios fonológicos ya que no hay una forma subyacente común a ellos expresable en fonemas. Por eso no tiene sentido decir, por ejemplo, que la /n/ del prefijo de negación se elide ante consonante líquida cuando se combinan /in/, /loxik/ y /o/, ya que lo que se combina con esa raíz y con ese sufijo para formar la palabra *ilógico* no es /in/ sino /i/.

Los principios fonológicos se aplican únicamente después de que las palabras se han formado en el componente morfológico por la combinación de morfemas. Los principios fonológicos no tienen que operar en el componente morfológico porque los morfemas no abstractos y los alomorfos de morfemas abstractos tienen la misma forma en el lexicón y en las formas subyacentes de las palabras.

8.6. La sílaba y su estructura básica

Pasamos a ocuparnos de otra unidad fonológica que aparece dentro de la palabra y de las combinaciones de palabras en frases y oraciones. Nos referimos a la sílaba. En capítulos subsiguientes presentaremos en detalle los fonemas del español y los procesos fonológicos que los afectan, presentando siempre con fines pedagógicos, comparaciones con el inglés y oportunidades para practicar la pronunciación. Veremos que muchas veces es importante especificar en qué posición dentro de una sílaba está un segmento de la clase a la cual se aplica un principio fonológico determinado. La sílaba es, pues, una unidad fonológica de gran importancia.

Cabe preguntarse qué es exactamente una sílaba. La sílaba parece ser una unidad de carácter básicamente psicológico pues haciendo uso de instrumentos que examinan la pronunciación apelando únicamente a parámetros físicos, no es posible determinar con exactitud dónde dentro de una locución termina una sílaba y dónde empieza la sílaba que la sigue. Al igual que la separación de palabras y frases en segmentos, la separación de las locuciones en sílabas tiene lugar a nivel mental.

Es posible sin embargo en algunos casos y sin necesidad de aparatos detectar los límites de las sílabas. Si se le pide a una persona que pronuncie lo más despacio posible (o sea en el estilo llamado largo) alguna palabra de su lengua materna, observará inconscientemente los principios del *silabeo* de su lengua—es decir los principios que determinan cómo los fonemas se agrupan en *sílabas* dentro de las palabras—y pronunciará esa palabra dividida en sílabas. Por ejemplo si la lengua materna de la persona es el español y se le pide que pronuncie despacio la palabra *casa* dirá únicamente [ká.sa] y nunca *[k.a.sa] porque aunque [a] y [sa] pueden ser sílabas españolas, el sonido [k] por sí solo no puede serlo. Tampoco dirá *[kas.a] porque aunque [kas] puede ser una sílaba española, por un principio que veremos luego en detalle, una sílaba española no puede empezar con vocal si la sílaba anterior termina en consonante.

La sílaba como unidad es superior al segmento ya que puede componerse de más de un segmento. Ahora bien, una sílaba puede tener un solo segmento y ser además la única sílaba de la palabra. La palabra española *o* (equivalente a 'or' en inglés) es **monosilábica**, tiene una sola sílaba, y esa sílaba se compone simplemente del fonema /o/. Las palabras que son monosilábicas reciben el nombre de **monosílabos**. En cambio se llama **polisílabos** o **palabras polisilábicas** a las que tienen dos o más sílabas: *casa, persona, teléfono, clasificado, anticomunista* y *despreocupadamente* son todas polisílabos.

Toda sílaba tiene un elemento obligatorio llamado el **núcleo**. En español el núcleo *tiene que ser una vocal.* No puede haber en español una sílaba que se componga únicamente de una semivocal o de una consonante. En cambio en inglés una consonante resonante puede ser núcleo. La palabra *button* tiene dos sílabas y la segunda se compone únicamente del fonema /n/. Otro ejemplo que vimos anteriormente: la segunda sílaba de la palabra *cradle* se compone únicamente del fonema /l/.

El elemento obligatorio de una sílaba es su núcleo, que en español tiene que ser siempre una vocal.

El núcleo de la sílaba puede estar precedido o seguido de consonantes. También puede estar precedido o seguido de semivocales. Son éstos, recuérdese, los vocoides que aparecen antes o después de una vocal dentro de una misma sílaba. Dentro de la sílaba, cualquier sonido que aparezca antes del núcleo está en **posición prenuclear** o en el **prenúcleo**; y cualquier sonido que aparezca después del núcleo está en **posición posnuclear** o en el **posnúcleo**. También se dice de un sonido no nuclear que es prenuclear o posnuclear según esté en el prenúcleo o en el posnúcleo. Por ejemplo, en la sílaba *pan,* /a/ es el núcleo, /p/ es prenuclear y /n/ es posnuclear.

Dentro de una sílaba, todo segmento que precede al núcleo está en posición prenuclear; todo segmento que sigue al núcleo está en posición posnuclear. Toda sílaba contiene una sola vocal.

Es importante subrayar que toda sílaba española contiene *una sola vocal.* Por ejemplo, la palabra *fui*, que tiene una sola sílaba, tiene una sola vocal, que es [i], y en ella aparecen en posición prenuclear la consonante [f] y la semivocal [w]. Las palabras *soy* y *doy* y *hoy* contienen una sola vocal, que es [o]; en la pronunciación normal esas tres palabras terminan en la semivocal [j], que es también el único sonido posnuclear que aparece en las palabras *aire* ([áj.ɾe]), *aceite* ([a.séj.te]), *oigo* ([ój.ɣo]) y *Jujuy* ([xu.xúj]), que es el nombre de una provincia de Argentina. Por su parte la semivocal [w] es el único sonido posnuclear en *auto* ([áw.to]) y *Europa* (ew.ɾó.pa).

8.7. Tipos de combinaciones silábicas de vocal y consonante

En cuanto a las posibles combinaciones de vocal y consonante dentro de una misma sílaba, existen en español los siguientes tipos de sílabas, que ilustramos con la primera sílaba de cada palabra que se da como ejemplo:

V	/a/ en *amigos*
CV	/ka/ en *casas*
VC	/es/ en *este*
CCV	/pla/ en *plato*
CVC	/tan/ en *tango*
VCC	/ins/ en *instalar*
CCVCC	/trans/ en *transportar*

Todos estos tipos también se dan en inglés, y tanto en español como en inglés el tipo de sílaba más frecuente es CV. Ahora bien, en inglés existen tipos de sílabas que no existen en español. Por ejemplo en inglés una sílaba puede empezar o terminar con tres consonantes, como en *stray* ([stɹeʲ]) y *next* ([nɛkst]), respectivamente. En español sin embargo el número máximo de consonantes tanto en el prenúcleo como en el posnúcleo, es dos.

> *En español no puede haber más de dos consonantes ni en el prenúcleo ni en el posnucleo.*

Las sílabas se clasifican también atendiendo al tipo de sonido con que terminan. Las sílabas que terminan en vocal—V, CV y CCV—se llaman **abiertas**. Las demás son sílabas **cerradas**, incluyendo las que terminan en semivocal (por ejemplo [tój] en *estoy* y [káw] en *causa*).

Resumen

La gramática mental incluye un diccionario llamado el **lexicón**, que contiene **morfemas** (que pueden ser **raíces** o **afijos**), **bases** y palabras enteras. El morfema es la unidad léxica que no puede descomponerse en partes que contribuyan al significado del todo. Hay morfemas abstractos que se manifiestan en sus **alomorfos**, los cuales no se componen de los mismos fonemas. Una base es una combinación de raíz y afijo(s) que acepta sufijos para formar palabras. El lexicón es parte del componente morfológico o morfología mental, donde se forman las palabras. El output de ese componente son las formas subyacentes a las cuales se aplican los principios fonológicos. Éstos no operan en el componente morfológico, ya que los morfemas no abstractos y los alomorfos de morfemas abstractos tienen los mismos fonemas en el lexicón y en las formas subyacentes de las cuales forman parte. La **sílaba** es una unidad fonológica de gran importancia que consta de un **núcleo** obligatorio, que en español es siempre una vocal, y una sola. Tanto antes como después del núcleo pueden aparecer contoides y semivocales. Si están antes del núcleo son **prenucleares**, siendo **posnucleares** cuando están después del núcleo. Tanto en el prenúcleo como en el posnúcleo pueden aparecer un máximo de dos consonantes.

Ejercicios

Práctica de transcripción

En la pronunciación de las siguientes palabras aparecen en posición prenuclear sonidos cuyos símbolos no son letras del alfabeto latino. Repase la lista de los sonidos del español contenida en el capítulo 4 y luego escriba entre los corchetes el símbolo del sonido representado en la ortografía por la letra o combinación de letras en negrita:

1. **qu**ímica: [ ]
2. a**b**erración: [ ]
3. a**d**oración: [ ]
4. a**g**radable: [ ]
5. ma**y**onesa: [ ]
6. a**ñ**o: [ ]
7. amoroso: [ ]
8. in**y**ectar: [ ]

Para pensar

A. Diga cuántas vocales hay en cada una de las siguientes palabras que, aunque escritas ortográficamente, aparecen divididas en las sílabas que tienen cuando se pronuncian normalmente:

1. a.vi.sar.te
2. fun.cio.nal.
3. a.me.ri.ca.nis.mo
4. ins.pec.cio.nar
5. i.nep.to
6. i.ni.ma.gi.na.ble
7. cons.tan.cia.

B. Diga cuántas consonantes prenucleares y cuántas consonantes posnucleares hay en cada una de las siguientes palabras que, aunque escritas ortográficamente, aparecen divididas en las sílabas que tienen cuando se pronuncian normalmente:

1. gua.gua
2. U.ru.guay
3. rey
4. di.no.sau.rio
5. mons.truo
6. e.jer.ci.cio
7. cien.cia

C. Para cada una de las siguientes afirmaciones, diga si es verdadera o si es falsa, y explique brevemente por qué, ilustrando su respuesta con ejemplos.

1. "En español una palabra debe contener por lo menos dos morfemas."

2. "Cuando una entrada léxica no contiene una palabra o base, siempre contiene un solo morfema."

3. "La forma subyacente de la palabra *amores* es /amors/ y existe un proceso fonológico que inserta [e] entre [ɾ] y [s]."

4. "Que la palabra *patio* se pronuncie [pá.tjo] demuestra que una letra vocal siempre representa un sonido vocálico."

Capítulo 9

Fonemas plosivos sordos

9.1. Introducción

En este capítulo comenzamos la descripción de la organización fonológica del español, ofreciendo además a quienes estudian español como segunda lengua la oportunidad de practicar sistemáticamente la pronunciación con la ayuda del programa grabado y de su instructor/a. Dedicamos especial atención a los aspectos de la pronunciación española que de no conocerse llevan a hablantes de inglés de EE.UU. a tener "acento" en español. El "acento" (que, recuérdese, escribimos siempre entre comillas para distinguirlo de la palabra equivalente a 'stress' en inglés) es el resultado de utilizar en las locuciones españolas fonemas y principios fonológicos del inglés. Dedicamos atención también a los casos en que el desconocimiento de la estructura fónica del español lleva a problemas no sólo de pronunciación sino también de comprensión.

Empezamos con los fonemas plosivos sordos, que se simbolizan /p t k /. Estos tres fonemas comparten los rasgos [+Consonántico, −Resonante, −Continuo, +Sonoro].

El primero, /p/, tiene los rasgos distintivos que comparte con /t/ y /k/ y es además [Labial +Redondeado], lo cual lo distingue de los otros dos. Se representa en la ortografía con la letra *p*, como en *pan*, *sopa* y *eclipse*.

En cuando a /t/, tiene los rasgos distintivos que comparte con /p/ y /k/ y es además [Coronal, +Anterior, +Distribuido], lo cual lo distingue de los otros dos. Se representa en la ortografía con la letra *t*, como en *tengo*, *esto* y *atmósfera*.

Por último /k/ tiene los rasgos distintivos que comparte con /p/ y /t/ y es además [Dorsal, +Alto, +Retraído], lo cual lo distingue de los otros dos. Se representa en la ortografia con tres letras distintas: *c* como en *casa*, *toco*, *acné* y *zinc*; *qu* como en *queso* y *toqué*; y *k* como en *kilómetro* y *kayak* .

En el caso de /p t k/, como en el de otras clases de fonemas, es útil describir por separado sus alófonos prenucleares y posnucleares porque los procesos que se aplican cuando los fonemas están en posición posnuclear pueden no aplicarse en posición prenuclear y viceversa.

9.2. Alófonos prenucleares

En la gran mayoría de los lectos hispánicos /p t k/ tienen un solo alófono prenuclear, sus alófonos fieles [p], [t] y [k], que aparecen lo mismo a principio que en medio de palabra, inclusive en el habla relajada.

9.3. Alófonos posnucleares

En posición posnuclear en alegreto /p t k/ se pronuncian sonoros en vez de sordos y además se desplosivizan, resultando como alófonos infieles los segmentos continuos [β ð ɣ], que pueden llegar a ser aproximantes en vez de fricativas débiles. En andante aparecen los alófonos fieles. Véanse los siguientes ejemplos:

	en alegreto	**en andante**
eclipse	[e.klíβ.se]	[e.klip.se]
atmósfera	[að.mós.fe.ra]	[at.mós.fe.ra]
examen	[eɣ.sá.men]	[ek.sá.men]

Nótese por cierto que en la palabra *examen* nunca aparece en español el sonido [z], qué sí aparece en *exam* en inglés. En español absolutamente todas las palabras en cuya forma ortográfica aparece la letra *x* entre vocales, presentan siempre la secuencia /ks/ entre vocales en su forma subyacente. O sea, por ejemplo, la forma subyacente de *examen*, tal como emerge del componente morfológico, es /eksamen/, la de exótico es /eksotiko/ y la de taxi es /taksi/. (El acento primario se determina luego dentro de la fonología.) Según el estilo, /k/ se pronunciará o como su alófono fiel [k] (en largo y andante) o como su alófono infiel [ɣ] (en alegreto y presto).

9.4. Variación lectal de interés

En algunos lectos (por ejemplo en el cubano) en pronunciación sumamente relajada, se observa la tendencia a realizar /p t k/ en interior de palabra como los plosivos sonoros correspondientes, esto es, [b d g], vocales, y así se escucha por ejemplo [kó.ba] por *copa*, [ró.do] por *roto* y [pá.go] por *Paco*. Lo que ha sucedido es que la plosiva se ha asimilado a la sonoridad de la vocal que la precede.

En lectos caribeños y andaluces en posición posnuclear se da en el habla relajada (estilos alegreto y presto) el fenómeno de la **velarización** de /p/ y /t/. Consiste en realizar esos fonemas como un alófono infiel que es exclusivamente velar (esto es, articulado con el posteriodorso) y por tanto Dorsal y es además sonoro y continuo, o sea, [ɣ]. Ejemplos son [áɣ.to] por *apto* (con lo cual esta palabra se pronuncia igual que *acto*), [péɣ.si] por *Pepsi*, [éɣ.kot] por el apellido inglés *Epcot*, [ma.ríɣ.sa] por *Maritza* (nombre de mujer bastante popular) y [éɣ.ni.ko] por *étnico*. Este fenómeno parece deberse en parte a que la articulación posteriodorsal es menos compleja en lo muscular que la labial o coronal, constituyendo por tanto un caso de simplificación segmental. Al mismo tiempo hay simplificación secuencial puesto que el hecho de que el alófono resultante sea sonoro y continuo (en vez de [k]) indica que se ha asimilado a la vocal que lo precede.

En el castellano de Castilla /p t k/ posnucleares tienden a elidirse en el habla relajada, y así se oye, por ejemplo [ó.ti.mo] por *óptimo*, [bé.si] por *Betsy* y [fás] por *fax* (en vez de [fáks] o [fáɣs]).

9.5. Diferencias principales con el inglés

En inglés es obligatorio que a principio de palabra y de sílaba que recibe acento primario /p t k/ se pronuncien con una glotis más extendida que en otros entornos, resultando el soplo extra de aire llamado aspiración, simbolizado utilizando el símbolo *h* como superíndice. Es decir, los alófonos aspirados de /p t k/ son [pʰ tʰ kʰ]. Éstos tienden a aparecer en la pronunciación de aprendices de español como segunda lengua.

Debe añadirse que el hecho de que /p t k/ españolas no se realicen nunca con aspiración hace que a veces se perciban por anglohablantes como similares a [b d g] del inglés, que son los sonidos plosivos sonoros que aparecen en las mismas posiciones que los aspirados. Así por ejemplo *Dame un peso* podría malentenderse como *Dame un beso*.

Otras dos diferencias que tienden a causar "acento" tienen que ver únicamente con /t/. Aunque en ambas lenguas /t/ es coronal, anterior y distribuido, el timbre es ligeramente distinto porque en español el contacto de la lengua es con la cara interior de los dientes superiores, mientras que en inglés es con la cresta alveolar. En segundo lugar, en inglés /t/ se vibrantiza entre vocales, esto es, se pronuncia [ɾ] y esto no sucede nunca en español. Además de causar "acento", este fenómeno puede causar que se perciba una palabra distinta a la que quiso decirse. Por ejemplo si *foto*, 'photo', se pronuncia [fó.ro], el oído hispánico percibirá *foro*, 'forum'.

En español, a diferencia del inglés, los fonemas /p t k/ no tienen alófonos aspirados en ningún entorno; además /t/ es dental en vez de alveolar y nunca se realiza como [ɾ].

Resumen

Los fonemas plosivos sordos se diferencian entre sí en que /p/ es Labial, /t/ es Coronal y /k/ es Dorsal. En posición prenuclear lo normal es que /p t k/ se realicen como sus alófonos fieles, aunque en algunos lectos se sonorizan en alegreto. En posición posnuclear en alegreto se reducen considerablemente, pronunciándose continuos y además sonoros por asimilación a la vocal precedente. A diferencia de /p t k/ del inglés, nunca se pronuncian aspirados. Además, /t/ se diferencia de /t/ del inglés en ser dental en vez de alveolar y en que nunca se vibrantiza. La realización de /t/ como [ɾ] por anglohablantes puede causar que este fonema se perciba como /ɾ/ por hispanohablantes.

Ejercicios

Nota sobre los ejercicios de pronunciación

Los ejercicios de pronunciación están numerados consecutivamente a partir de este capítulo. Todos aparecen con el mismo número en el disco compacto que acompaña al libro. En la grabación se especifica para cada ejercicio el capítulo en el cual aparece. Los ejercicios pueden realizarse también en clase, repitiendo lo que dice el instructor o instructora.

Ejercicio de pronunciación no. 1:
El fonema /p/ en posición prenuclear

Evite aspirar /p/ en todos los casos. Escuche y repita lo que dice la grabación o su instructor/a.

1. paso

2. compás

3. pena

4. apenas

5. pino

6. opino

7. pongo

8. opongo

9. puse

10. opuse

Ejercicio de pronunciación no. 2:
Contraste entre [b] y [p]

El sonido [b] es menos tenso en español que en inglés; [p] se aproxima mucho en tensión a /b/ del inglés, pero las cuerdas vocales no vibran antes de separarse los labios. Escuche y repita lo que dice la grabación o su instructor/a.

1. basta/pasta

2. beso/peso

3. velo/pelo

4. visa/pisa

5. boca/poca

6. buzo/puso

Ejercicio de pronunciación no. 3:
El fonema /t/ en posición prenuclear

Ponga la lengua detrás de los dientes superiores y pronuncie /t/ como [t], sin aspiración.

Escuche y repita lo que dice la grabación o su instructor/a.

1. tanto

2. está

3. tenso

4. intenso

5. Tina

6. Cristina

7. tono

8. votó

9. tuna

10. atún

Ejercicio de pronunciación no. 4:
Contraste entre [d] y [t]

Ponga la lengua detrás de los dientes superiores tanto para [t] como para [d]. Pronuncie [t] con más tensión que [d], pero sin aspiración. Escuche y repita lo que dice la grabación o su instructor/a.

1. domar/tomar

2. déle/tele

3. duna/tuna

4. siendo/siento

5. andes/antes

6. falda/falta

Ejercicio de pronunciación no. 5:
El fonema /t/ entre vocales

Evite pronunciar /t/ entre vocales como [ɾ]. Pronuncie siempre [t]. Escuche y repita lo que dice la grabación o su instructor/a.

1. cita

2. quite

3. moto

4. loto

5. mate

6. pétalo

7. átomo

8. beta

9. patito

10. chiquita

Ejercicio de pronunciación no. 6:
El fonema /k/ en posición prenuclear

Evite aspirar /k/ en todos los casos. Escuche y repita lo que dice la grabación o su instructor/a.

1. cama
2. acá
3. queso
4. saqué
5. kilo
6. aquí
7. como
8. tocó
9. cupo
10. ocupo

Ejercicio de pronunciación no. 7:
Contraste entre [g] y [k]

El sonido [g] es menos tenso en español que en inglés; [k] se aproxima mucho en tensión a /g/ del inglés, pero las cuerdas vocales no vibran antes de despegar el posteriodorso de la región velar. Escuche y repita lo que dice la grabación o su instructor/a.

1. ganas/canas
2. gasto/casto
3. guiso/quiso
4. gozas/cosas
5. goma/coma

Práctica de transcripción

El siguiente ejercicio enfoca la realización de /p t k/ en posición posnuclear. Transcriba cada una de estas palabras de dos maneras: primero cómo se pronunciaría en andante y segundo cómo se pronunciaría en alegreto. No se olvide de marcar el acento primario.

1. óptico
2. étnico
3. acceso

Para pensar

1. Describa brevemente dos diferencias entre el fonema /p/ del español y el fonema inglés que se simboliza de la misma manera. Tenga en cuenta los rasgos a los cuales están asociados y los rasgos a los cuales están asociados sus respectivos alófonos.

2. Describa brevemente tres diferencias entre el fonema /t/ del español y el fonema inglés que se simboliza de la misma manera. Tenga en cuenta los rasgos a los cuales están asociados y los rasgos a los cuales están asociados sus respectivos alófonos.

3. ¿Qué dos procesos fonológicos han tenido lugar con respecto a la plosiva posnuclear en la realización de *apto* como [áβ.to]?

4. Explique por qué es verdadero o por qué es falso decir que la velarización de /p/ y /t/ es un proceso de asimilación.

Capítulo 10

Fonemas plosivos sonoros

10.1. Introducción

En la mayoría de los lectos hispánicos hay cuatro fonemas plosivos sonoros: /b d ɟ g/, que comparten los rasgos [−Resonante, −Continuo, +Sonoro].

El primero, /b/, es [Labial, +Redondeado]. Se representa en la ortografía con las letras *b* y *v*, como en *barco, obra, obtener, vamos, lava* y *envidia*.

El segundo, /d/, es [Coronal, +Anterior, +Distribuido]. Se representa en la ortografía con la letra *d* como en *dame, todos, banda* y *celda*.

El tercero, /ɟ/, es [Coronal, −Anterior, +Distribuido, Dorsal, −Alto, −Retraído]. Se representa en la ortografía con las letras *y* y *ll*, como en *yo, mayo, llamar* y *callar*. Además, en la gran mayoría de los lectos es el primer segmento de las palabras que empiezan con las secuencias *hia* y *hie*, por ejemplo *hiato* ('hiatus') y *hielo* ('ice'). La forma subyacente de la primera es /ɟato/ y de la segunda es /ɟelo/. Repetimos que nuestra descripción se aparta de la tradicional en considerar que este fonema es plosivo en vez de africado. Además, como todo fonema clasificado tradicionalmente como palatal, es a la vez Coronal y Dorsal, o coronodorsal. Es el único fonema plosivo que tiene dos rasgos unarios. Los otros tienen solamente uno.

Por último /g/ es [Dorsal, +Alto, +Retraído]. Se representa en la ortografía con la combinación *gu* en las secuencias *gue* y *gui* como en *guerra, sigue, guitarra* y *siguió* y simplemente con *g* fuera de estas secuencias, como en *gusto, pago, zigzag* y *agüero*. En esta última *ü* no es parte de la representación de /g/ sino que representa a la semivocal [w]. Hay que añadir que en muchos lectos /g/ es el primer segmento de palabras que empiezan con *hua* o *hue* en la escritura, como *huaco* (objeto ceremonial que se coloca en una tumba), *hueso* y *huevo*.

10.2. Alófonos prenucleares

En la gran mayoría de los lectos hispánicos una característica común a / b d ɟ g/ es que en posición prenuclear se realizan como alófonos infieles continuos con el mismo punto de articulación que los alófonos fieles [b d ɟ g]. A este proceso hemos venido dando el nombre de **desplosivización**. Tradicionalmente ha recibido el nombre de **espirantización** por llamarse **espirantes** a las fricativas. Ahora bien, los alófonos continuos de estos fonemas no son siempre fricativos: a veces son aproximantes.

La desplosivización de /b d ɟ g/ tiene lugar normalmente cuando su única fase está después de una fase, perteneciente al segmento siguiente, que está asociada al rasgo [+Continuo], ya sea la única fase de ese segmento o su segunda fase si es complejo (que es el caso por ejemplo de /ɾ/), por lo cual puede pensarse que se trata de un fenómeno de asimilación. Pero puede considerarse al mismo tiempo un caso de simplificación segmental, ya que los alófonos continuos presentan gestos más reducidos que los plosivos. Los alófonos continuos pueden ser fricativos, esto es, [β ð ʝ ɣ], o aproximantes, sin ruido consonántico. Hemos observado anteriormente que en el AFI no hay un símbolo diferente para [β ð ɣ] aproximantes pero sí para el alófono aproximante de /ɟ/, que no es más que la semivocal [j].

La desplosivización después de segmento continuo incluye los casos en que éste es un vocoide, ya sea vocal o semivocal, como se ve en los ejemplos siguientes donde la flecha significa 'se pronuncia así':

abril → [a.βɾíl]	*ceiba* → (tipo de árbol) [séj.βa]
adorno → [a.ðóɾ.no]	*feudal* → [few.ðál]
oye → [ó.je]	*aullar* → ('to howl') [aw.jáɾ]
hágalo → [á.ɣa.lo]	*oigo* → [ój.ɣo]

Es importante señalar que la desplosivización de estos fonemas en posición prenuclear tiene lugar lo mismo dentro de palabra que dentro de frase u oración, por ser un proceso que no toma en consideración la posición dentro de la palabra del segmento afectado. Es decir, puede darse a principio de palabra que está en interior de frase. Por ejemplo la palabra *deber* y la frase *de ver* se pronuncian iguales: [de.βéɾ]. Lo que cuenta es que en ambos casos /b/ está después de un segmento [+Continuo], la vocal /e/.

Además de realizarse continuas después de vocoide, /b d ɟ g/ se pronuncian también continuas después de los fonemas fricativos por ser éstos [+Continuos], y de /ɾ/ por ser [+Continua] su segunda fase, como se ve en los ejemplos que siguen, que muestran también que a su vez /s/ (representativo aquí de los fonemas fricativos) se asimila en sonoridad a los alófonos infieles de /b d ɟ ɣ/ pronunciándose [z]:

es bueno → [ez.βwé.no]	*ser bueno* → [séɾ.βwé.no]
los dos → [loz.ðós]	*por Dios* → [poɾ.ðjós]
es yeso → [éz.jé.so]	*por llorar* → [poɾ.jo.ráɾ]
es grueso → [éz.ɣɾwé.so]	*dar gracias* → [dáɾ.ɣrá.sjas]

La desplosivización no tiene lugar en posición inicial absoluta, es decir, si precede un silencio o pausa, por una parte por no haber segmento al cual pueda asimilarse el plosivo sonoro y por otra porque el grado de energía articulatoria no favorece la reducción. De modo que en esa posición aparecen los alófonos fieles [b d ɟ g]. Véase los siguientes ejemplos donde la letra mayúscula en la forma ortográfica de la primera o única palabra de cada oración quiere indicar que antes de ella hubo silencio o pausa:

No vamos → [nó.βá.mos]   *Vamos* → [bá.mos]
No dormí → [nó.ðoɾ.mí]   *Dormí* → [doɾ.mí]
No llamó → [nó.ɟa.mó].   *Llamó* → [ɟa.mó]
No ganó → [nó.ɣa.nó]   *Ganó* → [ga.nó]

La desplosivización tampoco tiene lugar después de consonante nasal, ya que las nasales son [–Continuas]. Ya hemos mencionado que las nasales se asimilan en punto de articulación a la consonante que las sigue, incluyendo las plosivas sonoras. Delante de consonante la nasal es siempre posnuclear y la consonante que la sigue es prenuclear. En el caso de las plosivas sonoras resultan las secuencias [mb] como en *ambos*; [n̪d] como en *donde* ([n̪] es la nasal coronal de articulación dental); [ɲɟ] como en *inyectar* ([ɲ] es la nasal corono-anteriodorsal) y [ŋg] como en *tengo* ([ŋ] es la nasal posteriodorsal de articulación velar).

En todos los contextos dados hasta ahora, la alofonía de /b d ɟ g/ es uniforme: ante fase [+Continua] aparecen los alófonos infieles; y ante silencio, pausa o nasal, los fieles. Hay sin embargo un entorno en que esta uniformidad no se cumple, y es después del fonema /l/. Éste, siendo [+Lateral], es [–Continuo]: el aire no fluye por la parte central de la boca sino por los lados. Pues bien, delante de /l/, /b/ y /g/ se desplosivizan pero no /d/ ni /ɟ/, como se ve en los siguientes ejemplos, donde, nótese, /l/ se asimila en punto de articulación a /d/ y /ɟ/, resultando respectivamente la dental [l̪] y la lateral coronodorsal [ʎ]:

el beso →[el.βé.so]
el gato →[el.ɣá.to]
el día →[el̪.dí.a]
el yeso →[eʎ.ɟé.so]

El que no se desplosivicen /d/ y /ɟ / después de /l/ es totalmente explicable apelando a la asimilación: se realizan [–Continuos] por serlo /l/. Sin embargo, en el caso de /b/ y /g/ lo que sucede es simplificación segmental por reducción: los labios se acercan pero no se unen en el caso de [β] y el posteriodorso se acerca pero no se adhiere al velo en el caso de [ɣ]. Es interesante notar que el hecho de que /d/ y /ɟ / se asimilen pero /b/ y /g/ se reduzcan depende de los rasgos unarios de los distintos fonemas plosivos sonoros. La asimilación al rasgo [–Continuo] ocurre si los segmentos en contacto están asociados al rasgo Coronal: /l/ es Coronal y lo mismo /d/ y /ɟ/, aunque este último es también Dorsal. Por contraste la asimilación

En posición prenuclear los fonemas /b d ɟ g/ se desplosivizan, o sea, se realizan como sus alófonos infieles continuos (fricativos débiles o aproximantes) después de fase asociada a [+Continuo]. Los no coronales, /b g/, también se realizan continuos después de /l/, pero no por asimilación sino por reducción. En los demás entornos prenucleares los cuatro fonemas se realizan como sus alófonos fieles, [b d ɟ g].

no ocurre si los dos segmentos en contacto no están asociados ambos al rasgo Coronal, ocurriendo entonces reducción. Ni /b/, que es únicamente Labial, ni /g/, que es únicamente Dorsal, están asociados al rasgo Coronal. Desde el punto de vista articulatorio es natural que en las secuencias /ld/ y /lɟ/ no haya desplosivización porque la lengua está en la misma posición para los dos segmentos. Nótese que esto se consigue anticipando la posición que debe tener el alófono de /l/ cuyo alófono fiel es alveolar, no dental o coronodorsal.

Los fonemas plosivos sonoros se desplosivizan también en posición posnuclear. En andante se pronuncian plosivos, y si los sigue otro fonema plosivo sonoro, éste también se realiza plosivo.

En resumen, en posición prenuclear, /b d ɟ g/ se desplosivizan ante fase [+Continua] y /b/ y /g/ se desplosivizan también ante /l/, a pesar de ser éste [–Continuo]. En todos los otros entornos en que /b d ɟ g/ están en posición prenuclear, aparece el alófono fiel, incluyendo después de silencio o pausa, después de nasal y después de /l/ en el caso de /d/ y /ɟ/.

10.3. Alófonos posnucleares

El fonema /ɟ/ no aparece en posición posnuclear pero sí los otros fonemas plosivos sonoros. En esa posición /b d g/ se desplosivizan en alegreto (y presto) pero no en andante (ni largo) donde aparecen los alófonos fieles. Esto último puede causar que si sigue otro fonema plosivo sonoro, éste se realice plosivo también. Véanse los siguientes ejemplos:

	en alegreto	en andante
abdomen	[aβ.ðómen]	[ab.dó.men]
club	[klúβ]	[club]
club social	klúβ.so.sjál]	[club.so.sjál]
verdad	[berðáð]	[ber.ðád]
sed bestial	[séð.βes.tjál]	[séd.bes.tjál]
zigzag	[siɣ.sáɣ]	[sig.ság]

10.4. Variación lectal de interés

Todos los lectos hispánicos tienen /b/, /d/ y /g/, pero no todos tienen /ɟ/. Ciertos lectos tienen en su lugar un fonema fricativo alveopalatal estridente, /ʒ/, que presenta Coronal como su único rasgo unario. Hablaremos en detalle de este sonido en el capítulo siguiente. Otros lectos tienen, en lugar de /ɟ/, un fonema africado alveopalatal estridente, /dʒ/, que igualmente presenta Coronal como su único rasgo unario. De este fonema hablaremos también en el capítulo siguiente.

En ciertos lectos (por ejemplo en salvadoreño, hablado en la república centroamericana de El Salvador) /b d g/ no se desplosivizan. En los mismos lectos el alófono fiel del obstruyente dorsocoronal sonoro tiende a ser continuo, de modo que podemos hablar de un fonema /ɟ/ que no estaría en la clase de plosivos laxos, siendo los miembros de ésta únicamente /b d g/.

En los mismos lectos en que /p t/ posnucleares se velarizan realizándose [ɣ] ante consonante de cualquier tipo, ocurre también la velarización de /b d/. Ejemplos son [oɣ.se.sjón] por *obsesión* y [aɣ.mi.tíɾ] por *admitir*.

Con respecto a la pronunciación de /d/ posnuclear debe apuntarse que en ciertos lectos su realización a final de palabra es no sólo continua sino también sorda, resultando [θ] en vez de [ð]. Este fenómeno se da en lectos que difieren notablemente en otros aspectos, por ejemplo el madrileño y el español de la Ciudad de México. En ambos se escucha por ejemplo [kla.ɾi.ðáθ] por *claridad*. En madrileño también ocurre en interior de palabra y así se da por ejemplo [aθ.mi.tíɾ] por *admitir*.

Otro fenómeno relativo a /d/ posnuclear es su elisión en ciertos lectos (por ejemplo los del Caribe Hispánico, pero no únicamente en éstos), donde este fenómeno es variable pero de gran frecuencia, y así se escucha en esos lectos [mi.tá] por *mitad*, [pa.ɾé] por *paré*, etc.

En los mismos lectos, pero inclusive también en lectos que son más conservadores con respecto a la pronunciación de las consonantes posnucleares, se da en la conversación espontánea la elisión de /d/ intervocálica en las formas verbales regulares de participio pasado, ya terminen en /ado/ o en /ido/ y así se escuchan por ejemplo [kan.sá.o] por *cansado* y [ko.mí.o] por *comido*.

Por último debe mencionarse el fenómeno de la pronunciación de /b/ en el español de Chile. En este lecto se da como fenómeno variable pero de alta frecuencia la realización de /b/ como [v], fricativa labiodental sonora, como la del inglés en palabras como *very*, *love*, etc. Pero no es que se pronuncien con ese sonido en Chile las palabras que se escriben con *v*: es que se pronuncian así además las que se escriben con *b*. De modo que es posible que en Chile se diga, por ejemplo, no sólo [vój] por *voy*, [ví.ða] por *vida*, sino también [vé.so] por *beso* y [váŋ.ko] por *banco*. El fenómeno no está limitado a los entornos en que /b/ se realiza continua en otros lectos. Ocurre, por ejemplo, después de silencio o pausa. Por ejemplo una chilena llamada *Berta* pronunció su nombre como [vér.ta] al preguntársele cómo se llamaba. La tendencia en el chileno parece ser entonces la de remplazar /b/ por /v/, o sea generalizar la pronunciación de labiales sonoras de modo que todas sean labiodentales en vez de bilabiales. Si dejara de ser simplemente una tendencia y se pronunciara siempre [v] tanto en vez de [b] como en vez de [β], eso significaría que en las formas subyacentes aparecería /v/ donde en la gran mayoría de los lectos aparece /b/.

Creemos de interés añadir unos comentarios con respecto a la realización de /b/ como [v] fuera del chileno. Existe en no pocas personas del mundo hispánico, entre ellos maestras y maestros, la creencia de que la letra *v* debe pronunciarse [v]. Esta creencia posiblemente surge del hecho de que en otras lenguas europeas que sí tienen un fonema /v/ (por ejemplo el inglés, el francés y el italiano) éste se simboliza con la letra *v*. Se trata de una creencia lingüísticamente ingenua que antepone la escritura a la pronunciación, como si la pronunciación se derivara de la escritura y no viceversa.

Sin embargo, muchas personas que proponen que *v* se pronuncie [v] suelen pronunciar con [b] o [β], según el entorno, las palabras que se escriben con *v* cuando no están prestando atención a su propia pronunciación.

En la actualidad no existe, que sepamos, un lecto hispánico en el cual sistemáticamente se pronuncie [v] dondequiera que en la ortografía aparezca *v*, y se pronuncie un alófono de /b/ dondequiera que en la ortografía aparezca *b*. Lo que sí hemos notado es que personas de distintos lectos tienden a pronunciar con [v] *las palabras que empiezan con v*, inclusive a veces en alegreto. Ahora bien, las mismas personas tienden a pronunciar la letra *v* como un alófono de /b/ en alegreto cuando la palabra no empieza con *v*. Un ejemplo es [v]*amos a lle*[β]*arlo a* [v]*enezuela* por *Vamos a llevarlo a Venezuela*.

La razón de que exista la letra *v* como representante de /b/ se debe a ciertos fenómenos de la evolución del español. En cierto período de la historia del español, existía un fonema, no /v/, sino /β/, fricativo labial sonoro, que se representaba por la letra *v* en la escritura. Por ejemplo *voto* ('promise' en español antiguo) se pronunciaba [βó.to] mientras que *boto* ('I launch') se pronunciaba [b] como alófono del fonema /b/, que ya existía. Ahora bien, esta última palabra se pronunciaba [βó.to] en un entorno de desplosivización, por ejemplo en la frase *lo boto* ('I launch it'). Con el tiempo desapareció el fonema /β/, al llegar a considerarse inconscientemente que en todos los casos [β] era alófono de /b/. La forma subyacente de la palabra *voto* pasó a contener /b/ en vez de /β/ y lo mismo todas las palabras que se escribían con *v*, aun cuando no fuera la primera letra de la palabra. Como la ortografía de esas palabras no cambió, la letra *v* llegó a ser representante del fonema /b/.

El sonido [v] no es general en español. En chileno aparece con frecuencia en lugar tanto de [b] como de [β]. En algunos lectos tiende a aparecer [v] como el sonido inicial de las palabras que empiezan con v en la ortografía.

En reconocimiento a estos hechos, las normas de ortografía de la Real Academia Española especifican que en español *v* se pronuncia igual que *b*.

10.5. Diferencias principales con el inglés

En inglés no existe /ɟ/ y el único segmento coronodorsal que aparece en las mismas posiciones en que aparece /ɟ/ es /j/, aproximante vocoidal, o sea, semivocal. Pero este fonema aparece en posiciones en las cuales no aparece el fonema español /ɟ/, por ejemplo en posición prenuclear después de consonante, como en la palabra *view* ([vju]). En inglés /j/ se realiza como [ǰ], fricativa débil, cuando está ante /i/ a principio de palabra, como en *yeast* y *yield*.

En inglés existen /b d g/ con los mismos rasgos distintivos que en español pero no existe el proceso de desplosivización, por lo cual siempre se pronuncian [–Continuos]. Esto puede crear "acento" pero además dificultades de comprensión por no existir [β ð ɣ] como alófonos de / b d g/.

Otras dos diferencias que tienden a causar "acento" tienen que ver únicamente con /d/. De /d/ podemos decir lo mismo que dijimos de /t/ en el capítulo anterior. Aunque en ambas lenguas, /d/ es Coronal, Anterior y Distribuido, el timbre es ligeramente distinto porque en español el contacto de la lengua es con la cara interior de los dientes superiores, mientras que en inglés es con la cresta alveolar. En segundo lugar, en inglés /d/ se vibrantiza entre vocales, esto es, se pronuncia [ɾ] y esto no sucede nunca en español. Además de causar "acento" ese fenómeno puede causar malentendidos. Por ejemplo si *todo* se malpronuncia [tó.ro], puede percibirse como *toro* por hispanohablantes.

Resumen

En la gran mayoría de los lectos hispánicos los fonemas **plosivos sonoros** son /b d ɟ g/ y en la mayoría de los lectos se cumple que se realicen como plosivos después de silencio, pausa o nasal, que /d/ y /ɟ/ se realicen también como plosivos después de /l/ y que en alegreto, en todos los demás entornos, los cuatro se realicen como **continuos** (fricativos débiles o aproximantes), salvo que el coronodorsal /ɟ/ nunca aparece en posición posnuclear. En algunos lectos /b d g/ siempre son plosivos. En chileno /b/ tiende a realizarse como [v] en todos los entornos. En los mismos lectos en que se velarizan /p t/, también se velarizan /b d/. En la pronunciación de anglohablantes que estudian español como segunda lengua se da con frecuencia la **vibrantización** de /d/ cuando este fonema está entre vocales.

Ejercicios

Ejercicio de pronunciación no. 8:
Contraste entre [b] y [β] a principio de palabra

Pronuncie /b/ como [b] en el primer miembro de cada par y como [β] en el segundo miembro porque está entre vocales. Para [β] no cierre los labios y pronuncie relajadamente. Recuerde además que *v* representa a /b/. Escuche y repita lo que dice la grabación o su instructor/a.

1. vas
2. no vas
3. beso
4. te beso
5. vino
6. no vino
7. boca
8. la boca
9. buscar
10. no buscar

Ejercicio de pronunciación no. 9:
El fonema /b/ entre vocales dentro de palabra

Recuerde que tanto *b* como *v* representan a /b/. Pronuncie /b/ siempre como [β] entre vocales, sin cerrar los labios y con relajamiento. Escuche y repita lo que dice la grabación o su instructor/a.

1. lava
2. lobo
3. llevaba
4. obeso
5. debemos
6. avisamos
7. debimos
8. devoto
9. cubano
10. subamos

Ejercicio de pronunciación no. 10:
Contraste entre [d] y [ð] a principio de palabra

Pronuncie /d/ como [d] en el primer miembro de cada par y como [ð] en el segundo miembro porque está entre vocales. Para [d], ponga la lengua detrás de los dientes superiores; para [ð] póngala donde la pondría al pronunciar el sonido representado por *th* en palabras como *then* y *bother*. Escuche y repita lo que dice la grabación o su instructor/a.

1. de Lola
2. la de Lola
3. doy
4. no doy
5. duerme
6. no duerme
7. él da
8. ella da
9. un día
10. ese día

Ejercicio de pronunciación no. 11:
El fonema /d/ entre vocales dentro de palabra

Pronuncie /d/ siempre como [ð] entre vocales. Recuerde que [ð] es como el sonido representado por *th* en *then*, *other*, etc. Escuche lo que dice la grabación o su instructor/a.

1. sida
2. cada
3. codo
4. todo
5. seda
6. mudo
7. modesto
8. madera
9. Adán
10. pedal

Ejercicio de pronunciación no. 12:
Contraste entre [ɟ] y [j] a principio de palabra

Los sonidos [ɟ] y [j] son alófonos del fonema /ɟ/. En las siguientes palabras /ɟ/ está representado tanto por *y* como por *ll*. Pronuncie /ɟ/ como [ɟ] en el primer miembro de cada par y como [j] en el segundo miembro porque está entre vocales. Para [ɟ] ponga la lengua donde la pondría para el primer sonido de *yeast* o *yield*, pero súbala de manera que haga contacto con el cielo de la boca. Para [j] póngala en la misma posición pero no haga contacto con el cielo de la boca. Escuche y repita lo que dice la grabación o su instructor/a.

1. Ya vino
2. Vino ya
3. Yeso
4. De yeso
5. Yo
6. O yo
7. Él llamó
8. Él no llamó
9. Sin lluvia
10. La lluvia

Ejercicio de pronunciación no. 13:
El fonema [ɟ] entre vocales dentro de palabra

Pronuncie /ɟ/ siempre como [j] entre vocales. Este sonido es muy similar al primer sonido de *yield* o *yeast*.

1. collar
2. maya
3. mayo
4. silla
5. galleta
6. ayer
7. allí
8. gallina
9. caballo
10. desayuno

Ejercicio de pronunciación no. 14:
Contraste entre [g] y [ɣ] a principio de palabra

Pronuncie /g/ como [g] en el primer miembro de cada par y como [ɣ] en el segundo miembro porque está entre vocales. El sonido de [g] es muy parecido al del inglés en palabras como *gas, guest, guild* y *gone* pero menos tenso. Para lograr [ɣ], ponga la lengua en la posición de [g] pero despéguela un poco de la región velar. Será capaz entonces de prolongar el sonido de manera que resulte fricativo en vez de plosivo. Escuche y repita lo que dice la grabación o su instructor/a.

1. ganamos
2. no ganamos
3. guerra
4. la guerra
5. guíe
6. no guíe
7. goza
8. no goza
9. gusto
10. mucho gusto

Ejercicio de pronunciación no. 15:
El fonema /g/ entre vocales dentro de palabra

Pronuncie /g/ siempre como [ɣ] entre vocales. Escuche y repita lo que dice la grabación o su instructor/a.

1. hágalo
2. siga
3. págueme
4. sígueme
5. águila
6. amigo
7. agotado
8. mago
9. Agustín
10. laguna

Práctica de transcripción

Transcriba fonéticamente las siguientes oraciones. No se olvide de marcar los acentos primarios. Suponga que no hay pausas interiores, aún si aparece una coma en la escritura.

1. Déme lo que me debe, Gómez.
2. El día de la debacle no vino.
3. Dígame dónde vive Bonilla.
4. Yo no me llamo Débora.
5. Olvidó que me gustaba Sevilla.
6. No tenía ni dinero ni ganas.
7. Bésame, vida mía.
8. No debe saber que me besaste.
9. Haga la comida, Berta.
10. Abogado buscaba pero ya no.

Para pensar

1. Describa brevemente dos diferencias entre el fonema /d/ del español y el fonema inglés que se simboliza de la misma manera con respecto a los rasgos a los cuales están asociados sus respectivos alófonos.

2. Demuestre en base a la información recogida en este capítulo que un sonido que es alófono infiel de un fonema en una lengua puede ser alófono fiel de un fonema en otra lengua.

3. Explique por qué es verdadero o por qué es falso decir que el hecho de que llamó no se pronuncie igual en *él llamó* y *ella llamó* es independiente de la tendencia al menor esfuerzo.

4. Explique por qué o por qué no cuando una anglohablante pronuncia la palabra *seda* ('silk') de una manera que podría causar que una hispanohablante la percibiera como *cera* ('wax') ha tenido lugar un proceso fonológico.

Capítulo 11

Fonemas fricativos y africados

11.1. Introducción a los fonemas fricativos

En la mayoría de los lectos hispánicos hay solamente tres fonemas fricativos, /f s x/, que comparten los rasgos [–Resonante, +Continuo, –Sonoro].

El primero, /f/, que es [Labial, –Redondeado], se describe tradicionalmente como fricativo labiodental sordo. Se representa siempre con la letra *f* en la ortografía, como en *frase*, *café*, *difteria*, *golf* y *¡uf!* (expresión esta última que denota cansancio, enojo o repugnancia).

En cuanto a /s/, es [Coronal, +Anterior, +Distribuido] en la mayoría de los lectos. Se describe tradicionalmente como fricativo alveolar sordo, y efectivamente en su articulación la lámina se aproxima a la región alveolar. En el español hispanoamericano se representa en la ortografía con tres letras distintas: *s*, como en *saber*, *casa*, *desde*, *lunes* y *cortés*; *z*, como en *zorro*, *caza*, *lápiz* y *tapiz*; y *c* pero sólo ante *e* o *i* como en *cena*, *hacer*, *cine* y *beneficio*.

Por último /x/ es [Dorsal, +Alto, +Retraído] y se describe tradicionalmente como fricativo velar sordo. Se representa en la ortografía con dos letras: *j*, como en *José*, *sabotaje* y *reloj*; y *g*, pero sólo ante *e* o *i*, como en *genio*, *recoger*, *gimnasio* y *agitar*.

11.2. Alófonos de /f s x/

En la gran mayoría de los lectos hispánicos los únicos alófonos de /f s x/ que aparecen en posición prenuclear son sus alófonos fieles [f s x].

En cuanto a la posición posnuclear, conviene enfocar primero lo que sucede en los lectos en que no se suprimen los gestos bucales de los fonemas en cuestión. En andante, /f s x/ se realizan fieles, pero en alegreto se realizan sonoros por asimilación cuando la consonante siguiente es sonora, resultando los alófonos infieles [v z ɣ]. Siguen ejemplos.

	En andante	**En alegreto**
difteria	[dif.té.ɾja]	(igual que en andante)
Uf, qué lata	[úf.ké.lá.ta]	(igual que en andante)
afgano	[af.gá.no]	[av.ɣá.no]
Uf, no lo soporto	[úf. nó.lo.so.pór.to]	[úv. nó.lo.so.pór.to]
esto	[és.to]	(igual que en andante)

	En andante	En alegreto
desde	[dés.de]	[déz.ðe]
es malo	[és.má.lo]	[éz.má.lo]
reloj roto	[re.lóx.ró.to]	[re.lóɣ.ró.to]

11.3. Fusión de fricativas idénticas

En la conversación normal, cuando una palabra termina en un segmento fricativo y la palabra que la sigue empieza con el mismo segmento, ocurre el fenómeno tradicionalmente denominado *fusión*. Consiste en que se pronuncia uno solo de los segmentos. Ejemplos son [lo.se.ɲó.res] por *los señores*, [gol.fran.sés] por *golf francés* y [re.ló.xa.po.nés] por *reloj japonés*.

> *Dos fricativas idénticas en contacto se pronuncian como una sola, ya sean alófonos de fonemas fricativos o alófonos fricativos de fonemas plosivos.*

Es conveniente agregar que en los lectos en que tienden a no elidirse las consonantes posnucleares, se produce sin embargo fusión de segmentos fricativos que son alófonos infieles de fonemas plosivos, como en [klú.βúl.ɣa.ro] por *club búlgaro*, [sju.ðá.ða.né.sa] por *ciudad danesa*, y [siɣ.sá.ɣrán̪.de] por *zigzag grande*.

11.4. Variación lectal de los fonemas fricativos

En ciertos lectos (notablemente en el de Quito, Ecuador) /s/ se realiza sonoro en posición final de palabra si la siguiente palabra termina en vocal. A consecuencia de aplicarse un principio de silabeo obligatorio que ya hemos mencionado, el de que una consonante ante vocoide es siempre prenuclear, el alófono infiel resultante, [z], aparece en posición prenuclear. Ejemplos: *las amigas* se pronuncia [la.za.mí.ɣas], *los hombres* [lo.zóm.bres] y *feliz año* [fe.lí.zá.ɲo]. Con respecto a este último ejemplo debe tenerse cuidado en no confundir el símbolo fonético [z] con la letra *z*—léase *zeta*—del alfabeto español, cuyo nombre se pronuncia [sé.ta] en Hispanoamérica. En la ortografía inglesa, la *z* siempre representa al fonema /z/ (fricativo alveolar sonoro), como en *zoo*, *maze*, etc.; pero debe tenerse en cuenta que el mismo fonema se representa con otras dos letras: *s* (como en *visit* y *president*) y *x* (como en *Xavier* y *xylophone*). Por contraste, en la ortografía española, la letra *z* nunca representa a /z/ simplemente porque ese fonema no existe en español. En español [z] es exclusivamente un alófono infiel de /s/.

En el castellano de Castilla y ciertos otros lectos de otras regiones de España hay, además de /f s x/, un fonema tradicionalmente descrito como interdental fricativo sordo y simbolizado /θ/. Este fonema comparte los rasgos comunes a /f s x/ y es además [Coronal, +Anterior], pero se distingue de /s/ en ser [–Distribuido] porque es apical en vez de laminal. Se representa en la ortografía con dos letras: *z*, como en *zona*, *caza* y *zumo*; y *c* pero sólo ante *e* e *i*, como en *Cecilia* y *cine*. Su articulación es prácticamente igual a la del fonema inglés /θ/, como en el primer sonido de *thick* y *theft*, el segundo de *author* y el último de *path* y *faith*. El sonido [θ] recibe el nombre informal de "zeta castellana", pero dicho nombre confunde la ortografía con la fonética, ya que *z* no es la única representación ortográfica de /θ/: también lo es *c*. Por cierto, el nombre de la letra *z* se pronuncia [θé.ta] en los lectos que tienen ese sonido.

En relación con el valor fonemático de *c* y *z* en el español en general, se habla en la fonología española del fenómeno del **seseo**. Una forma de describirlo es decir que manifiesta seseo, es **seseante**, todo lecto cuyos hablantes dan a *c* ante *e* e *i* y a *z* el mismo valor fonemático que dan a *s*. En otras palabras, tales hablantes pronuncian *z* como [s] y *ce/ci* como [se/si], de ahí el nombre dado al fenómeno. Originalmente y por largo tiempo se vio al seseo como un fenómeno sub-estándar, como una desviación de la norma del castellano de Castilla. Eso no tiene sentido en el mundo actual donde por una parte el castellano de Castilla no es la norma universal y por otra parte la inmensa mayoría de los lectos son seseantes. Lo son prácticamente todos los lectos hispanoamericanos. Tiene más sentido mirar el seseo desde un punto de vista estrictamente fonológico y decir que equivale a la ausencia de /θ/. Quienes sesean, que son la mayoría, simplemente no tienen ese fonema, teniendo idénticas formas subyacentes para, por ejemplo, *casa* y *caza* (ambas /kasa/) y lo mismo para *haces* y *ases* (ambas /ases/).

En algunos lectos que tienen /θ/, el fonema /s/, siendo Coronal, no tiene los mismos valores para los rasgos dominados por Coronal que tiene en la mayoría de los lectos, siendo [–Distribuido] por ser apical en vez de laminal; además, aunque es [+Anterior], es sin embargo menos anterior que [s]. Es alveolar pero la lengua se acerca a la parte de la región alveolar más cercana a la región alveopalatal. Además es retroflejo: es la cara inferior del ápice la que se acerca a la región alveolar. Su menor grado de anterioridad lo hace más parecido en timbre al sonido [ʃ] (como en *shame* del inglés) que a [s]. Por ser apical, debe representarse /ʂ/ en el AFI, en vez de simplemente /s/. A este sonido se ha dado tradicionalmente el nombre de "*s* espesa" ('thick' *s*) o "*s* castellana".

En lectos caribeños y andaluces se da en alegreto, variablemente pero con alta frecuencia, la supresión de los gestos bucales de /s/ posnuclear delante de consonante, realizándose [h]. Ejemplos en interior de palabra son [éh.to] por *esto* y [míɦi.mo] por *mismo*. En este último caso ocurre el curioso fenómeno de la "aspiración sonora" de /s/, simbolizada [ɦ]. En la realización de este segmento las cuerdas vocales se unen en parte de su extensión y vibran como en los sonidos sonoros, pero simultáneamente están separadas en su base, aunque formando una glotis estrecha como en los sonidos sordos. El resultado es que [ɦ] cuenta a la vez como sordo y como sonoro. La sonoridad es por asimilación con la consonante sonora que la sigue, que es lo que sucede en *mismo*.

La supresión bucal de /s/ puede tener lugar también a final de palabra si sigue vocal, realizándose prenuclear [h], como en [é.ha.sí] por *es así* y [le.ha.βló] por *les habló*.

Debe añadirse que en varios lectos el proceso de supresión bucal afecta también a /f/, como se ve en las pronunciaciones [dih.té.rja] por *difteria* y [af.ɣá.no] por *afgano*.

En el español de Puerto Rico se da, variablemente pero con gran frecuencia y sobre todo entre hablantes jóvenes, una combinación de supresión bucal total de /s/ y asimilación cuando /s/ está ante un segmento plosivo. En lugar de [s] aparece un segmento posnuclear que tiene exactamente los mismos rasgos que el plosivo. Además el plosivo se pronuncia como su alófono fiel [–Continuo]. Ejemplos son [lob.béo] por *los veo*, [lod.dá] por *los da*, [loɟ.ɟá.mo] por *los llamo* y [log.grá.βa] por *los graba*. En todos esos ejemplos /s/ está a final de palabra pero el fenómeno sucede también cuando /s/ está dentro de palabra, como en [ep.pí.a] por *espía*, [et.tó.ma.ɣo] por *estómago* y [dik.kú.te] por *discute*.

En ciertos lectos en que se aspira /s/ posnuclear (notablemente los del Caribe), este segmento tiende a elidirse en vez de a aspirarse en posición final absoluta, o sea cuando no sigue otra palabra. Por ejemplo, si la frase *las amigas* es la última frase de una locución, es más común que la pronunciación sea [la.ha.mí.ɣa] en vez de [la.ha.mí.ɣah] con aspiración de /s/ final. En otros lectos (notablemente el de Buenos Aires, Argentina), la aspiración ocurre solamente dentro de palabra, pronunciándose /s/ a final de palabra como [s], y así se dice [loh.βés] por *los ves* y [la.sa.mi.ɣas] por *las amigas*.

En ciertos lectos en que [h] es alófono infiel de /s/ hay además un fonema /h/, fricativo glotal sordo, con un alófono fiel [h]. Ése es el caso de los lectos caribeños (entre ellos el cubano, el dominicano y el puertorriqueño). La fonología de esos lectos tiene /h/ en las mismas palabras en que otros lectos tienen /x/. O sea, no hay /x/. Por ejemplo, las formas subyacentes de *gente* y *José*, tal como emergen del componente morfológico, son /hente/ y /jose/, no /xente/ y /xose/ como lo serían en los lectos que tienen /x/. (No marcamos el acento primario ni las sílabas porque se determinan después de que se ha formado la palabra.)

Algunos lectos—notablemente el de Buenos Aires, Argentina, y el de Montevideo, Uruguay—presentan, en lugar del fonema plosivo palatal /ɟ/, un fonema fricativo alveopalatal sonoro 'ruidoso' simbolizado /ʒ/, muy parecido pero algo más tenso que la consonante final de las palabras *rouge* y *beige* del inglés. En términos de rasgos distintivos es exclusivamente Coronal (no Coronal y Dorsal como /ɟ/), siendo [–Anterior, +Distribuido] y además [+Estridente]. En esos lectos se dice [ʒá.ʒó.ʒa.mé] por *ya yo llamé*) en vez del más general [ɟá.ɟó.ja.mé]. Entre hablantes mujeres de los mismos lectos este fonema se ha vuelto sordo, o sea es ahora /ʃ/, siendo prácticamente idéntico al primer sonido de *shame*, *shore*, etc., del inglés, de modo que esas hablantes dicen [ʃá.ʃó.ʃa.mé] por *ya yo llamé*. El fenómeno se está extendiendo a jóvenes varones.

En la mayoría de los lectos hispánicos hay únicamente tres fonemas fricativos, /f/, /s/ y /x/. Algunos lectos tienen esos tres más /θ/. En algunos de los lectos que no tienen /θ/, hay /h/ en vez de /x/. En el castellano de Castilla, /s/ es apical y retrofleja, pareciéndose a [ʃ]. En muchos lectos /s/ posnuclear tiende a pronunciarse [h] por supresión de los gestos bucales. En algunos se elide. En algunos lectos (notablemente el de Buenos Aires) hay /ʒ/ o /ʃ/ (principalmente entre mujeres) en vez de /ɟ/.

11.5. **Fonemas africados y su variación lectal**

En la gran mayoría de los lectos del español hay un solo fonema africado, simbolizado /tʃ/, representado ortográficamente siempre *ch*, como en *chico* y *dicho*. Es obstruyente y sordo y por tanto [–Resonante, –Sonoro]. Su único rasgo unario es Coronal, y dentro de los segmentos coronales es [+Distribuido] por ser laminal, y [–Anterior] porque se articula en la región alveopalatal. Tradicionalmente se describe como el fonema africado alveopalatal sordo. Vale la pena repetir que se trata de un segmento complejo, compuesto de dos fases, ambas asociadas a los rasgos que hemos mencionado hasta ahora. Sin embargo las dos no están asociadas al mismo valor para el rasgo Continuo. La primera fase es [–Continua] y equivale a una plosiva; la segunda fase es [+Continua] y equivale a una fricativa. En la mayoría de los lectos, /tʃ/ tiene un solo alófono, que es el fiel [tʃ].

La variación lectal relativa a las africadas incluye que /tʃ/ se pronuncie [ʃ] por pérdida de la fase plosiva y que aparezca /dʒ/ además de /ʝ/ o en lugar de éste.

En algunos lectos (notablemente el panameño) /tʃ/ presenta variablemente como alófono infiel entre vocales el segmento fricativo [ʃ] (que es igual al primer segmento de la palabra *shame* del inglés) y así por ejemplo en esos lectos la palabra *mucho* puede pronunciarse [mú.tʃo] o [mú.ʃo], y la frase *de China* puede pronunciarse [de.tʃí.na] o [de.ʃí.na]. El realizar /tʃ/ como [ʃ] es un caso de reducción porque no se completa el gesto del contacto que hace falta para la plosión. O sea, /tʃ/ se realiza como un segmento simple con una sola fase, que es fricativa.

Varios lectos tienen, además de /tʃ/, un africado alveopalatal sonoro, simbolizado /dʒ/, que es exactamente la contrapartida sonora de /tʃ/ y es virtualmente idéntico al sonido inicial de palabras inglesas como *John, gem, gym, job*, etc. En los lectos que tienen /dʒ/ se dan por lo menos los dos casos siguientes:

1. además de /dʒ/ hay *otro* fonema consonántico oral (o sea, no nasal) aso-ciado como /dʒ/, a los rasgos [Coronal, –Anterior, + Distribuido], pero asociado además al rasgo Dorsal, o sea, es coronodorsal (tradicionalmente palatal); posponemos la descripción de este caso para cuando describamos los fonemas laterales;

2. /dʒ/ es el *único* fonema consonántico sonoro oral que es [Coronal, –Anterior, +Distribuido]; hay /dʒ/ *en vez de* /ʝ/; en otras palabras, /dʒ/ aparece en los mismos entornos en los cuales aparece /ʝ/ en los lectos que sólo tienen /ʝ/, que son la mayoría; la forma subyacente de, por ejemplo, *yo* es /dʒo/ en vez de /ʝo/.

El segundo caso parece ser el del español puertorriqueño de jóvenes en EE.UU. continental. Por ejemplo la oración *Ya yo llamé*, que en la mayoría de los lectos se pronunciaría [ʝá.ʝó.ʝa.mé] se pronuncia en cambio [dʒá.dʒó.dʒa.mé] en ese lecto.

11.6. Diferencias principales con el inglés

Las diferencias de importancia son con respecto a los fonemas fricativos. Empecemos por el hecho de que en inglés no hay un fonema /x/ y que el sonido [x] existe únicamente como alófono infiel del fonema fricativo glotal sordo /h/ cuando las palabras que empiezan con [h] seguido de la vocal [i] del inglés se pronuncian aisladamente en el habla sumamente enfática. Por ejemplo *he* y *heat* pueden llegar a pronunciarse [xi] y [xit] respectivamente. La ausencia del sonido [x] en inglés puede causar problemas de comprensión para anglohablantes que estudian español como segunda lengua: [x] tiende a percibirse como [k] por anglohablantes por tener estos dos sonidos numerosos rasgos distintivos en común. Por otra parte, habiendo lectos hispánicos que tienen /h/ en lugar de /x/, existe la opción de pronunciar [h] en lugar de [x].

También puede causar problemas de percepción el hecho de que /f s x/ posnucleares se pronuncien [v z ɣ] delante de consonante sonora.

La aspiración de /s/ presenta un problema de comprensión para anglohablantes, ya que en inglés [h] sólo aparece en posición prenuclear. Es común que anglohablantes que estudian español como segunda lengua perciban [h] posnuclear simplemente como un silencio. Si se les pide que repitan, por ejemplo [éh.to] como pronunciación de *esto*, suelen decir [é.to]. También puede confundir el hecho de que [h] como alófono de /s/ aparece en posición prenuclear delante de vocal. Por ejemplo, puede ser difícil discernir que [á.hé.so] es la realización de *Haz eso*. Por supuesto que la elisión de /s/, como la de cualquier otro segmento, puede causar confusión también cuando se espera una pronunciación que coincida más con la forma escrita.

Resumen

En la mayoría de los lectos hispánicos los fonemas fricativos son /f s x/. En algunos lectos aparece, además de esos tres, /θ/. En otros lectos hay /h/ en lugar de /x/. En la mayoría de los lectos /f s x/ posnucleares se sonorizan ante consonante sonora. En cuanto a los fonemas africados, en la mayoría de los lectos hay uno solo, /tʃ/. Entre los fenómenos regionales más conspicuos con respecto a las fricativas están la sonorización de /s/ final entre vocales, la presencia de /ʒ/ o /ʃ/ en lugar del plosivo /ɟ/, la pronunciación posnuclear de /s/ y /f/ como [h] (aspiración) y la elisión de /s/ posnuclear. En cuanto a las africadas, algunos lectos del español de EE.UU. tienen /dʒ/ en lugar de /ɟ/. Dos diferencias notables entre el inglés y el español son que en inglés no hay /x/ y que en español no hay /z/. Cuando aparece el sonido [z] en español, es siempre alófono infiel de /s/.

Ejercicios

Ejercicio de pronunciación no. 16:
El fonema /s/ entre vocales

El fonema /s/ se pronuncia siempre [s] entre vocales y nunca [z]. Escuche y repita lo que dice la grabación o su instructor/a.

1. Rosa
2. José
3. Susana
4. visita
5. presente
6. nasal
7. físico
8. música
9. presidente
10. miserable

Ejercicio de pronunciación no. 17:
Contraste entre [x] y [k]

Para [x] ponga la lengua en la posición de [k] pero despéguela un poco de la región velar. Será capaz entonces de prolongar el sonido de manera que resulte fricativo en vez de plosivo. Escuche y repita lo que dice la grabación o su instructor/a.

1. seca/ceja
2. dique/dije
3. quema/gema
4. roca/roja
5. cura/jura
6. cuán/Juan

Ejercicio de pronunciación no. 18:
Práctica adicional de [x]

Escuche y repita lo que dice la grabación o su instructor/a.

1. Jamaica
2. Japón
3. jefe
4. gente
5. jinete
6. ginebra
7. México
8. Jorge
9. junio
10. julio

Práctica de transcripción

Transcriba fonéticamente las locuciones siguientes según se pronuncian en alegreto en un lecto en el cual los únicos fonemas fricativos son /f s x/, el único fonema africado es /tʃ/ y no hay ni aspiración ni elisión de /s/. Suponga que no hay pausas entre sonido y sonido a pesar de que aparezcan comas en la escritura.

1. es joven mi jefe
2. exámenes más difíciles
3. azules, rojos
4. exiges mucho, Jorgito
5. uf, qué jaleo con la cerveza
6. el general se llama José Jiménez
7. la visita del presidente Jorge López

Para pensar

1. Demuestre por qué es verdadera o por qué es falsa la siguiente afirmación: "Ningún lecto del español tiene fonemas fricativos sonoros".

2. Diga qué fonema es el último segmento de la palabra *vez* y qué alófono de ese fonema aparece en esa palabra en la oración *en vez de uno me dieron dos*, pronunciada en alegreto en un lecto en el cual no hay supresión de los gestos bucales de ningún fonema fricativo.

3. Suponiendo un lecto en el cual los únicos fonemas fricativos son /f s x/, diga cuál es la alternativa correcta de las tres que siguen y demuestre por qué es correcta. La palabra *exigencias* contiene (A) cinco fonemas fricativos; (B) cuatro fonemas fricativos; (C) tres fonemas fricativos.

4. Transcriba la frase *los esposos* tal como se pronuncia en alegreto en los siguientes tres tipos de lectos según los procesos que ocurren en ellos con respecto a /s/: (A) se elide a final de sílaba y de palabra ; (B) se aspira a final de sílaba dentro de palabra pero se elide a final de palabra; (C) se aspira únicamente a final de sílaba dentro de palabra.

Capítulo 12

Fonemas nasales

12.1. Introducción a los fonemas nasales

En español hay tres fonemas consonánticos nasales, /m n ɲ/, que comparten los rasgos [+Resonante, +Nasal]. Siendo resonantes, son automáticamente sonoros.

El primero /m/, [Labial, +Redondeado], se describe tradicionalmente como el fonema nasal bilabial. Se representa en la ortografía con la letra *m*, como en *madre*, *amor* e *himno*.

En cuanto a /n/, éste es [Coronal, +Anterior, –Distribuido] (esto último por ser apical en vez de laminal) y se describe tradicionalmente como el fonema nasal alveolar. Se representa en la ortografía con la letra *n*, como en *nota*, *mano*, *emoción*, e *inca*.

Por último /ɲ/ es [Coronal, –Anterior, +Distribuido, Dorsal, +Alto, –Retraído]. Se describe tradicionalmente como el fonema nasal palatal, aunque en realidad, como ya hemos dicho, es parte alveopalatal y parte palatal (o sea, como sus rasgos lo indican, coronodorsal). Su representación ortográfica es *ñ*, como en *ñandú* (un tipo de ave), *uña* y *niño*.

12.2. Alófonos prenucleares de /m n ɲ/

Los ejemplos que hemos dado indican que los tres fonemas nucleares pueden aparecer en posición prenuclear. Cada uno de ellos tiene un solo alófono prenuclear, que es su alófono fiel, es decir [m n ɲ], respectivamente.

12.3. Alofonía de los fonemas nasales en posición posnuclear

Solamente /m/ y /n/ aparecen en posición posnuclear. A final de palabra, /m/ aparece muchísimo menos que /n/. Casi todas las palabras que terminan en /m/ se han tomado de otras lenguas después de la evolución del latín al español, incluyendo palabras tomadas del latín escrito. Ejemplos de palabras terminadas en /m/ son *réquiem* ([ré.kjem]), *álbum* [álbum], *islam* ([is.lám], *imam* ([i.mám]) y *ohm* ([óm]) (que es la unidad de resistencia eléctrica). Algunas palabras que terminan en /m/ son onomatopéyicas o expresivas de ruidos, como *pum* y *cataplum* ([ka.ta.plúm]).

En la mayoría de los lectos /m/ y /n/ posnucleares se realizan como sus alófonos fieles [m] y [n] únicamente en posición final absoluta o en largo y andante dentro de palabra. Por el contrario en alegreto y presto tanto /m/ y /n/ posnucleares se asimilan en lugar de articulación a la consonante que la sigue. Este fenómeno se manifiesta lo mismo dentro de palabra que a final de palabra dentro de frase u oración. Por ejemplo *himno* se pronuncia [ín.no] por asimilarse /m/ al coronal /n/, en cuyo caso [n] es alófono infiel de /m/; y *envase* se pronuncia [em.bá.se], en cuyo caso [m] es alófono infiel de /n/. Y por las mismas razones en *álbum nuevo*, álbum se pronuncia [álbun], resultando [n] alófono infiel de /m/, y en *son peruanos*, *son* se pronuncia [sóm], resultando [m] alófono infiel de /n/.

> A consecuencia de la asimilación, /m/ se realiza como [n] ante Coronal, y /n/ se realiza como [m] ante Labial, resultando [n] alófono infiel de /m/, y [m] alófono infiel de /n/.

Por efecto de la asimilación, [ɲ], que en posición prenuclear es siempre alófono fiel de /ɲ/, puede aparecer como alófono infiel lo mismo de /m/ que de /n/. Por ejemplo, en la frase *álbum lleno*, álbum se pronuncia [ál.buɲ] al asimilarse /m/ al coronodorsal /ʝ/; y en la frase *están llenos*, *están* se pronuncia [es.táɲ] al asimilarse también /n/ al coronodorsal /ʝ/.

Como consecuencia de la asimilación de nasal aparecen alófonos infieles de /m/ y /n/ que se diferencian tanto de [m] y [n] como de [ɲ]. Son los siguientes:

- [ɱ], [Labial, −Redondeado] (labiodental), que aparece delante de /f/, por ejemplo en *álbum familiar* como alófono infiel de /m/ y en *son franceses* como alófono infiel de /n/, siendo también alófono infiel de /n/ en palabras como *enfermo*, *sinfonía* e *inferior*;

- [n̪], [Coronal, +Anterior, +Distribuido] (esto último por ser laminal en vez de apical), tradicionalmente dental, que aparece delante de /t/ y /d/, como en *álbum tropical* y *álbum de fotos*, donde es alófono infiel de /m/; y en *son tres* y *son dos*, donde es alófono infiel de /n/; también aparece como alófono infiel de /n/ en palabras como *cuento* y *donde*;

- [n̠], [Coronal, −Anterior] (alveopalatal) que aparece delante de /tʃ/ (y de /dʒ/ en los lectos que lo tienen), como en *album chico*, donde es alófono infiel de /m/, y en *son chicos*, donde es alófono infiel de /n/; también aparece como alófono infiel de /n/ en palabras como *ancho* e *hinchar*;

> A consecuencia de la asimilación aparecen en español alófonos infieles de /m/ y /n/ que no se parecen ni a /m/ ni a /n/ ni a /ɲ/.

- [ŋ], [Dorsal, Alto, +Retraído] (velar); que aparece delante de /k/, /g/ y /x/, como en *álbum corto*, *álbum grande* y *álbum japonés*, donde es alófono infiel de /m/; y en *son cortos*, *son grandes* y *son japoneses*, donde es alófono infiel de /n/; también aparece como alófono infiel de /n/ en palabras como *cinco*, *tengo* y *naranja*.

12.4. Variación lectal de interés

En lectos argentinos existe hoy en día la tendencia entre hablantes jóvenes a realizar /ɲ/ como la secuencia [nj] si precede a una vocal que no sea [i] y así se escucha [bá.njo] en vez de [bá.ɲo] por *baño* y [kom.pa.njé.ro] en vez de [kom.pá.ɲé.ro] por *compañero*. Si precede a /i/, se pronuncia en algunas palabras simplemente como [n], como en [kom.pa.nía] en vez de [kom.pa.ɲí.a] por *compañía*. Pero ambos fenómenos son variables y al parecer no se han extendido a todo el vocabulario. Hay hablantes que pronuncian [ɲ] cuando /i/ es parte del morfema de diminutivo, y siguen diciendo por ejemplo [ni.ɲí.to], no *[ni.ní.to]. Si estos fenómenos pasaran a ser constantes, eso significaría que quienes lo hacen ya no tienen /ɲ/ en su fonología mental.

En un número considerable de lectos (tanto de las Américas como de España) se da el fenómeno de la **velarización inasimilativa** de nasal posnuclear que consiste en pronunciarla como [ŋ] cuando no la sigue una consonante velar, de ahí la etiqueta de 'inasimilativa'. Ahora bien, hay diferencias lectales en cuanto a la extensión del fenómeno. En algunos lectos (por ejemplo el castellano de Castilla) este fenómeno afecta solamente a /n/ y sólo se da ante silencio o pausa. Es decir, no pasa dentro de palabra o frase y no afecta a /m/. Por otra parte, afecta a /n/ en ese entorno en cualquier estilo. Por ejemplo, la palabra *pasión* se pronuncia [pa.sjóŋ] en cualquier estilo si es la última palabra de una locución. En otros lectos, afecta a /m/ en alegreto, y así, [ál.βúŋ] por *álbum*.

Hay además lectos en los cuales el fenómeno, además de ocurrir ante silencio o pausa, ocurre también delante de consonante. Si ésta es Labial o Coronal ocurre *al mismo tiempo* la asimilación de lugar de articulación. Esto es posible debido a que la acción del posteriodorso es independiente de la del anteriodorso, la lámina o los labios. Lo que sucede es coarticulación. La nasal resultante es siempre posteriodorsal pero es además Coronal si la consonante siguiente es Coronal, o además Labial si la consonante siguiente es Labial, y en todos los casos con los mismos rasgos binarios de lugar de articulación que ésta. Este fenómeno lo transcribimos utilizando el símbolo de la nasal velar como superíndice al símbolo de la nasal Labial o Coronal que resulte.

Ejemplos son [úmᵑ.bé.so] por *un beso*, [émᵑ.fa.sis] por *énfasis*, [tóṉᵑ.to] por *tonto*, [úṉᵑ.tʃí.ko] por *un chico* e [iṉᵑ.ɟey.sjóŋ] por *inyección*. En los mismos lectos en que esto sucede, no hay /x/ sino /h/ y la velarización ocurre simplemente porque la nasal está en posición posnuclear, y así [na.ráŋ.ha] por *naranja* y [eŋ.hú.njo] por *en junio*.

Es conveniente agregar que hay lectos en los cuales ocurre velarización delante de consonante pero además [ŋ] puede aparecer en posición *prenuclear* cuando el fonema nasal que subyace a ese sonido es el último segmento de una palabra y la palabra siguiente empieza en vocal. Por ejemplo, en alegreto *un aviso* se pronuncia [ú.ŋa.βí.so]. Esto se debe a que se cumple un principio obligatorio en español que determina que una consonante ante vocoide tiene que ser prenuclear. Hay dos maneras de describir estos hechos. Una manera es decir que la velarización en esos lectos ocurre en dos entornos: a final de sílaba dentro de palabra y a final de palabra sin importar lo que siga. Una manera que nos parece más interesante desde un punto de vista teórico es suponer que el entorno es simplemente la posición posnuclear pero el dominio de la velarización es la palabra dividida en las sílabas que tiene cuando se pronuncia en aislamiento. Esto ocurre a un **nivel prefonético** que sigue a aquél en el cual se determinan las sílabas de las palabras pero precede a aquél en el cual se determinan las sílabas de las frases y oraciones sin tener en cuenta dónde empieza y dónde termina una palabra. Es decir, la velarización se aplica a la nasal de *un* en *un aviso* porque está en posición posnuclear en esa palabra. Más tarde se eliminan los bordes ('edges') de las palabras pero las secuencias que resultan antes del nivel fonético deben satisfacer los principios de silabeo del español y uno de ellos exige que en la secuencia [uŋa] la nasal sea prenuclear, resultando [u.ŋa] como parte de la frase *un aviso*.

En muchos lectos /n/ posnuclear se realiza como [ŋ] ante silencio o pausa. En algunos lectos esta velarización inasimilativa afecta también a /m/ y ocurre al mismo tiempo que la asimilación delante de consonante no velar.

12.5. Diferencias principales con el inglés

En el inglés no existe /ɲ/. Algunas personas pronuncian la secuencia /nj/ como [ɲ] en vez de [nj] en ciertas palabras de origen francés como *poignant* y *cognac*. En cambio en inglés hay un fonema /ŋ/, inexistente en español. El inglés contrasta por ejemplo entre /sɪn/ ('pecar') y /sɪŋ/ ('cantar'), y [ŋ] es el alófono fiel de /ŋ/. En español, en cambio, como hemos visto, [ŋ] es sólo alófono infiel de /m/ o /n/. Por ese motivo el contacto de anglohablantes con hablantes que velarizan /n/ puede dificultar la comprensión del español hablado.

En inglés existe la asimilación de nasal en alegreto y presto, aunque a final de palabra sólo afecta a /n/. Por ejemplo, aunque *ten* se pronuncia [tʰɛm] en *ten boys*, [tʰɛɱ] en *ten francs* y [tʰɛŋ] en *ten keys*, *Tom* no se pronuncia *[tʰɑn] en vez de [tʰɑm] en *Tom says*, ni *sing* se pronuncia *[sɪn] en vez de [sɪŋ] en *sing softly*. No asimilar en los casos en que el fenómeno sucede en español pero no en inglés causa "acento" pero no tanto como otros fenómenos. Por otra parte los mismos fenómenos dificultan la comprensión del español hablado cuando no se tiene conciencia de que pueden ocurrir.

En inglés no hay /ɲ/ pero hay en cambio un fonema /ŋ/. En español [ŋ] es siempre alófono infiel de /m/ o de /n/.

Resumen

En el español en general los fonemas nasales son /m n ɲ /. En posición prenuclear se pronuncian como sus alófonos fieles. En posición posnuclear sólo aparecen /m/ y /n/, que se asimilan en lugar de articulación a la consonante siguiente. El fenómeno de realizar /m n/ a final de palabra como [ŋ] cuando no van seguidos de una consonante velar (**velarización inasimilativa**) está muy extendido, y en algunos lectos ocurre al mismo tiempo que la asimilación. En ciertos lectos parece estar desapareciendo /ɲ/. Este último fonema no existe en inglés, que en cambio tiene /ŋ/ cuyo alófono fiel es [ŋ]. Por contraste en español [ŋ] es siempre alófono infiel de /m/ o /n/.

Ejercicios

Ejercicio de pronunciación no. 19: Práctica de /ɲ/

Para [ɲ] coloque la lengua como si fuera a pronunciar el primer sonido de palabras como *yam* y *yield* del inglés y luego súbala de manera que haga contacto con el cielo de la boca. Añada la nasalidad. Escuche y repita lo que dice la grabación o su instructor/a.

1. ñandú
2. caña
3. trigueña
4. eñe
5. enseñe
6. dañino
7. niñito
8. baño
9. tamaño
10. uña

Ejercicio de pronunciación no. 20: Práctica de /n/ posnuclear

En estilo largo /n/ posnuclear se pronuncia [n]; en alegreto se asimila a la consonante que sigue. Para cada frase que sigue aparece primero en la grabación (o en la pronunciación del instructor o instructora si el ejercicio se hace en clase) la realización en largo, e inmediatamente a continuación la realización en alegreto. El símbolo 'I' en lo que sigue indica una pausa entre las dos palabras. Para la pronunciación en alegreto mostramos transcripto el alófono que resulta. Escuche y repita solamente la pronunciación en alegreto.

1. sin I pensar / si[m] pensar
2. en I barco / e[m] barco
3. con I Víctor / co[m] Víctor
4. con I fotos / co[ɱ] fotos
5. un I taco / u[n̪] taco
6. un I doctor / u[n̪] doctor
7. en I Chicago / e[n̠]Chicago
8. un I yeso / u[ɲ] yeso
9. con I gusto / co[ŋ] gusto
10. en I junio / e[ŋ] junio

Práctica de transcripción

Transcriba las siguientes frases y oraciones tal como se pronuncian en alegreto en un lecto en el cual no hay velarización inasimilativa. No se olvide de marcar los acentos primarios.

1. un pan con chorizo
2. inmóvil sin duda
3. invitarlo mañana sin falta
4. un mes casi sin llover
5. Antón compuso cinco sinfonías
6. canta conmigo, no con Pancho
7. un joven músico tocaba sin pensar
8. Carmen vino con Yolanda
9. informar sin verificar ningún dato
10. no salen con chicos tontos

Para pensar

1. Diga si la siguiente afirmación es verdadera o falsa y explique brevemente su respuesta: "Los hechos de la asimilación de nasal en español refutan la idea de que un sonido determinado siempre tiene que ser alófono del mismo fonema".

2. Diga si la siguiente afirmación es verdadera o falsa y explique brevemente su respuesta: "Hay casos en que el alófono fiel de un fonema y el alófono infiel de otro fonema son iguales desde el punto de vista físico".

3. Supongamos que un lingüista a quien llamaremos A ha propuesto que en los lectos hispánicos en los cuales se elide variablemente /s/ final de locución y la frase *en hojas* se pronuncia [e.ŋó.ha] hay un fonema /ŋ/, ya que esta frase contrasta en significado con la palabra *enojas* que se pronuncia [e.nó.ha] en el mismo lecto. Otro lingüista, a quien llamaremos B, se opone al análisis de A, diciendo que la forma subyacente de *en* es /en/ y que en ese lecto se da el proceso de velarización inasimilativa. B escribe un artículo refutando a A, en el cual dice lo siguiente: "La palabra *pan* se pronuncia [páŋ] en ese lecto, pero el plural se pronuncia [pá.ne], nunca *[pá.ŋe]. Eso quiere decir que la forma subyacente de *pan* es /pan/ y no */páŋ/ a pesar de que siempre se pronuncie [páŋ]." Explique brevemente por qué usted está de acuerdo con A o por qué está de acuerdo con B.

Capítulo 13

Fonemas laterales, yeísmo y elleísmo

13.1. Introducción a los fonemas laterales

En la gran mayoría de los lectos hispánicos hay un solo fonema lateral, /l/, que es el único fonema consonántico que tiene el rasgo [+Lateral]. Es además [Coronal, +Anterior]. Al igual que /n/, es [−Distribuido] por ser apical. (Eso lo diferencia de /t/ y /d/, que son [+Distribuidos] por ser laminales.) Como todo segmento lateral, /l/ es [−Continuo]: la posición de la lengua no permite que el aire fluya por la porción central de la boca; el aire se escapa por los lados. Se describe tradicionalmente como el fonema lateral alveolar, y efectivamente el ápice hace contacto con la región alveolar. Se representa en la ortografía con la letra *l*, como en *luna*, *malo*, *planta*, *el*, *fatal* y *azul*.

13.2. Alofonía prenuclear

En posición prenuclear /l/ siempre se realiza como su alófono fiel, [l], y puede ser el único segmento consonántico del prenúcleo, como en *luna*; o el segundo, como en *placer*, *claro*, *flor*, *amable*, *ciclo*, *gloria*, etc.

13.3. Alofonía posnuclear

En posición posnuclear /l/ se asimila en lugar de articulación a dentales, alveopalatales y palatales, realizándose como su alófono fiel alveolar [l] en los demás entornos.

En el posnúcleo /l/ se realiza como su alófono fiel en los siguientes entornos:

1. en posición final absoluta, o sea, si es el último segmento de la última palabra de la locución;
2. cuando va seguido de consonante alveolar, o sea, de /n/, que tiene los mismos valores que él para los rasgos dominados por Coronal; y de /s/;
3. cuando va seguido de consonante exclusivamente Labial, como en [el.βáŋ.ko] por *el banco*) y [al.fín] por *al fin*; o exclusivamente Dorsal (como en [el.ɣá.to] por *el gato*).

En cambio, cuando /l/ va seguido de un fonema consonántico asociado al rasgo Coronal y de única o primera fase asociada al rasgo [−Continuo], se asimila a éste con respecto a rasgos de lugar que difieren de los que presenta a nivel subyacente, apareciendo los tres alófonos infieles siguientes:

1. [ḷ], lateral coronal anterior distribuido (tradicionalmente dental), como en [eḷ] *tono* y [eḷ] *día*;

2. [ḻ], lateral coronal no anterior distribuido (tradicionalmente alveopalatal) como en [eḻ] *chino*;

3. [ʎ], lateral coronodorsal (tradicionalmente palatal) como en [eʎ] *yeso* y [eʎ] *llamó.*

13.4. Variación lectal de interés

En lectos del sur de España ocurre el fenómeno del **rotacismo** o **vibrantización de lateral**, que consiste en que /l/ se realiza variablemente como la vibrante simple [ɾ], y así se escucha en esos lectos [áɾ.ma] por *alma* y [máɾ] por *mal.*

En lectos de la región occidental de Cuba (que incluye La Habana, capital del país) ocurre variablemente en la realización de /l/ posnuclear preconsonántica una combinación de supresión y asimilación. Se suprimen todos los gestos bucales de [l] pero su única fase sigue asociada a los rasgos [+Consonántico, +Sonoro], y los demás rasgos se 'copian' de la consonante que la sigue, y así [eb.pó.βɾe] por *el pobre.* Cuando la consonante siguiente es plosiva sonora, aparece como su alófono fiel plosivo y se da una secuencia de consonantes idénticas heterosilábicas. Un ejemplo es [eg.gá.to] por *el gato.*

En ciertos lectos (notablemente los de zonas rurales del norte de República Dominicana) /l/ posnuclear se realiza variablemente como la semivocal [j] delante de consonante. A este fenómeno daremos el nombre de **desconsonantización** (llamado tradicionalmente *vocalización* aunque el resultado no es una vocal). Un ejemplo es [áj.ɣo] por *algo.* A final de palabra, si no está ante consonante y está en sílaba que no recibe acento primario, entonces se elide ([áŋ.he] por *ángel*); también se elide cuando la vocal que viene antes es /i/, como en [a.βɾí] por *abril.*

> *Entre los fenómenos lectales relativos a /l/ están realizarlo como [ɾ]; suprimirlo sus gestos bucales, asimilándolo parcial o totalmente a la consonante que lo sigue; y realizarlo como [j].*

En una minoría de lectos hay, además de /l/, otro fonema lateral, simbolizado ʎ, que aparece exclusivamente en posición prenuclear y tiene un solo alófono, el fiel ʎ. Creemos útil mencionar que este sonido aparece en inglés de EE.UU. en palabras como *million* y *bullion* como la forma fonética de la secuencia subyacente /lj/. Podemos pensar que en ese caso /l/ se ha asimilado en punto de articulación a /j/, y éste se elide subsecuentemente.

El fonema ʎ está asociado a los rasgos [Coronal, –Anterior, +Distribuido] y además a los rasgos [Dorsal, +Alto, –Retraído]. O sea, es coronodorsal. Se describe tradicionalmente como el fonema lateral palatal y en los lectos que lo tienen se representa en la ortografía con *ll*, la letra llamada *elle* y considerada tradicionalmente una sola letra a pesar de componerse de dos. Precisamente el nombre de esa letra se pronuncia [é.ʎe] en los lectos que tienen ʎ, pronunciándose en cambio [é.je] en la mayoría de los lectos.

En lectos con ʎ que también tienen /ʝ/ se distingue claramente por ejemplo entre [á.ʎa], que es *halla*, forma del presente de indicativo del verbo *hallar*; y [á.ja], que es *haya*, forma del presente de subjuntivo del verbo *haber*; y lo mismo entre [se.ka.ʎó], que es *se calló* ('s/he shut up'), y [se.ka.jó], que es *se cayó* ('s/he fell down').

13.5. Yeísmo y elleísmo

En la dialectología española tradicional se ha utilizado el término **yeísmo** para referirse al fenómeno de pronunciar la letra *ll* de la misma manera en que se pronuncia la letra *y* cuando ésta representa una consonante. El término se origina en uno de los nombres de *y*, que es *ye* (también recibe el nombre de *y griega*). Además, se ha utilizado el adjetivo **yeísta** para referirse tanto a un lecto en que haya yeísmo como a las personas que hablan un lecto así. Es posible definir el yeísmo siguiendo un criterio fonológico en vez de ortográfico. Lectos yeístas son aquellos que tienen /ʝ/ como su único fonema oral sonoro asociado a los rasgos [Coronal, –Anterior]. Estos constituyen la mayoría de los lectos. El español europeo estándar es yeísta y lo son también numerosos lectos hispanoamericanos.

Ahora bien, hay tres tipos de lectos que tienen un solo fonema oral sonoro asociado a los rasgos [Coronal, –Anterior], sólo que en ellos ese fonema no es coronodorsal sino exclusivamente coronal. Estos lectos son:

1. los que tienen únicamente /dʒ/, como parece ser el caso del lecto puertorriqueño de Nueva York);

2. los que tienen únicamente /ʒ/ (como los lectos de Buenos Aires y Montevideo hablados principalmente por hombres);

3. los que tienen únicamente /ʃ/ (como los lectos de Buenos Aires y Montevideo hablados por mujeres).

Estos tres tipos de lectos no tienen nombres fácilmente pronunciables por hablantes que no saben de fonética, pero el fenómeno que se da en ellos podría escribirse **dʒeísmo**, **ʒeísmo** y **ʃeísmo** respectivamente, incorporando el símbolo fonético a la ortografía para mayor precisión descriptiva.

Lo más frecuente en español es que haya un solo fonema consonántico oral sonoro asociado a los rasgos [Coronal, –Anterior] y que esté representado tanto por y como por ll. En la mayoría de los lectos ese fonema es el coronodorsal /ʝ/, pero en ciertos lectos es sólo coronal y es /ʒ/ /ʃ/ o /dʒ/.

El lingüista cubano Juan Clemente Zamora Munné (comunicación personal) ha propuesto el término **elleísmo** para referirse a la situación en que la letra *ll* representa un fonema *distinto* al que representa la letra *y* cuando ésta representa una consonante. El elleísmo puede redefinirse de la siguiente manera, que combina lo fonológico y lo ortográfico: hay elleísmo cuando existen dos fonemas consonánticos orales distintos, asociados ambos a los rasgos [Coronal, –Anterior], y uno de ellos se representa en la ortografía con la letra *ll* y el otro con la letra *y*.

Los lectos **elleístas** pueden clasificarse en dos grupos: los que tienen ʎ y los que no. Es decir, hay elleísmo con ʎ y elleísmo sin ʎ. En los lectos elleístas que tienen ʎ, éste se representa siempre con la letra *ll*. Ahora bien los lectos elleístas con ʎ difieren con respecto a cuál es el otro fonema. En ciertos lectos ese otro fonema es /ɟ/. Es ése el caso de algunos lectos del norte de España y de algunos lectos hispanoamericanos, por ejemplo el de La Paz, Bolivia. En ellos la forma subyacente de *halla es* /aʎa/ y la de *haya* es /aɟa/ (que se pronuncia [á.ja] por desplosivización. En otros lectos el otro fonema es /dʒ/. Es ese el caso del lecto de Asunción, Paraguay, donde *halla* es /aʎa/ pero *haya* es /adʒa/ (que se pronuncia siempre [á.dʒa], sin ningún tipo de reducción).

En cuanto a los lectos elleístas sin ʎ, los dos fonemas consonánticos orales sonoros asociados a los rasgos [Coronal, –Anterior] son /dʒ/ y /ɟ/. En ellos la representación ortográfica de /ɟ/ es igual a de los lectos con ʎ y /ɟ/; es decir, es *y*, siendo el fonema /dʒ/ el que se representa con *ll*. Ese es el caso del iquiteño, o lecto de Iquitos, la ciudad más importante de la región amazónica del Perú. En iquiteño *haya* es /aɟa/ mientras que *halla* es /adʒa/ y se pronuncia siempre [á.dʒa]. Por otra parte en iquiteño la alofonía de /ɟ/ es como la de los lectos que tienen este fonema. El iquiteño no es el único lecto en que contrastan /ɟ/ y /dʒ/. El fenómeno se da, con igual ortografía, en lectos de Ecuador y de Argentina.

Cuando hay elleísmo con ʎ, éste se representa con ll. En el elleísmo sin ʎ, los dos fonemas son /ɟ/ y /dʒ/, y es éste último el que se representa con ll.

La lista siguiente ilustra la amplia variedad que se da en el dominio hispánico con respecto a la pronunciación de fonemas consonánticos sonoros orales asociados a los rasgos [Coronal, –Anterior] que aparecen en la oración *Ya yo llamé* en el habla espontánea:

Fenómeno y localidad representativa	Pronunciación
yeísmo (Madrid, La Habana, Caracas, etc.)	ɟá.ɟó.ja.mé
dʒeísmo (Nueva York)	dʒá.dʒó.dʒa.mé
ʒeísmo (Buenos Aires, hombre)	ʒá.ʒó.ʒa.mé
ʒeísmo (Buenos Aires, mujer)	ʃá.ʃó.ʃa.mé
elleísmo con ʎ y /ɟ/ (La Paz, Bolivia)	ɟá.ɟó.ʎa.mé
elleísmo con ʎ y /dʒ/ (Asunción, Paraguay)	dʒá.dʒó.ʎa.mé
elleísmo sin ʎ (Iquitos, Perú)	ɟá.ɟó.dʒa.mé

13.6. Diferencias principales con el inglés

El hecho de que en inglés no haya ʎ no constituye un gran problema para quienes estudian español como segunda lengua, ya que la mayoría de los lectos hispánicos tampoco tienen ese fonema.

En inglés hay un fonema /l/ con los mismos rasgos que el fonema español así simbolizado, pero la alofonía no es la misma en las dos lenguas. En inglés de EE.UU. hay dos procesos obligatorios que afectan a /l/ y que no existen en español. Es normal que quienes están aprendiendo español como segunda lengua apliquen esos procesos cuando hablan español. Uno es el ensordecimiento de /l/ por asimilación a una consonante sorda que está delante de /l/ en el prenúcleo, por ejemplo en *please*, *fly* y *clock*. El sonido lateral alveolar sordo que resulta se simboliza [l̥]. (En el AFI, el anillo colocado debajo del símbolo de un sonido normalmente sonoro indica que dicho sonido se ha realizado sordo). El otro proceso se denomina tradicionalmente **velarización de /l/**. El resultado es [ɫ], una *l* atravesada por un 'cinturón' ('a belted-L' en la descripción oficial del AFI), llamada en inglés 'dark *l*' en descripciones tradicionales. En este sonido la lámina de la lengua está en la misma posición que para la pronunciación del alófono fiel, pero al mismo tiempo el posteriodorso se acerca a la región velar, por lo cual [ɫ] debe clasificarse como [Coronal, +Anterior] con respecto a lo que hace la lámina, pero además como [Dorsal, +Alto, + Retraído] con respecto a lo que hace el posteriodorso. O sea, es coronodorsal, pero se diferencia de los sonidos coronodorsales tradicionalmente llamados palatales en ser [+Anterior] dentro de Coronal y ser [+Retraído] dentro de Dorsal. Podemos decir entonces que [ɫ] es **corono-posteriodorsal**, mientras que por ejemplo una palatal tradicional como [ɟ] o [ɲ] es **corono-anteriodorsal**.

La realización de /l/ como [ɫ] ocurre automáticamente cuando /l/ está en posición posnuclear, como en *bill*, *tell*, *pal*, *fault* y *waltz*. Debe añadirse que hay hablantes del inglés de EE.UU. que velarizan /l/ entre vocales en los casos en que la segunda vocal recibe el grado de acento más débil, por ejemplo en *silly*, *belly*, *alley*, *folly* y *duly*.

Resumen

Todos los lectos hispánicos tienen un fonema lateral coronal /l/ que se realiza como su alófono fiel [l] (apical y por tanto no distribuido) en la mayoría de los entornos, pero en posición posnuclear se asimila a coronales no continuas, resultando los alófonos infieles [l̪] ante /d t/, [l̺] ante /tʃ/ y [ʎ] ante /ɟ/. Unos pocos lectos tienen un fonema lateral coronodorsal ʎ, que se representa con *ll* en la ortografía. En la mayoría de los lectos hay un solo fonema consonántico oral asociado a los rasgos [Coronal, –Anterior], representado tanto por *y* como por *ll* en la ortografía. A su vez, en la mayoría de esos lectos el fonema es /ɟ/ (**yeísmo**); en otros lectos es o /dʒ/ (**dʒeísmo**) o /ʒ/ (**ʒeísmo**) o /ʃ/ (**ʃeísmo**). **Elleísmo** es la presencia de dos fonemas orales asociados a los rasgos [Coronal, –Anterior], representados uno por *ll* y el otro por *y*. Si hay ʎ, éste se escribe *ll* (**elleísmo con ʎ**) y el otro fonema puede ser /ɟ/ o /dʒ/. Si no hay ʎ (**elleísmo sin ʎ**), los fonemas suelen ser /ɟ/, representado por *y*, y /dʒ/, representado por *ll*. Otros fenómenos lectales son la realización de /l/ como [ɾ] (**rotacismo**), su supresión combinada con asimilación a la consonante siguiente y su realización como [j] (**desconsonantización**). A diferencia de lo que sucede en inglés, la /l/ del español no tiene un alófono corono-posteriodorsal [ɫ].

Ejercicios

Ejercicio de pronunciación no. 21:
El fonema /l/

En español el fonema /l/ nunca se pronuncia [ł]. Mantenga siempre bajo el dorso de la lengua al realizar [l] en cualquier posición. Escuche y repita lo que dice la grabación o su instructor/a.

1. bilis
2. Cali
3. solo
4. él
5. mal
6. col
7. hotel
8. canal
9. fatal
10. azul
11. fácil
12. difícil

Práctica de transcripción

A. Transcriba la pronunciación de estas oraciones en alegreto en un lecto yeísta:

1. El del yeso se llamaba Miguel Llosa.
2. Al llegar Fidel, lloraba.
3. El chorizo me supo mal, Chela.
4. El domingo llámalo sin falta.

B. Transcriba la pronunciación de *Ya llegó Yoli Llosa* según los siguientes lectos o hablantes:

1. Hablante mujer de Buenos Aires.
2. Lecto elleísta con ʎ y el fonema representado por *y* está asociado a Coronal y a Dorsal.

3. Lecto elleísta con ʎ y el otro fonema tiene Coronal como su único rasgo unario.

4. Lecto elleísta sin ʎ y el fonema representado por *ll* no está asociado al rasgo Dorsal.

Para pensar

1. ¿Como qué palabra se percibe la secuencia [má.ʃo] por (A) una mujer de Buenos Aires, (B) un hablante de un lecto en el cual el fonema /tʃ/ pierde su fase plosiva entre vocales?

2. El segmento [ʎ], ¿es siempre alófono infiel del fonema que lo subyace o no? Explique brevemente su respuesta.

3. Para cada sonido representado por la letra o letras en negrita en la pronunciación de las siguientes palabras, solas o dentro de frases, indique qué sonido es transcribiéndolo fonéticamente y escriba también el símbolo del fonema que lo subyace en el tipo de lecto que se indica: (A) *allí* en un lecto elleísta en el que hay ʎ; (B) *Mabel lloraba* en un lecto yeísta; (C) *caballo* en un lecto no yeísta pero sin ʎ en el cual el fonema está asociado a los rasgos [+Sonoro, +Continuo]; (D) *con lluvia* en un lecto yeísta; (E) *el dedo* en el español en general.

Capítulo 14

Sonidos róticos

14.1. Introducción a los sonidos róticos

En la fonética contemporánea se ha utilizado el término **rótico** para hacer referencia a todo sonido resonante oral no lateral representado en la ortografía por la letra *r*. Precisamente el término se deriva del nombre de la letra griega *ro* ('rho' en inglés) correspondiente a la letra *r* del alfabeto latino. Como se ve, esta categoría mezcla lo fonético y lo ortográfico. Los sonidos vibrantes españoles [ɾ] y [r] satisfacen la definición porque ambos tienen los rasgos descritos y además se representan por *r* en la ortografía (y por *rr* en el caso de [r] entre vocales).

En este libro ampliaremos la definición de rótico y diremos que es rótico simplemente todo sonido que se representa por *r* en la escritura, sin importar los rasgos que tenga. Esta definición más amplia tiene la ventaja de que facilita la comparación entre los lectos. Como veremos más adelante, hay lectos hispánicos en los cuales hay palabras que se escriben con *r* y no contienen ningún segmento vibrante.

Nótese que el título del presente capítulo es "Sonidos róticos" en vez de "Fonemas róticos". La razón de ello es que aunque en todos los lectos hispánicos hay un fonema vibrante /ɾ/, es decir, un fonema cuyo alófono fiel es [ɾ], hay desacuerdo entre lingüistas con respecto a si existe o no un segundo fonema rótico. En nuestra opinion, hay tanto razones para pensar que todo lecto español tiene dos fonemas róticos, como razones para pensar que tiene uno solo.

En el español en general los róticos de aparición más frecuente son [ɾ] y [r]. Como hemos dicho anteriormente, estos son sonidos complejos con una breve fase obstruyente y una segunda fase aproximante. Esta secuencia ocurre una sola vez en [ɾ] y varias veces en [r]. Recordamos que [r] no consiste meramente en una secuencia de vibrantes simples sino que es un sonido muy distinto que requiere mayor energía y tensión muscular que [ɾ]. Precisamente se ha propuesto que estos dos segmentos se distinguen por un rasgo binario Tenso. Son [+Tensos] los sonidos que requieren relativamente mayor energía que otros, clasificados como [–Tensos]. De modo que [r] es [+Tenso] y [ɾ] es [–Tenso]. También puede decirse que [r] es tenso y que [ɾ] es laxo.

Antes de entrar en detalle sobre cómo se organizan psicológicamente los sonidos róticos del español, es conveniente introducir dos adjetivos de uso general que sirven para expresar si un segmento está o no en la misma sílaba que el segmento que lo precede o que lo sigue. Dos segmentos adyacentes son **tautosilábicos** ('tautosyllabic' en inglés) si están en la misma sílaba y son **heterosilábicos** ('heterosyllabic' en inglés) si están en dos sílabas distintas. Por ejemplo en [ké.so] por *queso*, [k] y [e] son tautosilábicos pero [e] y [s] son heterosilábicos. La distinción sirve para expresar entornos de procesos. Por ejemplo si una consonante prenuclear sufre cierto proceso cuando está después de una consonante posnuclear, puede decirse que el proceso afecta a esa consonante cuando está después de consonante heterosilábica. Si por el contrario un proceso tiene lugar cuando una consonante está después de otra en la misma sílaba, puede decirse que el proceso tiene lugar cuando la consonante está después de consonante tautosilábica.

> *Si dos segmentos están en la misma sílaba son tautosilábicos; si están en sílabas distintas, son heterosilábicos.*

14.2. Teoría del fonema vibrante único

Tanto en la fonología tradicional como en la gran mayoría de los estudios contemporáneos se da por sentado que en español hay dos fonemas vibrantes, /ɾ/ y /r/, en vista de contrastes como [pé.ɾo] (*pero*, 'but') vs. [pé.ro] (*perro*, 'dog') y [ká.ɾo] (*caro*, 'expensive') vs. [ká.ro] (*carro* 'car'). En ese caso el alófono fiel de /ɾ/ es por supuesto [ɾ] mientras que el de /r/ es [r]. En ese análisis, /ɾ/ está asociado en sus dos fases al valor negativo del rasgo Tenso mientras que /r/ está asociado al rasgo [+Tenso], igualmente en sus dos fases cuya secuencia se repite varias veces.

Curiosamente, /ɾ/ y /r/ no contrastan *en ninguna otra posición*. En el enfoque tradicional se observa que a principio de palabra y después de consonante heterosilábica aparece únicamente /r/: existe [ró.sa] que es *rosa*, pero no ninguna palabra que se pronuncie *[ɾó.sa] y que signifique algo distinto a *rosa*; y existe [ón.ra], que es *honra* ('honor') pero no ninguna palabra que se pronuncie *[ón.ɾa] y que signifique algo distinto a *honra*. En posición final de palabra, aparece únicamente /ɾ/. Por ejemplo, no hay una palabra cuya forma subyacente sea /kalor/ que signifique algo distinto a /kaloɾ/, que es la forma subyacente de *calor*. Debe observarse sin embargo que en el habla enfática puede aparecer [r] si no sigue vocal, como en [ké.ka.lór] por *¡Qué calor!* para expresar que la temperatura del ambiente es demasiado alta. En ese caso, en nuestros términos, [r] es alófono infiel de /ɾ/ y puede suponerse que existe en español un proceso de **multiplización**, que es de aparición variable y cuyo efecto es que la vibrante simple se pronuncia múltiple (y tensa en vez de laxa). La multiplización también puede ocurrir cuando está delante de consonante prenuclear, por ejemplo en *corto*, *pierna*, *cuerpo*, etc. Por cierto, el principio que determina la multiplización variable se aplica únicamente a /ɾ/ posnuclear cuando ya se ha determinado cuáles son las sílabas de la forma fonética de una locución. Esto se ve por ejemplo en el hecho de que aún en la pronunciación sumamente enfática de una oración como *qué calor hace* nunca aparece [r] sino siempre [ɾ] por estar el alófono que representa a /ɾ/ en posición prenuclear siguiendo los principios de silabeo del español: la pronunciación es [ké.ka.ló.rá.se].

La multiplización es un ejemplo de **fortalecimiento**, fenómeno del cual ya hablamos en el capítulo 7 y que consiste en pronunciar un alófono infiel que requiere mayor energía articulatoria que el fiel. Pero lo importante es que en español no hay ninguna palabra que a nivel subyacente termine en /r/ en vez de en /ɾ/.

El único entorno que nos queda por analizar es cuando la vibrante está después de consonante tautosilábica. Se da ese caso en palabras como *brazo*, *piedra* y *creo*, donde la vibrante es el segundo segmento de un grupo prenuclear. En ese entorno aparece únicamente /ɾ/. Hay hablantes que lo multiplican ahí, pero únicamente en el habla enfática. Lo importante es que a nivel subyacente /r/ está excluido de ese entorno.

Considérese ahora que aparte de cuando están entre vocales, [ɾ] y [r] se comportan *como si fueran alófonos de un mismo fonema*. Los alófonos de un mismo fonema entran en dos tipos de relaciones, que se denominan **distribución complementaria** y **variación libre**. Dos alófonos del mismo fonema están en distribución complementaria si en un entorno determinado ocurre solamente uno de los dos con exclusión del otro, y están en cambio en variación libre si en un mismo entorno puede aparecer uno o el otro, dependiendo del estilo con que se pronuncie. Por ejemplo, en inglés, el alófono aspirado de /p/, [pʰ], está en distribución complementaria con el fiel, [p], porque el primero aparece obligatoriamente a principio de palabra o sílaba con acento primario (como en *pie* y *apply*) y el segundo no; y además [p] aparece después de [s] prenuclear (como en *spy*), pero [pʰ] no. Por otra parte, a final de palabra, [pʰ] y el alófono implosivo [p˺] (los labios no se separan y hay poca tensión) están en variación libre. Por ejemplo, si pronuncio la palabra *stop* sin ningun énfasis, su sonido final es el alófono implosivo de /p/, pero si pronuncio la misma palabra con gran énfasis, puede resultar [pʰ].

Pues bien, de [ɾ] y [r] en español puede decirse, examinando la descripción tradicional, que están en distribución complementaria tanto a principio de palabra como después de consonante heterosilábica (porque en esos entornos no aparece [ɾ]), pero están en variación libre tanto a final de palabra como después de consonante tautosilábica (porque en esos entornos pueden aparecer los dos). En base a estos hechos y a otros, el lingüista estadounidense James W. Harris propuso un novedoso pero controvertido análisis de la organización fonológica de los segmentos vibrantes del español, que aquí llamaremos **teoría del fonema vibrante único**. (Véase Harris 1969 y 1983 en la sección III de la bibliografía selecta que aparece al final de este libro.) La suposición fundamental de dicha teoría es que en realidad [ɾ] y [r] son precisamente alófonos de un mismo fonema y hay un solo fonema vibrante en vez de dos.

Harris sostiene que a nivel subyacente no hay contraste entre la vibrante simple y la múltiple, simplemente porque la vibrante múltiple *no existe* a nivel subyacente: toda vibrante múltiple que aparece a nivel fonético es siempre el resultado de la aplicación de una regla de fortalecimiento a una vibrante simple subyacente. O sea, y para expresarlo en nuestros términos, hay un fonema vibrante simple, /ɾ/, asociado al rasgo [−Tenso], cuyo alófono fiel es [ɾ], siendo [r] [+Tenso] el alófono infiel que aparece como consecuencia de haber tenido lugar el proceso de multiplización. Este proceso es obligatorio en ciertos entornos, por ejemplo a principio de palabra, y es variable en ciertos otros entornos, por ejemplo a final de palabra.

En la teoría del fonema vibrante único la forma subyacente de una palabra como *rosa* no es */rosa/ sino /rosa/ y la de una palabra como *honra* no es */onra/ sino /onra/. Ahora bien, la forma subyacente de, por ejemplo, *perro* no puede ser /pero/, ya que ésa es la forma subyacente de *pero*, y si dos palabras contrastan en significado lógicamente sus formas subyacentes no pueden ser idénticas. Harris propone que la forma subyacente de *perro* es en realidad /perro/, o sea contiene una secuencia de dos /ɾ/. ¿Cómo se llega, según Harris, a la pronunciación [pé.ro] partiendo de /perro/?

Antes de contestar esa pregunta, es conveniente observar que aunque una forma subyacente como /perro/ es completamente abstracta en el sentido de que ninguna palabra presenta a nivel fonético una secuencia de dos vibrantes simples, ciertos fenómenos fonológicos del español parecen dar apoyo a la suposición de que la secuencia /VɾɾV/ (donde V puede ser cualquier vocal) subyace siempre a la secuencia fonética [V.rV].

Uno de esos fenómenos es la aparición variable en ciertos lectos de la fricativa glotal sonora [ɦ] delante de [r] dentro de una palabra, en alternancia con la forma fonética de la misma palabra en la cual no aparece [ɦ]. Por ejemplo, *perro* se pronuncia a veces [péɦ.ro] y a veces [pé.ro]. En una teoría que suponga que la forma subyacente de *perro* es /pero/ no hay en realidad ninguna explicación para la aparición de [ɦ] posnuclear en una de las posibles formas fonéticas de esa palabra. Considérese ahora que en los mismos lectos también sucede lo siguiente: (1) /s/ posnuclear se aspira; (2) /ɾ/ posnuclear se pronuncia a veces como una fricativa coronal apical, [ʂ]; (3) ésta se sonoriza delante de consonante sonora resultando [ʐ], y a veces se aspira manteniendo la sonoridad. Por ejemplo, *carne* puede pronunciarse [káʐ.ne] o [káɦ.ne] en alegreto pero se pronuncia [kár.ne] en andante. Esto último hace suponer que la forma subyacente sigue siendo /karne/. Y cuando *carne* se realiza como [káɦ.ne], podemos suponer que primero se aplica un proceso de fricativización a /ɾ/ resultando [ʐ], y a continuación a ese resultado se aplica el proceso de supresión de gestos bucales que llamamos aspiración, resultando [ɦ]. Si suponemos con Harris que la forma subyacente de *perro* es /perro/, surge una explicación muy sencilla para [péɦ.ro]: /ɾ/ posnuclear en /pér.ro/ se fricativiza y se aspira, y /ɾ/ prenuclear se multipliza porque está después de una consonante heterosilábica, como pasa en, por ejemplo, *Enrique* ([en.rí.ke]) y *alrededor* ([al.re.ðe.ðór]).

Hay un fenómeno, no lectal, sino del español en general, que apoya la suposición de que la forma subyacente de palabras como *perro* contiene un segmento /ɾ/ en posición posnuclear. Se trata de algo que Harris ha notado recientemente (según nos ha comunicado personalmente). En español no existen palabras en las cuales /ɾ/ aparezca en posición posnuclear después de una semivocal. No hay palabras como **airte* (*[ájɾ.te]). Ahora bien, tampoco hay palabras como **airre* (*[áj.re]), a pesar de que la secuencia [áj.re] es perfectamente pronunciable. Por ejemplo aparece en la oración *hay remedio* ([áj.re.mé.ðjo]. El principio que prohíbe *airte* también prohíbe *airre* porque la forma subyacente de *airre* después del silabeo sería */ajɾ.re/ y contendría la secuencia prohibida de semivocal + /ɾ/ + consonante.

Veamos ahora cómo en la teoría del fonema vibrante único se llega a la pronunciación [pé.ro] a partir de la forma subyacente /perro/. Después de la formación de la palabra *perro* en la morfología se determina su acentuación (debe tener el acento primario en /e/) y además su silabeo, es decir, cómo se divide en sílabas, resultando en /pér.ro/. Los dos segmentos vibrantes no pueden estar en la misma sílaba porque en español dos consonantes resonantes adyacentes son obligatoriamente heterosilábicas. O sea, por ejemplo /ɾ/ y /l/ nunca pueden estar en la misma sílaba, ni tampoco una líquida y una nasal. Por eso no hay una manera distinta de silabear *Carlos* que no sea [kár.los], ni de silabear *alma* que no sea [ál.ma].

Volviendo a la forma /pér.ro/, ésta es una **forma prefonética intermedia**, es decir, es distinta a la forma subyacente de la palabra tal cual emerge del componente morfologico pero es diferente a la forma fonética. A esta forma se aplica primero la regla de multiplización que es obligatoria después de consonante heterosilábica, resultando otra estructura 'intermedia', /per.ro/, y a continuación se aplica la regla de elisión de /ɾ/ pre-vibrante, que es bastante general en español. Por ejemplo *Mar Rojo* se pronuncia [má.ró.xo] y no *[már.ro.xo]; y *ser real* se pronuncia [sé.re.ál], no *[sér.re.ál].

Este último paso nos da el resultado final: la pronunciación de *perro* con vibrante múltiple entre vocales. Resumiendo, y escribiendo todo segmento vibrante en negrita, tenemos:

1. **perro**   (forma subyacente)
2. **pér.ro**   (como resultado de la aplicación de
                    los principios de silabeo y de asignación acentual)
3. **pér.ro**   (por el proceso de multiplización)
4. **pé.ro**   (forma fonética resultante por elisión de r
                    pre-vibrante)

Resumiendo hasta ahora, en la teoría propuesta por Harris, hay un solo fonema vibrante, /ɾ/, que se multipliza obligatoriamente a principio de palabra (como en *rosa*) y después de consonante heterosilábica (como en *honra*), incluyendo los casos en que la consonante heterosilábica es /ɾ/ a nivel subyacente (como en /per.ro/); y se multipliza variablemente después de consonante tautosilábica (como en la pronunciación enfática de *brazo* como [brá.so]) y a final de palabra si no sigue vocal (como en la pronunciación enfática de *calor* en *¡Qué calor!*

14.3. Vibrantes y morfemas

Si aceptamos la tesis de que hay un solo fonema vibrante, hay por lo menos un entorno que no está incluido en el resumen que acabamos de hacer. Considérese la palabra *irreal* que se forma combinando el adjetivo *real* con el alomorfo /i/ del morfema de negación, y se pronuncia [i.re.ál]. La forma subyacente de *irreal*, una vez que se silabea y se acentúa es /i.re.al/. ¿Por qué se multipliza /ɾ/ en esa palabra si no está después de otra vibrante sino de vocal?

Supongamos que dijéramos que uno de los entornos de la multiplización es la posición de principio de morfema. Vemos que la multiplización se da también, por ejemplo, en *arrinconar* ('to corner') donde la raíz *rincón* debe ser /ɾinkon/ en el lexicón (donde no hay vibrantes múltiples) y en *pelirrojo* donde el morfema *roj* debe ser /ɾox/ etc. Y si el prefijo *re-*, significando repetición, está dentro de palabra, ocurre la multiplización. Por ejemplo si alguien dice *Yo soy pro-reorganización* ('I am pro-reorganization'), queriendo decir que está a favor de la reorganización, *re*, que es /ɾe-/ en lo subyacente, se pronuncia [re], no [ɾe].

También se da la multiplización en palabras como *desrizar* ('to uncurl') y *subrayar* ('to underline') (en hablantes que consideran que *sub* es un morfema aparte). Claro que en casos como éstos se puede decir que la multiplización tiene lugar porque /ɾ/ está después de consonante heterosilábica.

Ahora bien, si se quiere aceptar la tesis de que el único fonema vibrante es /ɾ/, no basta decir que la multiplización ocurre cuando /ɾ/ está a principio de morfema, porque hay en español casos en que /ɾ/ está a principio de morfema y no se multipliza. Por ejemplo hay un sufijo *-ra* que aparece en todas las formas del imperfecto del subjuntivo que se conjugan con él: *hablara, hablaras, hablara, habláramos, hablarais, hablaran*. El mismo tiempo verbal se puede conjugar también con el sufijo *-se*, que es un morfema al igual que *-ra*. Lo que nos interesa aquí es que *-ra* siempre se pronuncia [ɾa] y nunca [ra].

También está el caso del sufijo *-r*, que expresa tiempo futuro, como en *amaré, amarás, amará*, etc. El fonema /ɾ/ es el único sonido de ese sufijo, pero nunca se multipliza.

Obsérvese ahora que los morfemas que a nivel fonético empiezan con [ɾ] (incluyendo aquellos cuyo único sonido es [ɾ]) no son de la misma clase que los que empiezan con [r]. Los que empiezan con [ɾ] son morfemas gramaticales o **gramemas**, que son los morfemas que marcan una categoría gramatical (por ejemplo imperfecto del subjuntivo o futuro). Por contraste los que empiezan con [r] son morfemas léxicos o **lexemas**, que son precisamente los que *no* son gramemas, es decir aquellos que *no* expresan una categoría gramatical. Ejemplos son el prefijo *re-* que aparece en *reorganizar*; la raíz nominal *ros-* que aparece en *rosa, rosita*, etc., la raíz verbal *record-*, que aparece en *recordar, recordatorio*, etc. y la raíz adjetival *roj*, que aparece en *rojo, pelirrojo*, etc.

Se puede hacer entonces, dentro de la teoría del fonema vibrante único, la interesante generalización de que a principio de morfema /ɾ/ se vibrantiza únicamente si el morfema es un lexema. Dado que el primer morfema de toda palabra española es un lexema (ya sea raíz o prefijo), eso explica por qué en todos los casos en que la palabra empieza con vibrante, ésta siempre es la múltiple y no la simple.

En resumen, si se acepta la tesis de que hay un solo fonema vibrante, podemos decir que el fonema vibrante se multipliza obligatoriamente en los dos entornos siguientes:

1. después de consonante heterosilábica como en *Enrique* y *perro*;
2. a principio de lexema como en *real, irreal, arrinconar, pelirrojo, reorganizar* y *pro-reorganización*.

Y se multipliza variablemente en posición posnuclear y después de consonante tautosilábica. Y, claro está, si no se multipliza, se pronuncia como su alófono fiel [ɾ].

Debe agregarse que hay casos en que /ɾ/ está a principio de gramema, no de lexema, y sin embargo se multipliza, pero es porque está después de /ɾ/ a nivel subyacente, no porque la multiplización ocurra excepcionalmente en ese gramema. Considérese la forma *querré*, que se pronuncia [ke.ré]. Esta forma es irregular porque no tiene la vocal temática que aparece en las formas regulares. Compárese con *amaré, temeré* y *viviré*. Se trata de una idiosincrasia morfológica. Comparemos *querré* con *temeré* porque las dos son de la segunda conjugación. *Temeré* se compone de cuatro morfemas: la raíz *tem*, la vocal temática *e* (que es un gramema), el gramema de futuro *r* y el gramema *e*, que indica primera persona singular. En cambio *querré* se compone de tres morfemas: la raíz *quer* y los gramemas *r* y *e*. (Está ausente la vocal temática.) Su forma subyacente es /kerre/ y /ɾ/ se multipliza porque lo precede /ɾ/.

> *En la teoría del fonema vibrante único, éste es /ɾ/, que se multipliza obligatoriamente después de consonante heterosilábica (como en honra) y a principio de lexema (como en rosa e irreal); y se multipliza variablemente en posición posnuclear (como en calo[r]) y después de obstruyente prenuclear tautosilábica (como en b[r]azo).*

14.4. Vibrantes, ¿uno o dos fonemas?

Quienes se inician en el estudio del sistema fónico del español no están obligados a aceptar la teoría del fonema vibrante único. La hemos presentado en estas páginas porque ha dado pie a grandes debates dentro de la fonología española y continúa siendo una teoría de obligatoria referencia en el análisis de los sonidos vibrantes del español.

La objeción principal que se ha hecho a la teoría del fonema vibrante único es que se basa en una representación demasiado abstracta de las formas subyacentes de las palabras en las cuales [r] está entre vocales, ya que en la pronunciación de esas palabras nunca aparece una secuencia heterosilábica de dos vibrantes simples en un estilo en el cual aparecerían los alófonos fieles. Por ejemplo, nadie nunca dice [pér.ro] en estilo largo. Si se deja esa objeción a un lado, es difícil no reconocer que la teoría explica una serie de fenómenos relativos a la pronunciación de los sonidos róticos del español que son de bastante generalidad. En la teoría de dos fonemas vibrantes algunos de esos fenómenos no tienen explicación y deben considerarse meramente arbitrarios, entre ellos el de que [ɾ] y [r] se comporten como si fueran alófonos de un mismo fonema en la mayoría de los entornos, el de que no existan palabras como *airre* y el de que aparezca [ɾ] en posición *posnuclear* en una palabra que supuestamente no tiene en su forma subyacente ninguna consonante posnuclear, como sucede en el caso de *perro* pronunciada [péɾi.ro].

A la lista de hechos inexplicables en la teoría de los dos fonemas vibrantes podemos tal vez agregar el de que los lexemas empiecen con la vibrante múltiple y los grafemas con la vibrante simple. Esto tiene que verse como un mero accidente dentro de esa teoría.

14.5. Representación ortográfica de las vibrantes

En la teoría del fonema vibrante único, la representación ortográfica del fonema vibrante puede describirse así:

1. Se representa con *rr* entre vocales dentro de palabra cuando se realiza como [r] porque se multiplizó por estar después de /ɾ/ posnuclear subyacente (que luego se elidió), que es el caso de *perro* (/peɾɾo/ en lo subyacente) o por estar a principio de lexema, que es el caso de *irreal* (/iɾeal/ en lo subyacente);

2. Se representa con una sola *r* en todos los demás casos, incluyendo los casos en que se ha multiplizado pero no está entre vocales a nivel fonético, por ejemplo en *roto, Enrique, alrededor* y *subrayar,* y los casos en que no se ha multiplizado, como en *pero, cara, abre* y *amor.*

En cambio, en la teoría de los dos fonemas vibrantes, la representación ortográfica de éstos puede describirse así:

1. /ɾ/ se representa siempre con una sola *r* (como en *pero* y *calor*);

2. /r/ se representa con *rr* cuando está entre vocales (como en *perro* e *irreal*) y se representa con una sola *r* cuando está a principio de palabra (como en *ratón*) y después de consonante heterosilábica en interior de palabra (como en *honra, subrayar* y *alrededor*).

14.6. Variación lectal de interés

En ciertos lectos (notablemente en el español de Puerto Rico) /ɾ/ posnuclear se realiza variablemente como [l]. Ejemplos son [kál.ta] por *carta* y [á.βlal] por *hablar*. Este fenómeno recibe el nombre de **lambdacismo** o de **lateralización**. No está claro que se trate de un caso de reducción ya que aunque [l] tiene una sola fase y [ɾ] tiene dos, [l] es más tenso que [ɾ]. Ciertamente la obstrucción en /l/ es mucho más larga que en [ɾ].

En lectos de la región occidental de Cuba (incluyendo el habanero) se produce variablemente en la realización de /ɾ/ posnuclear preconsonántica esencialmente la misma combinación de supresión y asimilación que afecta a /l/ posnuclear. O sea el proceso afecta en general a las consonantes líquidas. Se suprimen los gestos de /ɾ/ pero se mantiene su fase consonántica y sus rasgos [–Continuo, +Sonoro]; los demás rasgos se 'copian' de la consonante que sigue. Si ésta es plosiva sonora, se realiza como su alófono fiel plosivo. Ejemplos son [ség.ka] por *cerca* y [seb.bésa] por *cerveza*.

En lectos rurales del norte de República Dominicana (pero no exclusivamente en ellos) /ɾ/ posnuclear se desconsonantiza variablemente como la semivocal [j] delante de consonante ([káj.ta] por *carta*) y se elide en posición final absoluta si está en una sílaba que no recibe acento primario ([kán.se] por *cáncer*). Recuérdese que los mismos procesos se aplican variablemente a /l/, por lo cual podemos decir que se aplican en general a las líquidas.

En cuanto a la variación relativa a [r], debe señalarse que hay lectos en que el rótico tenso no es [r]. Por ejemplo en el español de Costa Rica el rótico tenso es una aproximante cuyo timbre es esencialmente idéntico al de la aproximante rótica [ɹ] del inglés de EE.UU. Es decir, *caro* es [ká.ro] pero *carro* es [ká.ɹo]. Curiosamente, [ɹ] aparece también después de consonante tautosilábica, como en [tɹés] por *tres*, en vez del más general [trés].

En ciertos lectos el rótico tenso no es resonante sino obstruyente, y es una fricativa estridente. En lectos de la región andina de Suramérica (incluyendo lectos ecuatorianos, chilenos y bolivianos) esa fricativa estridente es coronal anterior pero no distribuida por ser apical. Debe transcribirse [ʐ] en el AFI. Tradicionalmente se ha transcripto como [ř], pero en realidad no presenta vibrantización. En los lectos en cuestión *Enrique*, *rojo* y *perro* se pronuncian [en.ʐí.ke], [ʐó.xo] y [pé.ʐo]. Debe señalarse que en los mismos lectos /ɾ/ se realiza como estridente cuando es parte del grupo prenuclear /tɾ/ pero en vez de realizarse como [ʐ] se realiza como su correspondiente sordo [ʂ] por asimilación a /t/. Así *tres* se pronuncia [tʂés] y *otro* se pronuncia [ó.tʂo]. Esta última pronunciación suelen percibirla como *ocho* quienes no tienen ese sonido, dado que el timbre de la secuencia [tʂ] es muy parecido al del africado [tʃ]. Pero en los lectos en que da la secuencia tautosilábica [tʂ], el timbre de *otro* es distinto al de *ocho* porque [ʂ] es indistribuida (apical) mientras que [tʃ] es distribuida (laminal), tanto en su fase plosiva como en su fase fricativa (equivalente a [ʃ]).

Dentro de la teoría del fonema vibrante único habría que pensar que en esos lectos hay un proceso de **estridentización** de /ɾ/. En algunos lectos (notablemente de Chile) la estridentización es variable, apareciendo también [r], que es la pronunciación estándar. En alegreto *carro* es [ká.ʐo] pero en andante es [ká.ro]. En otros lectos (notablemente el de Quito, capital del Ecuador), la estridentización es obligatoria, y si se piensa en términos de dos fonemas róticos, los fonemas son /ɾ/ y /ʐ/. La presencia de [ʐ] en lugar de [r] no está limitada a lectos andinos. Aparece también por ejemplo en lectos guatemaltecos.

Hay lectos mexicanos en los cuales a final de palabra no seguida de vocal aparece [z̧] en lugar, no de [r] sino de [ɾ], inclusive en andante; y así se dice [mi.ráz̧] por *mirar*, [me.xóz̧] por *mejor*, etc.

En el español de Puerto Rico hay un sonido rótico tenso estridente que alterna variablemente con el vibrante tenso estándar [r], y es [Dorsal, +Alto, +Retraído]; o sea, es el sonido fricativo velar [x]. Por ejemplo, *rosa* se pronuncia [xó.sa], *perro*, [pé.xo], e *irrompible*, [i.xom.pí.βle]. Por otra parte, en el lecto puertorriqueño hay /h/ en vez de /x/, de modo que, por ejemplo, *Ramón* puede pronunciarse con [r] o [x] inicial pero *jamón* siempre se pronuncia con [h] inicial; y *corra* puede pronunciarse [kó.ra] o [kó.xa] pero *coja* se pronuncia siempre [kó.ha].

La variación lectal incluye que /ɾ/ posnuclear se pronuncie [l], [j] o se asimile a la consonante siguiente; y que la vibrante tensa no sea [r] sino [x], [z̧] [ş] o [ɹ].

14.7. Diferencias principales con el inglés

Aunque en algunos lectos ingleses (notablemente del inglés de Escocia) hay [r], este segmento no existe en el inglés de EE.UU. Existe [ɾ] pero como alófono infiel, principalmente de /t/ y /d/. Entre anglohablantes que estudian español como segunda lengua es común la sustitución de los róticos españoles por los róticos ingleses. En la mayoría de los casos se pronuncia [ɹ], tanto en vez de [ɾ] como en vez de [r], y así [ká.ɹo] tanto por *caro* como por *carro*.

En el inglés de EE.UU. el sufijo *–er*, como en *cleaner*, *taller*, etc. se pronuncia como la vocal rótica [ɚ]. Por ejemplo, la última sílaba de *cleaner* es simplemente [ɚ]. Este sonido puede considerarse la asociación a una única fase de los rasgos de la aproximante [ɹ], menos su valor negativo para Nuclear, y de los rasgos de la vocal [ə]. Como en la enseñanza del español a anglohablantes muchas palabras se aprenden a través de la lectura, existe la tendencia entre anglohablantes a pronunciar con [ɚ] las palabras españolas que terminan en *er* y así se escucha [sɚ] por *ser*, [a.sɚ] por *hacer*, [ko.mɚ] por *comer*, etc.

Resumen

Sonidos róticos son aquellos que se representan por la letra *r* en la escritura. En todos los lectos hispánicos hay un fonema rótico /ɾ/, vibrante simple. En la fonología tradicional y en la mayoría de los estudios contemporáneos se supone que hay otro fonema rótico, /r/, que aparece en los entornos en los cuales no aparece /ɾ/. Una minoría supone que /ɾ/ es el único fonema rótico. Esta posición tiene la desventaja de estar basada en un análisis altamente abstracto que sin embargo explica fenómenos inexplicables dentro de la teoría de dos fonemas róticos. La variacion lectal incluye la realización de /ɾ/

posnuclear como [l] (**lambdacismo**), o como [j] (**desconsonantización**) o como una consonante asimilada parcial o totalmente a la que la sigue. También incluye la presencia, en lugar de la vibrante múltiple [r], de un sonido rótico estridente, que puede ser [x] o [ẓ]/[ṣ]; y la presencia, tanto en lugar de [ɾ] entre vocales como de [ɾ] prenuclear tautosilábica, de una aproximante básicamente idéntica a la aproximante rótica del inglés, [ɹ]. Este último sonido tiende a aparecer en lugar de todo rótico español en la pronunciación del español como segunda lengua por anglohablantes.

Ejercicios

Ejercicio de pronunciación no. 22:
Contraste entre /t/, /d/ y /ɾ/ entre vocales

Recuerde que el sonido [ɾ] existe en inglés y Ud. lo hace normalmente entre vocales en palabras como *city*, *patty* y *photo* como alófono infiel de /t/; y en palabras como *needy*, *daddy* y *soda* como alófono infiel de /d/. Recuerde también que en español [ɾ] es alófono fiel de /ɾ/, que se representa con la letra *r* en la ortografía. Escuche y repita lo que dice la grabación o su instructor/a.

1. todo toro
2. cada cara
3. seda, cera
4. loto, loro
5. foto, foro
6. moto, modo, moro
7. mito, mido, miro
8. pita, pida, pira
9. cita, sida, Cira
10. veta, veda, vera

Ejercicio de pronunciación no. 23:
[ɾ] en grupo prenuclear

Pronuncie siempre /ɾ/ como [ɾ] cuando es la segunda consonante de un grupo prenuclear. Escuche y repita lo que dice la grabación o su instructor/a.

1. tres
2. otro
3. frase
4. África
5. abre

6. bravo

7. drama

8. Pedro

9. acróbata

10. gracias

Ejercicio de pronunciación no. 24:
[r] a principio de palabra

Para [r] ponga la lengua en contacto con la región alveolar (inmediatamente después de los dientes superiores) y trate de hacer que la lengua vibre varias veces con gran tensión. Escuche y repita lo que dice la grabación o su instructor/a.

1. Ramón

2. rama

3. regalo

4. remedio

5. rico

6. risa

7. rojo

8. Roma

9. ruso

10. rubia

Ejercicio de pronunciación no. 25:
[r] dentro de palabra después de consonante

Después de /n/ y /l/ y del prefijo /sub/, siempre aparece [r], nunca [r]. Escuche y repita lo que dice la grabación o su instructor/a.

1. subrayar

2. honrado

3. enredo

4. alrededor

5. Enrique

6. enriquecer

7. enrojecer

Ejercicio de pronunciación no. 26:
[r] entre vocales

Cuando en la escritura aparece *rr*, esta combinación siempre representa al sonido [r], nunca al sonido [ɾ]. Escuche y repita lo que dice la grabación o su instructor/a.

1. guerra
2. irracional
3. irreal
4. ocurre
5. arriba
6. corrí
7. arroz
8. pelirrojo
9. interrumpe
10. borroso

Ejercicio de pronunciación no. 27:
Contraste entre [ɾ] y [r]

En cada una de las siguientes frases aparecen dos palabras que se diferencian únicamente en que entre vocales una tiene [ɾ] y la otra [r]. Ésta se escribe con *rr*. Escuche y repita lo que dice la grabación o su instructor/a.

1. Hay varios barrios.
2. Son carros caros.
3. Esto es para Parra.
4. ¡Mira: mirra!
5. Gatos sí, pero perros no.
6. Ahorra ahora.

Práctica de transcripción

Transcriba fonéticamente las oraciones siguientes. Suponga que no hay pausas dentro de ninguna de ellas.

1. Ahorra ahora para carro caro.
2. Querido perrito, deja de ladrar.
3. Había más prerrequisitos que requisitos.
4. A Clara Roca no le gustó nada tu rara serenata.
5. ¿De modo que Ramón quería ver la moto del moro?
6. El señor Toto Toro vende de todo: cera, seda, setas.

Para pensar

1. Explique por qué es verdadera o por qué es falsa la siguiente afirmación: "Si se supone que en español hay dos fonemas róticos, entonces hay que suponer que si esos fonemas son /ɾ/ y /r/, el sonido [r] es siempre alófono fiel de /r/".

2. Diga si en las formas subyacentes de las palabras *prerrequisito* y *arreglaría*, hay o no el mismo número de fonemas róticos según (A) la teoría del fonema vibrante único, (B) la teoría de que hay dos fonemas róticos. Indique en cada caso cuáles son esos fonemas según las dos teorías.

3. Explique brevemente por qué en *querríamos*, que se pronuncia [ke.rí.a.mos] en los lectos que tienen [r], la multiplización no es excepcional según la teoría del fonema vibrante único.

4. Supongamos un lecto en el cual los únicos dos segmentos róticos son [ɾ] y [x] y, por ejemplo, *caro* y *carro* se pronuncian siempre [ká.ɾo] y [ká.xo], respectivamente. Conteste las siguientes preguntas y explique su respuesta. Para ese lecto, (A) ¿puede hablarse de un fonema /x/ dentro de la teoría de que siempre hay dos fonemas róticos? (B) ¿Puede hablarse de multiplización dentro de la teoría del fonema vibrante único?

Capítulo 15

Vocales y semivocales

15.1. Vocoides y sus clases

Los vocoides son la clase formada por las vocales y las semivocales. Éstas tienen en común que se articulan en la cavidad bucal sin ningún obstaculo al paso del aire y están asociadas al rasgo unario Dorsal. Algunas están asociadas solamente a ese rasgo unario y otras están asociadas también o al rasgo Coronal o al rasgo Labial.

Las vocales y las semivocales difieren en el rasgo Nuclear. Las vocales son [+Nucleares] porque pueden ser núcleo de sílaba: pueden por sí solas formar sílaba. En cambio las semivocales son [–Nucleares]. Una semivocal siempre está en posición prenuclear o posnuclear. En otras palabras, toda semivocal siempre está en la misma sílaba que cierta vocal, y está antes o después de ésta.

15.2. Fonemas vocálicos del español y hiatos

En español hay solamente cinco fonemas vocálicos, que se simbolizan /i/, /e/, /a/, /o/ y /u/. Los rasgos binarios que sirven para distinguir entre ellos son los que dependen de Dorsal; esto es, Alto, Bajo y Retraído, como se ve a continuación:

	/i/	/e/	/a/	/o/	/u/
Alto	+	−	−	−	+
Bajo	−	−	+	−	−
Retraído	−	−	+	+	+

Es decir, /i/ y /u/ son las vocales altas, /e/ y /o/, no siendo ni altas ni bajas, son las vocales medias y /a/ es la única vocal baja. Desde el punto de vista de la retracción, /a/, /o/ y /u/ son retraídas mientras que /i/ y /e/ son irretraídas. En cuanto a los rasgos unarios, /i/ y /e/ están asociadas también al rasgo Coronal, o sea, son coronodorsales; y /o/ y /u/ están asociadas también al rasgo Labial, o sea, son labiodorsales, siendo además redondeadas; /a/ está asociada únicamente a Dorsal.

Los alófonos fieles de las vocales son [i], [e], [a], [o] y [u], que pueden describirse en forma resumida como sigue:

[i], vocal alta irretraída;
[e], vocal media irretraída;
[a], vocal baja;
[o], vocal media retraída;
[u], vocal alta retraída.

Al hablar de las vocales es imprescindible utilizar el concepto de **hiato** ('hiatus' en inglés), palabra que en la mayoría de los lectos se pronuncia [ɟá.to] o [ĵá.to], según el entorno en que esté el fonema /ɟ/; y se pronuncia [ĵá.to] en otros lectos. Si en una forma subyacente o fonética hay dos vocales seguidas, cada una núcleo de su propia sílaba, se dice que están en hiato o que forman un hiato. En [mí.o] por *mío*, /i/ y /o/ están en hiato y en [po.é.ta] por *poeta* lo están [o] y [e]. En [u.íɾ] por *huir* ('to flee'), /u/ e /i/ forman hiato, y en *huías* (/u.í.as/) /i/ forma hiato tanto con /u/ como con /a/. En resumen un hiato es la secuencia heterosilábica de dos vocales.

> Un hiato es una secuencia de dos vocales, cada una con su propia sílaba.

15.3. Clases de alófonos infieles de los fonemas vocálicos

En general los fonemas vocálicos tienen dos clases de alófonos infieles: nucleares y no nucleares. El fonema /a/ tiene un alófono infiel nuclear que se realiza como coronodorsal y que puede aparecer en alegreto en contacto con segmento Coronal. Este es el sonido tradicionalmente llamado [a] palatal.

Hay alófonos infieles cuya infidelidad se expresa no en rasgos binarios sino en grados de altura. La dimensión de altura corresponde a la dimensión de abertura de la boca. Las vocales altas son más cerradas que las medias y la vocal baja presenta la mayor abertura posible. Pero hay alófonos de /i/ y de /u/ que son menos cerrados que los fieles [i] y [u]. Estos serían los que se pronuncian en aislamiento. Es decir, esos alófonos infieles, siendo [+Altos], son menos altos que [i] y [u]. Lo mismo ocurre con respecto a /e/ y /o/: siendo [–Bajos] tienen alófonos más bajos que los fieles. Tradicionalmente se dice de los fonemas no bajos que tienen alófonos abiertos y alófonos cerrados. Se habla de una 'e abierta', que puede transcribirse [ɛ], siendo el alófono fiel [e] la variante cerrada; y se habla de una 'o abierta', que puede transcribirse [ɔ], siendo el alófono fiel [o] la variante cerrada. En este libro no marcamos en las transcripciones la infidelidad de los alófonos nucleares de los fonemas vocálicos porque se ha visto que la mayor o menor abertura de una vocal determinada no depende siempre del entorno en que aparece.

En cambio siempre marcamos en la transcripción los alófonos infieles no nucleares de los fonemas vocálicos, como se verá en lo que sigue.

15.4. Alófonos semivocálicos de los fonemas vocálicos

Considérese el siguiente fenómeno. La forma subyacente de la palabra *mi* ('my') es /mi/. En la conversación ordinaria, en alegreto, la pronunciación de esa palabra en la frase *mi amigo* no es igual a la de la misma palabra en la frase *mi camino*. En esta última, el alófono de /i/, que es [i], es el núcleo de su propia sílaba: la pronunciación es [mi.ká.mi.no] y la frase tiene cuatro sílabas. Por contraste en la pronunciación de *mi amigo* en el mismo estilo no aparece [i]: la frase no se pronuncia [mi.a.mí.ɣo] en cuatro sílabas sino en tres: [mja.mí.ɣo], apareciendo, en lugar de [i], el vocoide asociado a los mismos rasgos que [i] excepto [+Nuclear], o sea, la semivocal [j]. Como los hablantes perciben [mj] como /mi/, resulta entonces que en [mja.mí.ɣo] la semivocal [j] es alófono infiel del fonema vocálico /i/.

Ya hemos mencionado que en español hay otra semivocal alta, que es sin embargo retraída y que se simboliza [w]. Está asociada a los mismos rasgos que [u] excepto [+Nuclear]. En la frase *tu amigo*, que se pronuncia [twa.mí.ɣo], [w] es alófono infiel de /u/. La forma subyacente de la palabra *tu* es /tu/. Por contraste, en la frase *tu camino*, que es [tu.ka.mí.no], aparece el alófono vocálico fiel [u].

Es necesario especificar que tanto [j] como [w] pueden aparecer como alófonos infieles de /i/ y /u/ respectivamente, no sólo en posición prenuclear, como sucede en *mi amigo* y *tu amigo* sino también en posición posnuclear, como en [loj.ma.xí.na] por *lo imagina* y [low.ti.lí.sa] por *lo utiliza*.

15.5. **Diptongos**

Se da el nombre de **diptongo** ('diphthong' en inglés) a la secuencia tautosilábica de semivocal y vocal que aparece en una sílaba que contiene solamente dos vocoides. Simbolizando toda semivocal como S y toda vocal como V, podemos decir que hay dos tipos de diptongos: SV (semivocal seguida de vocal) y VS (vocal seguida de semivocal). En los diptongos SV la semivocal viene primero y por tanto es prenuclear, de modo que la frase *mi amigo* pronunciada en alegreto contiene el diptongo SV [ja] como parte de su primera sílaba. En cambio en los diptongos VS, la semivocal sigue a la vocal y es por tanto posnuclear. En alegreto la oración *lo imagina* contiene el diptongo VS [oj] como parte de su primera sílaba y la oración *se irritó* contiene el diptongo VS [ej], igualmente como parte de su primera sílaba.

Los diptongos no están limitados a aparecer únicamente cuando las palabras se combinan en frases u oraciones. Por ejemplo en alegreto la primera sílaba de *viejo* contiene el diptongo [je], la primera de *cuando* contiene el diptongo [wa], la primera de *oirás* contiene el diptongo [oj] y la primera de *ausencia* contiene el diptongo [aw].

En descripciones tradicionales es común encontrar el diptongo definido como la unión de dos vocales en una misma sílaba. Esa definición es incorrecta desde el punto de vista fonológico. En todo diptongo hay una sola vocal; el otro miembro del diptongo es una semivocal.

En todo diptongo hay dos vocoides pero una sola vocal, precedida o seguida por una semivocal.

15.6. Diptongos de semivocal alta dentro de palabra

Veremos luego que en español pueden aparecer diptongos en los cuales la semivocal no es ni [j] ni [w]. Sin embargo el tipo de diptongo más frecuente en español es aquel en el cual la semivocal es alta, sobre todo dentro de palabra.

A continuación relacionamos los distintos diptongos con [j] y [w] que pueden aparecer a nivel fonético y damos para cada diptongo ejemplos de palabras dentro de las cuales aparecen.

Los diptongos SV de semivocal alta son:

[ja]   viaje, gracias
[je]   siento, nadie
[jo]   piojo, cambio
[ju]   ciudad, pandemónium
[wa]   cuatro, mutua
[we]   puedo, bilingüe
[wi]   fuimos, cuidado
[wo]   cuota, mutuo

Los diptongos VS de semivocal alta son:

[aj]   hay, caigo
[ej]   ley, reino
[oj]   hoy, oigo
[uj]   ¡Uy! (expresión de sorpresa)
[aw]   causa, Grau (apellido de origen catalán)
[ew]   deuda, terapéutico
[ow]   Souto (apellido de origen gallego)

15.7. Triptongos

En español existen secuencias tautosilábicas de tres vocoides. Dichas secuencias reciben el nombre de **triptongos** (del griego 'tres sonidos'; en inglés es 'triphthong'). Todos los triptongos que aparecen dentro de una palabra consisten en una secuencia compuesta de semivocal alta prenuclear, vocal y semivocal alta posnuclear. O sea, su fórmula es SVS. En la palabra *buey* ('ox') se da el triptongo [wej] y en la palabra *miau* ('meow') el triptongo [jaw]. Ciertas formas verbales que concuerdan con el pronombre *vosotros* en los lectos que lo tienen contienen triptongos, por ejemplo *limpiáis* que se pronuncia [lim.pjájs].

Por efecto del contacto entre más de dos vocoides pueden surgir triptongos dentro de una frase. Por ejemplo *precio increíble* se pronuncia [pré.sjojŋ.kre.í.βle] en alegreto, y en ella aparece el triptongo [joj] como parte de su segunda sílaba, que es [sjojŋ], la cual se compone de partes de la palabra *precio* y de partes de la palabra *increíble*. El que no coincidan las sílabas de las frases con las sílabas originales de las palabras es un fenómeno sumamente común en español.

> *Un triptongo es una secuencia tautosilábica de tres vocoides. Los que ocurren dentro de una palabra se componen de semivocal prenuclear, núcleo y semivocal posnuclear. En el habla normal surgen triptongos cuyos vocoides se encuentran en dos palabras diferentes.*

15.8. Proceso de desnuclearización

Sucede con frecuencia en español que la forma fonética de una locución tiene menos sílabas que su forma subyacente. Esto se debe en parte a un tipo de reducción que afecta a ciertas vocales que entran en contacto con otras vocales, ya sea en la formación de palabras o en la formación de frases y oraciones. Podemos suponer que el cerebro, por influencia de la tendencia al menor esfuerzo, instruye al aparato fonador a que abrevie los gestos necesarios para pronunciar cierta vocal que está al lado de cierta otra vocal en cierto entorno. Esto causa que el alófono que resulta no pueda tener su propia sílaba y tenga que estar en la misma sílaba que el alófono de la vocal adyacente. Llamamos **desnuclearización** al proceso de ejecutar esas instrucciones porque el alófono resultante es semivocálico y por tanto [–Nuclear], y es por supuesto alófono infiel del fonema vocálico que lo subyace, que es, como toda vocal, [+Nuclear]. Si ocurre desnuclearización y el hiato subyacente se limita a dos vocales, el resultado es un diptongo, como en [mja.mí.ɣo] por *mi amigo*, donde el hiato /i.a./ se realiza como [ja], y en [loj.ma.xí.na] por *lo imagina*, donde el hiato /o.i/ se realiza como [oj].

> *La desnuclearización consiste en que uno de los miembros de un hiato subyacente se realiza como [–Nuclear], esto es, como semivocal, resultando un diptongo y una sílaba menos a nivel fonético.*

15.9. Variación lectal de interés

Los lectos hispánicos difieren muy poco entre sí con respecto a la organización psicológica de los vocoides y a los procesos que los afectan. Una de las diferencias interesantes es que ciertas secuencias de dos vocoides que se realizan como un hiato en un lecto se realizan como un diptongo en otro lecto. Por ejemplo, hay lectos en que *guión* ('script') se pronuncia [gi.ón] y hay lectos en que se pronuncia [gjón] con diptongo, inclusive en andante; y lo mismo ocurre por ejemplo con *piano* que puede pronunciarse [pjá.no] o [pi.á.no]. Quienes dicen [pi.á.no] en andante pueden llegar a decir [pjá.no] en alegreto y puede pensarse que en ese caso se ha aplicado desnuclearización. En cuanto al caso de quienes siempre pronuncian [pjá.no], inclusive en andante, cabe la posibilidad de que para esas personas la forma subyacente no contenga /i/ sino /j/, es decir, que haya una semivocal a nivel psicológico. Lo mismo se puede decir del caso en que *guión* se pronuncie siempre con diptongo. Esa posibilidad la examinamos en detalle en el capítulo 17.

15.10. Diferencias principales con el inglés

En el inglés de EE.UU. hay más del doble de fonemas vocálicos que en español y por eso con respecto a las vocales un/a anglohablante tiene normalmente menos "acento" en español que el que tiene un/a hispanohablante en inglés. Sin embargo la posibilidad de "acento" por parte de anglohablantes que estudian español siempre existe porque ninguna vocal inglesa tiene exactamente el mismo timbre que ninguna vocal española.

Es importante señalar una diferencia fundamental que existe entre el inglés de EE.UU. y el español en general con respecto al análisis mental inconsciente que los hablantes hacen de los diptongos. En español, un diptongo siempre se percibe como una secuencia de dos segmentos, cada uno representando un fonema distinto. En cambio en inglés ciertos diptongos se perciben como un solo segmento, es decir, como un solo fonema. Se trata en realidad de vocoides complejos que constan de dos fases: una asociada al rasgo [+Nuclear], y equivale por tanto a una vocal; y otra al rasgo [–Nuclear], y equivale por tanto a una semivocal. Hay que recalcar que se consideran psicológicamente un solo segmento, del mismo modo que se considera que toda africada es un solo segmento, a pesar de que tenga dos fases.

Es igualmente importante señalar que tanto en español como en inglés como en cualquiera otra lengua, la fonología mental realiza cierta abstracción en el caso de los diptongos. Desde un punto de vista puramente físico, lo que sucede en la pronunciación de todo diptongo es que la lengua ejecuta una trayectoria, en la cual pasa, sin detenerse, por la posición de varias vocales distintas hasta llegar a la posición final. Ahora bien, el sistema fónico le asigna arbitrariamente a todo diptongo únicamente dos fases: la primera corresponde a la posición que adopta la lengua antes de empezar la trayectoria, y la segunda a la posición de la lengua al terminar la trayectoria.

La diferencia entre el español y el inglés en cuanto a los diptongos es que en español la fase asignada a la posición inicial y la asignada a la posición final se asocian siempre a segmentos distintos, mientras que en inglés en algunos casos las dos fases se asignan a un mismo segmento y en otros casos, como en español, a dos segmentos distintos.

Los diptongos ingleses que se consideran un solo segmento son todos del tipo VS. En ellos la fase vocal precede a la fase semivocal. La palabra inglesa *bay* contiene uno de esos diptongos. La lengua empieza en la posición de una vocal media irretraída, [e], y termina en la posición que tendría la lengua en la realización de una vocal alta del inglés, que sería, no [i] del inglés (que es algo distinta a la [i] del español—es más larga y tensa que ésta) sino [ɪ], que es la vocal de, por ejemplo, *bit* ([bɪt]). Pero he aquí que los hablantes consideran, no que haya dos segmentos vocoidales, uno representando un segmento medio y otro un segmento alto, sino, repetimos, un solo segmento. Señalando con [j] la fase semivocal del segmento pero teniendo en cuenta que el movimiento hacia una posición más alta es más breve que en español, simbolizaremos el segmento vocoidal complejo que es el segundo segmento de la palabra *bay* como [eʲ] (tal como se recomienda en el manual del AFI) y hablaremos del fonema /eʲ/ del inglés. De modo que en la palabra *bay* hay dos fonemas: /b/ y /eʲ/, y el fonema /eʲ/ tiene dos fases: la primera está asociada a los rasgos [+Nuclear, –Alto] y la segunda a los rasgos [–Nuclear, +Alto].

Otros diptongos que en lectos estándares del inglés de EE.UU. se consideran una sola vocal son los siguientes:

[oʷ], como en *owe, low* y *boat*;
[aʲ], como en *I, buy* y *bite*;
[aʷ] como en *cow* y *bout*;
[ɔʲ], como en *boy* y *boil*.

Estas cuatro y [eʲ] forman el grupo de los que podemos llamar **vocales diptongales** del inglés. En todas ellas su segunda fase equivale a una semivocal. Cuando equivale a [j], está asociada también al rasgo [–Retraído]; y cuando equivale a [w], está asociada también al rasgo [+Retraído].

En la comparación entre las vocales inglesas y las españolas así como en la comparación entre la estructura interna de los diptongos ingleses y la de los diptongos españoles es útil echar mano al rasgo binario Tenso. Los fonemas vocálicos del español son todos [+Tensos]. También lo son en su fase vocálica todos los fonemas ingleses que son vocales diptongales, y además los siguientes, que no tienen una fase semivocálica:

> *En el inglés estándar de EE.UU. los diptongos [eʲ], [oʷ], [aʲ], [aʷ] y [oʲ] son psicológicamente cada uno un solo segmento, y son los alófonos fieles de los fonemas /eʲ/, /oʷ/, /aʲ/, /aʷ/ y /oʲ/, que se consideran vocales diptongales. En cambio, en español todo diptongo se considera una secuencia de dos segmentos.*

/i/ (alto irretraído), como en *bee* y *beat*;
/ɑ/ (bajo irretraído), como en *spa, father* y *lot*;
/ɔ/ (medio retraído), como en *law, caution* y *applause*;
/u/ (alto retraído), como en *sue* y *suit*.

Ahora bien, en inglés hay también fonemas vocálicos laxos. En el inglés de EE.UU. son los siguientes:

/ɪ/ (alto irretraído), como en *bit*;
/ɛ/ (medio irretraído), como en *bet*;
/æ/ (bajo irretraído), como en *bat*;
/ʌ/ (medio retraído), como en *but*;
/ɒ/ (bajo retraído), como en *lock*;
/ʊ/ (alto retraído), como en *look*.

Una diferencia importante entre las vocales tensas y las laxas en inglés es que las tensas pueden aparecer a final de palabra pero las laxas no. Considérese ahora que el timbre de la vocal española [e] es muy semejante al de la primera fase de la vocal inglesa [eʲ]. En los dos casos la lengua está básicamente en la misma posición y además [e] española es tensa y lo es también [eʲ]. Exactamente lo mismo pasa con respecto a [o] española y [oʷ] inglesa. Estas semejanzas explican por qué entre anglohablantes que estudian español como segunda lengua existe la tendencia a pronunciar [e] española como [éʲ], y [o] española como [oʷ], escuchándose pronunciaciones como [nóʷ.loʷ.séʲ] por *no lo sé*.

Las vocales inglesas que más se parecen a [e] y [o] españolas son las que constituyen la fase vocálica de las diptongales [eʲ] y [oʷ] y por eso éstas tienden aparecer en lugar de [e] y [o] en la pronunciación de principiantes.

Hay que destacar que no todos los diptongos del inglés estándar de EE.UU. se consideran un solo segmento. Los que se consideran psicológicamente secuencias de dos segmentos son todos del tipo SV. Por ejemplo, en la palabra *we* hay dos fonemas: /w/ (semivocal) e /i/ (vocal). La palabra en su única sílaba se compone del diptongo /wi/. También se perciben como una secuencia de dos fonemas distintos los diptongos /wɛ/ como en *sweat*, [wæ] como en *swam*, [wɑ] como en *swap*, [wɔ] como en *quorum*, [wʊ] como en *wood*, [wu] como en *woo* y [ju] como en *few*. (La lista no es exhaustiva.)

Recalcamos que absolutamente todos los diptongos del español son secuencias de dos segmentos, incluyendo [ej] como en *ley* y *rey*, [ow] como en el apellido de origen catalán *Bou* o como en la oración *lo utiliza* a consecuencia de la desnuclearización, [aj] como en *hay*, [aw] como en *causa* y [oj] como en *hoy*.

Hay bastantes casos de falta de equivalencia en inglés para diptongos españoles del tipo SV:

- En inglés no hay [ew], como en *deuda* ('debt'), *feudal*, el prefijo *seudo-* ('pseudo') y *Europa*; la tendencia normal entre principiantes es a pronunciarlo como un hiato;
- Después de consonante, no aparecen en inglés diptongos del tipo SV en que S sea [j] y V no sea alta; es decir, aunque existe [ju] después de consonante (como en *few*), en esa posición no existe nada parecido a [je], [ja] y [jo]; la tendencia entre principiantes es a pronunciar palabras como *viejo, nadie, piano, aria, microbio* y *Rioja* con hiato en vez de diptongo, es decir pronunciando [i] en vez de [j];
- Los diptongos SV en los cuales el primer elemento es [w] aparecen en inglés después de consonante únicamente cuando ésta es /s/, /t/, /k/ o /h/, no apareciendo delante de ninguna de las demás. Por eso existe la tendencia entre anglohablantes a pronunciar [u] en vez de [w] en palabras como *puedo, fuimos, muevo, ruinas, luego, Luis* y *Luisa*.

Otra diferencia notable entre las dos lenguas con respecto a la pronunciación de los vocoides es que en inglés las vocales nunca tienen alófonos infieles semivocálicos. Es decir, no existe el proceso de desnuclearización. El hecho de que sí exista en español crea dificultades de compresión para anglohablantes que no tienen conciencia del fenómeno. Por ejemplo, si se espera que la palabra *mi* se pronuncie siempre [mi], será difícil detectarla en [mja.mí.ɣo] por *mi amigo*.

Por otra parte en inglés hay un proceso de reducción de vocales de acento débil que no existe en español y que crea, además de "acento", problemas de comprensión para hispanohablantes que escuchan a anglohablantes que tratan de comunicarse en español. Nos referimos a la reducción a [ə] (shwa), vocal media retraída que requiere el menor desplazamiento de los articuladores. La aplicación de este proceso a vocales de acento débil del español tiende a afectar el contraste entre palabras, al pronunciarse iguales distintas vocales, lo cual disminuye la inteligibilidad de quien así pronuncia. Por ejemplo, por efecto de la reducción a [ə] llegan a pronunciarse iguales *señoras* y *señores*; *banano* ('banana tree') y *banana* ('banana'), *pesada* ('heavy') y *pisada* ('footprint'), *sobras* ('leftovers') y *sobres* ('envelopes'), *cañada* ('ravine') y *cuñada* ('sister-in-law'), etc.

Las diferencias entre las dos lenguas con respecto a secuencias de dos vocoides no se limitan a si éstos forman o no diptongo. Hay dos factores que obrando al mismo tiempo tienden a causar "acento" en la pronunciación de hiatos españoles en los cuales las vocales no son altas, es decir, son /e a o/. Uno de esos factores es una restricción relativa a las vocales laxas del inglés. Éstas no pueden aparecer en sílaba abierta, es decir en sílaba terminada en vocoide. Eso impide que aparezcan a final de palabra pero también impide que aparezcan delante de vocal en interior de palabra. Por ejemplo en inglés no existen hiatos en que la primera vocal sea [ɛ] (que es la vocal de *bet*) o [æ] (que es la vocal de *bat*) o [ʌ] (que es la vocal de *but*). Hay sin embargo hiatos en los cuales la primera vocal es diptongal; por ejemplo *giant* contiene el hiato [aʲ.ə] y *poet* contiene el hiato [oʷ.ə]. El otro factor es que los sonidos ingleses que más se parecen al timbre de /a e o/ españolas son las fases vocálicas de los fonemas diptongales /aʲ/, /eʲ/ y /oʷ/. Sucede entonces que la primera vocal de un hiato español en el cual las dos vocales no son altas tiende a pronunciarse como diptongal. Por ejemplo *poema* tiende a pronunciarse *[poʷ.é.ma] en vez de [po.é.ma]; *lees* (del verbo *leer*) como *[lé.ʲəs], que al oído hispánico suena muy parecido a *leyes* ('laws'); y *caen* (del verbo *caer*) como *[ká.ʲən], que suena muy parecido a *callen* (imperativo del verbo *callar*). Por las mismas razones, en el inglés de EE.UU. el apellido español *Báez* ([bá.es], común entre latinos y latinas de este país, se pronuncia [baʲ.éz], con el acento desplazado a la segunda sílaba para evitar la reducción a shwa. Nótese además que la letra *z* recibe el valor fonemático que tiene en la fonología inglesa.

Resumen

En español hay cinco fonemas vocálicos: /i/, alto irretraído; /e/ medio irretraído; /a/, bajo; /o/ medio retraído; y /u/, alto retraído. Los fonemas altos /i u/ tienen alófonos infieles semivocálicos [j w] por efecto del proceso de **desnuclearización,** que lleva a que un **hiato,** que es una secuencia heterosilábica de dos vocales, se pronuncie como un **diptongo,** que es una secuencia tautosilábica de vocal y semivocal, VS o SV. También pueden aparecer **triptongos** (una vocal y dos semivocales en la misma sílaba). La desnuclearización no existe en inglés pero tanto en español como en inglés aparecen diptongos dentro de palabras. En inglés los diptongos del tipo VS son vocoides complejos que se consideran un solo segmento, una sola **vocal diptongal**. En cambio en español todos los diptongos se componen de dos segmentos de una sola fase. Con respecto a los diptongos que existen en español, [ew] no existe en inglés; [ja], [je] y [jo] no aparecen después de consonante; y los diptongos SV con [w] aparecen únicamente después de /s t k h/. Por eso muchos diptongos españoles tienden a pronunciarse como hiatos en el español de anglohablantes. Además /e a o/ tienden a pronunciarse diptongales por serlo las vocales inglesas que más se parecen a ellas.

Ejercicios

Ejercicio de pronunciación no. 28: /e/ a final de palabra

Evite pronunciar /e/ como [eʲ]. Una manera de evitarlo es manteniendo la mandíbula en la posición para [e]. No reduzca la abertura de la boca. De ese modo no se producirá una fase semivocal. Escuche y repita lo que dice la grabación o su instructor/a.

1. ve
2. té
3. sé
4. le
5. re
6. café
7. ¿por qué?
8. bebé
9. olé
10. José

Ejercicio de pronunciación no. 29:
/o/ a final de palabra

Evite pronunciar /o/ como [oʷ]. Una manera de evitarlo es manteniendo la mandíbula en la posición para [o]. No reduzca la abertura de la boca. De ese modo no se producirá una fase semivocal. Escuche y repita lo que dice la grabación o su instructor/a.

1. no
2. yo
3. lo
4. do
5. mono
6. solo
7. eso
8. llegó
9. tomó
10. pasó

Ejercicio de pronunciación no. 30:
Práctica integrada de /e/ y /o/ a final de palabra

Escuche y repita lo que dice la grabación o su instructor/a.

1. ¿Cómo que no?
2. ¡Qué sé yo!
3. Tomó café, no té.
4. No, no se lo dé.
5. ¿Por qué no lo besó?
6. Sólo sé que no lo sé.
7. Yo no toqué do sino re.
8. Veré si llegó Loló.
9. Yo no sé lo que pesé.
10. Fe no llamó, José.

Ejercicio de pronunciación no. 31:
Contraste entre vocales átonas

En los siguientes pares de palabras /i e a o u/ en sílaba átona (sin acento primario) deben pronunciarse [i e a o u], es decir, sin reducción, de manera que se mantenga claramente el contraste entre las dos palabras. Evite pronunciar las vocales átonas como [ə].

1. mesas/meses

2. sobras/sobres

3. pasar/pisar

4. pesar/posar

5. pasas/pasos

6. banana/banano

7. mejoras/mejores

8. marcado/mercado

9. acosar/acusar

10. contesto/conteste

11. cañada/cuñada

12. sabida/subida

13. plomero/plumero

Ejercicio de pronunciación no. 32:
Diptongos dentro de palabras

En cada una de las listas siguientes, todas las palabras contienen el diptongo que aparece entre paréntesis. Escuche y repita lo que dice la grabación o su instructor/a.

1. ([ja]) viaje, fiasco, India, Siria

2. ([je]) siete, siesta, fiesta, nadie

3. ([jo]) idiota, quiosco, Mario, patio

4. ([ju]) viuda, ciudad

5. ([wa]) Juan, Juana, cuando, agua

6. ([we]) luego, fuego, muevo, nuevo

7. ([wi]) Luis, Luisa, cuita, güira

8. ([wo]) cuota, mutuo, arduo

9. ([aw]) auto, causa

10. ([ew]) deuda, euro

Ejercicio de pronunciación no. 33: Hiatos de vocales no altas

En cada una de las frases siguientes aparece dos veces el hiato que se muestra entre paréntesis. Escuche y repita lo que dice la grabación o su instructor/a.

1. ([a.e]) ¿Caer Báez?

2. ([a.o]) Ahora Bilbao.

3. ([o.a]) Boa en Sinaloa.

4. ([e.a]) Vea la pelea.

5. ([e.o]) No veo lo feo.

6. ([o.e] Oboe de Noé.

Práctica de transcripción

Transcriba las siguientes oraciones tal como se pronuncian en un estilo en el cual, en todos los casos, el fonema representado por la letra *i* en la escritura se realiza como [j] y el representado por la letra *u* se realiza como [w] cuando están al lado de otra vocal. En cada caso la oración tiene exactamente diez sílabas.

1. Lo impresionó la pasión del pueblo.

2. ¡Qué nunca muera tu imaginación!

3. Europa feudal sí me interesa.

4. Estudie la ciencia de la siesta.

5. No te importa si Ernesto me insulta.

6. La humedad resulta insoportable.

7. Sabe que Luis tiene grandes deudas.

8. Iremos luego a la universidad.

Para pensar

1. Explique por qué es verdadera o por qué es falsa la siguiente afirmación: "En ninguna lengua pueden existir secuencias de tres sonidos en las cuales una semivocal aparezca precedida y seguida por una consonante".

2. Explique por qué es verdadera o por qué es falsa la siguiente afirmación: "Si la forma subyacente de una palabra española contiene cuatro vocales, su forma fonética siempre contiene cuatro vocales".

3. Explique por qué es posible describir el fonema español /a/ de manera que se diferencie de todos los otros fonemas españoles utilizando solamente dos rasgos distintivos, uno de los cuales es [+Nuclear], pero para describir el fonema /i/, aun usando [+Nuclear], se necesitan dos rasgos más.

4. Explique por qué es falso decir que en un triptongo hay tres vocales.

5. Haga una lista de cuatro palabras españolas distintas cuyas formas fonéticas contengan un diptongo del tipo SV en su primera sílaba, la vocal sea diferente en cada caso y en cada caso en el español de anglohablantes que están lejos de dominar la lengua tiendan a pronunciarse con por lo menos una sílaba más que como la pronuncia un hispanohablante nativo.

6. Explique por qué si un anglohablante que está lejos de dominar el español como segunda lengua pronuncia la palabra *re* utilizando una vocal inglesa, es posible que un hispanohablante la perciba como la palabra *rey*.

Capítulo 16

Acento y asignación acentual

16.1. Acento y tilde

Recuérdese que las vocales altas /i/ y /u/ se desnuclearizan en frases como *mi amigo* y *tu amigo* y en oraciones como *lo imagina*, pronunciándose [j] y [w] respectivamente. Cada vez que esto sucede, un hiato subyacente se realiza como un diptongo. Es importante especificar ahora que para que se produzca la desnuclearización de una vocal no basta simplemente que esté al lado de otra vocal. Nótese que en la oración *Hablamos de la inmensidad de la India* aparecen dos secuencias de /a/ + /i/: una en la frase *la inmensidad* y otra en la frase *la India*. Cuando se pronuncia esa oración en el habla normal sin exceso de velocidad, es común que *la inmensidad* se pronuncie [laj̃m.men.si.ðáð]— con desnuclearización de la primera vocal de *inmensidad*, pero es común también que al mismo tiempo *la India* se pronuncie [la.íṇ.dja]. Esto es, la primera vocal de *India* no se ha desnuclearizado: está en hiato con la [a] de *la* y tiene por supuesto su propia sílaba. ¿Por qué?

Para responder a la pregunta es preciso que nos fijemos en la siguiente diferencia entre las dos palabras que empiezan con /i/ en esa oración. En *inmensidad* la sílaba que es más prominente perceptualmente, o sea, aquella cuyo núcleo recibe el **acento primario** en esa palabra, no es la primera sino la última: la vocal que recibe el acento primario es /a/. En cambio en *India* la sílaba más prominente es la primera: la vocal que recibe el acento primario es /i/.

He aquí otro ejemplo en el cual el fonema afectado es /u/ en vez de /i/. En la oración *la universidad la usa* aparecen dos secuencias de /a/ + /u/: la primera en el sujeto de la oración, *la universidad*, y la segunda en el predicado, *la usa*. Compárese sus pronunciaciones a una velocidad normal, que son [law.ni.βer.si.ðáð] para el sujeto y [la.ú.sa] para el predicado. La /u/ de *universidad* no recibe acento primario—el acento primario está en /a/, que es el núcleo de la última sílaba de la palabra. En cambio la /u/ de *usa* sí recibe acento primario.

En resumen, la desnuclearización de /i/ y /u/ se cumple cuando estas vocales no reciben acento primario, y en cambio no se cumple cuando sí reciben ese grado de acento. Como veremos en este capítulo y los que siguen, el acento juega un papel fundamental en la pronunciación del español y no sólo en la desnuclearización sino también en otros procesos, por lo cual es indispensable que examinemos este fenómeno en detalle.

Ya hemos dicho, y repetimos aquí, que **acento** se utiliza en este libro para hacer referencia únicamente a lo que en inglés se denomina 'stress', siendo el acento primario la prominencia que se da subjetivamente a cierta sílaba de una palabra y que parece depender de que dentro de esa sílaba se produzcan ciertos cambios de tono. Cuando hemos utilizado la palabra para referirnos a la manera de pronunciar una segunda lengua utilizando elementos y principios de la primera lengua, la hemos puesto entre comillas a propósito ("acento").

Con respecto a la **tilde** (que en inglés se denomina 'accent mark'), recordamos que es la marca que en la ortografía se coloca en ciertos casos, no siempre, sobre la letra que representa a la vocal que recibe el acento primario y que en la transcripción fonética debe colocarse siempre sobre el símbolo fonético que representa a esa misma vocal. Esto incluye los casos en que no se tilda en la ortografía la letra que representa a esa vocal, por ejemplo, [ká.sa] (*casa*), [lú.nes] (*lunes*), [pa.pél] (*papel*), [ko.méɾ] (*comer*) y [ek.sá.men] (*examen*).

Es interesante observar que la inmensa mayoría de las palabras españolas no se tildan en la ortografía—no "llevan tilde". Por otra parte la inmensa mayoría de las palabras españolas contienen una sílaba que recibe acento primario, por lo cual la inmensa mayoría de las palabras españolas sí "llevan tilde" en la transcripción fonética y la tilde se pone en la vocal de la sílaba que recibe el acento primario. Volveremos más adelante sobre esta discrepancia entre la tildación ortográfica y la tildación fonética de la sílaba que recibe el acento primario.

16.2. Sílabas y vocales tónicas y átonas

Se llama vocal tónica a la que recibe el acento primario y átona a la que no. En la transcripción fonética se tildan todas las vocales tónicas. En cambio en la ortografía raras veces se tilda la letra que representa a la vocal tónica.

Siguiendo la tradición, llamamos **sílaba tónica** a la sílaba que se percibe como la más prominente en una palabra. En español cualquier sílaba que no es tónica es **átona**. Además es **vocal tónica** la que es núcleo de sílaba tónica y es **vocal átona** la que es núcleo de sílaba átona. Es más, una sílaba tónica lo es porque es tónico su núcleo, y una átona lo es porque es átono su núcleo.

16.3. Grados de acento

En español las vocales que no reciben acento primario no tienen exactamente todas la misma prominencia perceptual. Esto se nota en palabras de más de dos sílabas. En una palabra como *canciones* se siente que la primera sílaba es algo más prominente que la última y se considera que tiene un *grado de acento* ('degree of stress' en inglés) menor que el primario pero mayor que el débil, que tiene el grado más bajo. Este grado de acento, intermedio entre el primario y el débil se denomina acento secundario. En español el acento secundario no tiene consecuencias comunicativas porque la diferencia no es muy grande entre él y el acento débil. Por esa razón en las transcripciones fonéticas se marca únicamente la vocal que recibe el acento primario y no se distingue de ningún modo entre acento secundario y débil.

16.4. **Palabras tónicas y palabras átonas**

Cualquier palabra pronunciada en aislamiento tiene una sílaba tónica. Si la palabra tiene dos o más sílabas es imposible no sentir que una de las sílabas es más prominente que las demás. Sin embargo, en la conversación normal, ciertas palabras no tienen ninguna vocal tónica. Son las **palabras átonas**. Por contraste se llaman **palabras tónicas** las que sí tienen una vocal tónica.

La mayoría de las palabras tónicas tienen un solo acento primario. Los adverbios que terminan en -*mente* son la excepción porque además de ser tónica la sílaba [men], lo puede ser también la vocal más prominente de la base adjetival de la palabra. Por ejemplo la palabra *claramente* se pronuncia [klá.ra.mén̯.te] cuando se hace énfasis en la base adjetival. De lo contrario se pronuncia [kla.ra.mén̯.te].

En el habla son normalmente átonos los artículos definidos como *el* y *la;* las preposiciones como *sin, con, por, sobre* y *para;* las conjunciones como *y, o, pero, que, cuando, si, donde* y *como;* y los pronombres de objeto verbal llamados **pronombres clíticos** o **clíticos verbales** (*me, te, lo, le, nos, se,* etc.) que aparecen solamente junto a una forma verbal (*me* en *me vio, verme,* etc.) o junto a otro clítico (*me* en *me lo dio*).

Por contraste son normalmente tónicos los sustantivos, verbos, adjetivos y adverbios (incluyendo los negativos como *no, nunca* y *nadie*), así como los demostrativos (*este, ese,* etc.) y todos los pronombres (menos los clíticos verbales) incluyendo los de sujeto (*yo, tú, él,* etc.), prepositivos, o que siguen a preposición (como *mí* en *de mí, para mí,* etc.) e interrogativos (*qué, cómo, cuándo,* etc.).

Nótese que cualquier palabra que es átona en el habla normal se pronuncia tónica cuando la usamos en el **metalenguaje**, o lenguaje que se refiere al lenguaje en sí. Por ejemplo, si preguntamos "¿Cómo se traduce la preposición *para* al inglés?" pronunciaremos [pá.ra] y no [pa.ra] dicha preposición. Otro ejemplo: si digo "el, la, los, las" respondiendo a la pregunta de cuáles son los artículos definidos del español pronunciaré [él.lá.lós.lás].

Es conveniente señalar que hay tres clases de palabras que siendo tónicas cuando no son parte de una palabra o frase compuesta, se pronuncian átonas en la conversación cuando sí son parte de ese tipo de palabra o frase.

La primera clase la forman los títulos honoríficos que se utilizan ante nombres propios o apellidos como *don, doña, señor, señora, señorita, doctor, doctora, padre* (para referirse a un sacerdote católico), *madre* (para referirse a una monja católica), *profesor* y *profesora.* Estos títulos son átonos en la pronunciación normal no enfática delante de nombres propios o apellidos cuando son parte de un **vocativo**, que es una palabra o frase con la cual se nombra a la persona con quien se habla. Véase los siguientes contrastes donde hemos transcripto únicamente las frases *doctora López* y *profesor París*:

"La [dok.tó.ra.ló.pes] ya se fue" vs. "¡Ay, [dok.to.ra.ló.pes], qué mal me siento!";
"El curso del [pro.fe.sór.pa.rís]" vs. "Buenos días, [pro.fe.sor.pa.rís]".

Obsérvese que si únicamente el título se usa como vocativo, entonces es tónico, como en *Buenos días, doctor*. Si el doctor no me ha escuchado y queriendo hablar con él exclamo, *¡Doctor, Doctor López!* diré [dok.tór | dok.tor.ló.pes] donde '|' indica pausa.

Los títulos *don* y *doña* son átonos también fuera de vocativos a menos que aparezcan solos, en cuyo caso son tónicos. Por ejemplo *don* es átono en *Don Pedro murió joven* pero es tónico en *No me llame don, que me hace sentir anticuado*.

La segunda clase la forman los nombres propios y apellidos de personas. Estos son normalmente átonos en la conversación normal cuando son el primer elemento de un nombre o apellido compuesto. Obsérvese las siguientes pronunciaciones donde la flecha significa 'se pronuncia así':

Pedro Roca → [pé.ðro.ró.ka];
Pedro Roca Ponce → [pé.ðro.ró.ka.pón.se];
Pedro Roca-Ponce → [pé.ðro.ro.ka.pón.se] (apellido compuesto);
Pedro Pablo Roca-Ponce → [pe.ðro.pá.βlo.ro.ka.pón.se] (nombre y apellido compuestos).

Debe mencionarse que no siendo compuesto ninguno de los dos apellidos de una persona, si el apellido paterno es uno de los apellidos españoles corrientes y el materno no lo es, el paterno suele pronunciarse átono. Por ejemplo, en la conversación normal es común referirse al conocido escritor colombiano Gabriel García Márquez como [gar.sja.már.kes]. Nótese que /i/ en *García* se desnucleariza por ser átona.

La tercera clase la forman los numerales simples, que son átonos cuando no son el numeral final de un numeral compuesto. En otros casos son tónicos. Obsérvese la pronunciación de las siguientes cantidades:

11 → [ón.se]
11.000 → [on.se.míl] (no *[ón.se.míl])
4 → [kwá.tro]
400 → [kwa.tro.sjén.tos] (no *[kwá.tro.sjén.tos])
400.000 → [kwa.tro.sjen.toz.míl] (no *[kwá.tro.sjén.toz.míl].

La excepción es *mil*, que es tónico siempre aun cuando no sea final: 3.400 es [trez.míl. kwa.tro.sjén.tos].

Son normalmente tónicos los sustantivos, los verbos, los adjetivos, los adverbios, los artículos indefinidos y los pronombres (menos los clíticos verbales como me, te, se, etc.). Son normalmente átonos los artículos definidos, las preposiciones, las conjunciones, los clíticos verbales, los títulos honoríficos ante nombres propios o apellidos en vocativos, el primer elemento de un nombre o apellido compuestos y los numerales simples no finales en numerales compuestos, con la excepción de mil.

16.5. Principio de las tres ventanas y palabras llanas, agudas y esdrújulas

Si una palabra tónica es un **monosílabo**, o palabra de una sola sílaba, lógicamente su única vocal es tónica. Por otra parte en los **polisílabos**, o palabras de más de una sílaba, la sílaba tónica puede ser la última, penúltima o antepenúltima de la palabra. Si llamamos 'ventana' a cada sílaba que dentro de una palabra puede recibir acento primario, podemos decir que la fonología de todo lecto hispánico contiene el **principio de las tres ventanas**, en lo adelante P3V. Este principio parecen violarlo únicamente los adverbios terminados en –*mente* cuando en el habla enfática se acentúa no sólo la penúltima sílaba de ese sufijo sino también la sílaba tónica de la base adjetival, por ejemplo en [ab.so.lú.ta.mén.te] por *absolutamente*. Por otra parte puede pensarse que el sistema fónico del español trata palabras de ese tipo como si fueran una sucesión de dos palabras. En realidad ninguna palabra española, ya sea simple o compuesta, viola el P3V cuando se pronuncia en aislamiento.

Las palabras españolas se dividen en tres clases según la posición de la sílaba tónica. Los nombres tradicionales para esas tres clases son como sigue. Si la sílaba tónica es la penúltima, la palabra es **llana**. Ejemplos son *casa*, *lunes* y *examen*. Si en cambio la sílaba tónica es la última, la palabra es **aguda**. Ejemplos son *papel*, *olor* y *verdad*. Por último, si la sílaba tónica es la antepenúltima, la palabra es **esdrújula**. Ejemplos son *lágrima* y *teléfono*.

16.6. Frases fonológicas y "palabras" sobreesdrújulas

Las palabras átonas se unen a las tónicas en el habla formando lo que se denomina **frases fonológicas**, que se pronuncian como si fueran una sola palabra. A veces una frase fonológica se pronuncia exactamente igual que una palabra que se compone de los mismos segmentos que la frase, debido a que las dos tienen un solo acento primario. Por ejemplo, dado que *Lela* es un apodo ('nickname') femenino común en español, puede ocurrir la frase fonológica [pa.ra.lé.la] por *para Lela*, que se pronuncia exactamente igual que la palabra *paralela*. Otro ejemplo: la frase *lo quita* se pronuncia exactamente igual que la palabra *loquita* (diminutivo de *loca*), esto es, [lo.kí.ta].

Compárese ahora *lo quita* con la forma imperativa *quítalo*. *Quítalo* es también una frase fonológica y el hecho de que el pronombre clítico se escriba junto al verbo como si fuera una sola palabra se debe a una mera convención, totalmente arbitraria, del sistema ortográfico del español: pudiera haber sido **quita lo* en vez de *quítalo*. Esta convención exige que un pronombre clítico posverbal (es decir, que sigue al verbo) debe escribirse sin dejar espacio entre él y el verbo, como en *quítalo*; pero si el mismo clítico es preverbal (si está antes del verbo), entonces se deja siempre espacio en la escritura entre él y el verbo, como en *lo quita*. Si hay más de un clítico, se deja espacio entre clíticos preverbales (como en *no me lo diga*) pero no entre cliticos posverbales (*va a decírmelo*).

Considérese ahora la siguiente oración: *me lo estás ocultando*. Consiste en cuatro palabras y las dos primeras son pronombres clíticos. Pero se puede decir exactamente lo mismo colocando los clíticos en el mismo orden después de la forma verbal: *estás ocultándomelo*. En ese caso, por la convención que acabamos de describir, las cuatro palabras se escriben juntas. La tradición llama **palabras sobreesdrújulas** a estas combinaciones. A primera vista aparentan ser una excepción al P3V. Por ejemplo en *ocultándomelo*, el acento primario está en la cuarta sílaba empezando por el final, o sea en la ante-antepenúltima sílaba, que es verdaderamente una sílaba tónica. Por cierto, en las llamadas sobreesdrújulas hay por regla que colocar la tilde ortográfica en la letra que representa la vocal tónica de la palabra tónica, que en este caso es *ocultando*, porque si no se tildara, la combinación *ocultando* + *me* + *lo* tendría entonces la apariencia de una palabra llana que se pronunciaría *[o.kul.taṇ.do.mé.lo].

Ahora bien, *ocultándomelo* no es una palabra sino una frase fonológica compuesta de una palabra tónica y dos átonas. Es más, toda sobreesdrújula es una frase fonológica y absolutamente ninguna palabra dentro de ella viola el P3V.

En resumen, las palabras sobreesdrújulas no existen y las secuencias que se llaman así no son más que secuencias de palabras tónicas y átonas, escritas sin dejar espacio entre ellas: son frases, no palabras. Son lógicamente frases también, no palabras, secuencias tales como *comprarlo*, que no es una palabra llana sino una frase compuesta de una palabra tónica aguda y un monosílabo átono; *dígame*, que no es una palabra esdrújula sino una frase compuesta de una palabra tónica llana y un monosílabo átono; y *déme*, que no es una sola palabra sino una frase compuesta de un monosílabo tónico y un monosílabo átono.

El acento primario sólo puede estar en la última, penúltima o antepenúltima sílaba de una pa-labra. Esas son las únicas tres posibilidades. Las llamadas 'sobreesdrújulas' no violan el P3V, ya que en realidad no son palabras sino frases.

Con respecto al P3V, es importante observar que en español la formación del plural normalmente no altera qué sílaba del singular recibe el acento primario, como se ve en *objeto/objetos*, *pasión/pasiones* y *examen/exámenes*. (Una excepción totalmente idiosincrásica es *caracteres*, plural de *carácter*.) Sin embargo este patrón no se cumple cuando se violaría el P3V. Así, el plural de *régimen* no se pronuncia *[ré.xi.me.nes] sino *[re.xí.me.nes] (y se escribe *regímenes* en conformidad con la ortografía).

16.7. Oxítonos, paroxítonos y proparoxítonos

Los términos 'llana', 'aguda' y 'esdrújula' son de la fonética tradicional. En la lingüística contemporánea se prefiere utilizar otros términos de género masculino para clasificar las palabras según su acentuación. Las llanas se llaman **paroxítonos**, las agudas **oxítonos** y las esdrújulas **proparoxítonos**, de modo que los oxítonos son las palabras que tienen el acento primario en su último núcleo; los paroxítonos son las palabras que lo tienen en su penúltimo núcleo y los proparoxítonos son las palabras que lo tienen en su antepenúltimo núcleo. Otra alternativa es llamarlas **palabras oxítonas**, **palabras paroxítonas** y **palabras proparoxítonas**, respectivamente.

Esa clasificación, como la tradicional que distingue entre llanas, agudas y esdrújulas, vale para los polisílabos. Los monosílabos, si son tónicos, reciben por supuesto el acento primario en su única vocal.

Conviene apuntar que la gran mayoría de los polisílabos españoles, aproximadamente el 80%, son paroxítonos. Por contraste los oxítonos constituyen cerca del 17% y los proparoxítonos sólo un 3%.

A su vez, entre los polisílabos que están en singular, la gran mayoría de los paroxítonos terminan en vocal y la gran mayoría de los oxítonos terminan en consonante. En otras palabras, lo normal en español es que el acento primario de un polisílabo esté en la penúltima sílaba si la palabra termina en vocal y en la última sílaba si la palabra termina en consonante.

> *El acento primario está en la última sílaba de los oxítonos, en la penúltima de los paroxítonos y en la antepenúltima de los proparoxítonos. Lo normal en español es que si una palabra termina en vocal sea paroxítona y si termina en consonante sea oxítona.*

16.8. Introducción a la asignación acentual

Como pronto veremos, en el marco del modelo teórico que utilizamos en este libro suponemos que existe en español un **proceso de asignación acentual** ('stress assignment' en inglés) que tiene lugar una vez que las palabras se han formado en el componente morfológico. Este proceso está gobernado por **un principio de asignación acentual** (en lo adelante PAA; puede leerse 'P doble A') que determina qué vocal recibe el acento primario.

Esa no es la única manera de describir la posición del acento primario en español. Una manera, que es completamente opuesta a la nuestra, es considerar que el PAA no existe, ya que la posición del acento primario es algo que se aprende de memoria. Cuando se aprende una palabra nueva, simplemente se aprende dónde va el acento en ella. No hace falta ningún principio o regla general. Cuando se aprende una palabra se almacena con su acento en el lexicón. Cuando se va a utilizar, se saca del lexicón tal como es. Llamemos a esa manera de ver las cosas la **teoría del acento memorizado**. Si se acepta esa teoría, puede aceptarse también que el lexicón es exclusivamente una lista de palabras y que no hay morfemas raíces que estén almacenados por separado de los morfemas afijos. Por ejemplo no hay una entrada léxica exclusiva para /kompɾ/ como raíz del verbo *comprar*, ni hay una entrada léxica exclusiva para cada sufijo que se combina con ella. Lo que hay es una entrada para la palabra *compra*, otra para la palabra *comprar* e igualmente para *compraríamos* y para cada una de las demás formas del verbo *comprar*. Cuando se aprende *compra*, se almacena en el lexicón como

/kómpɾa/. En cuanto a *comprar*, se almacena como /kompɾáɾ/, y *compraríamos* como /komprarɨamos/, etc.

Conviene ahora formular la siguiente pregunta: ¿cómo puede una persona adulta cuya lengua nativa es el español pronunciar correctamente una palabra tónica que no ha escuchado nunca antes? Antes de responder, considérese que al español, como a otras lenguas, entran constantemente palabras nuevas, en muchos casos como consecuencia de avances tecnológicos. A veces las raíces se toman de otras lenguas y se añaden a ella afijos españoles. Por ejemplo, el español ha tomado del inglés, adaptándolo a la fonología española, el sustantivo *fax* ([fáks]) para designar un mensaje facsimilar, pero además se ha creado el verbo *faxear* para designar la actividad de enviar un fax, y dicho verbo se conjuga en todos los modos y tiempos verbales. Se dice por ejemplo *faxée esto, por favor* ('fax this, please) y *ya lo faxeé* ('I already faxed it'). Ahora bien, tuvo que haber una primera persona que pronunció estas formas. ¿Cómo supo esa persona pronunciar paroxítona el imperativo *faxée* y oxítona el pretérito *faxeé* si nunca antes las había escuchado? Para esta pregunta no hay respuesta en la teoría del acento memorizado, que no admite que haya principios que determinan dónde va el acento primario.

Por supuesto que el oído juega un papel fundamental en la adquisición del acento de toda lengua humana. En nuestra infancia ciertamente no aprendemos dónde va el acento guiándonos por cómo se escriben las palabras. Por otra parte a veces las palabras tomadas de otras lenguas se adoptan a partir de su forma escrita. Es conveniente observar qué sucede en español cuando una palabra procedente del inglés entra originalmente, no por el oído, sino por la vista, y la palabra no se asemeja a ninguna del español. He aquí tres ejemplos:

1. Existe una marca de gasolina llamada *Texaco*, producto de la Texas Oil Company, de EE.UU. Su nombre en inglés es proparoxítono: el acento primario está en la antepenúltima sílaba que es la primera de la palabra, pero la adaptación española es paroxítona: [tek.sá.ko];
2. El nombre de cierto héroe mítico de la literatura, los cómics y el cine, que se escribe *Tarzan* en inglés, es paroxítona en esa lengua pero oxítona en español: [tar.sán] (y se escribe *Tarzán*, en conformidad con la ortografía española);
3. La palabra española *boicot*, que se pronuncia [boj.kót] y es por tanto oxítona, significa lo mismo que la inglesa *boycott*, de la cual se deriva, pero en inglés la sílaba tónica es la penúltima, no la última.

Como se ve, en esos tres casos, hay discrepancia entre la acentuación original en inglés y la implantada por el sistema fónico del español, de modo que es obvio que la asignación del acento no se guió por la pronunciación extranjera. Suponemos sin embargo que la persona que adaptó la palabra a la fonología española se guió en parte por la correspondencia entre fonema y letra. Es decir, supuso (inconscientemente) que 'Texaco' termina en /o/, 'Tarzán' termina en /n/ y 'boycott' termina en /t/. También podemos suponer que quien primero adopta una palabra extranjera a partir de la lengua escrita se guía por la semejanza parcial entre la forma ortográfica de la palabra extranjera y alguna palabra española. Por ejemplo, las dos últimas letras de *convoy* son iguales a las de *estoy*, y *convoy* se adoptó como oxítona aunque es paroxítona en inglés.

En todo caso es posible asumir que en base a lo que es normal en español, quien primero adopta una palabra tomada de la lengua escrita aplica un PAA que puede formularse tentativamente como sigue:

Asígnese el acento primario en los polisílabos a la penúltima vocal si la palabra termina en vocal, y a la última vocal si la palabra termina en consonante o semivocal.

Ahora bien, en español hay tres clases de palabras polisilábicas que no siguen ese principio:

1. las agudas terminadas en vocal, como *papá*, *mamá*, *café* y *menú*; a éstas las llamaremos arbitrariamente **palabras del tipo papá**;
2. las llanas terminadas en consonante, como *lunes*, *examen*, *cáncer*, *lápiz*, *tórax* y *bíceps*;
3. todas las esdrújulas, sin importar si terminan en vocal como *teléfono* o en consonante como *régimen* ya que el acento no está ni en la última ni en la penúltima sílaba.

Existe sin embargo una manera de analizar los hechos de la acentuación española que nos permite formular un PAA que no tiene excepciones y que vale tanto para los polisílabos como para los monosílabos.

16.9. Vocal terminal posbásica y extrametricidad

El análisis que proponemos está basado en dos nociones teóricas. La primera es la de la existencia de la **vocal terminal posbásica**. Toda palabra tónica polisilábica terminada en vocal que en la acentuación resulta paroxítona se considera compuesta de dos partes: (1) la vocal terminal, (2) la secuencia de segmentos que antecede a la vocal terminal. Esta secuencia de segmentos es una **base** ('stem' en inglés), la cual, como ya dijimos, cuando hablamos de morfología, se compone de una raíz acompañada o no de uno o más afijos. La vocal terminal recibe el nombre de vocal terminal posbásica porque está después de la base. Por ejemplo en *casa* la base es /kas-/ y la vocal terminal posbásica es /a/. En *anticonceptivo* la base es /antikonseptib/ y la vocal terminal posbásica es /o/. Siguen otros ejemplos:

Palabra	Base	Vocal Terminal Posbásica
taxi	/taks-/	/-i/
insoportable	/insoportabl-/	/-e/
problema	/problem-/	/-a/
anticomunista	/antikomunist-/	/-a/
preconcebido	/preconcebid-/	/-o/
tribu	/trib-/	/-u/
lágrima	/lagrim-/	/-a/
telefónico	/telefonik-/	/-o/

La segunda noción teórica que utilizamos para simplificar el análisis de la asignación acentual es la de la **extrametricidad** ('extrametricality' en inglés). Ciertas vocales están marcadas como **extramétricas**. Eso quiere decir que no se cuentan a la hora de determinar cuál es la vocal que recibe el acento primario. Además, ninguna vocal extramétrica puede recibir acento primario. Para mayor claridad, a las vocales que no son extramétricas las llamaremos **vocales métricas**.

En muchos casos el que una vocal sea extramétrica o no se especifica en el lexicón. Considérese el caso de la vocal terminal posbásica. Ésta constituye el morfema que aparece después de la base. Por ejemplo, el morfema /o/ que aparece al final del adjetivo *malo*, que es por cierto el morfema de género masculino, se compone enteramente de la vocal /o/. En el lexicón se especifica que la vocal de ese morfema es extramétrica y lo mismo se hace con la mayoría de las vocales que aparecen en los paroxítonos como terminales posbásicas. Es decir, lo normal es que una vocal terminal posbásica sea extramétrica. Es ése el caso de todas las vocales terminales de formas no verbales de la lengua que son normalmente tónicas, es decir, los sustantivos, adjetivos y adverbios. (Como veremos más tarde, en algunas formas de algunos tiempos verbales la única vocal de su último morfema no es extramétrica, pero eso hay que especificarlo también en el lexicón.)

Es conveniente decir que también está marcada como extramétrica la vocal del alomorfo /es/ del morfema de pluralidad. Por otra parte no son sólo las vocales de afijos las que aparecen marcadas como extramétricas en el lexicón: hay también vocales extramétricas en las raíces. Por ejemplo, es extramétrica la última vocal del morfema /telefon/ que aparece en *teléfono*, *telefonista*, etc., y es también extramétrica la última vocal del morfema /asid/ que aparece en *ácido*, *acidez*, etc.

Ahora bien, la extrametricidad no se especifica únicamente en el lexicón. Considérese el caso de las palabras que son tónicas en algunos contextos y átonas en otros. El hecho de que, como hemos visto, *doctor* sea tónico en *El Doctor López* pero átono en *Oiga, Doctor López* depende de principios relativos al acento pero relacionados con la sintaxis. Esos principios hacen que las palabras que resultan átonas en las frases fonológicas no tengan ninguna vocal métrica, o sea, todas sus vocales son extramétricas, y por eso no pueden recibir acento primario en ninguna de sus sílabas.

Antes de pasar a la asignación del acento primario es importante apuntar que las vocales extramétricas de importancia son aquéllas que aparecen en la sílaba o sílabas que están *después* de la sílaba cuya vocal recibe el acento primario. Debido a que tanto en los monosílabos tónicos como en los polisílabos oxítonos no hay ninguna sílaba después de la sílaba tónica, lógicamente en ellos no hay ninguna vocal extramétrica a la derecha de la vocal que resulta tónica.

16.10. El verdadero PAA

Es un hecho que un mismo morfema puede tener acento primario en una palabra y no tenerlo en otra. En *niña*, por ejemplo, el acento primario está en la vocal de la raíz /niɲ/ pero en *niñita* no está en esa vocal sino en la vocal del morfema de diminutivo /it/.

Por eso damos por sentado que en el lexicón no hay acentos y que el acento primario se asigna a cada palabra tónica después que se forma en el componente morfológico. En español la palabra, y no el morfema, es el **dominio** de la asignación acentual, queriendo decir que es la unidad dentro de la cual tiene lugar la asignación acentual y por eso el PAA debe referirse a la palabra. Suponemos que a nivel subyacente la palabra tiene límites o **bordes** ('edges' en inglés) que indican dónde comienza y dónde termina la palabra. El que nos interesa para la asignación acentual es el borde derecho; es decir, el borde a la derecha del último segmento de la palabra, que simbolizamos así: ']ₚ', donde la letra P se refiere a la unidad 'palabra'. Aquí utilizamos el corchete como el símbolo para el borde de la palabra. Lógicamente el último segmento de la palabra está a la izquierda de]ₚ.

Este concepto nos sirve para formular lo que consideramos el verdadero PAA del español, que formulamos como sigue:

> PAA de la lengua española: Asígnese el acento primario a la primera vocal métrica a la izquierda de]ₚ.

Por conveniencia, toda vocal extramétrica que esté en las dos últimas sílabas de una palabra (que son las dos únicas sílabas que nos interesan aparte de la sílaba que va a resultar tónica) se marca como tal colocándola entre los símbolos '<' y '>'. Por ejemplo, como input al PAA, la palabra *pedazo* presenta la forma pre-acentual /pedas<o>/, ya que toda vocal terminal posbásica es extramétrica. Por otra parte, *papel*, que no tiene ninguna vocal extramétrica después de su última sílaba, tiene la forma pre-acentual /papel/ y *mar*, que tampoco tiene ninguna vocal extramétrica por ser un monosílabo, tiene la forma pre-acentual /mar/.

Nótese que el PAA predice correctamente que *pedazo* será paroxítona, ya que la primera vocal métrica a la izquierda de]ₚ es /a/. Predice además correctamente que *papel* será oxítona ya que la primera vocal métrica a la izquierda de]ₚ es /e/ y que *mar* se pronunciará [már], ya que la primera vocal métrica a la izquierda de]ₚ es la única de ese monosílabo.

Es conveniente recordar que en una frase fonológica hay un solo acento primario y éste lo recibirá la palabra tónica. Interesa principalmente la situación en que una forma verbal va seguida de pronombres clíticos. Considérese por ejemplo *explicártelo*. Esa secuencia no es una palabra sino una frase y no es de ningún modo excepcional con respecto al PAA. La palabra *explicar* resulta oxítona porque no contiene ninguna vocal extramétrica; las palabras *te* y *lo* resultan átonas porque su única vocal es extramétrica por especificación hecha en la sintaxis.

> *El acento primario en español se asigna sin excepción a la primera vocal métrica a la izquierda del borde derecho de la palabra. El carácter extramétrico de una vocal se especifica, no en la fonología, sino en el lexicón o en la sintaxis.*

16.11. Explicación de las excepciones tradicionales

En nuestro modo de ver las cosas, absolutamente ninguna palabra es excepcional con respecto al principio de asignación acentual. Lo que es excepcional se marca de antemano en el lexicón o la sintaxis, utilizando los conceptos de vocal terminal posbásica y extrametricidad.

Veamos cada una de las excepciones tradicionales, empezando por las oxítonas del tipo *papá*. En la inmensa mayoría de las palabras que terminan en vocal, ésta es posbásica. La excepcionalidad de las palabras del tipo *papá* consiste precisamente en que su vocal terminal no es posbásica porque es parte del morfema /papa/, que es el único morfema de esa palabra, y la palabra es toda base porque es toda raíz. Compárese *papá* con *papa*, ya signifique esta última 'potato' o 'pope'. Como input al PAA, la estructura de *papá* es /papa/ mientras que la de *papa* es /pap<a>/ (se compone de dos morfemas). El PAA asigna correctamente el acento primario en los dos casos, ya que, empezando por la derecha, la primera vocal métrica de *papá* es su última vocal mientras que en el caso de *papa* es su penúltima vocal, siendo extramétrica, por ser posbásica, su última vocal.

La segunda excepción tradicional la constituyen las paroxítonas que terminan en consonante, como *examen*, *lunes* y *cáncer*. En ellas no hay vocal terminal posbásica. Su excepcionalidad consiste en que es extramétrica la última vocal de la base. La estructura pre-acentual de *examen* es /eksam<e>n/, la de *lunes* es /lun<e>s/ y la de *cáncer* es /kans<e>ɾ/. Nótese que el PAA predice correctamente dónde va a estar el acento primario.

En cuanto a las proparoxítonas, éstas siempre tienen no una, sino dos vocales extramétricas. En las que terminan en vocal, ésta siempre es posbásica y por tanto extramétrica, pero además es extramétrica la última vocal de la base. Así, la estructura de *teléfono* con respecto al PAA es /telef<o>n<o>/ y la de *sábado* es /sabad<o>/. Nótese que en ambos casos la primera vocal métrica a la izquierda de]$_p$ es la que resulta tónica.

Entre las proparoxítonas están aquellas en las cuales sus dos vocales extramétricas están en hiato. Ejemplos son *aéreo* ([a.é.ɾe.o]) y *línea* ([lí.ne.a]), cuya estructura pre-acentual es, respectivamente /aeɾ<e><o>/ y /lin<e><a>/.

En las proparoxítonas que terminan en /es/ por ser plurales de llanas terminadas en consonante, por ejemplo *exámenes*, es extramétrica la vocal del alomorfo /es/ por ser posbásica, pero además es extramétrica la última vocal de la base tal como sucede en el singular.

En cuanto a las demás esdrújulas que terminan en consonante y no son plurales, su excepcionalidad radica en que son extramétricas tanto su última como su penúltima vocal. Por ejemplo la estructura pre-acentual de *antítesis* es /antit<e>s<i>s/, la de *miércoles* es /mierk<o>l<e>s/ y la de *régimen* (suponiendo un fonema vibrante único) es /ɾex<i>m<e>n/. La de *regímenes* es por supuesto /ɾexim<e>n<e>s/.

En relación con la extrametricidad y su relación con las excepciones tradicionales, queremos agregar que aunque no creemos que la posición del acento primario se aprenda de memoria, creemos sin embargo que la memoria juega un papel en la adquisición de los fenómenos relativos al acento en español. Hablamos por supuesto en todo caso de la adquisición inconsciente. En las palabras del tipo *papá* hay que aprender de memoria que la vocal final no es posbásica y por tanto no es extramétrica, porque el caso normal es que la vocal terminal sea posbásica y por tanto extramétrica. En las llanas terminadas en consonante hay que aprender de memoria que la vocal final de la base es extramétrica porque el caso normal es que la base no contenga ninguna vocal extramétrica. Lo mismo vale para las esdrújulas terminadas en vocal y sus plurales. Para las demás esdrújulas lo que hay que aprender de memoria es que la base contiene dos vocales extramétricas.

Con respecto a las excepciones, es conveniente apuntar que entre las palabras normalmente tónicas las verbales muestran más irregularidades que las no verbales. Por ejemplo, aunque en las formas no verbales la vocal terminal posbásica es siempre extramétrica, en algunas formas verbales no es extramétrica. Por ejemplo, no lo es en las formas del pretérito que son oxítonas y terminan en vocal, como *viví*, *vivió*, etc., ni tampoco en las formas del futuro simple cuya última vocal es tónica, como *hablaré*, *hablará*, etc. En las formas verbales se da también el caso de sufijos cuya vocal es extramétrica a pesar de no ser terminal, como es el caso de /o/ en el sufijo de primera persona plural /mos/. En este sufijo /s/ no es un morfema aparte sino parte del mismo morfema que contiene a /o/. O sea, el morfema es precisamente /mos/. La extrametricidad de la vocal de /mos/ se ve en el hecho de que *estábamos* es proparoxítona [es.tá.βa.mos] en vez de paroxítona (*[es.ta.βá.mos]).

Hay que agregar que existe dentro de nuestro modelo una excepción que no se contempla en la tradición. Tiene que ver con las palabras normalmente átonas que no son monosílabos y terminan en vocal, por ejemplo las conjunciones *donde*, *como*, *cuando*, etc. y las preposiciones *ante*, *desde*, *entre*, *para*, etc. Cada una de estas palabras se compone exclusivamente de base porque se compone únicamente de raíz, de modo que la vocal final no es un morfema aparte y por tanto no es posbásica. Como estas palabras son paroxítonas cuando se pronuncian aisladas o en el metalenguaje, hay que convenir que en ese caso su vocal final es extramétrica a pesar de no ser posbásica. O sea, por ejemplo, *para*, cuando es tónica, tiene la estructura pre-acentual /par<a>/.

16.12. Tildación ortográfica

El estudio del acento español debe incluir un examen de la relación entre la tilde ortográfica y la posición del acento primario. Para empezar conviene decir que en la ortografía no se tilda ninguna palabra átona salvo la conjunción *o* entre números (como en *5 ó 6*). En los demás casos la tilde ortográfica aparece en palabras tónicas. Por otra parte la mayoría de las palabras tónicas no se tildan, incluyendo las más numerosas entre ellas, que son las paroxítonas terminadas en vocal.

Debe ser obvio que para tildar en la escritura una letra vocal o no tildarla hay que saber de antemano dónde está el acento primario. Además hay que saber de qué fonemas se compone la palabra. Hay sin embargo un caso en que las reglas de tildación se guían por la letra y no por el fonema representado por esa letra en la escritura. Nos referimos a las palabras terminadas en *z*. A ellas les aplican las mismas reglas en todos los lectos, pero en la mayoría de los lectos esta letra representa al fonema /s/ y en algunos lectos, incluyendo el castellano de Castilla, representa al fonema /θ/.

Es interesante examinar la relación entre la tildación ortográfica y los casos excepcionales de acentuación. Todas las palabras proparoxítonas se tildan y en ellas la tilde siempre marca una excepción. Por ejemplo, *teléfono* es excepcional porque terminando en vocal debería ser paroxítona y *régimen* es también excepcional porque terminando en consonante debería ser oxítona. También se tildan todas las oxítonas terminadas en vocal (*papá, comprendí*, etc.) y en ellos la tilde igualmente marca una excepción ya que terminando en vocal deberían ser paroxítonas.

La correspondencia entre excepcionalidad y tildación se da igualmente en las palabras no proparoxitónicas que terminando en consonante no terminan en la secuencia V+n o en la secuencia V+s, donde V puede ser cualquier vocal. Si la palabra es oxítona, no se tilda, pues sigue la tendencia normal de las palabras que terminan en consonante, y así tenemos por ejemplo *verdad, coñac, rosbif, zigzag, reloj, papel, cataplum, mejor, carnet* y *tapiz*. En cambio, si la palabra es paroxítona se tilda porque no sigue la tendencia normal, y así tenemos *áspid, cómic, árbol, álbum, bíceps, cáncer, ántrax, tórax, lápiz, López, Gómez, Márquez, Rodríguez*, etc.

Ahora bien, la correspondencia entre excepcionalidad y tildación *se invierte* en el caso de las palabras que terminan en V+n o V+s. Si la palabra es paroxítona, no se tilda, a pesar de que es una excepción a la tendencia general, pues terminando en consonante debería ser oxítona; así, *Carmen, examen, volumen, lunes, viernes, tesis, Carlos*, etc. En cambio si la palabra es oxítona, se tilda, a pesar de que sigue la tendencia general de que las terminadas en consonante sean oxítonas; así, *capitán, también, Pepín, canción, según, jamás, cortés, París*, etc.

¿Por qué tal inversión y por qué hay que mencionar las secuencias *V+n* y *V+s*?

La respuesta es que con respecto a las palabras que terminan en esas secuencias, la tildación ortográfica se guía por un criterio de economía tipográfica. Los paroxítonos terminados en vocal + /n/ o /s/ forman una clase muy numerosa, ya que incluye todos los plurales, no solo de los paroxítonos (*casas*, *hombres*, etc.) sino de los oxítonos terminados en consonante (*mujeres*, *verdades*, *canciones*, *razones*, etc.), e incluye además los paroxítonos que son formas verbales de segunda persona singular y tercera plural (como *compras*, *compran*, *vienes*, *vienen*, etc.). Es decir, sería un gasto enorme de tinta y de tiempo tildar todas esas palabras por ser excepcionales al caso general. Pero por necesidad entonces hay que tildar todas las formas regulares terminadas en vocal seguida de /n/ y /s/.

> *Las palabras paroxítonas que terminan en vocal seguida de /n/ o /s/ (como amen, examen, vienes y viernes) son excepcionales, pero no se tildan por ser muy frecuentes. Pero eso requiere que haya que tildar los oxítonos que terminan en vocal seguido de /n/ o /s/ (como amén, también, vienés y francés), que siguen el patrón normal de la acentuación española.*

Es decir, y para dar un par de ejemplos contrastivos, *cortes* ('courts', 'cuts', etc.) que es irregular, no se tilda, pero hay que tildar *cortés* ('polite') que es regular; y *vienes* (del verbo *venir*), que es irregular, no se tilda, pero hay que tildar *vienés* ('Viennese'), que es regular.

Debe añadirse que hay dos clases de paroxítonos que se tildan a pesar de que terminan en vocal o /s/. Estos son:

a.   los pronombres interrogativos porque existen palabras átonas (conjunciones) con los mismos sonidos; por ejemplo *cuándo*, como en *¿Cuándo viene? No sé cuándo viene*) en contraste con *cuando* conjuncion, *Llámame cuando vengas*;

b.   los demostrativos de género cuando son pronombres pero no cuando son adjetivos, aunque éstos también son tónicos: *¿Quieres este libro o ése?*

Además, hay polisílabos en los cuales, sin importar en qué tipo de sonido terminen, se tildan las letras *i* y *u* cuando éstas representan a, respectivamente, /i/ y /u/ y estos segmentos son parte de un hiato en el cual la otra vocal no es alta. Ejemplos son los sustantivos *cocaína*, *búho*, *compañía* y *Raúl* y las formas verbales *hablarían*, *actúas*, *oír* y *reúnan*. *Huir* ([u.ír]) no se tilda porque la otra vocal del hiato es alta.

En cuanto a la tildación de monosílabos debe observarse que éstos se tildan únicamente cuando son tónicos, contienen más de un segmento y existe un monosílabo átono que contiene los mismos fonemas, como se ve en las comparaciones siguientes:

Tónicos	**Átonos**
sé (del verbo saber)	*se* (pronombre clítico)
té (bebida)	*te* (pronombre clítico)
mí (pronombre preposicional,	*mi* (posesivo, como en *mi libro*)

como en *a mí*)
dé (del verbo *dar*)   *de* (preposición)
él (pronombre personal)   *el* (artículo definido)
sí (adverbio de afirmación)   *si* (conjunción condicional)
qué (interrogativo, como en   *que* (conjunción, como en *las*
¿*Qué pasa?*)   *cosas que pasan*)

Nótese que no se tilda el pronombre preposicional tónico *ti* ([tí]) como en *para ti*, porque no existe *[ti], átono. Ni tampoco se tilda por la misma razón ningún monosílabo verbal como *vi*, *fui*, etc.

Nótese además que si un monosílabo tónico consiste enteramente en una vocal, no se tilda a pesar de que haya un correspondiente átono. Por ejemplo no se escribe *la* *á*, hablando de la letra *a*, a pesar de que los nombres de las letras son tónicos por ser sustantivos y de que existe la conjunción *a*, que es átona, como toda preposición. Por otra parte existe la excepción de que se tilda la preposición *o*, a pesar de ser átona, cuando aparece entre números, por ejemplo en *5 ó 6*, con el objeto de que no se confunda la letra *o* con el número cero.

Los monosílabos tónicos se tildan únicamente si empiezan en consonante y existe un monosílabo átono que contiene exactamente los mismos segmentos. La conjunción o, siendo átona, se tilda entre números.

16.13. Diferencias principales con el inglés

En el sistema acentual del inglés existe un tercer grado de acento, llamado secundario, no tan prominente como el primario pero más prominente que el débil. Es además más prominente que el secundario del español, el cual, como hemos dicho, no juega un papel importante en la comunicación. La diferencia se nota principalmente en las palabras compuestas. Por ejemplo en *aquamarine* del inglés, palabra de cuatro sílabas, la primera sílaba tiene acento secundario, el acento primario está en la última y las otras dos tienen acento débil. Al transferirse este patrón a la pronunciación de *aguamarina* en español como segunda lengua, la primera sílaba resulta demasiado 'fuerte' al oído hispánico, escuchándose como si fueran dos palabras: *agua marina*.

Aquamarine y *aguamarina* son ejemplos de cognados, o pares de palabras de dos lenguas distintas cuyas raíces se derivan de una misma lengua diferente a las dos. Entre el español y el inglés hay numerosos cognados de origen latino aunque también los hay de otras lenguas. Muchos, a diferencia del caso de *aquamarine* y *aguamarina*, se escriben exactamente con las mismas letras, diferenciándose únicamente en que algunos se tildan en español. El problema es que en muchos cognados el acento primario no está en la misma sílaba en las dos lenguas. Por ejemplo en español *normal* y *fatal* son oxítonas pero en ingles son paroxítonas; *cinema* es paroxítona en español pero proparoxítona en inglés. En general en la pronunciación de cognados en el español de principiantes la tendencia es a mantener el acento primario en el morfema donde está en inglés, sin importar que el número de sílabas pueda ser distinto. Por ejemplo *funciona*, del verbo *funcionar*, tiende a pronunciarse erróneamente con acento primario en la primera sílaba en vez de en la segunda, como debe ser.

Otra diferencia importante relativa a la acentuación tiene que ver con la duración de las sílabas. En inglés las sílabas tónicas son notablemente más largas en su duración que todas las de menor grado de acento, siendo las átonas débiles notablemente breves. Por ejemplo, en *industry* la primera sílaba es más larga que las otras dos y en *industrial* lo es la segunda sílaba. En español sin embargo, aunque las tónicas son un poco más largas que las átonas, no lo son de modo notable. Tanto en *industria* como en *industrial* la sílaba tónica no es notablemente más larga que las dos átonas. Esta diferencia causa que las dos lenguas tengan un ritmo distinto. El inglés se caracteriza por tener **ritmo de base acentual**. Una manifestación de ello es que en la poesía métrica, o de patrón de duración regular, lo que tienen en común los versos, o líneas de cada poema, es el número de sílabas tónicas. Por contraste el español se caracteriza por tener **ritmo de base silábica** y en la poesía métrica los versos tienen el mismo número de sílabas.

Resumen

Toda palabra pronunciada en aislamiento recibe acento primario en su única vocal si es **monosilábica** y en su última (oxítonos), penúltima (paroxítonos) o antepenúltima (proparoxítonos) si es **polisilábica**, cumpliéndose siempre el **principio de las tres ventanas (P3V).** Cualquier sílaba española que no recibe acento primario es **átona.** En la acentuación se tiene en cuenta que algunas vocales son **extramétricas** (no cuentan para el acento), lo cual se marca en el lexicón o (en el caso de las palabras átonas) en la sintaxis. El acento primario se asigna por el **principio de asignación acentual** (PAA) a la primera vocal métrica a la izquierda del borde derecho de la palabra. La **vocal terminal posbásica** de los paroxítonos singulares terminados en vocal es siempre extramétrica. En el habla las palabras normalmente átonas se agrupan con las tónicas en **frases fonológicas** que tienen un solo acento primario. Las llamadas **sobreesdrújulas** no violan el principio de las tres ventanas porque no son palabras sino frases. La tildación ortográfica no siempre marca excepciones de carácter fonológico. Ejemplo de ello es que los paroxítonos terminados en vocal seguida de *n* o *s*, que son excepcionales (porque deberían ser oxítonos ya que terminan en consonante), no se tildan debido a que son mucho más numerosos que los oxítonos que terminan así (y hay que tildar éstos). Los cognados a veces no tienen en español el mismo patrón acentual que tienen en inglés. A diferencia del inglés, donde las sílabas tónicas son más largas que las átonas, el español es de **ritmo silábico**, teniendo todas las sílabas, ya sean tónicas o átonas, la misma duración.

Ejercicios

Ejercicio de pronunciación no. 34: Palabras tónicas y palabras átonas

Escuche y repita lo que dice la grabación o su instructor/a.

1. buscando té
2. buscándote
3. ¿Dónde vive?
4. Donde vive
5. ¿Cómo puede?
6. Como puede
7. ¿Cuándo viene?
8. Cuando viene
9. Para, Francisco
10. Para Francisco
11. Jorge, Luis
12. Jorge Luis
13. García, Lorca
14. García Lorca
15. María, Julia
16. María Julia
17. ¡Hola, señorita Santos!
18. No soy la señorita Santos

Ejercicio de pronunciación no. 35: Acentuación de cognados

En cada una de las siguientes palabras la acentuación es distinta que la de su cognado en inglés. Escuche y repita lo que dice la grabación o su instructor/a.

1. animal
2. vertical
3. polar
4. familiar
5. cinema
6. Bolívar

7. Ecuador

8. Panamá

9. Paraguay

10. Canadá

Ejercicio de pronunciación no. 36:
Acentuación de palabras de cuatro o más sílabas

Trate de pronunciar uniformemente todas las sílabas átonas. Evite el acento secundario del inglés. Escuche y repita lo que dice la grabación o su instructor/a.

1. horizontal

2. convencional

3. tocadiscos

4. astronauta

5. contemplativo

6. asesinato

7. contraproducente

8. antimagnético

9. limpiaparabrisas

10. latinoamericano

Práctica de transcripción

Los siguientes pares de oraciones contienen secuencias que son idénticas en sus segmentos, pero difieren en su acentuación. Transcriba únicamente esas secuencias. Asuma que no se producen pausas entre las palabras.

1. (A) Déjelo pescar, López, por favor. (B) Deje, López, Carlota puede hacerlo.

2. (A) Tómate tu té, Tomás. (B) Sopa de tomate tú no tomas, ¿verdad?

3. (A) Loco, loco por Tina está Alfredo. (B) Lo coloco por Timoteo, que me lo pidió.

4. (A) Cómpremelo, Néstor. (B) Compré melones, tortillas y otras cosas.

5. (A) No sé qué modelo comprar. (B) Tino se quemó de lo mucho que estuvo al sol.

6. (A) Oye, Ana, María Luisa se casó ayer. (B) Oye, Ana María, Luisa se casa mañana.

Para pensar

Para cada una de las afirmaciones que siguen, diga si es verdadera o falsa y explique brevemente su respuesta, ilustrándola con los ejemplos que sean necesarios.

1. "Según el análisis que se propone en este libro, las oraciones *No me lo quiso decir* y *No quiso decírmelo* contienen el mismo número de palabras átonas pero no el mismo número de palabras tónicas."

2. "La forma *explíquenos* no es una excepción a la generalización de que todas las formas del modo imperativo son paroxítonas."

3. "Absolutamente todas las palabras tradicionalmente excepcionales en cuanto a la acentuación tienen por lo menos una vocal extramétrica."

4. "Las palabras *volumen* y *volúmenes* tienen el mismo número de vocales extramétricas."

5. "No todas las vocales terminales extramétricas son posbásicas."

6. "Que la palabra *irlandés* se tilde en la ortografía no tiene que ver nada con la extrametricidad."

7. "La base de todo polisílabo paroxítono que debe tildarse en la ortografía contiene una vocal extramétrica situada en la sílaba que sigue a la sílaba tónica."

8. "En la pregunta *¿Qué fue lo que te dijo?* hay más palabras tónicas que átonas."

9. "Dado que el apellido inglés *Carter* se pronuncia [káɾ.teɾ] en español, eso quiere decir que quien primero lo pronunció así se basó en su forma escrita."

10. "En la estructura pre-acentual de la oración *Cuando venga, llámeme*, hay cinco vocales extramétricas."

Capítulo 17

Fonemas semivocálicos y contracción silábica

17.1. Introducción a los fonemas semivocálicos

Ya hemos visto que existe en español un proceso de desnuclearización que afecta a los fonemas vocálicos altos /i/ y /u/ y hace que éstos se realicen como sus alófonos infieles [j] y [w] cuando no reciben acento primario, es decir, cuando son átonos.

Ahora bien, en este capítulo nos proponemos demostrar que los sonidos [j] y [w] no son siempre alófonos infieles de /i/ y de /u/ sino que en algunos casos son alófonos fieles de los fonemas semivocálicos /j/ y /w/, que son parte del inventario fonemático del español. Esos dos fonemas están asociados a nivel subyacente al rasgo [–Nuclear] y por tanto no pueden formar sílabas por sí solos, apareciendo siempre en posición prenuclear o posnuclear. Por supuesto que en los casos en que [j] y [w] son alófonos fieles de los fonemas /j/ y /w/ no puede hablarse de desnuclearización, ya que no hay discrepancia entre fonema y alófono con respecto al rasgo Nuclear. Creemos que los hechos de la acentuación española apoyan la existencia de fonemas semivocálicos y pasamos a demostrarlo. Para empezar, supongamos por un momento que en español, contrario a lo que creemos, no existe un fonema /j/ y que [j] es siempre alófono infiel de /i/. En ese caso la forma subyacente de, por ejemplo, *patio* es /patio/ y después de asignarse el acento a la primera vocal de la palabra, tiene lugar el proceso de desnuclearización e /i/ se pronuncia [j] ya que es átona. De modo que el proceso que lleva de /patio/ a [pátjo] puede representarse como sigue:

/patio/ (forma subyacente)
pátio (después de la asignación acentual)
pátjo (después de la desnuclearización)

Ahora bien, en este caso, hay que marcar la /i/ de *patio* de alguna manera como excepcional ya que lo normal es que una palabra española que termina en vocal se acentúe en la penúltima vocal. La pronunciación debería ser *[pa.tí.o]. Hace falta entonces ponerle una "etiqueta" a la /i/ de *patio* que equivalga a declarar que no puede recibir acento primario, que no puede ser tónica. Supongamos que la etiqueta consista en marcar esa /i/ como extramétrica, y así la estructura pre-acentual de *patio* sería /pat<i><o>/, con dos vocales extramétricas, ya que la /o/ terminal, siendo posbásica, también es extramétrica. Por contraste una palabra como *gentío* ('crowd') sería el caso normal, siendo su estructura pre-acentual /genti<o>/, y, claro está, el PAA asigna el acento primario a la primera vocal métrica, que es /i/. Nótese sin embargo que en ese análisis, *patio* y todas las demás palabras que terminan en [j] + vocal se tratan a nivel prefonético como si fueran proparoxítonas, ya que el acento primario se asigna a la antepenúltima sílaba, ya se acepte o no el concepto de la extrametricidad.

En realidad, el tratar a *patio* como excepcional y a *gentío* como normal no se corresponde con los hechos de la acentuación de las palabras paroxítonas del español que terminan en dos vocoides y el penúltimo es alto e irretraído. En la pronunciación normal las palabras en las cuales ese vocoide es [j] son mucho más numerosas que aquellas en las cuales es [i]. Por ejemplo, el *Diccionario inverso de la lengua española*, de Ignacio Bosque y Manuel Pérez Fernández (Madrid: Editorial Gredos, 1987) incluye más de dos mil palabras paroxítonas no verbales que terminan en la secuencia vocoide alto irretraído + /o/. De éstas sólo cien, o sea no más del 5%, se pronuncian terminadas en [ío], mientras que por lo menos el 95% se pronuncian terminadas en [jo]. Es decir, palabras cuyo patrón acentual es como el de *gentío* son excepcionales, siendo en cambio normales aquéllas cuyo patrón acentual es como el de *patio*. El mismo diccionario incluye cerca de cinco mil formas paroxítonas no verbales que terminan en la secuencia vocoide alto irretraído + /a/. Muestras que hemos tomado al azar indican que cerca del 70% de esas palabras terminan en [ja] y sólo el 30% terminan en [ía]. En cuanto a las paroxítonas en las cuales el vocoide alto irretraído va seguido de /e/, aparecen únicamente treinta en el mismo diccionario pero de éstas una sola termina en [íe]: *hematíe* ('red blood cell'). Todas las demás (el 97%) terminan en [je]. Ejemplos son *nadie*, *serie* y *superficie*. En resumen, lo normal en español es que un vocoide alto irretraído que precede inmediatamente a la última vocal de una palabra paroxítona sea [j] y lo excepcional es que sea [í].

Es importante agregar que lo mismo se da con respecto al caso en que el vocoide alto que precede a la última vocal es retraído: lo normal es que ese vocoide sea [w] y lo excepcional es que sea [ú]. Hay relativamente muchas palabras paroxítonas que tienen el mismo patrón acentual que, por ejemplo, *arduo* ('arduous') y relativamente pocas que tienen el mismo patrón acentual que, por ejemplo, *búho* ('owl').

Los datos que hemos citado sugieren que la forma subyacente de palabras como *patio* y *arduo* no contiene fonemas vocálicos altos, porque si así fuera, entonces esas palabras tendrían, por lo menos a nivel subyacente, el mismo patrón acentual que las palabras proparoxítonas, ya que el acento primario estaría en la antepenúltima vocal. Pero ya sabemos que los proparoxítonos son los polisílabos más excepcionales y los menos frecuentes. Además si marcamos la supuesta /i/ de *patio* y la supuesta /u/ de *arduo* como extramétricas, entonces estas palabras tienen dos vocales extramétricas, como todas las proparoxítonas. En resumen, el análisis en el cual se considera que *patio* y *arduo* contienen fonemas vocálicos altos agrupa, erróneamente a nuestro juicio, a palabras aparentemente normales como *patio* y *arduo* con palabras excepcionales como *pálido*, *cápsula*, etc.

Obsérvese además que si [j] y [w] fueran siempre alófonos infieles de /i/ y /u/ y por lo tanto palabras como *patio* y *arduo* tuvieran tres fonemas vocálicos, entonces una palabra como *dinosaurio*, cuya forma subyacente sería /dinosaurio/, violaría el P3V, ya que la vocal tónica /a/ sería la ante-antepenúltima vocal de la palabra. Lo mismo pasaría en el caso de *ventrílocua* ('female ventriloquist'). Sin embargo en español a nivel fonético no existe absolutamente ninguna excepción al P3V.

17.2. Fonemas semivocálicos y asignación acentual

En el análisis que proponemos, la acentuación de *dinosaurio* y *ventrílocua* no viola de ninguna manera el P3V. La estructura pre-acentual de *dinosaurio* es /dinosawrj<o>/. Es decir contiene los fonemas semivocálicos /j/ y /w/. La única vocal extramétrica es la terminal posbásica. El PAA asigna el acento primario a /a/ porque es la primera vocal métrica a la izquierda de]$_P$. No es necesario decir nada sobre la metricidad o extrametricidad de /j/ y /w/ sencillamente porque esos fonemas no son vocales.

En cuanto a *ventrílocua*, siendo proparoxítona, debe tener no una sino dos vocales extramétricas. Efectivamente, una de ellas es la terminal posbásica /a/ y la otra, como en todas las proparoxítonas, es la última vocal de la base, que es /o/. La estructura pre-acentual de dicha palabra es /bentril<o>kw<a>/. Nótese que el PAA asigna el acento primario a la primera vocal métrica a la izquierda de]$_P$, que no es otra que /i/.

Veamos ahora la acentuación de *patio* y *arduo*. Si sus formas subyacentes son respectivamente /patjo/ y /ardwo/ y sus estructuras pre-acentuales /patj<o>/ y /ardw<o>/ se explica que sus formas fonéticas sean [pá.tjo] y [ár.ðwo] ya que la primera vocal métrica a la izquierda de]$_P$ es /a/ en ambas palabras. Las dos palabras contienen sólo dos fonemas vocálicos porque, repetimos, /j/ y /w/ no son vocales sino semivocales.

A veces la semivocal alta está en la misma sílaba que la vocal tónica por ser posnuclear, como en, por ejemplo *reino* ([réj.no]) y *deuda* ([déw.ða]), pero la vocal que recibe el acento primario sigue siendo la primera vocal métrica a la izquierda de]$_P$.

En resumen, los hechos de la acentuación apoyan la noción de que en español existen los fonemas semivocálicos /j/ y /w/, con alófonos fieles [j] y [w]. En nuestro análisis palabras como *patio*, *arduo*, *reino* y *deuda* no son de ningún modo excepcionales. No hace falta marcar de modo especial los supuestos casos de /i/ y /u/ que no pueden recibir acento primario. Simplemente no existen casos así.

Creemos útil añadir lo siguiente. En la fonología tradicional se utiliza la técnica del **par mínimo** para averiguar si en una lengua dos segmentos determinados son o no alófonos del mismo fonema. Si dos palabras tienen exactamente los mismos segmentos excepto uno y las palabras no significan exactamente lo mismo, entonces los segmentos en que difieren son alófonos de fonemas distintos. Por ejemplo, de las frases *Dame un peso* y *Dame un beso*, tal como se pronuncian normalmente, podemos extraer el par mínimo [pé.so] y [bé.so]. Dado que *peso* y *beso* no significan lo mismo, entonces [p] y [b] no pueden ser alófonos del mismo fonema sino de dos fonemas distintos, como efectivamente lo son.

Entre las palabras españolas que terminan en dos vocoides, las que en la pronunciación normal terminan en diptongo como patio y arduo son mucho más frecuentes que las que terminan en hiato como gentío y búho, indicando que las excepcionales son las que terminan en hiato. Los hechos de la acentuación española apoyan la hipótesis de que la forma subyacente del penúltimo vocoide no es un fonema vocálico extramétrico sino un fonema semivocálico. De lo contrario formas como dinosaurio y ventrílocua violarían el P3V, el cual en realidad no violan, y secretaría/secretaria tendrían los mismos fonemas.

Entre las formas no verbales del español no abundan los pares mínimos en que una vocal alta tónica esté en el mismo entorno que una semivocal alta, pero un ejemplo es *secretaria* ('female secretary') / *secretaría* ('office of the secretary of an organization'). Estas formas se pronuncian [se.kɾe.tá.rja] y [se.kɾe.ta.rí.a] respectivamente. Dado que no significan lo mismo, entonces [j] e [i] no pueden ser alófonos del mismo fonema. Efectivamente, [j] es alófono de /j/ e [i] es alófono de /i/, y las formas subyacentes son, respectivamente, /sekretarja/ y /sekretaria/. Sus estructuras pre-acentuales son /sekretarj<a>/ y /sekretari<a>/. El PAA asigna correctamente el acento primario a la primera vocal métrica a la izquierda de $]_P$ en los dos casos, que es la /a/ que precede a /ɾ/ en *secretaria*, y es /i/ en *secretaría*.

Es interesante examinar a la luz de nuestro análisis los polisílabos que terminan en [j]. La inmensa mayoría de éstos son oxítonos. Ejemplos son *convoy* ([kom.bój]) y *jersey* ([xer.séj]), ambos tomados del inglés (*jersey* se usa en España para significar 'sweater'), *samurái* ([sa.mu.ráj]), del japonés y *mamey* ([ma.méj]), nombre de una fruta tropical tomado de una lengua indígena del Caribe. Las palabras oxítonas no tienen vocales extramétricas; sólo las tienen las no oxítonas. De manera que la [j] final de *convoy*, etc., no puede ser alófono infiel de /i/ sino alófono fiel de [j]. Hay, que sepamos, una sola palabra terminada en [j] que es paroxítona en vez de oxítona: *póney*, del inglés *pony*, que se pronuncia [pó.nej]. Su forma subyacente es /ponej/. Como toda paroxítona tiene una sola vocal extramétrica, pero ésta no es posbásica sino parte de la base. Su estructura pre-acentual es /pon<e>j/ y siendo en ella /e/ la primera vocal métrica a la izquierda de $]_P$, es la que recibe el acento primario.

Nuestro análisis sirve también para explicar la acentuación de monosílabos terminados en semivocal alta. La forma subyacente de, por ejemplo, *ley* es /lej/, que es también su estructura pre-acentual. El PAA asigna el acento primario a la única vocal tónica, que es ciertamente la primera vocal métrica a la izquierda de $]_P$.

En todos los ejemplos que hemos dado hasta ahora tanto de monosílabos como de polisílabos en que a nivel fonético aparecen [j] o [w], estos segmentos son **postónicos,** queriendo decir que aparecen después de la vocal tónica, ya sea en la misma sílaba que en ella o en una sílaba posterior. Por ejemplo, en *dinosaurio* tanto [w] como [j] están después de [á]; [w] está en la misma sílaba y

[j] en la sílaba posterior. En *reino* [j] está en la misma sílaba que [é] y en *arduo* [w] está en la sílaba posterior a la cual está [á]. En estos tres casos, sin embargo, la semivocal o semivocales contenidas en la palabra son postónicas. Considérese ahora que las palabras que en alegreto contienen [j] y [w] postónicas, nunca tienen [i] y [u] en andante en las mismas posiciones. Es decir, por ejemplo, *reino* y *deuda* nunca se pronuncian *[ré.i.no] y *[dé.u.da] regularmente en andante; y *patio* y *arduo* nunca se pronuncian *[pá.ti.o] y *[áʀ.du.o] regularmente en ese estilo, sino que inclusive en andante aparecen [j] y [w] en esas palabras. Esto constituye prueba adicional de que esos segmentos son en esas palabras alófonos fieles de /j/ y /w/ y no alófonos infieles de /i/ y /u/. Es decir, una semivocal postónica es siempre alófono fiel de un fonema semivocálico.

17.3. ¿De qué fonemas son alófonos [j] y [w] en posición pretónica?

Los segmentos [j] y [w] son pretónicos cuando aparecen antes de la vocal tónica, ya sea en la misma sílaba, como en *siesta, opción, bueno* y *Samuel*, o en una sílaba anterior, como en *miedoso, cuentito, airado* y *audaz*. Creemos interesante preguntar si las semivocales pretónicas son alófonos fieles de /j/ y /w/ o si por el contrario son alófonos infieles de /i/ y /u/ que se desnuclearizan por ser átonos. Tal vez una forma de determinarlo sea realizando el siguiente experimento. Se le pide a un hispanohablante que no sabe nada de fonología que pronuncie lo más despacio posible la palabra *canción* y luego la palabra *audaz*. El estilo será largo. A continuación se le pide que pronuncie las mismas palabras como las diría normalmente. El estilo será alegreto. Es de esperar que en alegreto diga [kan.sjón] y [aw.ðás], ya que es lo que ocurre normalmente. Lo que nos interesa es lo que diga en largo. Si dice [kan.si.ón] y [a.u.dás], ésta última sin desplosivización de /d/, entonces podemos suponer que en alegreto ha habido desnuclearización y las formas subyacentes son /kansion/ y /audas/ respectivamente. Por otra parte, si en largo dice [kan.sjón] y [aw.dás] es probable que para ese hablante las formas subyacentes sean /kansjon/ y /awdas/, en cuyo caso no hubo desnuclearización en alegreto sino realización de los alófonos fieles de /j/ y /w/ respectivamente.

Considérese ahora el contraste entre los infinitivos *espiar* y *limpiar*. En ambos hay un vocoide alto irretraído pretónico entre [p] y [á]. En andante estos infinitivos se pronuncian [espi.áɾ] y [lim.pjáɾ] respectivamente, pero en alegreto se pronuncian [es.pjáɾ] y [lim.pjáɾ]. Esto sugiere que la forma subyacente de *espiar* es /espiaɾ/ pero la de *limpiar* es /limpjaɾ/. Si es así, la raíz verbal de *limpiar* es /limpj-/, no */limpi/, y la de *espiar* es /espi/, no */espj/. Prueba de que así son las raíces la dan las formas del tiempo presente de estos dos verbos. En español, sin excepción, las formas del tiempo presente de todos los verbos son paroxítonas. Tanto en *limpio* como en *espío* (que concuerdan con *yo*), la vocal final es posbásica y es por tanto extramétrica. La acentuación de *limpio* demuestra que la primera vocal métrica es la /i/ que sigue a /l/ y que el otro fonema vocoidal alto contenido en la palabra es /j/.

En cambio la acentuación de *espío* demuestra que la primera vocal métrica es la /i/ que sigue a /p/.

Entre las raíces verbales que terminan en vocoide alto retraído, algunas terminan en [w] en vez de en [u]. El hecho de que las formas de presente de indicativo de *actuar* sean [ak.tú.o], [ak.tú.as], [ak.tú.a] etc. demuestra que la raíz de ese verbo es /aktu/, pero el hecho de que las de *averiguar* ('to inquire') sean [a.βe.ɾí.ɣwo], [a.βe.ɾí.ɣwas], [a.βe.ɾí.ɣwa], etc. demuestra que la raíz de *averiguar* no es */abeɾigu-/ sino /abeɾigw-/.

En resumen, los datos sugieren que en posición pretónica [j] y [w] no son siempre alófonos infieles de /i/ y /u/ que resultan del proceso de desnuclearización sino que en algunos casos son alófonos fieles de /j/ y /w/.

> *Las semivocales [j] y [w] no son siempre alófonos infieles de /i/ y /u/ como resultado de la desnuclearización: a veces son alófonos fieles de /j/ y /w/. Si dentro de una palabra un vocoide alto en contacto con vocal se pronuncia como semivocal tanto en alegreto como en andante, eso indica que es alófono fiel de un fonema semivocálico.*

17.4. Pronunciación de las conjunciones *y* y *u*

A lo que hemos dicho hasta ahora sobre la desnuclearización de /i/ y /u/ conviene agregar observaciones sobre la pronunciación de las conjunciones *y* ('and') y *u*, consistiendo esta última palabra enteramente del alomorfo del morfema de conjunción disyuntiva que se manifiesta normalmente como *o* ('or'). La forma *u* aparece en vez de *o* cuando la conjunción disyuntiva está delante de una palabra que empieza con /o/, como en *Marta u Ofelia*. Siendo átonas las palabras *y* y *u*, y consistiendo enteramente de los fonemas /i/ y /u/, éstos se desnuclearizan normalmente en alegreto en contacto con vocal átona. Ejemplos de *y* son [sá.raj.xóɾ.xe] por *Sara y Jorge* y [a.ɣus.tí.nje.lé.na] por *Agustín y Elena*. En este último caso se cumple un principio de silabeo del español que especifica que un contoide (ya sea consonante o alófono aproximante de una consonante) está en la misma sílaba que la semivocal que lo sigue. Por cierto debe observarse que cuando *y* está entre vocales y ocurre desnuclearización, [j] se comporta como una consonante: siempre está en la misma sílaba que la vocal inicial de la palabra siguiente y tiende muchas veces a pronunciarse con un acercamiento mayor que el de [j], resultando la fricativa débil [ʝ], como se ve en [kú.βa.ʝes.pá.ɲa] por *Cuba y España*. Por supuesto que en este caso [ʝ] es alófono infiel de /i/.

En cuanto a *u*, su fonema /u/ es siempre prenuclear. El alófono infiel es [w] entre consonante y vocal, como se ve en [amá.ɾwo.ðjáɾ] por *amar u odiar*. Ahora bien, entre vocales [w] puede llegar a consonantizarse levemente y pronunciarse [ɣʷ], fricativa labiodorsal débil que se diferencia de la secuencia [ɣw] como en [am.bí.ɣwo] por *ambiguo* en que es un solo segmento con una sola fase, como [w]. *Esta u otra* puede pronunciarse [és.ta.wó.tɾa] o [és.ta.ɣʷó.tɾa].

17.5. Introducción a la contracción silábica

Dado que en español la mayoría de las palabras terminan en vocal y muchas empiezan en vocal, es frecuente que en la forma subyacente de frases y oraciones aparezcan secuencias de dos o más fonemas vocálicos.

El sistema fónico del español asigna los segmentos de la forma subyacente de toda palabra a sílabas siguiendo ciertos principios que examinaremos en detalle en el capítulo siguiente. Es decir, las formas subyacentes de las palabras se dividen en sílabas una vez que se han formado en el componente morfológico, ya que hay principios que se refieren a la posición de los fonemas dentro de la sílaba, como hemos visto en la descripción de las consonantes. Ahora bien, cuando las palabras se combinan en frases y oraciones, cada palabra retiene su estructura silábica y su estructura acentual hasta tanto no se apliquen principios que puedan alterarlas. Por ejemplo, la forma subyacente de la frase *tu amigo* es /tu.a.mí.go/. En su realización en andante, que es [tu.a.mí.ɣo], se manifiestan las sílabas subyacentes, que son las mismas de las palabras individuales. Ahora bien, en [twa.mí.ɣo], que es su realización en alegreto, las sílabas no son exactamente las mismas. Además hay menos sílabas: tres en vez de cuatro.

La desnuclearización es uno de los dos procesos fonológicos que llevan a la **contracción silábica**, fenómeno que consiste en que la forma fonética de una palabra, frase u oración tiene menos sílabas que su forma subyacente. Gracias a la desnuclearización aparecen en una sola sílaba alófonos de fonemas que a nivel subyacente aparecen en dos o más sílabas distintas. Lógicamente, por cada caso de desnuclearización aparece a nivel fonético una sílaba menos que a nivel subyacente ya que hay un núcleo menos.

La otra forma de lograr que haya contracción silábica es suprimiendo totalmente los gestos de una vocal, es decir, elidiéndola. La frase *la amiga* se pronuncia [la.mí.ɣa] en alegreto, con tres sílabas, pero la forma subyacente presenta cuatro silabas: /la.a.mí.ga/. Se ha elidido la /a/ de *la*.

En español existe una fuerte tendencia a la contracción silábica, estando el fenómeno claramente motivado por la tendencia al menor esfuerzo: seguramente requiere menos energía decir lo mismo abreviando segmentos (desnuclearización) o suprimiéndolos (elisión) o haciendo ambas cosas.

17.6. Desnuclearización de vocales medias

Los fonemas vocálicos altos /i/ y /u/ no son los únicos que tienden a desnuclearizarse cuando son átonos. También tienden a hacerlo los fonemas vocálicos medios /e/ y /o/. Sus alófonos infieles semivocálicos se transcriben [e̯] y [o̯] respectivamente y están por supuesto asociados al rasgo [–Nuclear] mientras que /e/ y /o/ están asociados al rasgo [+Nuclear].

La desnuclearización de una vocal media átona a final de palabra tiene lugar normalmente en alegreto cuando la vocal inicial de la palabra siguiente es también media y átona pero no idéntica a la final. O sea, /e/ final se desnucleariza ante /o/ inicial, como se ve en [sẹo.ʲó] por *se oyó*; y /o/ final se desnucleariza ante /e/ inicial como se ve en [lọes.kri.βí] por *lo escribí*.

Una vocal media átona también se desnucleariza en alegreto siempre que llega a estar inmediatamente antes o inmediatamente después de /a/ átona a consecuencia de la unión de palabras en frases u oraciones, como se ve en los siguientes ejemplos:

[bjé.nẹa.lón.so] por *viene Alonso*;
[á.naẹs.pé.ɾa] por *Ana espera*;
[lọa.βɾjó] por *lo abrió*;
[laọl.βi.ðó] por *la olvidó*.

Estos ejemplos y los del contacto entre /e/ y /o/ indican que en español se cumplen las dos generalizaciones siguientes con respecto al contacto entre dos vocales no altas átonas:

1. Si las vocales en contacto son /e/ y /o/, la que se desnucleariza es siempre la que está a final de palabra;
2. Si una de las vocales es /a/, la que se desnucleariza es siempre la otra vocal.

> *De dos vocales no altas átonas en contacto, siempre se desnucleariza la primera, a menos que la primera sea /a/, en cuyo caso se desnucleariza la segunda vocal.*

En efecto, en español, /a/ *nunca* se desnucleariza—no existe [a̯]. Veremos por qué en el capítulo siguiente.

17.7. Desnuclearización a consecuencia de desplazamiento acentual

En la oración *Es la una* /u/ no se desnucleariza porque es tónica. Sin embargo, obsérvese lo que puede suceder en alegreto cuando *una* no es la última palabra de una oración y el énfasis no está en ella. La oración exclamativa *¡Es la una ya!*, con énfasis en *ya* puede pronunciarse [éz.láw.na.já] y hay una sílaba menos que en la forma prefonética /es.la.ú.na.ʋa/ ¿Qué ha sucedido? Obsérvese que la secuencia /a/ + /ú/ se pronuncia [áw]. Este fenómeno se describe diciendo que el acento *se ha desplazado* ('has shifted') de /u/ a /a/. La palabra tónica *una* se pronuncia átona y en cambio la palabra átona *la* se pronuncia tónica.

El fenómeno del **desplazamiento acentual** ('stress shift' en inglés) está motivado en parte por la tendencia a la contracción silábica. Si se desea inconscientemente que cada fonema vocálico esté representado a nivel fonético (o sea que no haya elisión) y que al mismo tiempo haya menos sílabas, se recurre a la desnuclearización de una de las dos vocales que están en hiato a nivel subyacente. Ahora bien, el sistema fónico del español contiene un principio (que describiremos en detalle en el capítulo siguiente) que prohíbe la desnuclearización de /a/ en todos los contextos y prohíbe la desnuclearización de /e/ y /o/ en ciertos contextos. Ya que /a/ no puede desnuclearizarse nunca, si tiene que haber desnuclearización, tiene que ser la otra vocal la que se desnuclearice. Por otra parte si esa vocal es tónica, eso bloquea la desnuclearización. La 'estrategia' consiste en hacer que esa vocal se pronuncie átona, de modo que pueda desnuclearizarse. Sin embargo, el acento primario no se pierde sino que se transfiere a la vocal que no puede desnuclearizarse. De ahí que una secuencia como /a.ú/ se realice [áw] como sucede en *Es la una y media ya*. En dicha oración el acento se desplaza a la vocal que precede a la vocal afectada, pero también puede ocurrir que el desplazamiento sea hacia la vocal que sigue, como en [bjá.ló.la] por *Vi a Lola*, que en andante se pronunciaría [bí.a.ló.la].

El desplazamiento del acento a /a/ acompañado de desnuclearización puede ocurrir también cuando la vocal que es tónica en lo subyacente no es alta sino media. Por ejemplo, *sé hacerlo* se pronuncia [sé.a.sér.lo] en andante pero [sęá.sér.lo] en alegreto; y *la otra persona* se pronuncia [la.ó.tra.per.só.na] en andante pero [láǫ.tra.per.só.na] en alegreto.

Cuando el contacto es entre vocal media átona y vocal alta tónica, es ésta última la que se desnucleariza, ya que el mismo principio que prohíbe que /a/ se desnuclearice, prohíbe también que /e/ y /o/ se desnuclearicen en contacto con vocal alta. Es ésta la que tiene que desnuclearizarse si se busca la contracción silábica. Por ejemplo, *así está mal* se pronuncia [a.sí.es.tá.mál] en andante, pero [a.sjés.tá.mál] en alegreto, con desplazamiento del acento primario de /i/ a la /e/ y desnuclearización de /i/; y *no se usa ya*, que en andante se pronuncia [nó. se.ú.sa.já], resulta [nó.séw.sa.já] en alegreto, debido a los mismos fenómenos. Ejemplos del resultado en alegreto del contacto entre /o/ átona y vocal alta tónica son [twó.pi.nás.te] por *tú opinaste* y [lów.sa.mú.tʃo] por *lo usa mucho*.

Es conveniente añadir que el desplazamiento acentual puede darse también cuando las dos vocales son de la misma altura y siempre la vocal que se desnucleariza es la final de la primera palabra, no la inicial de la segunda palabra. Ejemplos son [xo.sęól.βi.ðó] por *José olvidó*, [ʝe.ɣǫén.trén] por *Llegó en tren*, [twím.pre.sjo.nás.te] por *tú impresionaste* y [sjú.sé.tu.mé.to.ðo] por *sí usé tu método*.

17.8. Creación de triptongos por desnuclearización

En todos los ejemplos de desnuclearización que hemos dado hasta ahora hay sólo dos vocales en contacto. Dado que una de las dos se pronuncia semivocal, el resultado es siempre un diptongo. Ahora bien, a veces a consecuencia de la unión de palabras en frases y oraciones se crean a nivel subyacente secuencias de tres vocales en las cuales no hay vocales idénticas adyacentes. Si las tres son átonas, lo normal es que dos de ellas se desnuclearicen, normalmente la primera y la tercera, resultando a nivel fonético un triptongo. Por ejemplo *De Cali a Istambul* se pronuncia [de.ká.ljajs.tam búl] al formarse el triptongo [jaj].

En algunos casos resultan triptongos cuando a un diptongo ya existente a nivel subyacente lo sigue una vocal átona alta. Por ejemplo *odio y temor* se pronuncia [ó.ðjoj.te.mór].

A veces en una secuencia subyacente de tres vocales creadas al unirse palabras, ninguna de las tres es alta. Si dos pueden desnuclearizarse, se crea un triptongo, como en [bwél.βo̯ae̯m.pe.sár] por *vuelvo a empezar*. Ahora bien, hay secuencias de tres vocales no altas que no pueden formar triptongos debido a que contienen por lo menos una vocal que no puede desnuclearizarse. Por ejemplo en la frase *Silvia o Alicia*, resulta la secuencia /aoa/, pero ésta no puede realizarse como triptongo porque ninguna de las dos /a/ puede desnuclearizarse. Lo que sucede es que se desnucleariza únicamente /o/, formando diptongo con la segunda /a/. En alegreto dicha frase se pronuncia [síl.βja.o̯a.lí.sja].

Sobre los triptongos volveremos en detalle en el capítulo siguiente.

17.9. Fusión vocálica vs. alargamiento

Ya hemos dicho que el segundo modo de lograr la contracción silábica es elidiendo una vocal. Cuando la vocal que se elide es idéntica a la vocal con la cual está en contacto a nivel subyacente la contracción recibe el nombre tradicional de **fusión vocálica**, que retendremos aquí. Siguen ejemplos de pronunciaciones en alegreto:

va a comer:	[bá.ko.mér];
comerá arroz:	[ko.me.ɾá.rós];
la alta:	[lálta];
Pepe Hernández:	[pé.per.nán̩.des];
sé estudiar:	[sés.tu.ðjár];
es de ella:	[ez.ðé.ja];
casi idéntico:	[ká.si.ðén̩.ti.ko];
rubí idéntico:	[ru.βí.ðén̩.ti.ko];
mi hijo Pablo:	[mí.xo.pá.βlo];
vino Orlando:	[bi.nor.lán̩.do];
llamó Orlando	[ɟa.mór.lán̩.do];
lo oigo siempre:	[lój.ɣo.sjém.pre];
tribu unida:	[trí.βu.ní.ða];
menú universal:	[me.nú.ni.βer.sál];
su único placer:	[sú.ni.ko.pla.sér].

Debe agregarse que la fusión puede afectar a tres vocales idénticas que lleguen a formar una secuencia a consecuencia de la unión de palabras. Por ejemplo en *Llama a Alicia* ('Call Alicia') surge una secuencia de tres /a/, pero se pronuncia una sola, resultando [ɟá.ma.lí.sja], que es también por cierto la pronunciación de *Llama Alicia* ('Alicia is calling'). Por el contexto determinará inconscientemente quien escucha cuántas veces ha ocurrido la fusión y sabrá que la forma subyacente contiene la preposición /a/ en un caso pero no en el otro.

Para la fusión en general puede pensarse que la vocal que se elide es siempre la que está a final de palabra. Si esta es tónica y la inicial de palabra es átona, puede pensarse entonces que ha habido desplazamiento acentual. O sea, por ejemplo, en [mi.xí.ta] por *mi hijita* se ha elidido la /i/ de *mi*; y en [a.mí.sa.βél.me.dí.xo.ke.nó] por *a mí Isabel me dijo que no*, se ha elidido la /i/ de *mí*, pero el acento se ha desplazado a la /i/ de *Isabel*.

> *La fusión vocálica puede verse como la elisión de la primera vocal. Si ésta era tónica pero no la segunda y el resultado es una vocal tónica, puede pensarse que ha habido desplazamiento acentual.*

Es importante especificar que el resultado de la fusión es una sola vocal de duración normal. Por ejemplo, cuando hay fusión la frase *mi intento* tiene la misma duración que la palabra *intento* y la oración *es de ella* tiene la misma duración que la palabra *estrella*.

La fusión no se da en estilo largo, donde cada vocal se pronuncia con su duración normal y prácticamente no se puede hablar de contacto, debido a que hay breves pausas entre las palabras. La frase *una amiga* se pronunciará en largo [ú.na.a.mí.ɣa].

Ahora bien en andante se dan realizaciones que, a diferencia de lo que ocurre en largo, no equivalen a la realización de dos vocales de la misma duración separadas por una breve pausa; y a diferencia de lo que ocurre en alegreto y presto, no equivalen a una sola vocal de duración normal. Es decir, no hay fusión. Lo que sucede es **alargamiento vocálico** ('vowel lengthening' en inglés), resultando una sola vocal que es perceptiblemente más larga que una de duración normal. Si la segunda vocal es átona, el alargamiento es monosilábico, es decir, la vocal alargada no llega a ser equivalente a la duración de dos sílabas. En ese caso el alargamiento se transcribe colocando dos puntos después de la vocal. Por ejemplo, el nombre de la capital de Cuba, La Habana, se pronuncia en andante [la:βá.na] (en alegreto es [la.βá.na]), pero con una duración muy cercana a la de la palabra *Habana* pronunciada sola. En cambio, si la segunda vocal es tónica, el alargamiento es bisilábico. Sin cambiarse el timbre de la vocal y sin haber pausa, se produce una especie de 'melodía' ininterrumpida en la cual se 'canta' el mismo sonido pero hay dos 'notas' musicales, cada una correspondiente a una sílaba, y la segunda nota es más aguda (más alta en tono) que la primera. Esta melodía se da por ejemplo en las frases siguientes: *la alta* con una

> *En andante, en vez de aparecer una sola vocal de duración normal (fusión), aparece una vocal alargada que equivale en su duración a una sola sílaba si la segunda vocal es átona y a dos sílabas si la segunda vocal es tónica. En este último caso se produce una 'melodía' ininterrumpida de dos 'notas', siendo la segunda más aguda que la primera.*

duración equivalente a la de *más alta*; *de hecho*, con una duración equivalente a la de *desecho*; *mi hijo*, con una duración equivalente a la de *dirijo*; *no otros* con una duración equivalente a la de *nosotros*; y *su uso*, con una duración equivalente a la de *suburbio*. El alargamiento bisilábico lo transcribiremos mostrando dos sílabas separadas pero subrayando la secuencia de vocales idénticas, es decir, [la.álta] por *la alta*, [de.é.tʃo] por *de hecho*; [mi.í.xo] por *mi hijo*, etc.

Hay que agregar que al examinar lo que sucede en el contacto de vocales idénticas, conviene tener en cuenta que el estilo de pronunciación no es obligatoriamente uniforme a lo largo de una locución. Es decir, partes de una misma locución pueden pronunciarse más rápidamente o más lentamente que otras partes. Una palabra enfatizada se pronuncia más despacio. Si la palabra enfatizada empieza en una vocal idéntica a la vocal que termina la palabra anterior, se producirá alargamiento en vez de fusión. En los siguientes ejemplos escribimos en mayúsculas la palabra enfatizada. Compárese:

> *Es de ELLA, no tuyo*: [éz.ðé.éja.nó.tú.jo] (alargamiento bisilábico);
> *Es de ella* [éz.ðé.ja] (fusión);
> *¡Ya la niña HABLA!* : [ɟá.la.níɲa.á.βla] (alargamiento bisilábico);
> *¡Ya la niña habla FRANCÉS!*: [ɟá.la.ní.ɲa.βla.fran.sés] (fusión).

17.10. Elisión de vocal no idéntica

La fusión no es el único tipo de elisión de vocal que ocurre en el contacto entre palabras. En alegreto es común la elisión de vocal final átona ante vocal distinta a ella cuando su ausencia no crea ningún tipo de ambigüedad o confusión. Ejemplos son [les.pó.sa] por *la esposa*, [lis.lí.ta] por *la islita*, [mi.ma.xí.no] por *me imagino* y [lú.ni.ko] por *lo único*. Si hay posibilidad de ambigüedad, se prefiere la desnuclearización, si es que la meta es la contracción silábica. Por ejemplo *la humillé* se realizaría [law.mi.jé] y no [lu.mi.jé], ya que esta última realización podría percibirse como *lo humillé*.

17.11. Contracción silábica dentro de palabra

En todos los ejemplos de contracción silábica vistos hasta ahora, las secuencias de vocales han surgido a consecuencia de la unión de palabras para formar frases u oraciones: una vocal termina una palabra y la vocal que la sigue empieza la palabra siguiente. Ahora bien, la desnuclearización y la fusión pueden darse también *dentro de palabra*. Por ejemplo en la oración *sería bueno*, su primera palabra se pronuncia [se.rí.a] en andante pero [se.ɾjá] en alegreto, con desplazamiento acentual y desnuclearización de /i/. En *cae la lluvia*, *cae* se pronuncia [ká.e] en andante pero [káe̯] en alegreto, con desnuclearización de /e/. En la frase *poetas españoles*, la primera palabra se pronuncia [po.é.tas] en andante pero [pǫé.tas] en alegreto. Y en la oración *creerá que somos tontos*, *creerá* se pronuncia [kɾeːɾá], con alargamiento monosilábico en andante, pero [kɾe.ɾá] con fusión en alegreto.

Es importante observar que dentro de una palabra puede haber desnuclearización por pérdida del acento primario sin que se produzca necesariamente desplazamiento acentual. Ya hemos dicho que hay ciertas palabras tónicas que se pronuncian átonas como parte de compuestos. Entre ellas están el primer miembro de un nombre o apellido compuesto. Si el primer nombre o primer apellido contiene una vocal alta tónica, ésta pierde el acento primario porque los principios del español determinan que ese primer nombre o apellido sea átono. Pero al determinarse que sea átono, no puede contener ninguna vocal tónica y por tanto el acento no puede desplazarse a la vocal adyacente. Por ejemplo, el nombre *María*, frecuente primer elemento de nombre compuesto de mujer, se pronuncia [ma.ɾja] en ese caso en alegreto, no *[ma.ɾjá], y así [ma.ɾja.ðel.káɾ.men] por *María del Carmen* (no *[ma.ɾjá.ðel.káɾ.men]), aunque se oye cierto grado de acento no débil en la primera sílaba de [ma.ɾja]. Pero, claro está, *María* puede pronunciarse [ma.ɾjá] en alegreto con desplazamiento acentual y desnuclearización cuando debe ser tónica por ser nombre simple, como en [ma.ɾjá.já.βí.no] por *María ya vino*.

La desnuclearización sin desplazamiento ocurre también en apellidos que contienen hiatos de vocales y son el primer elemento de un apellido compuesto, como sucede con *García* en [gaɾ.sja.lóɾ.ka] por *García Lorca* y [gaɾ.sja.máɾ.kes] por *García Márquez*.

17.12. **Sinalefa vs. sinéresis**

La contracción silábica que tiene lugar cuando las vocales en contacto están en distintas palabras se denomina tradicionalmente **sinalefa** ('synalepha' en inglés), nombre derivado de un verbo del griego antiguo que significa 'fundirse' o 'unirse', y que se define tradicionalmente como la unión de dos sonidos en una misma sílaba. Esta definición describe lo que sucede en la desnuclearización pero no en la elisión de vocales, donde uno de los dos sonidos simplemente no se pronuncia. De todos modos, para la tradición, hay sinalefa tanto en, por ejemplo, [á.βla.le.mán] por *habla alemán* como en [á.βlaes̬.pa.ɲól] por *habla español*.

Para referirse a la contracción silábica que tiene lugar cuando las vocales en contacto son parte de una misma palabra, la tradición utiliza un término distinto: **sinéresis** ('syneresis'), derivado de un verbo del griego antiguo que significa 'agarrar', en el sentido de capturar un sonido a otro. La tradición considera que ha ocurrido sinéresis tanto en [kɾe.rá] por *creerá* (fusión) como en [kạe.rá] por caerá (desnuclearización).

> *La contracción silábica recibe tradicionalmente el nombre de sinalefa cuando las vocales en contacto están en palabras diferentes, y recibe el nombre de sinéresis cuando las vocales en contacto están en la misma palabra, pero se trata del mismo fenómeno con las mismas dos manifestaciones: desnuclearización y elisión.*

17.13. **Variación lectal de interés**

En cuanto al fonema semivocálico /j/, debe observarse que en algunos lectos las palabras que empiezan con *hi* seguida de vocal se pronuncian con [j] inicial prácticamente en todos los estilos, y así por ejemplo [je.na] por *hiena*, que forma un par mínimo con *llena*, cualquiera que sea el segmento inicial de ésta (puede ser /ɟ /, /dʒ/, etc.), de manera que podemos pensar que la forma subyacente de *hiena* es /jena/ en esos lectos.

En cuanto al fonema /w/, en los mismos lectos en que *hiena* se pronuncia [jé.na], *huevo* se pronuncia [wé.βo] y *hueso* [wé.so] y nunca se consonantiza su sonido inicial, por lo cual podemos pensar que las formas subyacentes de esas palabras son /webo/ y /weso/ respectivamente.

Tal vez la variante más interesante relativa a la contracción silábica es que en algunos lectos, en alegreto y presto, /e/ y /o/ átonas delante de vocal no alta se realizan como [j] y [w] respectivamente, en vez de como [e̞] y [o̞]. Es decir, además de desnuclearización ocurre **ascenso** ('raising' en inglés) porque el alófono infiel es alto mientras que el fonema que lo subyace es medio. Ejemplos de este fenómeno en la unión de palabras son [sjá.ser.kó] por *se acercó* y [nwes.tá.βa] por *no estaba*. El

> *En algunos lectos, /e/ y /o/ átonos tienden a realizarse como [j] y [w] en vez de cómo [e̞] y [o̞] en los entornos en que se desnuclearizan, ya sea a final de palabra o dentro de palabra.*

ascenso también ocurre dentro de palabra como en [tjo.rí.a] por *teoría*, [lí.nja] por *línea*, [al.mwá.ða] por *almohada* y [é.rwe] por *héroe*.

Este fenómeno parece ir tanto en contra de la tendencia al contraste como a la tendencia al menor esfuerzo. En cuanto al contraste, obviamente [j] y [w] se parecen menos que [e̞] y [o̞] a /e/ y /o/. En cuanto al menor esfuerzo, el desplazamiento desde la posición de un vocoide medio es menor que desde la posición de un vocoide alto. Por otra parte es posible que de algún modo, que desconocemos, sea articulatoriamente más simple realizar una semivocal alta que una semivocal media.

17.14. **Diferencias principales con el inglés**

Ya hemos dicho que en inglés no existe la desnuclearización de vocales altas, pero tampoco existe la desnuclearización de vocales medias. Por ejemplo en *Anna asked about you*, la [ə] final de *Anna* no se desnucleariza en contacto con la [æ] inicial de *asked*, que es una vocal baja. Tampoco existe en inglés la fusión de vocales idénticas. Por ejemplo, el último segmento de *America* es [ə], que es también su primer segmento. Si se le pide a un anglohablante que pronuncie rápidamente la secuencia *America America*, no dejará de pronunciar [ə] inicial cuando repite la palabra.

No saber que la desnuclearización y la fusión vocálica ocurren en español crea no sólo "acento" en estudiantes de español como segunda lengua sino también grandes problemas de comprensión, ya que esos procesos pueden hacer irreconocibles las palabras.

Resumen

En español existen los **fonemas semivocálicos** /j/ y /w/ como lo prueban los hechos de la acentuación. Si [j] y [w] fueran siempre alófonos infieles de /i/ y /u/, palabras como *patio* y *arduo*, que son mucho más frecuentes que palabras como *gentío* y *búho*, tendrían un patrón acentual igual al de proparoxítonas como *pálido* y *cápsula*, que son las palabras menos frecuentes. Además, palabras como *dinosaurio* y *ventrílocua* violarían el P3V y *secretaria* y *secretaría* tendrían la misma forma subyacente antes de la asignación acentual. En ciertos lectos la forma subyacente de las palabras que empiezan en *hi* y *hu* seguida de vocal empiezan en /j/ y /w/ respectivamente. Ejemplos son *hiena* y *huevo*. En español existe una fuerte tendencia a la **contracción silábica**, que consiste en que la forma fonética de una palabra, frase u oración tiene menos sílabas que su forma subyacente, debido a que ha tenido lugar **desnuclearización** y/o **elisión de vocal**. La vocal baja /a/ nunca se desnucleariza, y una vocal media se desnucleariza únicamente en contacto con una vocal no alta, incluyendo /a/. De dos vocales medias en contacto por la unión de palabras se desnucleariza la que está a final de palabra. A veces la desnuclearización va acompañada de **desplazamiento acentual** cuando el contacto es entre una vocal tónica y una átona que no se puede desnuclearizar en ese contexto. Una vocal final de palabra se elide en alegretto y presto si la sigue una vocal idéntica a ella. Esto recibe el nombre de **fusión**. El resultado es una sola vocal de duración normal. Por contraste en andante se produce **alargamiento**. Si la segunda vocal es átona, el resultado es una vocal más larga que una normal, que sin embargo no llega a la duración de dos vocales, percibiéndose una sola sílaba. En cambio cuando la segunda vocal es tónica, el resultado es una 'melodía' de timbre constante cuya segunda nota es más aguda y la duración equivale a las de dos vocales, percibiéndose dos sílabas. La contracción silábica se denomina tradicionalmente **sinalefa** cuando las vocales en contacto están en palabras distintas y **sinéresis** cuando están en la misma palabra. En algunos lectos /e o / de final de palabra se realizan como [j w] al ocurrir a la vez desnuclearización y **ascenso**. En inglés no hay desnuclearización ni fusión de vocales idénticas.

Ejercicios

Ejercicio de pronunciación no. 37:
Diptongos con semivocal coronal alta ([j])

Las siguientes frases y oraciones deben pronunciarse en cuatro sílabas, tal como se hace en la conversación normal. En cada caso, dos de las sílabas contienen un diptongo en el cual la semivocal es [j]. Escuche y repita lo que dice la grabación o su instructor/a.

1. ¿Y si estudio?
2. Vi a Teresa.
3. José Ignacio
4. Mari Osorio
5. una ilusión
6. mi aparición
7. Jaime Iglesias
8. la impresioné
9. lo iniciaste
10. reino inmenso

Ejercicio de pronunciación no. 38:
Diptongos con semivocal dorsal alta ([w])

Las siguientes frases y oraciones deben pronunciarse en cuatro sílabas, tal como se hace en la conversación normal. En cada caso dos de las sílabas contienen un diptongo en el cual la semivocal es [w]. Escuche y repita lo que dice la grabación o su instructor/a.

1. causa humana
2. deuda mutua
3. fui cautivo
4. sueña un poco
5. ¿y tu intuición?
6. muy monstruosa
7. buena unidad
8. lo usé una vez
9. auto usado
10. dé una pauta

Ejercicio de pronunciación no. 39:
Realización semivocálica de /i/ y /u/

Las siguientes oraciones deben pronunciarse en diez sílabas, tal como se hace en la conversación normal. En cada oración aparecen por lo menos dos semivocales altas. Escuche y repita lo que dice la grabación o su instructor/a.

1. Mi amor, me mata tu indiferencia.
2. Y no usaste nada interesante.
3. No lo impresionó la universidad.
4. ¿Por qué te importa Mari Olivera?
5. A Uruguay vino un grupo de Ucrania.
6. Me hice socio de un gimnasio nuevo.
7. Y he viajado y visto la injusticia.

Ejercicio de pronunciación no. 40:
Realización semivocálica de /e/

Las siguientes oraciones deben pronunciarse en seis sílabas, tal como se hace en la conversación normal. En cada caso aparecen dos realizaciones de /e/ átona como su alófono infiel semivocálico [e̯]. Escuche y repita lo que dice la grabación o su instructor/a.

1. La hermana da ejemplos.
2. O se alarma en vano.
3. Y tiene aceite allí.
4. Descanse hasta entonces.
5. Tú me oíste, Orlando.
6. No se ofende Ofelia.

Ejercicio de pronunciación no. 41:
Realización semivocálica de /o/

Las siguientes oraciones deben pronunciarse en seis sílabas, tal como se hace en la conversación normal. En cada caso aparecen dos realizaciones de /o/ átona como su alófono infiel semivocálico [o̯]. Escuche y repita lo que dice la grabación o su instructor/a.

1. ¿Lo analizo, Anita?
2. Pablo Alonso no habló.
3. Yo la observo a veces.
4. La oferta la ofendió.

5. No lo estudio entonces.

6. Pablo estuvo enfermo.

7. Eso es vino español.

8. Lo espero en Caracas.

Ejercicio de pronunciación no. 42: Fusión vocálica

Escuche y repita lo que dice la grabación o su instructor/a.

1. Una amiga argentina amable.

2. Ella hablaba alemán.

3. Déme ejemplos de estabilidad.

4. Pepe entiende español.

5. Es casi idéntica a mi islita.

6. A mi instructor le parecí inmadura.

7. Puedo olvidarlo otra vez.

8. No oyó que Carlos recibió ofertas.

9. ¿Entró con su uniforme en tu universidad?

10. Su único libro es "Un tabú universal".

Práctica de transcripción

Transcriba las siguientes oraciones tal como se pronunciarían en alegreto, donde todas tendrían exactamente once sílabas. En todas ha habido casos de contracción silábica. En las tres primeras ha ocurrido también desplazamiento acentual. En ninguna hay pausa entre una palabra y otra.

1. Si estuviera aquí Isabel diría que sí.

2. Una deuda mutua tenemos tú y yo.

3. Y a mí aquello no me pareció horrible.

4. ¿No se ofende Ofelia si te espero allí?

5. ¿Supo Anita que estuviste enfermo o no?

6. Es casi idéntica a mi amiga Amalia.

7. Déme ejemplos de estabilidad, ¿quiere?

8. No me he hecho socio del gimnasio nuevo.

9. José Ignacio no trabajó hasta enero.

10. O a ti tal vez no te interesa el caso.

Para pensar

Para cada una de las siguientes afirmaciones diga si es verdadera o falsa y explique brevemente su respuesta, ilustrándola con los ejemplos que sean necesarios.

1. "En español, si una palabra termina en dos vocoides y el último no es alto pero el penúltimo sí, lo normal es que los dos se realicen como [+Nucleares] en andante."

2. "Si una hispanohablante nativa pronuncia *tiara* y *piano* como [ti.á.ra] y [pjá.no] en andante y como [tjá.ra] y [pjá.no] en presto, eso indica que en su sistema fónico [j] es alófono fiel de /j/ en [pjá.no]."

3. "Dado que todas las formas verbales de tiempo presente son paroxítonas, el hecho de que *yo cambio* se pronuncia [ɟó.kám.bjo] en andante apoya la suposición de que en español hay un fonema /j/."

4. "Los hechos de la pronunciación de la conjunción *y* muestran que en español los alófonos infieles de un fonema vocálico no son siempre vocoidales."

5. "Siempre que hay contracción silábica es porque se ha elidido por lo menos una vocal."

6. "En [ɟáẹm.pe.sá.mos] por *ya empezamos* ha ocurrido desnuclearización pero no desplazamiento acentual."

7. "En la creación de algunos triptongos ha occurrido un solo caso de desnuclearización en vez de dos."

8. "La fusión vocálica puede ocurrir a pesar de que la segunda vocal de una secuencia de vocales idénticas es tónica."

9. "Para que ocurra desnuclearización las vocales en contacto no tienen que estar en palabras diferentes."

10. "Los lectos del español no tienen todos los mismos tipos de contracción silábica."

Capítulo 18

Silabeo y sonancia

18.1. De nuevo la sílaba y los elementos que la integran

Cada vez que pronunciamos una palabra, frase u oración, agrupamos naturalmente los sonidos que las componen en las unidades llamadas sílabas, siguiendo ciertos principios que estudiaremos en este capítulo. Conviene recordar que la sílaba es la unidad fonológica que se compone de un segmento nuclear obligatorio que puede venir acompañado de segmentos no nucleares, consonánticos o no. Conviene también repasar la naturaleza del núcleo, las diferencias que existen entre el núcleo y los segmentos no nucleares y las diferencias que existen entre las distintas clases de sonidos no nucleares.

En español sólo las vocales pueden ser núcleo de sílaba y precisamente sólo las vocales están asociadas al rasgo [+Nuclear]. Cualquier segmento que preceda o que siga a una vocal dentro de la misma sílaba no es una vocal sino una consonante o una aproximante. Tanto las consonantes como las aproximantes están asociadas al valor negativo para el rasgo Nuclear. Las consonantes están asociadas al rasgo [+Consonántico]. Las aproximantes se diferencian de ellas en tener el valor negativo para ese rasgo. En realidad todas las semivocales son aproximantes, pero pertenecen a la clase de aproximantes vocoidales, que se hacen con gestos parecidos a los de las vocales pero reducidos. En cambio las otras aproximantes son las contoidales, que se hacen con gestos parecidos a los de las consonantes pero igualmente reducidos. Las vocales y las aproximantes vocoidales (o sea, las semivocales) forman la clase vocoides. Las consonantes y las aproximantes contoidales forman la clase contoides.

Ya hemos visto que en español hay fonemas aproximantes vocoidales, que son /j/ y /w/. Obsérvese por otra parte que desde el punto de vista puramente físico, el segmento [j] podría considerarse tanto contoidal como vocoidal, ya que aunque está asociado a los mismos rasgos que [i] menos el valor para Nuclear, también está asociado a los mismos rasgos que [j] menos el valor para Consonántico. Sin embargo, consideraremos que [j] es vocoidal cuando es alófono fiel de /j/ o alófono infiel de /i/, pero es contoidal cuando es alófono infiel de /ʝ/. Por ejemplo, [j] es vocoidal en [pá.tjo] por *patio*, donde es alófono fiel de /j/ (porque la forma subyacente de esa palabra es /patjo/); y también es vocoidal en [mja.mí.ɣo] por *mi amigo*, donde es alófono infiel de /i/ (ya que la forma subyacente de *mi* es /mi/. En cambio, en [má.jo], como realización muy relajada de *mayo*, [j] es contoidal porque es alófono infiel de /ʝ/ (la forma subyacente es /maʝo/). En cuanto a la otra semivocal alta, [w], ésta puede considerarse exclusivamente vocoidal en español, ya que no es nunca alófono infiel de un fonema consonántico. Esto se debe a que en

Si hay un segmento antes o después de una vocal dentro de una misma sílaba, es o consonante o aproximante. Las aproximantes vocoidales son las semivocales, las cuales se hacen con gestos parecidos a los de las vocales pero reducidos. En cambio las aproximantes contoidales se hacen con gestos parecidos a los de las consonantes pero sin ruido consonántico. El sonido [j] cuenta como contoidal cuando es alófono de /ʝ/ y como semivocal cuando es alófono de /i/ o /j/.

español no existe un fonema que teniendo los mismos valores que [w] para todos los rasgos menos para Consonántico, sea precisamente [+Consonántico].

En español no hay fonemas aproximantes contoidales. Todas las aproximantes contoidales son alófonos infieles de consonantes. Esto incluye a [j] cuando es alófono de /ʝ/ y no de /j/ o de /i/. Además, no se da nunca el caso de que una aproximante contoidal esté en una posición silábica distinta a la consonante que la subyace por el mero hecho de pronunciarse como aproximante en vez de como consonante. Es importante señalar que por esa razón, cuando nos referimos específicamente a consonantes en la formulación de ciertos principios de silabeo queremos decir fonemas consonánticos, y el principio vale por igual para el fonema a nivel subyacente y para sus alófonos a nivel fonético, ya sean consonánticos o aproximantes.

18.2. Introducción a los principios de silabeo y su dominio

El término **silabeo** ('syllabication' o 'syllabification' en inglés) se refiere en general a la división de cualquier secuencia de sonidos en sílabas. Esa secuencia puede ser, no sólo una palabra sino una frase u oración. Consideramos que la fonología mental incluye procedimientos de silabeo que asignan los segmentos de una secuencia a las sílabas a las cuales deben pertenecer, siguiendo **principios de silabeo** que pueden variar de lengua a lengua e inclusive de lecto a lecto. Para cada secuencia de segmentos los principios de silabeo determinan cuántas sílabas hay en ella y cuáles son. Los principios de silabeo deben verse como restricciones u obligaciones que las agrupaciones de segmentos en sílabas deben cumplir.

Una pregunta de interés es a qué nivel dentro de la fonología se efectúa el silabeo. Recuérdese que hay procesos fonológicos que se refieren a la posición silábica. Por ejemplo, en inglés /p t k/ se aspiran no sólo a principio de palabra sino de sílaba tónica, y en español las consonantes tienden a reducirse en posición posnuclear. Eso quiere decir entonces que tiene que haber sílabas a un nivel donde las secuencias de segmentos son fonemas. Por tanto las formas subyacentes deben silabearse para que aparezcan en ellas los entornos de la aplicación de procesos que tienen en cuenta la sílaba.

En nuestro modelo teórico consideramos que en el lexicón no hay sílabas: las formas léxicas en él no están divididas en sílabas, y cuando los morfemas se combinan en palabras en el componente morfológico el resultado, que podemos llamar la forma subyacente original de las palabras, no está dividida en sílabas. El silabeo se efectúa en la fonología mental. Por eso una forma subyacente que muestra sílabas constituye una forma prefonética intermedia entre la forma subyacente de la palabra antes del silabeo y la forma fonética de la palabra constituida por alófonos. Recuérdese que lo mismo sucede en el caso de la asignación acentual: cuando la forma subyacente original de una palabra surge del componente morfológico, no está marcada con respecto al acento primario y éste se asigna en la fonología mental.

Ahora bien, los principios de silabeo también se aplican a nivel fonético, aun en los casos en que por efecto de algún proceso fonológico un alófono pueda aparecer en una posición silábica distinta al fonema que lo subyace. Por ejemplo, en la palabra *saber* /ɾ/ está en posición posnuclear a nivel prefonético: el silabeo es /sa.beɾ/. Sin embargo, en [sa.βé.ɾál.ɣo] por *saber algo*, [ɾ] está en posición prenuclear. El silabeo de esa frase cumple un principio de silabeo que determina que una consonante prevocálica tiene que ser prenuclear. En resumen, tanto el silabeo de secuencias de fonemas a nivel prefonético como el silabeo de secuencias de alófonos a nivel fonético se realiza en conformidad con los principios de silabeo.

Es importante indicar que hay procesos fonológicos cuyo entorno de aplicación es la posición silábica de un fonema dentro de la palabra, no dentro de cualquier secuencia de segmentos. Ese parece ser el caso de la aspiración de /s/ en los lectos en los cuales [h] como alófono infiel de /s/ aparece en posición prenuclear en una frase u oración. Podemos suponer que el entorno de la aspiración es la posición posnuclear dentro de la palabra. El proceso tiene en cuenta los bordes de las palabras. En la palabra *es*, /s/ se aspira porque está en posición posnuclear. Pero la pronunciación de, por ejemplo, la oración *es así* es [é.ha.sí] en esos lectos. Tiene que ser que en la aspiración se tenga en cuenta los bordes de las palabras, porque de lo contrario esa oración siempre se pronunciaría [é.sa.sí], ya que si la secuencia de fonemas fuera /e.sa.sí/, /s/ no estaría en posición posnuclear.

Hay sin embargo otros procesos en los cuales los bordes de las palabras no se tienen en cuenta. Dos de ellos son el desplazamiento acentual y la desnuclearización porque éstos se aplican lo mismo dentro de palabra que de una palabra a otra. Por ejemplo la palabra *mío* puede llegar a pronunciarse [mjó], con desplazamiento acentual y desnuclearización de /i/ en la pronunciación en alegreto de, por ejemplo, *el mío se rompió*, y lo mismo sucede cuando la secuencia /mio/ está repartida entre dos palabras, como en la oración *a mí Ofelia no me dijo nada*. En todo caso, las formas fonéticas se silabean en conformidad con los principios de silabeo. En la secuencia [mjó], ya corresponda a la palabra *mío*, o sea una secuencia que se compone de la palabra *mí* y del sonido inicial de *Ofelia*, [j] tiene que estar en la misma sílaba que [o], y [m] tiene que estar en la misma sílaba que [j], en cumplimiento de principios que pronto describiremos.

Los principios de silabeo se aplican a las secuencias de fonemas que componen las palabras a nivel subyacente, ya que hay procesos cuyo entorno es la sílaba dentro de la palabra. Los mismos principios se aplican a las secuencias de alófonos a nivel fonético sin tener en cuenta los bordes de las palabras.

18.3. Cinco principios de silabeo

En lo que sigue cada principio de silabeo está identificado por un número precedido por la abreviatura PS. Por ejemplo, PS 1 significa 'Principio de silabeo número 1'. El primer principio de silabeo puede expresarse como sigue:

PS 1: Únicamente las vocales pueden ser núcleo de sílaba.

El PS 1 establece automáticamente que toda consonante y toda semivocal está o en el prenúcleo o en el posnúcleo. Además, a consecuencia del PS 1 una palabra española tiene siempre el mismo número de sílabas que de vocales. El principio se cumple igualmente en secuencias fonéticas que contienen semivocales que son alófonos infieles de vocales porque ha habido desnuclearización. Cuando ha habido desnuclearización hay menos sílabas porque hay menos vocales.

Toda secuencia de segmentos, ya sean éstos fonemas o alófonos, tiene tantas sílabas como vocales porque sólo las vocales pueden ser núcleo.

El segundo principio establece cuántos vocoides pueden aparecer en una misma sílaba:

PS 2: Una sílaba no puede contener más de tres vocoides.

Este principio permite que además de diptongos haya triptongos, pero prohíbe que haya cuatro o más vocoides en una sola sílaba.

El tercer principio determina la posición silábica de una consonante que está delante de vocal o semivocal:

PS 3: Toda consonante tiene que estar en la misma sílaba que el vocoide que la sigue.

La existencia de este principio explica por qué el silabeo de, por ejemplo, *calor* es siempre [ka.lóɾ] y el de *calores* es siempre [ka.ló.ɾes]. El primero no puede ser, por ejemplo, *[kal.óɾ] y el segundo no puede ser, por ejemplo, *[kal.óɾ.es]. Por el mismo principio el silabeo de *América* no puede ser *[a.mér.i.ka] ni el de *inanimado* *[in.a.ni.má.ðo]: son siempre [a.mé.ɾi.ka] e [i.na.ni.má.ðo]. Este principio también da cuenta de por qué el silabeo de, por ejemplo, *patio* es siempre [pá.tjo] y nunca *[pát.jo] y el de *arduo* es siempre [áɾ.ðwo] y nunca *[áɾ.ðwo]. El PS 3 da cuenta también del silabeo de consonantes ante semivocales en los lectos en que hay palabras que empiezan en semivocal. Por ejemplo en los lectos en que *hielo* se pronuncia [je.lo], *el hielo* se pronuncia [e.ljé.lo], no *[el.je.lo].

Una consonante prevocoidal es siempre prenuclear.

El cuarto principio es en realidad un par de principios relativos a los fonemas consonánticos posnucleares que agrupamos por conveniencia en uno solo:

PS 4: En posición prenuclear no puede haber más de dos consonantes, y si hay dos, la segunda tiene que ser líquida.

Hay ciertos otros principios que podemos considerar subsidiarios al PS 4, que determinan qué fonemas pueden ser el único segmento del prenúcleo o el primero de un grupo prenuclear. Si hay un solo fonema en el prenúcleo, éste puede ser cualquiera de la lengua menos /r/ después de consonante heterosilábica o silencio, si es que se considera que hay dos fonemas vibrantes. Por el contrario, si se considera que hay un solo fonema vibrante, entonces se incluye /ɾ/ que, claro está, se fortalece en esas posiciones por multiplicación o fricativización según el lecto.

Si hay dos fonemas consonánticos en el prenúcleo, el segundo tiene que ser, según el PS 4, /l/ o /ɾ/, y no hace falta hacer mención de /r/ ya que [r] prenuclear (que aparece únicamente en el habla enfática), es siempre alófono de /ɾ/, lo mismo en la teoría del fonema vibrante único como en cualquier teoría que acepta la existencia de un fonema /r/. En cuanto al primer fonema de un grupo prenuclear, en español éste puede ser, o un obstruyente labial (/p b f/) o un plosivo no asociado a Labial pero asociado a un solo rasgo unario (/t d k g/). Quedan excluidos los fonemas fricativos y africados y también el plosivo /ʝ/ porque está asociado tanto a Dorsal como a Coronal.

Estas restricciones en su conjunto aseguran que en español sólo existan los grupos prenucleares siguientes (para cada uno damos como ejemplos dos palabras en las cuales aparece):

/pɾ/: prosa, aprender;
/bɾ/: brazo, abril;
/fɾ/: frase, africano;
/tɾ/: traje, atrás;
/dɾ/: drama, madre;
/kɾ/: crema, microbio;
/gɾ/: grande, agricultura;
/pl/: playa, aplicación;
/bl/: blanco, habla;
/fl/: flauta, aflicción;
/tl/: Tlascala, Tenochtitlán (véase las observaciones que siguen);
/dl/: Adler, adleriano (véase las observaciones que siguen);
/kl: claro, ciclo;
/gl/: glacial, iglesia.

Debe mencionarse que a principio de palabra el grupo /tl/ sólo aparece en palabras de origen náhuatl. Un ejemplo es *Tlascala*, que es el nombre de una ciudad mexicana y también del estado en que está dicha ciudad. El náhuatl (pronunciado [ná.ɣwa.tel] o [ná.wa.tel] y también llamado nahua o nahuatle) es la lengua indígena principal de México y la del antiguo imperio mexica (comúnmente llamado azteca).

En cuanto a la combinación /tl/ en palabras que no son de origen náhuatl, ésta ocurre únicamente dentro de palabra. Hay diferencias lectales con respecto a su silabeo. En Hispanoamérica se realiza como grupo prenuclear y así, por ejemplo, [a.tlán.ti.ko] por *atlántico* ('Atlantic'). En cambio en el lecto estándar de España es una secuencia heterosilábica: *atlántico* se pronuncia [at.lán.ti.ko].

En cuanto a la secuencia /dl/, ésta no aparece nunca a principio de palabra y es normalmente heterosilábica dentro de palabra. Por ejemplo la palabra *adlátere*, 'amigo inseparable', se silabea *ad.lá.te.re*. Sin embargo hay casos en el español hispanoamericano en que dicha secuencia sí se pronuncia como grupo prenuclear en la adaptación fonética de palabras extranjeras. Existen por ejemplo las pronunciaciones [á.ðleɾ] para el apellido alemán *Adler* y [tʃáṇ.dleɾ] para el apellido inglés *Chandler*. Hubo una vez un famoso psicólogo llamado Alfred Adler y se creó en español el adjetivo *adleriano* para referirse a algo relativo a dicho psicólogo. En Hispanoamérica esta palabra se pronunciaba comúnmente [a.ðle.ɾjá.no], y la hemos dado como ejemplo de la existencia de /dl/ como grupo prenuclear. No se trata de ningún modo de una secuencia imposible en español.

El quinto principio de silabeo es en realidad un par de principios relativos a los fonemas consonánticos posnucleares, que agrupamos por conveniencia en uno solo:

PS 5: En posición posnuclear no puede haber más de dos consonantes, y si hay dos, la segunda tiene que ser /s/.

Principios subsidiarios al PS 5 determinan que si hay una sola consonante posnuclear, ésta puede ser cualquiera de la lengua menos /ɟ/, aunque hay que notar que /tʃ/ aparece únicamente en palabras que se sienten extranjeras, a pesar de que se han adaptado a la fonología española, como [kówtʃ] por *coach* del inglés. Por otra parte la existencia de pronunciaciones como ésa demuestra que no es imposible que aparezca /tʃ/ en esa posición. En cuanto a qué fonemas pueden ser el primero de un grupo posnuclear (cuyo segundo segmento tiene que ser /s/ por el PS 5), las posibilidades son más limitadas. En esa posición aparecen únicamente /p f t k b g n l/, y algunos de éstos sólo en plurales, que hemos marcado 'pl.', como se ve en los ejemplos que damos:

/ps/: bíceps, tips (pl.);
/fs/: chefs (pl.);
/ts/ déficits (pl.), carnets (pl.);
/ks/: tórax, extra, fracs (pl.);
/bs/: abstracto, clubs (pl.);
/gs/ zigzags (pl.);
/ns/: instalar, instrumento;
/ls/: vals, solsticio.

18.4. Silabeos de secuencias de consonantes

Los principios de silabeo que se refieren a consonantes sirven para determinar la posición silábica de los miembros de secuencias de consonantes. Supongamos una secuencia de dos consonantes flanqueadas por vocales, o sea, la secuencia VCCV. Las dos consonantes no pueden ser posnucleares, o sea el silabeo no puede ser *VCC.V porque según el PS 3, la segunda consonante tiene que estar en la misma sílaba que la última vocal de la secuencia. El silabeo tiene que ser o V.CCV o VC.CV. Ahora bien, si la segunda consonante no es ni [l] ni [ɾ] entonces el silabeo no puede ser V.CCV sino únicamente VC.CV, ya que por el PS 4 la segunda consonante de un grupo prenuclear tiene que ser [l] o [ɾ]. Por eso el silabeo de *hasta* no puede ser *[a.sta]: tiene que ser [ás.ta].

Supongamos ahora que la segunda consonante sea líquida. El silabeo es VC.CV cuando CC no es un grupo prenuclear permitido por el PS 4 y sus principios subsidiarios. Un ejemplo es *adlátere*, que ya citamos, no ocurriendo el grupo prenuclear /dl/ en palabras no derivadas de palabras extranjeras. Es conveniente recordar, dado que nos dirigimos principalmente a anglohablantes, que aunque [sl] puede ser un grupo prenuclear en inglés, no puede serlo en español. Por eso, si la primera consonante es /s/ y la segunda es /l/, el silabeo tiene que ser VC.CV, como en [is.la] por isla, no [*i.sla]. El silabeo también es VC.CV si la segunda consonante es [r], ya sea como alófono infiel de un fonema vibrante único o como alófono fiel de /r/ en una teoría con dos fonemas vibrantes. Por último el silabeo es VC.CV en dos palabras en las cuales la segunda consonante es /l/ y CC no es imposible como grupo prenuclear. Esas palabras son *sublunar* y *subliminal*, en las cuales /b/ es posnuclear. Son palabras de muy baja frecuencia. En los demás casos, que son la mayoría, si la segunda consonante es líquida, el silabeo es V.CCV. Compárese las excepcionales *sublunar* y *subliminal* con [su.βlí.me] por *sublime* y [su.βle.βáɾ] por *sublevar*, que son ejemplos del caso normal.

En la secuencia VCCV, el silabeo es VC.CV si la segunda consonante no es ni [ɾ] ni [l] o se trata de las palabras adlátere, subliminar y sublunar. En los demás casos el silabeo es V.CCV.

Si la secuencia es de tres consonantes, o sea VCCCV, el silabeo no puede ser *VCCC.V porque viola tanto el PS 3 (por lo menos la última C tiene que ser prenuclear) como el PS 5 (no puede haber tres consonantes en el posnúcleo). Pero el silabeo podría ser o VC.CCV o VCC.CV, ya que el PS 4 permite dos consonantes prenucleares y el PS 5 permite dos consonantes posnucleares. Ahora bien, si la segunda consonante no es /s/, el silabeo no puede ser VCC.CV ya que, por el PS 5, sólo /s/ puede ser el segundo segmento de un grupo posnuclear. Por otra parte, si es /s/, el silabeo tiene que ser VCC.CV, porque por el PS 4, /s/ no puede ser el primer segmento de un grupo prenuclear. Por ejemplo, en *temblar* el silabeo no puede ser *[temb.láɾ] porque la segunda consonante no es /s/: tiene que ser [tem.bláɾ]; y en *instalar*, donde la segunda consonante sí es /s/ el silabeo no puede ser *[in.sta.láɾ] porque [st] no puede ser un grupo prenuclear: tiene que ser [ins.ta.láɾ].

Si hay tres consonantes seguidas entre vocales, el silabeo es VCC.CV cuando la segunda vocal es /s/ (como en [ins.ta.láɾ]); de lo contrario es VC.CCV.

En una secuencia de cuatro consonantes entre vocales, las dos primeras son posnucleares y las dos últimas son prenucleares, como en las dos primeras sílabas de [ins.tɾu.mén.to].

Veamos por último el silabeo de una secuencia de cuatro consonantes entre vocales, que es el máximo número posible en español. Forzosamente, el silabeo sólo puede ser VCC.CCV, ya que tanto en el prenúcleo como en el posnúcleo no puede haber más de dos consonantes. Un ejemplo lo constituyen las dos primeras sílabas de la palabra *instrumento*, que tienen que ser [ins] y [trú] y no hay ninguna otra posibilidad.

18.5. El sexto principio de silabeo y la escala de sonancia

Hay un sexto principio de silabeo pero antes de formularlo, es necesario que hablemos del fenómeno de la **sonancia** ('sonority'en inglés; recuérdese que **sonoridad** es lo que en inglés se llama 'voice'). La sonancia es el grado de volumen inherente a cada sonido. Aun si pronunciamos todos los sonidos de una palabra con el mismo grado de energía, hay sonidos que son naturalmente más altos en volumen que otros. En la palabra *más* la vocal [a] es más *sonante* ('sonorous' en inglés) que ambas consonantes, y la nasal [m] es más sonante que la obstruyente [s]. Todo vocoide es más sonante que cualquier consonante. Entre los vocoides, los bajos son más sonantes que los medios y éstos son más sonantes que los altos. Entre las consonantes, las resonantes son más sonantes que las obstruyentes; y entre las resonantes las líquidas son más sonantes que las nasales.

Los sonidos de una lengua pueden colocarse en una **escala de sonancia**. La escala de sonancia aplicable al español va del grado 1—la menor sonancia posible—al grado 6—la mayor sonancia posible. Para esta escala tomamos en cuenta que las diferencias de sonancia entre los distintos tipos de obstruyentes no son pertinentes a la estructura silábica del español, por lo cual consideraremos que plosivas, fricativas y africadas tienen todas el mismo grado de sonancia. No consideramos pertinente tampoco la diferencia de sonancia entre las plosivas sonoras y sus alófonos aproximantes, de modo que las aproximantes contoidales no se mencionan en la escala. Igualmente no es pertinente la diferencia de sonancia entre laterales y vibrantes dentro de las líquidas, si es que la hay, de modo que consideraremos que tienen la misma sonancia. La escala de sonancia aplicable al español es como sigue:

Clase de Sonido	Grado de Sonancia
Obstruyentes	1
Nasales	2
Líquidas	3
Vocoides altos	4
Vocoides medios	5
Vocal baja	6

Entre los fonemas vocoidales españoles, /i/, /u/, /j/ y /w/ tienen el grado 4 de sonancia; /e/ y /o/ tienen el grado 5; y /a/ tiene el grado máximo, 6. Es conveniente indicar que una semivocal tiene el mismo grado de sonancia que la vocal que tiene los mismos rasgos distintivos excepto en relación con el valor para Nuclear. Es decir, [j], [e̯], [o̯] y [w] tienen, respectivamente, el mismo grado de sonancia que [i], [e], [o] y [u].

La escala de sonancia mide el grado relativo de volumen de cada sonido. Las obstruyentes tienen el grado 1 de sonancia, las nasales el 2, las líquidas el 3, los vocoides altos el 4, los vocoides medios el 5 y la vocal baja el 6.

La relación entre silabeo y sonancia en español está sintetizada en el PS 6, que es en realidad un conjunto de prohibiciones relativas a tipos de sílabas:

PS 6: No puede haber sílabas en las cuales haya segmentos no nucleares que sean más sonantes que el núcleo, ni tampoco sílabas en las cuales el primer segmento de un grupo prenuclear sea más sonante que el segundo segmento o el primer segmento de un grupo posnuclear sea menos sonante que el segundo segmento.

En otras palabras, la sonancia no puede disminuir del prenúcleo al núcleo ni puede aumentar del núcleo al posnúcleo. Tampoco puede disminuir dentro del prenúcleo ni aumentar dentro del posnúcleo.

La primera parte del PS 6 da cuenta de por qué no existen semivocales bajas en español. Los diptongos *[a̯i] *[a̯e], *[a̯o] y *[a̯u] violarían el PS 6 porque el vocoide nuclear sería menos sonante que el vocoide prenuclear; y los diptongos *[ia̯], *[ea̯], *[oa̯] y *[ua̯] igualmente violarían el PS 6 porque el vocoide nuclear sería menos sonante que el vocoide posnuclear. El PS 6 da cuenta además de por qué cuando una vocal alta entra en contacto con una vocal media y se dan las condiciones para la desnuclearización, es siempre la vocal alta la que se desnucleariza. El hiato /e.i/ puede realizarse como el diptongo [ej] pero no existe *[e̯i] porque la sonancia no puede disminuir del prenúcleo al núcleo; y el hiato /u.o/ puede realizarse como el diptongo [wo] pero no existe *[uo̯] porque la sonancia no puede aumentar del núcleo al posnúcleo.

Por otra parte el PS 6 permite que haya diptongos en los cuales la semivocal y la vocal tengan *el mismo grado de sonancia*; las dos pueden ser altas, como en [ju] y [uj], y las dos pueden ser medias como en [o̯e] y [e̯o]. El PS 6 prohíbe únicamente la disminución de la sonancia del prenúcleo al núcleo y el aumento de la sonancia del núcleo al posnúcleo.

El PS 6 no prohibe que un elemento no nuclear tenga la misma sonancia que el núcleo. Por eso existen diptongos como [uj] y [o̯e].

Obsérvese además que el PS 6 no prohíbe que el segundo segmento del prenúcleo sea una semivocal, ya que ésta, siendo vocoide, es más sonante que cualquier consonante. Por eso un diptongo SV puede ir precedido por una consonante prenuclear, como en [pjé] por *pié* y [kwál] por *cual*; y un diptongo VS puede ir seguido de una consonante posnuclear, como en [teŋ.gájs] por *tengáis* y [áwn.ke] por *aunque*. Por la misma razón una semivocal prenuclear puede aparecer después de un grupo consonántico prenuclear, como en la segunda sílaba de *amplio* ([ám.pljo]); y una semivocal posnuclear puede aparecer antes de un grupo consonántico posnuclear, como en la primera sílaba de la frase *la instalación*, que es [lajns]. Como se ve entonces, hay sílabas españolas que contienen tres segmentos prenucleares pero el tercero debe ser semivocal, y hay sílabas españolas que contienen tres elementos posnucleares pero el primero debe ser semivocal.

Debe observarse que el PS 6 prohíbe ciertos grupos de consonantes prenucleares y ciertos grupos de consonantes posnucleares. Por ejemplo en español /mb/ no puede ser un grupo prenuclear ya que disminuiría la sonancia dentro del prenúcleo porque una nasal es más sonante que una obstruyente; y no puede haber un grupo posnuclear /nl/, ya que aumentaría la sonancia dentro del posnúcleo porque una líquida es más sonante que una nasal. Por otra parte el PS 6 autoriza grupos que no existen en español, por ejemplo el grupo prenuclear /ps/ dentro del cual no hay disminución ni aumento de la sonancia por la escala que hemos dado, aunque si estableciéramos que las fricativas son más sonantes que las plosivas, de todos modos no se violaría la sonancia. Otros ejemplos son el grupo prenuclear /sl/ donde hay aumento de la sonancia y el grupo posnuclear /nt/ donde hay disminución de la sonancia. Esos dos últimos grupos existen en inglés y el hecho de que no existan en español es un mero accidente.

18.6. Sobre el "resilabeo" de consonante prevocoidal

Tradicionalmente se ha dicho que a consecuencia de algún proceso ciertos sonidos se "resilabean," es decir, se colocan en una sílaba distinta a aquélla en la cual aparecen cuando no se cumple el proceso. Por ejemplo, la pronunciación en alegreto de la frase *por él* es [po.rél] y el silabeo es conforme a los principios que hemos descrito, entre ellos el PS 3 (por el cual toda consonante prevocoidal tiene que ser prenuclear), pero la vibrante se ha "resilabeado", ya que ahora es prenuclear en vez de posnuclear. Ahora bien, cuando la forma subyacente de una palabra se silabea a nivel prefonético, esto no altera para nada los fonemas que la componen. La forma fonemática de *por* sigue siendo /por/ y en ella el fonema /ɾ/ es *siempre* posnuclear. El término 'resilabeo' expresa la discrepancia que puede ocurrir entre la posición silábica de un alófono y la del fonema que lo subyace, del mismo modo que 'elisión' expresa la discrepancia entre el número de segmentos de una forma subyacente y el número de segmentos de su representación fonética. En otras palabras, tal como decimos que los fonemas en sí no se eliden, podemos decir que los fonemas en sí no se resilabean.

Esto se ve más claro en el caso de la desnuclearización. En [mja.mí.ɣa] por *mi amiga* no puede decirse que la vocal se haya resilabeado ya que la forma fonética de /mi/, que es [mj], no contiene una vocal sino una semivocal. Hay, eso sí, una discrepancia entre la posición silábica de /i/, que es nuclear, y la posición silábica de su alófono [j], que es prenuclear.

Lo que sucede es que a nivel subyacente los principios de silabeo se aplican dentro de cada palabra considerada individualmente, mientras que a nivel fonético se aplican a secuencias de segmentos que no contienen ninguna información sobre dónde empiezan o dónde terminan las palabras. Nuestra teoría sobre la organización fonológica del español incluye la siguiente suposición: una vez que se cumplen todos los procesos fonológicos que toman en consideración los bordes de las palabras, dichos bordes desaparecen. Pero las secuencias de segmentos que resultan deben todas satisfacer los principios de silabeo. Por ejemplo la secuencia fonética [porél] debe satisfacer, entre otros, el PS 3, que determina que una consonante siempre esté en la misma sílaba que la vocal que la sigue. Por lo tanto, su silabeo tiene que ser [po.rél] y no *[por.él]. Claro que si pronunciamos la misma frase con gran lentitud, como en estilo largo, eso equivale a pronunciar las palabras en aislamiento, de modo que en ese estilo nunca se dirá *[po] y luego *[rél] queriendo decir *por él*. La palabra *por*, pronunciada sola, cumple los principios de silabeo pertinentes, entre ellos el PS 1: [o] tiene que ser núcleo porque es vocal y [p] y [ɾ] tienen que estar en el prenúcleo y posnúcleo respectivamente porque son [–Nucleares]. Y la palabra *él*, pronunciada sola, cumple por supuesto los mismos principios también.

> *En alegreto la consonante final de una palabra siempre está en la misma sílaba que la vocal inicial de la palabra siguiente, en cumplimiento del PS 3.*

En español, dado que hay palabras que terminan en consonante y palabras que empiezan en vocal, son muy frecuentes los casos en que, en cumplimiento del PS 3, una consonante o aproximante contoidal aparece en posición prenuclear en frases y oraciones aunque el fonema que lo subyace es posnuclear. Siguen ejemplos:

[á.βla.nes.pa.ɲó.la.já] por *Hablan español allá*;
¿[é.sú.nó.so.po.lá.ɾo.nó]? por *¿Es un oso polar o no?*;
[bá.sa.sa.ká.ɾé.so] por *Vas a sacar eso*;
[la.só.xa.só.na.ma.ɾí.ja.si.ro.xas] por *Las hojas son amarillas y rojas*;
[la.meɾ.sé.ðé.sú.nos.pi.tá.leɣ.se.lén̪.te] por *La Merced es un hospital excelente*;
[é.se.βál.sé.sa.le.mán] por *Ese vals es alemán*.

Debe observarse que normalmente en el mismo estilo en que una consonante final de palabra se realiza siempre prenuclear cuando la sigue una vocal, una consonante final preconsonántica se realiza posnuclear, a pesar de que si se pronunciara prenuclear, se crearía una sílaba permisible en español. Por ejemplo en la oración *En este restaurante hay un chef americano y un chef latino*, la frase *chef americano* se pronuncia [tʃe.fa.me.ɾi.ká.no] en

cumplimiento del PS 3 con respecto a /f/, pero *chef latino* no se pronuncia
automáticamente [tʃé.fla.tí.no] sino [tʃév.la.tí.no] en los lectos en que no se
aspiran las fricativas (nótese la asimilación de sonoridad) a pesar de que [fla]
es una sílaba permisible en español, como se ve en *flaco* y *chiflado*. La razón es
que en español no existe ningún principio de silabeo que obligue a que una
obstruyente posnuclear que pueda empezar sílaba esté en la misma sílaba que
la líquida que la sigue. Además de [f.l], pueden realizarse dentro de frases u
oraciones las secuencias [β.l], como en [kluβ.la.tí.no] por *club latino*; y [ɣ.l]
como en [siɣ.sáɣ.la.te.rál] por *zigzag lateral*, a pesar de que [βla] y [ɣla] son
sílabas permisibles en español, como ve en, por ejemplo, [a.βlár] (*hablar*) y
[ré.ɣla] (*regla*).

18.7. Sonancia y desnuclearización en triptongos

Debe notarse que ningún triptongo español viola el PS 6. En español existen
triptongos morfológicos y **triptongos sintácticos**. Son morfológicos los
triptongos que pueden aparecer dentro de palabra y sintácticos los que surgen
únicamente por el contacto entre vocoides a nivel de frase u oración. Todos
los triptongos morfológicos pueden aparecer como sintácticos pero no
viceversa: hay triptongos que son exclusivamente sintácticos.

Los triptongos morfológicos son todos del tipo SVS. O sea, se componen
de una vocal flanqueada por dos semivocales. Además en ellos las dos
semivocales son altas. Es posible pensar que en algunos triptongos
morfológicos [j] y [w] son alófonos fieles de /j/ y /w/ en vez de /i/ y /u/ dada
la forma en que las palabras que lo contienen se pronuncian en andante. Por
ejemplo, en ese estilo *buey*, *Paraguay* y *Bioy* (que es un apellido) se pronuncian
[bwéj], [pa.ɾa.ɣwáj] y [bjój], por lo cual suponemos que en lo subyacente,
antes del silabeo, esas palabras son /bwej/, /paɾagwaj/ y /bjoj/. En los tres
casos la primera vocal métrica a la izquierda de]ₚ es la que resulta tónica y las
palabras no son de ningún modo excepcionales para la acentuación ya que
siendo palabras oxítonas, no tienen vocales extramétricas.

Ahora bien, en otros casos una palabra presenta un triptongo morfológico
en alegreto y presto pero no en largo y andante. Por ejemplo, *miau* ('meow')
es [mi.á.u] en largo, [mjá.u] en andante, pero [mjáw] sólo en alegreto y presto.
De todos modos, en lo que sigue no distinguimos entre triptongos
morfológicos en los cuales las semivocales son alófonos fieles de los fonemas
semivocálicos y aquellos en los cuales las semivocales son alófonos infieles de
/i/ y /u/.

Sigue la lista de triptongos que pueden ser tanto morfológicos como
sintácticos, acompañado cada uno de ejemplos. En todos los casos el primer
ejemplo es de su manifestación morfológica y los demás de su manifestación
sintáctica:

[jaj]   limpiáis, casi aislado, Alicia y yo, ¿Y si a Isabel no le gusta?;

[jaw]   miau, semiautomático, mi automóvil, Leticia huyó,
         historia universal;

[waj]   Paragüay, agua y jabón, tribu aislada, mutua intolerancia;

[waw]   guau, tu automóvil, tribu austera, continua unión;

[wej]   buey, fue Isabel, actué inmediatamente;

[jej]   limpiéis, nadie intervino, pie izquierdo, que
         cambie Ignacio;

[joj]   Bioy, y hoy no viene, Mario irá, Mari oirá;
         espacio inmenso.

*Todos los triptongos morfológi-
cos tienen la estructura SVS y
pueden aparecer también a
nivel sintáctico. En ellos las dos
semivocales son altas.*

A diferencia de los triptongos morfológicos, en algunos
triptongos sintácticos una de las semivocales o las dos son
vocales medias. A continuación presentamos la lista de los triptongos que
siendo exclusivamente sintácticos, también tienen la estructura SVS; para
cada triptongo damos el grado de sonancia de sus vocoides, con la del núcleo
en negrita (obsérvese que en todos estos triptongos la sonancia nunca
disminuye del prenúcleo al núcleo y nunca aumenta del núcleo al posnúcleo,
siempre en cumplimiento del PS 6.

[wiw]   (4-**4**-4) fui utilizado, fui un poco tonto

[jew]   (4-**5**-4) mi Europa, casi europeo, nadie utilizó nada

[wew]   (4-**5**-4) tu Europa, tribu europea, fue uniforme;

[jeo̯]   (4-**5**-5) nadie organizaba, ansié organizarlo;

[o̯ej]   (5-**5**-4) héroe inmortal;

[o̯eo̯]   (5-**5**-5) héroe occidental;

[o̯ew]   (5-**5**-4) héroe uniformado;

[jae̯]   (4-**6**-5) Alicia esperaba, si a Elena la llaman;

[jao̯]   (4-**6**-5) justicia occidental, si a Ofelia la llaman;

[e̯aj]   (5-**6**-4) Pepe ha invertido mucho, llame a Isabel;

[e̯ae̯]   (5-**6**-5) se ha enterado, viaje a España;

[e̯ao̯]   (5-**6**-5) se ha organizado, llame a Ofelia;

[e̯aw]   (5-**6**-4) compre automóviles, Pepe autorizó todo;

[o̯aj]   (5-**6**-4) ¿llamo a Ignacio?, ¿o a Isabel?, algo aislado;

[o̯ae̯]   (5-**6**-5) vuelvo a empezar, quiero a Elena;

[o̯ao̯]   (5-**6**-5) vuelvo a organizarlo, quiero a Ofelia;

[o̯aw]   (5-**6**-4) nuevo automóvil, pienso autorizarlo,
                    ¿llamo a Humberto?;

[wae̯]   (4-**6**-5) lengua extranjera, mutua estimación;

[wao̯]   (4-**6**-5) estatua oriental, agua oxigenada;

[joe̯]   (4-**5**-5) cambio esperado, Mario Hernández;

[jow]   (4-**5**-4) medio utilizado, cambió un poco;

[woj]   (4-**5**-4) mutuo interés; actuó impetuosamente;

[woe̯]   (4-**5**-5) continuó esperando, mutuo entendimiento;

[wow]   (4-**5**-4) actuó uniformemente;

[juj]   (4-**5**-4) Feliú [apellido catalán] inventó eso.

18.8. Triptongos sintácticos de núcleo inicial o final

Nótese ahora que los dos siguientes tipos de secuencias de tres vocoides pueden surgir a consecuencia del contacto entre palabras:

1. la vocal baja [a] seguida de una secuencia de dos vocoides que son los dos primeros segmentos de una palabra, la cual, si se pronuncia sola en alegreto, empieza en un diptongo del tipo VS; ejemplos son *La oiré pronto* y *vieja Europa*; en alegreto, *oiré* y *Europa*, pronunciadas solas, son [oj.ré] y [ew.ró.pa]
2. la vocal baja [a] precedida por una secuencia de dos vocoides que son los dos últimos segmentos de una palabra, la cual, si se pronuncia sola en alegreto, termina en un diptongo del tipo SV; ejemplos son *patio andaluz* y *mutuo acuerdo*.

Considérese ahora que, como hemos dicho anteriormente, todos los segmentos de una locución no se pronuncian necesariamente en el mismo estilo. En una misma frase u oración, una palabra puede pronunciarse en alegreto y otra en andante, o viceversa, por haber aumentado o disminuido la velocidad dentro de la locución. Es enteramente posible que en la pronunciación de los cuatro ejemplos dados, la palabra que empieza o termina en /a/ se pronuncie en andante y la otra palabra se pronuncie en alegreto. Supongamos que esto suceda. Las realizaciones serían como sigue:

[la.oj.ré.proņ.to] por *la oiré pronto*;
[bje.xa.ew.ró.pa]por *vieja Europa*;
[pa.tjo.aņ.da.lús] por *patio andaluz*;
[mú.two.a.kwér.ðo] por *mutuo acuerdo*.

Nótese que en los cuatro casos el número de sílabas es cinco. Ahora bien, si los mismos ejemplos se pronuncian *enteramente* en alegreto, el número de sílabas se reduce en los cuatro casos a cuatro. ¿Qué ha sucedido? Simplemente que los dos vocoides que siguen o preceden a /a/ se realizan *ambos* como semivocales, creándose un triptongo en el cual el núcleo, en vez de estar en el medio, está al principio (el triptongo es VSS) o al final (el triptongo es SSV). Las realizaciones son:

[laǫj.ré.próņ.to] (triptongo VSS);
[bjé.xaęw.ró.pa] (triptongo VSS);
[pá.tjǫaņ.da.lús] (triptongo SSV);
[mu.twǫa.kwér.ðo] (triptongo SSV).

Nótese que ninguno de estos triptongos viola el PS 6, ya que los triptongos VSS son 6-5-4 con respecto a la sonancia, mientras que los triptongos SSV son 4-5-6. Nótese también que en los cuatro ejemplos, los tres vocoides, incluyendo /a/, son átonos. Ahora bien, si el vocoide en contacto con /a/ es tónico, deja de serlo y el acento primario se desplaza a /a/. Por ejemplo, en ¿*Vio alguno la señal?* la primera sílaba es [bjo̯ál], y en *Compra euros mañana* la segunda sílaba es [práe̯w].

Es conveniente agregar que en los triptongos del tipo SSV, la vocal no tiene que ser /a/. Puede ser una vocal media. Por ejemplo *Fui el martes* y *Feliú olvidó* (*Feliú* es un apellido de origen catalán) pueden realizarse como [fwjél.már.tes] y [fe.ljwól.βi.ðó] respectivamente. Nótese el desplazamiento acentual en ambos casos.

> En español pueden surgir triptongos sintácticos en los cuales la vocal aparece al principio (VSS) o al final (SSV).

18.9. Contracción silábica en secuencias de más de tres vocoides

Ninguna sílaba española en ningún estilo viola el PS 2, que repetimos aquí:

PS 2: Una sílaba no puede contener más de tres vocoides.

Hay casos en los cuales surge a nivel sintáctico secuencia de más de tres vocoides no idénticos—a veces cuatro y a veces cinco—pero se contraen a tres en cumplimiento del PS 2. Ahora bien la solución no exige elidir uno o dos vocoides, como se verá en un momento. Considérese la oración *Vio a Inés*, donde surge una secuencia de cuatro vocoides. A nivel subyacente los vocoides son /j/, /o/, /a/ e /i/. Los dos primeros son el diptongo de *vio*, el tercero es el único sonido de la preposición *a* y el cuarto es el sonido inicial de *Inés*. No puede ser que a nivel fonético aparezca una sílaba que contenga un alófono para cada uno de esos cuatro vocoides, ya que lo prohíbe el PS 2.

Si parte de la oración se pronuncia en andante y parte en alegreto, la pronunciación podría ser [bjó.aj.nés] en tres sílabas, al desnuclearizarse la /i/ inicial de *Inés*. Lo extraordinario es que si se pronuncia toda en alegreto o presto, se hace en dos sílabas. Que sepamos, este fenómeno no ha sido hasta ahora analizado en relación con la sonancia y la prohibición de tener secuencias tautosilábicas de vocoides que sean mayores que el triptongo. Tampoco se ha aclarado cuál es la estructura exacta de lo que es la primera sílaba en la pronunciación en alegreto o presto. Hemos consultado sobre este particular a lingüistas que unen a su conocimiento de la fonología española el hecho de ser nativohablantes, pero de diversos lectos, tanto de España como de Hispanoamérica. Todos están de acuerdo en que la oración en cuestión puede pronunciarse en dos sílabas en el habla rápida. Además, todos están de acuerdo en que la solución no radica en elidir /o/ o /a/. O sea, la pronunciación no es [bjáj.nés], con elisión de /o/ y desplazamiento del acento primario a /a/, porque esa es la pronunciación de una oración diferente: *vi a Inés*; ni es tampoco [bjój.nés], con elisión de /a/, porque igualmente esa sería la pronunciación de una oración diferente: *vio Inés*.

Una de las personas consultadas declara que siente que pronuncia una vocal que no es ni /o/ ni /a/ sino algo que se parece a las dos. Basándonos en esa intuición y en la nuestra propia como hablantes nativos que somos, proponemos la solución que se explica en la sección siguiente.

18.10. Creación de triptongos por coalescencia y vocales híbridas

Lo que sigue lo ofrecemos como muy tentativa hipótesis. Creemos que en todos los casos en que hay una secuencia de cuatro vocoides y puede reducirse la misma a un triptongo que no viole los principios de silabeo del español, ocurre siempre **coalescencia** de vocales no altas. El fenómeno de la coalescencia en general consiste en que dos fonemas distintos en contacto se realizan fonéticamente como un solo alófono que combina rasgos de los dos fonemas pero difiere de ellos en otros rasgos y es por tanto al mismo tiempo alófono infiel de los dos. En inglés hay casos indiscutibles de coalescencia de *consonantes*. Por ejemplo en la pronunciación en alegreto de la pregunta *Did you?* la plosiva final de *did*, /d/, y la semivocal inicial de *you*, /j/, coalescen en la africada [dʒ], que tiene una fase [–Continua] como /d/ (cuya única fase es [–Continua]) pero es [–Anterior] como /j/. También existe en inglés la coalescencia de /t/ y /j/, que resulta en la africada sorda [tʃ], como en la pregunta *Won't you?* El alófono resultante recibe de /t/ también el rasgo [–Sonoro].

Volviendo al español, creemos que lo que sucede en la pronunciación en alegreto de *vio a Inés* es que /o/ y /a/ coalescen a nivel fonético en [ə], vocal que no existe a nivel fonemático en español, y que es parecida, si no idéntica, a la vocal del inglés que se transcribe del mismo modo: la shwa, de la cual ya hemos hablado. Es la primera vocal de, por ejemplo, *about*, y la última de *Anna*. Dicha vocal es como /o/ y /a/ en ser retraída, pero es media como /o/ y no redondeada como /a/. O sea, creemos que la pronunciación de *vio a Inés* en alegreto es [bjə́j.nés], efectivamente con dos sílabas. El núcleo [ə] tiene el acento primario 'heredado' de /o/. En inglés [ə] es átona pero aquí es tónica. Nótese que el triptongo [jə́j] no viola el PS 6: su estructura en cuanto al grado de sonancia es 4-5-4, ya que [ə] es media. Debe agregarse que [ə] es átona si lo eran tanto /o/ como /a/. Un ejemplo es la frase *servicio automático*, que a nivel subyacente presenta la secuencia /joaw/. En andante la pronunciación es [seɾ.βí.sjo.aw.to.má.ti.ko]; por contraste en alegreto es [seɾ.βí.sjəw.to.má.ti.ko] y la secuencia de cuatro vocoides se reduce al triptongo [jəw].

La [ə] que resulta de la coalescencia de /a/ y /o/ es una **vocal híbrida**, y llamaremos así a toda vocal que está asociada a rasgos de fonemas vocálicos diferentes y es a la vez alófono infiel de ellos. Debe observarse que toda vocal híbrida, siendo vocal, es nuclear, y es siempre el núcleo del triptongo sintáctico que resulta de la coalescencia. Ahora bien, dentro de nuestra hipótesis, [ə] no es la única vocal híbrida que surge en la representación fonética de una secuencia de más de tres vocoides subyacentes: también existe [æ], que es el resultado de la coalescencia de /a/ y /e/ y es virtualmente idéntica a la vocal de palabras inglesas como *hat* y *mad*. Se trata de una vocal irretraída como /e/ pero baja como /a/. Un ejemplo de la aparición de [æ] en español es la pronunciación en alegreto de *cambié a Ignacio*, que presenta a nivel subyacente la secuencia /jeai/. La pronunciación es [kam.bjǽjɣ.ná.sjo]. Por supuesto el triptongo [jǽj], contenido en la segunda sílaba no viola el PS 6: [æ], por ser baja, tiene el grado máximo de sonancia, 6, y las semivocales altas que la flanquean tienen el grado 4. En esa realización [æ] es tónica porque 'hereda' el acento primario de /e/, pero en otros casos puede ser átona porque lo son tanto /e/ como /a/, como en [kám.bjæjɣ.ná.sjo] por *cambie a Ignacio*.

Debe observarse que hay casos en que en una secuencia de más de tres vocoides /a/ entra en contacto tanto con /e/ como con /o/ por estar en medio de las dos. O sea, la secuencia incluye /oae/ o /eao/ y la pregunta lógica es, ¿con cuál de las dos coalesce /a/? Creemos que la coalescencia se produce de modo que la vocal resultante se parezca lo más posible a la vocal inicial de la palabra que sigue a /a/, de modo que se facilite el reconocimiento de esa palabra. Por ejemplo, en *fue a Oviedo*, donde surge la secuencia /weao/, la coalescencia será entre /e/ y /a/ resultando [æ], desnuclearizándose además /o/. El resultado es [fwǽǫ.βjé.ðo], con el triptongo SVS [wǽǫ] en vez del triptongo SSV [wǽ] que resultaría si la coalescencia fuera entre /a/ y /o/. La razón es que [ǫ] se parece más que [ə] a /o/, que es el primer segmento de *Oviedo* a nivel subyacente. Por contraste, en *evaluó a Elena*, donde surge la secuencia /woaé/, la coalescencia es entre /a/ y /o/ y el triptongo es el VSV [wɔ́ę] ([e.βa.lwɔ́ę.lé.na]) en vez del SSV [wǫǽ] porque [ę] se parece más que [æ] a /e/, que es el primer segmento de *Elena* a nivel subyacente.

La misma 'estrategia' se efectúa cuando en una secuencia de cuatro vocoides /a/ está entre dos vocales no altas idénticas; o sea la secuencia después de la semivocal inicial es /eae/ o /oao/. En esos casos, la coalescencia es con la vocal que antecede a /a/. Por ejemplo, en *Nadie ha entrado* se da la secuencia /jeae/. El resultado de la reducción es el triptongo [jæę], o sea la pronunciación es [ná.ðjæę̞.trá.ðo], porque [ę] se parece más que [æ] a /e/; y en *Mario ha olvidado*, donde surge la secuencia /joao/, el resultado es el diptongo [jəǫ], o sea, la pronunciación es [má.rjəǫl.βi.ða.ðo], porque [ǫ] se parece más que [ə] a /o/.

La hipótesis de la coalescencia de vocales no altas sostiene que es posible reducir una secuencia de cuatro vocoides a un triptongo, haciendo que toda secuencia de /a/ y /o/ se realice como la vocal híbrida [ə] y que toda secuencia de /a/ y /e/ se realice como la vocal híbrida [æ].

18.11. Contracción en secuencias de cinco vocoides

En español llegan a formarse secuencias subyacentes de cinco vocoides. Estas se producen cuando la preposición *a* está entre una palabra que termina en un diptongo y otra que empieza en un diptongo, como es el caso de, por ejemplo, *Envidio a Eugenio*, donde la secuencia es /joaew/. En una realización que combina andante y alegreto, el diptongo inicial se pronuncia como tal y los otros tres vocoides se agrupan en un triptongo, de modo que no se viola el PS 6. O sea, la pronunciación es [em.bí.ðjo.aɛw.xé.njo] con un total de seis sílabas. Si el estilo es uniformemente alegreto o presto, la pronunciación se reduce a cinco sílabas. ¿Qué ha sucedido? Creemos que la solución consiste en que las tres vocales altas coalescen en la vocal híbrida [œ], que es redondeada como /o/, irretraída como /e/ y baja como /a/. Dentro de nuestra hipótesis, la pronunciación en alegreto de la oración en cuestión es [em.bí.djœw.xé.njo].

Según la hipótesis de la coalescencia, la reducción de una secuencia sintáctica de cinco vocoides a un triptongo se hace posible porque las tres vocales no altas se combinan en la vocal híbrida [œ].

Suponemos que en todos los casos de coalescencia, las vocales no altas siguen teniendo su identidad a nivel subyacente y por eso la persona que escucha una locución en la que ha habido coalescencia la entiende perfectamente si tiene las mismas formas subyacentes y los mismos procesos que la persona que la pronuncia. Entre esos procesos se encuentra (si nuestra hipótesis es cierta) el de coalescencia. Por contraste, una persona cuya lengua nativa no sea el español y que no domine la organización fonológica de ésta podrá tener grandes dificultades a la hora de percibir la misma locución.

18.12. Variación lectal de interés

Ya hemos observado que hay variación lectal en relación con el silabeo de la secuencia /tl/ en interior de palabra fuera de las palabras de origen náhuatl. Repetimos que en España dicha secuencia es heterosilábica—*atleta* es [at.lé.ta]—y en Hispanoamérica es tautosilábica—[a.tlé.ta].

En ciertos lectos (notablemente el de la Ciudad de México, capital de México, pero no exclusivamente en él) sucede de manera variable un fenómeno que lleva en algunos casos a que a nivel fonético se violen ciertos principios de silabeo. En esos lectos tiende a ocurrir en la conversación normal una severa reducción de la duración de las vocales átonas (sobre todo las no bajas), principalmente después de /s/, y mucho más si a la vocal también la sigue /s/, llegando al extremo de que en algunos casos la vocal no se pronuncia, sobre todo a final de palabra. Ejemplos son [en̪.tóns] por *entonces* y [krís] por *crisis*. A veces se elide entre dos /s/ no sólo la vocal átona sino la semivocal que la precede, como ocurre en [grás] por *gracias* y en [ps] por *pues* (que siendo palabra átona, no tiene vocal tónica). De los ejemplos que hemos dado, [ps] es el único que viola un principio de silabeo. Dado que esa realización es en efecto un monosílabo, en ella /s/ actúa como su núcleo, lo cual viola el PS 1, que especifica que sólo las vocales pueden ser núcleo de sílaba.

A veces por efecto de este tipo de elisión suceden en los mismos lectos violaciones del PS 5, que prohíbe que en español haya más de dos consonantes prenucleares. Por ejemplo *secreto* puede llegar a pronunciarse [skré.to]. De todos modos, las mismas personas que dicen [ps], [skré.to], etc. pronuncian esas palabras [pwés] y [se.kré.to] en aislamiento o en el habla lenta, indicando que los principios de silabeo que hemos descrito se mantienen a nivel psicológico. Es decir, por ejemplo, una persona que escucha [skré.to] percibe *secreto* si también ella la pronuncia así, porque su gramática incluye un principio fonológico de elisión de vocal en contacto con /s/.

18.13. Diferencias principales con el inglés

En inglés no existen triptongos sintácticos. No existe además el principio de que una consonante prevocoidal tenga que ser prenuclear. Si se le pide a un/a anglohablante que pronuncie lo más despacio posible la palabra *animal*, pronunciará /n/ como posnuclear. (En cambio en el cognado español es obligatoriamente prenuclear.) En este caso se debe al hecho de que en inglés una vocal laxa como lo es /æ/ como primer segmento de *animal*, no puede ser el último segmento de una sílaba: tiene que seguirla una consonante. En algunos casos la vocal laxa está ante la aproximante contoidal /ɹ/, como en *very*, donde la vocal tónica es /ɛ/; en inglés /ɹ/ tiene que ser posnuclear porque /ɛ/ no puede terminar sílaba.

Muchas veces en inglés los bordes de las sílabas coinciden con los bordes de los morfemas, por lo menos a nivel subyacente, como se manifiesta por ejemplo en el hecho de que en la pronunciación en largo de una palabra como *inelegant* se realice como posnuclear la [n] del prefijo *in-*. Ahora bien, en alegreto, el mismo segmento puede pronunciarse prenuclear. En el contexto del aprendizaje del español como segunda lengua lo crucial es que si no se tiene conciencia de que en español una consonante prevocoidal siempre es prenuclear en la conversación normal, se tendrá dificultad en la percepción de palabras, incluso de palabras ya conocidas. Supongamos que alguien empiece una historia diciendo lo siguiente: *Una vez unos osos* ('one time some bears'). En alegreto esa secuencia se pronuncia [ú.na.βé.sú.no.só.sos]. Resulta sumamente difícil, creemos, 'extraer' de la secuencia [βé.sú.no.só.sos] las palabras *vez*, *unos* y *osos* si se espera que las palabras se pronuncien con las mismas sílabas que tienen cuando se pronuncian aisladas.

Otra diferencia importante entre el inglés y el español tiene que ver con la posición silábica de /s/ seguida de consonante en secuencias de tres o más consonantes. Como en inglés existen los grupos prenucleares de /s/ seguida de consonante, y dada la coincidencia entre los bordes de las sílabas y los de los morfemas, /s/ es prenuclear en palabras como *inspire* y *expire*. Por contraste, en *inspirar* y *expirar* /s/ es obligatoriamente posnuclear. Y en la secuencia que se escribe *nstr* en las dos lenguas, /s/ es prenuclear en, por ejemplo, *instrument*, posiblemente por influencia del hecho de lo que se escribe *str* puede ser un grupo prenuclear en inglés, como se ve en *string*, *strap*, etc. En cambio en *instrumento* /s/ tiene que ser obligatoriamente posnuclear ya que en español no puede haber grupos prenucleares de tres consonantes.

Resumen

Los **principios de silabeo** determinan cómo se dividen en sílabas, no sólo las palabras a nivel subyacente, sino también las secuencias de alófonos que resultan de la aplicación de los distintos procesos fonológicos. En español, en una secuencia de segmentos, ya sean fonemas o alófonos, hay tantas sílabas como vocales porque sólo las vocales pueden ser núcleo de sílaba. Una sílaba no puede contener más de tres vocoides. Toda consonante está siempre en la misma sílaba que la vocal o la semivocal que la sigue. Tanto en el prenúcleo como en el posnúcleo puede haber solamente uno o dos segmentos. Si los dos son consonantes, el segundo del prenúcleo sólo puede ser /l/ o /ɾ/, y el segundo del posnúcleo sólo puede ser /s/. Todo sonido tiene cierto grado de **sonancia,** que es su volumen natural. En la **escala de sonancia** aplicable al español las obstruyentes tienen el grado 1, las nasales el 2, las líquidas el 3, los vocoides altos el 4, los medios el 5 y la vocal baja el 6. En una sílaba española el núcleo nunca es menos **sonante** que un segmento no nuclear pero puede tener la misma sonancia que éste cuando se trata de dos vocoides no bajos de la misma altura. En un grupo prenuclear el segundo segmento nunca es menos sonante que el primero y en un grupo posnuclear el segundo segmento nunca es más sonante que el primero. Los **triptongos morfológicos** son todos del tipo SVS y las dos semivocales son altas. Algunos **triptongos sintácticos** tienen una o dos semivocales medias, y en algunos en los cuales las dos semivocales son altas, el núcleo no aparece en el medio sino al principio (VSS) o al final (SSV). Se teoriza que cuando un triptongo es la realización de una secuencia subyacente de más de tres vocoides es porque ha habido **coalescencia,** apareciendo como núcleo una de las **vocales híbridas**: [ə] (por la combinación de /a/ y /o/), [æ] (por la combinación de /a/ y /e/) y [œ] (por la combinación de /a/, /e/ y /o/). La variación lectal con respecto al silabeo es mínima y se limita mayormente al silabeo del grupo /tl/. El español difiere del inglés en que en éste no hay triptongos sintácticos ni existe el requisito de que una consonante siempre esté en la misma sílaba que la vocal que la sigue. Además en inglés /s/ puede ser tautosilábica con la consonante que sigue pero en español es siempre heterosilábica.

Ejercicios

Ejercicio de pronunciación no. 43:
Triptongos sintácticos

Cada una de las siguientes oraciones debe pronunciarse con diez sílabas, tal como ocurriría normalmente en alegreto. Escuche y repita lo que dice la grabación o su instructor/a.

1. Si Eugenio quiere a Inés se lo dirá.
2. Pepe ha insistido que llame a Ignacio.
3. Cambió un poco el medio utilizado.
4. Fui un poco ingenuo y se burló de mí.
5. ¿Por qué no invito a Isabel o a Irene?
6. Se ha enterado de mi viaje a España.
7. Tienes que autorizarlo a investigar.
8. Vuelvo a empezar porque quiero a Elena.
9. Mario Hernández no conoce a Humberto.
10. Continuó esperando su automóvil.

Ejercicio de pronunciación no. 44:
Consonantes finales prenucleares

En todas las oraciones que siguen, cada consonante o semivocal final de palabra (menos la última de las oraciones 6, 7 y 9) está en posición prenuclear. Escuche y repita lo que dice la grabación o su instructor/a.

1. Los Ángeles es enorme.
2. ¿Es un oso polar o no?
3. No soy el mejor estudiante.
4. Voy a poder hablar español allá.
5. Ana y él acordaron estudiar eso.
6. Van a quitar esos ejemplos horribles.
7. Las otras son azules y rojas.
8. La Merced es un hospital antiguo.
9. Nos ofrecimos a salvar a los otros.
10. Si quieres aprender inglés avísame.

Práctica de transcripción

A. Transcriba las siguientes oraciones tal como se pronunciarían en once sílabas en alegreto. Cada una contiene dos triptongos sintácticos. Hay a veces también otros fenómenos de contracción silábica.

1. Llevé a Elena a Europa y le gustó mucho.
2. ¿O es que nadie oyó lo del héroe inmortal?
3. José ha insistido que no llame a Isabel.
4. Fui un poco ingenuo y me robaron todo.
5. Si Eugenio quiere a Inés no se lo ha dicho.
6. Y se ha enterado de mi viaje a Uruguay.
7. Mario y yo rompimos por mutuo acuerdo.
8. Aunque ha invertido, no tiene auto nuevo.

B. Transcriba las siguientes oraciones tal como se pronuncian en alegreto sin pausas entre las palabras. Todas las consonantes y semivocales finales de palabra prevocálicas resultan prenucleares.

1. Nos vemos en Estados Unidos en enero.
2. Nos autorizaron a vender helado.
3. Ramón y David ingresaron en el ejército.
4. ¿Grau es español o catalán o qué?
5. Sin eso no van a poder hacer absolutamente nada.
6. En ese hotel el chef es alemán y por eso sirven esos platos.
7. Hoy es el examen y no sé quiénes escribieron esas obras.
8. Ellas aparecen en varias escenas con el amigo del hermano del alcalde.
9. "Hay hombres así, señor Alberto", dijo Lilian Álvarez.
10. El instructor ideal usa muchos ejemplos y repite sin irritar a nadie.

Para pensar

1. Dado que en el habla enfática el fonema /ɾ/ se puede multiplizar a final de palabra ante consonante o silencio o pausa (como en [ké.ka.lór] por *¡qué calor!*) pero esto no ocurre ante vocal y la pronunciación en alegreto de *qué calor hace* es [ké.ka.ló.rá.se], explique por qué es correcto o incorrecto decir que el fenómeno ocurre cuando /ɾ/ está en posición posnuclear dentro de la palabra a nivel subyacente.

2. Explique por qué las palabras *hay* y *ahí* no tienen el mismo número de sílabas.

3. Explique por qué el silabeo de *habla* no puede ser ni *[áβ.la] ni [*aβl.a].

4. Explique por qué el silabeo de *astro* no puede ser ni *[ast.ro] ni *[á.stro].

5. Explique por qué en la pronunciación de la frase *servicio adecuado* no es posible que se forme un triptongo del tipo SVS pero sí uno del tipo SSV.

6. Transcriba las oraciones *Evaluó a Ernesto* y *Evaluó a Eugenia* en alegreto según la hipótesis de la coalescencia de vocales no altas, dando por sentado que ambas oraciones se pronuncian con cinco sílabas en ese estilo.

Capítulo 19

Entonación

19.1. Introducción al estudio de la entonación

En toda lengua humana, lo característico de las palabras, frases y oraciones pronunciadas con intención comunicativa es no ser *monótonas*. Es decir, normalmente en el curso de una locución, se producen cambios en la frecuencia con la cual vibran las cuerdas vocales, produciéndose también mantenimientos de una frecuencia determinada. El fenómeno físico de la **frecuencia fundamental** (que es la frecuencia con la cual vibran las cuerdas vocales) se traduce en el plano psicológico en el fenómeno del **tono** ('pitch' en inglés). El fenómeno de la combinación de cambios y mantenimientos de tono dentro de una locución recibe el nombre de **entonación**. La 'melodía' que crean estas combinaciones de **niveles tonales** ('pitch levels') constituye el **patrón entonacional** ('intonation pattern') de la locución. A distintos patrones entonacionales corresponden distintos tipos de locución.

Debe recordarse que el tono juega un papel fundamental en la percepción de la prominencia acentual o acento primario. A su vez el acento primario juega cierto papel en la entonación. Ahora bien, el acento, ya sea primario o débil, es un fenómeno relativo a un solo segmento, mientras que un patrón entonacional determinado puede ir más allá de los límites de un segmento. Es decir, la frecuencia fundamental puede permanecer uniforme a lo largo de la pronunciación de una palabra o de una parte de una frase u oración, y por otra parte puede cambiar de un segmento a otro. Esto se verá claro en la discusión que sigue.

Cuando se empieza a hablar, la voz muestra por supuesto cierta frecuencia fundamental, pero si no hay monotonía, y lo normal es que no la haya, la frecuencia fundamental cambiará en el curso de la locución, resultando en un tono más agudo o más grave (o sea, el tono sube o el tono baja) y puede mantenerse uniforme o cambiar de nuevo. Si se mantiene uniforme, puede extenderse a lo largo de varios segmentos y éstos pueden estar en palabras distintas, como se verá muy pronto.

Un patrón entonacional puede incluir más de un cambio de tono. El tono que se alcanza en determinado momento de una locución no está asociado a un número específico de vibraciones por segundo que sea igual para todos los hablantes. La razón es que el tono es un fenómeno relativo. La voz de las mujeres y de los niños es normalmente más aguda que la voz de los hombres. De dos tonos utilizados durante una locución, el más alto que alcanza un hombre puede ser más grave que el tono más grave de una mujer. En resumen, un tono se compara con otro siempre dentro del habla de un mismo individuo, ya sea hombre, mujer, niño o niña. Lo que es general son las relaciones entre los tonos. Por ejemplo, hombre y mujer bajan el tono o suben el tono en los mismos momentos de la locución con el objeto de trasmitir los mismos mensajes.

19.2. **Ascenso, descenso y suspensión del nivel tonal**

Enfoquemos ahora en detalle el hecho de que distintos patrones entonacionales están asociados con distintos tipos de locuciones. Considérese una conversación entre dos personas amigas, Ana y Leo. Supongamos que en el curso de la conversación Ana haya dicho algo que viene al caso (o sea, es apropiado al contexto) y que entonces, sin interrumpirla, Leo diga algo que también viene al caso. Leo ha estimado correctamente que Ana ha terminado de hablar y ahora le toca hablar a él. Existen tres maneras de terminar una locución desde el punto de vista entonacional que indican no sólo que la locución ha terminado sino qué tipo de locución es. Estas tres maneras se llaman **ascenso** ('rise'), **descenso** ('fall') y **suspensión** ('level intonation').

El ascenso, que se marca con una flecha vertical que apunta hacia arriba, o sea '↑', consiste en *subir* el tono de la voz durante la pronunciación de la última sílaba tónica de la locución y seguir subiéndolo hasta que se deja de hablar, ya sea esta sílaba la final de la locución o la sigan otras. El ascenso indica a la persona que escucha que la locución es **una pregunta absoluta** ('yes-or-no question'), que es el tipo de pregunta que puede responderse lógicamente sí o no. Véase el siguiente intercambio entre Ana y Leo donde lo que nos interesa desde el punto de vista de la entonación es lo que dice Ana, y por eso lo destacamos poniéndolo en negrita:

Leo: Me voy de viaje.
Ana: **¿Hoy↑?**
Leo: No, mañana.

Es conveniente señalar que la flecha se coloca al final de la forma escrita de una locución en la que hay ascenso simplemente para hacer más fácil la tipografía. Es decir, en el ejemplo que acabamos de dar, la flecha no significa que el ascenso tenga lugar después de la pronunciación de la palabra *hoy*. Significa en cambio que el tono asciende durante la pronunciación de la sílaba [ój] y sigue ascendiendo hasta que cesa de hablarse. Si la pregunta absoluta es, por ejemplo, *¿Empiezo?*, el tono sube durante la pronunciación de la penúltima sílaba y sigue subiendo durante la pronunciación de la última hasta que cesa de hablarse.

El descenso, que se marca con una flecha vertical que apunta hacia abajo, o sea '↓', consiste en *bajar* notablemente el tono de la voz durante la pronunciación de la última sílaba tónica de la locución y seguir bajándolo hasta que cesa de hablarse. El descenso indica a la persona que escucha que la locución es una **afirmación**, es decir, una declaración que es o verdad o mentira. Véase el siguiente intercambio entre Ana y Leo donde igualmente destacamos en negrita lo que dice Ana y cómo lo termina:

Leo: ¿Cuándo llega Paco?
Ana: **Hoy↓.**

Si Leo oyó bien lo que dijo Ana, lo interpretará seguramente como una afirmación equivalente a "Paco llega hoy" y seguramente no como una pregunta. Lo que indica la flecha no es que el descenso tenga lugar al terminar de pronunciar la palabra *hoy* sino que se produce una entonación descendente que empieza durante la pronunciación de la única sílaba de esa palabra. Claro que cuando hay una sola sílaba como en este caso, tiene que ser que la sílaba empiece a un nivel más alto que el que muestran las otras partes de la sílaba.

La suspensión, que se marca con una flecha horizontal que apunta hacia la derecha, o sea '→', consiste en no subir ni bajar el tono durante la pronunciación de la última sílaba tónica, y mantenerlo al mismo nivel hasta el final de la locución. La combinación de suspensión y silencio hace que la persona que escucha interprete lo que la persona que habla ha dicho como una *locución incompleta*. Véase este tercer intercambio entre Ana y Leo:

Ana: **Hoy**→(silencio)
Leo: ¿Qué? ¿Qué pasa hoy?

Como puede observarse, Leo espera que Ana complete lo que ha dicho. Aquí la flecha indica que la palabra *hoy*, tal como la pronuncia Ana, empieza y acaba en el mismo nivel tonal.

> *El ascenso al final de una locución hace que ésta se interprete como una pregunta absoluta y el descenso hace que se interprete como una afirmación. La suspensión o mantenimiento del tono hace que la locución se interprete como incompleta.*

19.3. Patrones entonacionales

Como acabamos de decir, es dentro de la última sílaba tónica de una locución donde se producen el ascenso, el descenso o la suspensión. Pero la relación entre entonación y acento primario se extiende también a la *primera* sílaba tónica de la locución cuando ésta tiene dos o más sílabas. Si una locución empieza con una sílaba átona, el tono normalmente cambia a un nivel más alto durante la pronunciación de la primera sílaba tónica. Este fenómeno lo expresamos diciendo que una locución que empieza en una sílaba átona empieza a cierto nivel tonal característico que se marca 1 y que durante la primera sílaba tónica el tono asciende a un nivel tonal que se marca 2. Lógicamente, si entre la sílaba átona inicial y la primera sílaba tónica hay una o más sílabas átonas, éstas se pronuncian al nivel 1. Los números 1 y 2 no se refieren por supuesto a frecuencias fundamentales determinadas, ya que el nivel tonal 2 de un hombre puede ser más bajo que el nivel tonal 1 de una mujer. En la oración *Lo traducirían al español* el nivel tonal es 1 en la palabra *lo* y sube a 2 durante la pronunciación de la penúltima sílaba de *traducirían* ya que ésa es la primera sílaba tónica. Ahora bien, si la primera sílaba de una locución es tónica, se considera entonces que la locución comienza en el nivel 2. Esto no es arbitrario sino que responde a los hechos. Cuando una misma persona pronuncia el siguiente par de oraciones: *Yo sé cocinar/Lo sé cocinar*, el nivel tonal de *yo* es más alto que el de *lo* y tan alto como el de *sé* en ambas oraciones. Otro par en el cual se notan claramente esas diferencias son *Él habla de Andalucía* ('He talks about Andalusia')/*el habla de Andalucía* ('Andalusian speech'). El nivel tonal del pronombre personal *él* es más alto que el del artículo definido *el* y tan alto como el de la primera sílaba de *habla*, que es tónica en las dos oraciones.

Debe agregarse que en español se llega a veces a un nivel claramente superior al 2, que se designa con el número 3. Este nivel es además más alto que el nivel máximo con el cual termina el ascenso característico de las preguntas absolutas. Ahora bien, el nivel 3 sólo aparece cuando se hace énfasis especial en alguna sílaba. Es decir, el nivel 3 está limitado al habla enfática.

Considérese ahora que como la palabra *hoy*, que constituye la pregunta absoluta *¿Hoy?*, es tónica, empieza a nivel 2 y como dentro de ella el tono asciende, eso quiere decir que el ascenso que marca la interrogación absoluta tiene que ser más alto que 2, de modo que el nivel máximo característico del ascenso normal está entre el 2 y el 3. El patrón entonacional de la pregunta absoluta *¿Hoy?* y de cualquier pregunta absoluta que sea monosilábica (*¿Yo?*, *¿Ya?*, *¿Él?*, etc.) lo representaremos así: 2↑, queriendo decir que la sílaba empieza con el tono característico de la primera sílaba tónica de locuciones más largas. pero asciende entonces continuamente—esto lo indica la flecha—aunque sin llegar al nivel 3. Por contraste, si el monosílabo equivale a una afirmación, su patrón es 2↓, indicándose que aunque la sílaba comienza con el tono 2 empieza dentro de ella un descenso continuo que sin embargo no llega al tono 1 cuando cesa de hablarse. En cuanto al patrón entonacional de un monosílabo que equivale a una locución incompleta, lo simbolizamos 2→, indicándose que se empieza con el tono característico de una primera sílaba tónica y que éste sin embargo no varía.

Veamos ahora el patrón entonacional de palabras de dos sílabas en las cuales la última sílaba es átona. Si se trata de una pregunta absoluta, el patrón es igual al de las preguntas absolutas monosilábicas, es decir, 2↑, porque el tono empieza a subir dentro de la silaba tónica pero no llega al 3 en la sílaba átona, aunque sí sigue subiendo, lo que se indica con la flecha. Por ejemplo si la pregunta absoluta es *¿Vienen?*, el ascenso comienza en la sílaba [bjé] y continúa en la sílaba [nen] sin llegar al 3 cuando cesa de hablarse. Por contraste, si se trata de una afirmación, se nota que la sílaba tónica presenta en parte de su duración un nivel comparable al de la sílaba átona inicial de palabra, es decir 1, por lo cual el patrón entonacional es 21↓, ya que el descenso continúa y llega a ser menor de 1 durante la última sílaba cuando cesa de hablarse. Por ejemplo, si la afirmación es *Vienen*, la sílaba [bjé] en su comienzo presenta el nivel 2 y el tono comienza a bajar hasta llegar a ser 1 durante esa sílaba y es menor de 1 en [nen] cuando cesa de hablarse. Por último si se trata de una locución incompleta, el patrón entonacional se simboliza 22→, ya que la sílaba tónica y la átona tienen el mismo nivel tonal y éste se mantiene hasta que se apaga la voz.

Supongamos ahora una secuencia de segmentos pronunciada sin pausas internas, que teniendo por lo menos cuatro sílabas empiece en una silaba átona, tenga más de una sílaba tónica y termine en una sílaba átona. Un ejemplo sería *Llegó Pedro*. Dado que, como hemos visto, el nivel de una sílaba inicial átona es 1 y el de la primera sílaba tónica es 2, si se trata de la pregunta absoluta *¿Llegó Pedro?* entonces su patrón entonacional es 122↑. Los dos primeros números indican lo que sucede con respecto a las dos primeras sílabas, y el tercer número y la flecha indican lo que tiene lugar a partir de la última sílaba tónica, ya la siga una sílaba átona o no. Ahora bien, como la identificación de qué tipo de locución se trata depende en realidad de lo que sucede a partir de la primera o única sílaba tónica, el patrón entonacional de toda pregunta absoluta se puede expresar como (1)22↑. Si hay una sílaba átona inicial, es 122↑ y si la primera sílaba es tónica entonces es simplemente 22↑.

Por contraste, cuando la secuencia *Llegó Pedro* es una afirmación, su patrón entonacional es 1221↓. De nuevo, los dos primeros números se refieren a lo que sucede en las dos primeras sílabas y los otros dos números y la flecha se refieren a lo que sucede a partir de la última sílaba tónica, Pero, de nuevo, como la identificación de qué tipo de locución se trata depende de lo que sucede a partir de la primera o única sílaba tónica, el patrón entonacional de toda afirmación puede expresarse como (1)221↓. Por su parte, el patrón de toda locución incompleta puede expresarse como (1)222→.

> *El tono tiende a subir en la primera sílaba tónica de una locución pero no tanto como en el ascenso. Por otra parte, el ascenso, el descenso y la suspensión se manifiestan en la última sílaba tónica de la locución.*

19.4. Patrón entonacional de preguntas pronominales y mandatos

Es conveniente observar que las únicas preguntas en las cuales hay ascenso al final son las absolutas. El ascenso no se produce en las **preguntas pronominales** que son aquellas que contienen un pronombre interrogativo (*qué, quién, cuál, cómo, dónde, cuándo, por qué, para qué, con quién*, etc.). En inglés las mismas preguntas reciben el nombre de 'WH-questions' por empezar con *wh* en la escritura casi todos los interrogativos (*what, who, where*, etc.). La excepción es *how*, que por otra parte empieza con el mismo sonido que los demás, que es [h], por lo menos para los hablantes que pronuncian esas palabras con ese sonido en vez de con [w].

El patrón entonacional de una pregunta pronominal es igual al de una afirmación. Por ejemplo *¿Por qué no viene?* tiene el mismo patrón entonacional que *José no viene*: en ambas el tono sube en la primera sílaba tónica (que es [ké] en el primer caso y [sé] en el segundo caso) y comienza a descender en la penúltima sílaba tónica, que es la penúltima de *viene* en los dos casos.

El hecho de que las preguntas pronominales terminen en descenso en vez de ascenso puede tal vez atribuirse a la tendencia al menor esfuerzo. El ascenso requiere más energía que el descenso: las cuerdas vocales deben tensarse más en el ascenso. Dado que la locución contiene una marca inconfundible de que se trata de una pregunta—el pronombre interrogativo—no hace falta marcarla entonces como pregunta por medio de la entonación. Pero téngase en cuenta también lo siguiente. Toda pregunta pronominal, como toda pregunta en general, constituye un pedido, equivale a un mandato. Por ejemplo, *¿Dónde está Ana?* equivale a 'Dígame dónde está Ana'. Cuando con una pregunta pronominal *repetimos* el pedido o mandato porque por cualquier razón no hemos obtenido la información que requeríamos, el patrón entonacional no es el mismo que cuando formulamos el mismo pedido la primera vez: la entonación final es ascendente en vez de descendente, lo cual marca que la pregunta todavía no ha sido contestada. O sea, la información solicitada no se ha recibido aún. Por ejemplo, se dice

¿Cuánto cuesta ese libro↑? si ya me dieron el precio del libro pero no oí bien cuál era, mientras que al preguntar por primera vez cuál es el precio diría *¿Cuánto cuesta ese libro↓?*

Debe agregarse que en el habla no enfática los mandatos tienen el mismo patrón entonacional que las afirmaciones. Por ejemplo *Apaga la luz* como equivalente de 'Turn off the light' tiene el mismo patrón que la misma secuencia de segmentos cuando es equivalente a 'S/he turns off the light'.

Toda pregunta pronominal formulada para pedir información por primera vez y todo mandato formulado sin énfasis tiene el mismo patrón entonacional que una afirmación.

19.5. Preguntas disyuntivas y otros dos tipos de cambios tonales

Existen también las **preguntas disyuntivas**, que son las que presentan una alternativa al oyente y no es lógico contestarlas sí o no. Ejemplo de pregunta disyuntiva es *¿Te sirvo té o café?* La pregunta disyuntiva se diferencia de la absoluta en que en vez de terminar en ascenso, termina en descenso, pero además contiene un cambio tonal distinto al ascenso y al descenso. Se trata de un ascenso no tan radical como el ascenso terminal; recibe el nombre de **semiascenso** y se marca con una flecha oblicua apuntando hacia arriba, o sea, '↗'. El semiascenso tiene lugar al final del primer miembro de la alternativa, teniendo el resto de la locución un tono menor que el del semiascenso pero algo más alto que el del descenso. El patrón entonacional de *¿Te sirvo té o café?* puede representarse muy esquemáticamente como sigue:

¿Te sirvo té↗ o café↓?

La pregunta disyuntiva presenta semiascenso al final del primer término de la alternativa y descenso al final de la pregunta.

Otro tipo de cambio tonal es el **semidescenso**, que consiste en que el tono baja pero no tanto como en el descenso. El semidescenso se marca con una flecha oblicua que apunta hacia abajo, es decir '↘'. Examinamos sus usos en la sección que sigue.

19.6. Grupos entonacionales

Hasta ahora hemos hablado de la entonación en locuciones que tienen un solo *grupo entonacional* ('intonation group'). Un grupo entonacional está formado por las palabras que se pronuncian sin pausa entre las mismas. En español la longitud media del grupo entonacional está entre ocho y diez sílabas. Si una locución tiene más de once o doce sílabas, normalmente constará de más de un grupo entonacional. Por otra parte un grupo entonacional puede constar de una sola sílaba, como ya vimos en los intercambios entre Ana y Leo.

En el habla las pausas no tienen que coincidir con el principio o el final de las unidades sintácticas. Obsérvese la siguiente locución, donde la pausa entre los dos grupos entonacionales que la forman se marca con el símbolo '|':

El profesor no ha devuelto el examen | que nos dio hace más de dos semanas.

Como se ve, el primer grupo entonacional se compone del sujeto y parte del predicado y además se ha separado el antecedente *el examen* de la subordinada (*que nos dio hace más de dos semanas*) que lo modifica. En igualdad de circunstancias, la locución suena más normal que si se realizara como una de las dos que siguen:

El profesor | no ha devuelto el examen que nos dio hace más de dos semanas.
El profesor no ha devuelto | el examen que nos dio hace más de dos semanas.

Esas dos pronunciaciones son menos normales a pesar de que en los dos casos la división entonacional coincide con alguna división sintáctica. En la primera la pausa separa al sujeto del predicado y en la segunda separa el verbo del complemento directo.

Un grupo entonacional puede o no presentar al final un cambio tonal. Lo hemos visto en las locuciones que constan de un solo grupo entonacional. Ahora bien, es normal que el grupo entonacional que no es el último de la locución no termine en ascenso o descenso ya que esas dos posibilidades suelen marcar el final de una locución, aunque puede terminar en suspensión, que, claro está, irá seguida de pausa en vez de continuo silencio. La suspensión sigue marcando locución incompleta. Por otra parte, en esa misma circunstancia, al empezar en seguida otro grupo entonacional, puede ser que en el mismo se ofrezca la información que faltaba o se anuncie que no se posee. El final de los grupos entonacionales en *Su nombre es* | *Alberto* y *Su nombre es* | *no me acuerdo* sería básicamente el mismo:

Su nombre es → | Alberto ↓;
Su nombre es → | no me acuerdo ↓.

Además de la suspensión, los dos cambios tonales que pueden terminar un grupo entonacional no final son el semidescenso y el semiascenso. El semidescenso final de grupo entonacional interno marca, como la suspensión, carácter incompleto. En la expresión de una serie (damos ejemplos a continuación), es normal que los miembros no finales de la serie terminen en semidescenso menos el penúltimo que termina en semiascenso, sirviendo para anunciar que la serie va llegando a su fin. Obsérvese el patrón de las series presentes en las oraciones *uno, dos, tres, cuatro y cinco, Vinieron Pedro, Pablo, Chucho, Jacinto y José* y *Ana es de estatura mediana, ojos verdes y pelo castaño*:

El semidescenso interno marca miembro de serie, excepto el penúltimo miembro, que se marca con semiascenso.

uno ↘| dos ↘| tres ↘| cuatro ↗| y cinco ↓;
Vinieron Pedro ↘| Pablo ↘| Chucho↘| Jacinto ↗| y José ↓;
Ana es de estatura mediana ↘| ojos verdes ↗| y pelo castaño ↓.

El semiascenso también se usa al final de un grupo entonacional interior para marcar continuidad interior, por ejemplo para decir que siguen otros elementos de la misma oración, como en el ejemplo siguiente, que ya utilizamos:

El profesor no ha devuelto ↗| el examen que nos dio hace más de dos semanas↓.

El semiascenso marca a veces claramente la división sintáctica. Se encuentra por ejemplo al final del sujeto cuando éste está por completo dentro del mismo grupo entonacional, como en la locución siguiente:

El hermano de Vilma↗| está enamorado de Sarah↓.

El semiascenso se produce también al final de una oración en coordinación con otra y al final de una subordinada, coincidiendo con fronteras sintácticas. Véase los siguientes ejemplos:

El semiascenso al final de una unidad sintáctica marca que ésta es parte de una locución que va a continuar.

Ana es muy inteligente ↗| pero no sabe expresar bien sus ideas↓;
Cuando vuelva tu padre ↗| le voy a contar lo mal que te has portado↓.

Es conveniente agregar que el semiascenso y el semidescenso pueden aparecer dentro del mismo grupo entonacional. El semidescenso aparece al final de un vocativo, que, recuérdese, es la palabra o frase que utilizamos para referirnos a la persona con quien estamos hablando. En el habla rápida el vocativo puede estar en el mismo grupo entonacional que lo que lo precede, o sea, no hay pausa entre el vocativo y lo que se dice antes del vocativo, pero lo que se dice antes termina en semiascenso para marcar continuidad. Véase el siguiente contraste:

¿ké.kjé.ɾe.káɾ.los↓? es ¿Qué quiere Carlos? ('What does Carlos want?');

¿ké.kjé.ɾe↗.káɾ.los↘? es ¿Qué quiere, Carlos? ('What do you want, Carlos?').

19.7. Variación lectal de interés

En los estudios en que se han examinado los patrones entonacionales de diversos lectos del mundo hispánico no se han encontrado lectos que se aparten sistemáticamente de las generalidades que hemos descrito en este capítulo. Por ejemplo no se ha encontrado que haya un número significativo de hispanohablantes que no sigan el patrón general de descenso al final de una afirmación, ascenso al final de una pregunta absoluta y suspensión al final de una locución para marcar que lo que se ha dicho no está completo.

Ahora bien, es un hecho que en el mundo hispánico la entonación varía grandemente de un lecto a otro. Se escucha mucho en el mundo hispánico la opinión de que en cierto lugar hablan "cantando", queriendo decir gente que habla un lecto distinto al de quien juzga. Esto puede deberse a que percibamos la 'melodía' de la entonación de un lecto distinto al nuestro precisamente porque se aparta de la del nuestro, del mismo modo que notamos el "acento" de alguien que no pronuncia ciertos fonemas como lo hacemos nosotros.

Uno de los modos en que la entonación de un lecto A puede diferir de la de un lecto B es que un nivel tonal determinado sea por lo general más alto o más bajo en A que en B—por ejemplo que el tono máximo alcanzado en el ascenso sea más agudo en el lecto A que en el lecto B y el tono al cual baja la voz en el descenso sea más grave en el lecto B que en el lecto A. Lo mismo puede decirse de los otros cambios tonales: el semiascenso no es tan agudo en B como en A y el semidescenso no es tan grave en A como en B. El tono básico con el cual se empieza a hablar antes de la subida que se produce en la primera sílaba tónica puede ser más alto en A que en B. En resumen, en igualdad de otros factores, la entonación del lecto A puede ser generalmente más aguda que la entonación del lecto B. Sin embargo las relaciones entre los tonos son las mismas de lecto a lecto. De otro modo, los hablantes de A malentenderían sistemáticamente a los hablantes de B y percibirían por ejemplo preguntas cuando la intención fue trasmitir afirmaciones y viceversa.

Por otra parte la imposibilidad de un malentendido no es absoluta. Hay hablantes que informan haber percibido la entonación propia de una pregunta cuando el contexto indicaba que se trataba de una afirmación. Esto puede haberse debido a que en el lecto A la frecuencia del semiascenso es tan alta como la frecuencia del ascenso en el lecto B. He aquí un ejemplo de la vida real. Una chilena le contaba a una amiga cubana algo que le pasó cuando fue al gimnasio el día anterior. La chilena empezó diciendo "Ayer fui al

> *En el mundo hispánico no hay malentendidos sistemáticos entre hablantes de lectos distintos que se deban a diferencias en la entonación. En algunos casos es posible que el semiascenso en un lecto sea tan agudo como el ascenso en otro lecto, interpretándose como preguntas absolutas unidades sintácticas interiores.*

gimnasio" e hizo una pausa. Más tarde se aclararía que su intención fue decir "Ayer fui al gimnasio y me encontré con Lourdes" (siendo esta última una amiga común). La chilena utilizó el semiascenso de su sistema para significar que se trataba del final de una oración en coordinación con otra oración que la seguiría. Ahora bien, el semiascenso de la chilena fue tan alto como el ascenso en el sistema de la cubana, por lo cual ésta interpretó el *Ayer fui al gimnasio*↗ de la chilena como la pregunta absoluta *¿Ayer fui al gimnasio*↑*?*, exclamando entonces, "No sé, no estaba contigo; ¿cómo es que no te acuerdas si fuiste o no?"

19.8. Diferencias principales con el inglés

La entonación del español y la del inglés no son completamente diferentes. En inglés, en el habla neutral sin coloraciones emotivas, el ascenso, el descenso y la suspensión al final de una locución señalan las mismas diferencias que en español. Es decir, la terminación descendente marca afirmación, la ascendente interrogación absoluta y la suspensión locución incompleta. Otra semejanza es que en las dos lenguas el patrón entonacional de las preguntas pronominales cuando se solicita información por primera vez es igual al de las afirmaciones. Por ejemplo, en los lectos en los que el apellido *Watt* y el interrogativo *what* se pronuncian exactamente iguales, la afirmación *Watt is missing* ('Watt ha desaparecido') y la pregunta pronominal *What is missing?* ('¿Qué falta?') se pronuncian exactamente iguales en el habla neutral no emotiva.

También ocurre en inglés que una pregunta pronominal se pronuncie con ascenso final para significar que la información solicitada no ha sido recibida aún, como en *What's your name*↑*?* pidiendo a la otra persona que diga de nuevo su nombre porque no se captó la primera vez.

Una de las diferencias más notables entre las dos lenguas es que en el habla emotivamente neutral tiene lugar en inglés, en la última sílaba tónica de la locución, una subida de tono que precede tanto al ascenso como al descenso y que no tiene lugar en español. Esto puede describirse en términos de niveles tonales. Ya hemos dicho que en español el nivel 3 sólo aparece en el habla enfática. Sin embargo en inglés en el habla normal no enfática, tanto en la pregunta absoluta como en la afirmación, el tono sube al nivel 3 en la última sílaba tónica. Si se trata de una afirmación, el tono desciende del 3 al 1 y sigue descendiendo hasta apagarse la voz. Si por el contrario se trata de una pregunta absoluta el tono sigue subiendo pero sin llegar a un nivel 4 que sí se alcanza en el habla enfática. Por ejemplo, y para comparar, el patrón entonacional de *Pero estaba en casa* es 1221↓, pero el de *But I was home* es 1231↓. La misma diferencia se da en las preguntas pronominales: el patrón entonacional de *¿Dónde está Juan?* es 221↓, pero el de *Where is John?* es 231↓. E igualmente hay diferencias en las preguntas absolutas: el patrón de *¿Tiene sed?* es 22↑, pero el de *Working late?* es 23↑.

Dado que el nivel 3 se alcanza solamente en español en el habla enfática, si alguien que está estudiando español como segunda lengua transfiere los patrones entonacionales del inglés al español y la oración no es enfática, eso puede tener como resultado que se perciba su entonación como más animada de lo que se espera.

Hay por otra parte una diferencia entre las dos lenguas que causa que en ciertas circunstancias al utilizar alguien que está aprendiendo español la entonación del inglés en español se perciba su habla como menos animada que lo que sería normalmente en español. Esto tiene que ver con lo que sucede al final de un grupo entonacional interior que consiste en una parte de una oración. Generalmente en el inglés de EE.UU. se usa la suspensión ante pausa en posición interna de locución para marcar continuidad interior (si exceptuamos la gente joven que utiliza algo comparable al ascenso) mientras que el español, como hemos dicho anteriormente, utiliza el semiascenso. Por ejemplo, considérese la oración *Once you finish the exam, you may leave* y su equivalente español *Una vez que terminen el examen, pueden irse*. Sus patrones entonacionales pueden esquematizarse como sigue:

Once you finish the exam→ | you may leave↓.
Una vez que hayan terminado el examen↗ | pueden irse↓.

La aparición de numerosos semiascensos internos en locuciones españolas de gran complejidad sintáctica hace que la entonación española les suene a personas de habla inglesa más animada que la del inglés. Por otra parte la aparicion de numerosas suspensiones en locuciones inglesas de igual complejidad hace que la entonación inglesa les suene a personas de habla española menos animada que la del español.

Otra diferencia fundamental entre la entonación del inglés y la del español es que en inglés se utiliza con mayor frecuencia que en español un ascenso muy pronunciado para marcar una palabra que se quiere resaltar o enfatizar en un contexto determinado. El ascenso que se realiza en inglés llega en esos casos a lo que podríamos denominar el nivel 4, pues es más alto que el nivel alcanzado en la última sílaba tónica de afirmaciones y preguntas. En los siguientes ejemplos el nivel sube a 4 en la realización de la palabra escrita en mayúscula:

ANN was the head of a unit; Martha was never that;
Ann WAS the head of a unit but no longer;
Ann was the HEAD of a unit, not just a simple employee;
Ann was the head of a UNIT, not of a division.

Como puede verse, la primera parte de la locución es idéntica en los cuatro casos, pero la intención comunicativa es distinta en cada caso y se trasmite a través de la entonación. Lo mismo puede hacerse en español, pero sin alcanzar el nivel 4, sólo el 3, que, repetimos, es el nivel asociado al énfasis en español. Así podría decirse:

ANA fue jefa de unidad; Marta nunca lo fue;
Ana FUE jefa de unidad pero ya no;
Ana fue JEFA de unidad, no una simple empleada;
Ana fue jefa de UNIDAD, no de división.

Ahora bien, este tipo de entonación contrastiva es menos frecuente en español que en inglés porque es posible a veces realizar contrastes efectuando cambios en el orden de las palabras por ser éste más flexible en español que en inglés. Por ejemplo puede decirse *Eso lo podría hacer Lola* como el equivalente de *LOLA could do that* en lugar de *LOLA podría hacer eso*, puesto que en español se puede marcar que algo constituye nueva información mencionándolo al final.

Debe observarse que tanto en inglés como en español el nivel expresivo de lo enfático aparece mucho en los mandatos, y la diferencia radica, como en otras expresiones enfáticas, en que en inglés se llega a un nivel 4 y en español sólo a un nivel 3. Por otra parte en ambas lenguas es posible emitir un mandato sin hacer énfasis en ninguna palabra. En ese caso el patrón entonacional de los mandatos no difiere del de las afirmaciones.

19.9. Entonación lógica vs. entonación emotiva

Todo lo que hemos dicho de la entonación hasta ahora se limita a lo que se denomina arbitrariamente **entonación lógica** para referirse a los patrones entonacionales que se corresponden con distintos tipos de *formas*, ya sean con los distintos tipos de formas comunicativas como la afirmacion, la pregunta y el mandato, o con la distinción entre mensajes completos o incompletos. Pero existe también lo que se denomina **entonación emotiva** para referirse a los patrones entonacionales que se corresponden con emociones, sentimientos, actitudes, etc. que la persona que habla desea trasmitir. Es fácil observar que una misma locución puede reflejar entusiasmo, falta de entusiasmo, alegría, asombro, desilusión, seriedad, sarcasmo, duda, credulidad, incredulidad, seguridad, inseguridad, etc. y que a distintas emociones corresponden distintos patrones entonacionales. El estudio de la entonación emotiva merece un espacio que no podemos darle aquí. De todos modos, las emociones humanas son universales y es muy posible que no haya diferencias significativas entre la entonación emotiva del español y la del inglés. En nuestra experiencia no existen entre estudiantes de español como segunda lengua y nativohablantes serias barreras comunicativas que tengan su origen en la falta de dominio de la entonación emotiva del español.

Resumen

El **tono** es el fenómeno psicológico que corresponde a la **frecuencia fundamental** con la cual vibran las cuerdas vocales. No siendo monótona el habla, el tono cambia en determinados momentos de una locución aunque también puede no cambiar en otros momentos de la locución. Un **nivel tonal** determinado puede limitarse a un segmento o extenderse a otros segmentos. Se denomina **entonación** a la combinación de cambios y mantenimientos de tono dentro de una locución. Esa combinación crea una 'melodía' característica que constituye el **patrón entonacional** de la locución. A distintos patrones corresponden distintos tipos de locución. Lo que tiene lugar durante la realización de la última sílaba tónica de una locución sirve para determinar de qué tipo se trata. El ascenso por encima del nivel con que se empezó a pronunciar esa sílaba marca que la locución es una **pregunta absoluta**; por contraste el descenso por debajo de ese nivel marca que la locución es una **afirmación**. Si no se produce ni ascenso ni descenso (suspensión) lo que se ha dicho se interpreta como una **locución incompleta**. Las **preguntas pronominales** que requieren información por vez primera tienen el mismo patrón que las afirmaciones, pero para reiterar el pedido se utiliza el ascenso al final. También los mandatos no enfáticos tienen el mismo patrón que las afirmaciones. Los otros dos cambios tonales son el **semiascenso** (menos agudo que el ascenso) y el **semidescenso** (menos grave que el descenso). El **grupo entonacional** es el conjunto de segmentos que se pronuncia entre pausas, contando como pausas los silencios. En español se usa el semidescenso al final de un grupo entonacional interno para marcar miembro de serie no penúltimo—éste se marca con un semiascenso. El semiascenso final interno marca también la continuidad interior porque señala el final de un grupo sintáctico que es sólo parte de la locución—por ejemplo el sujeto o una subordinada. Por otra parte el final de un grupo entonacional interno no tiene que coincidir con el final de una unidad sintáctica. Otra función del semiascenso es marcar el final del primer miembro de la alternativa presentada en una pregunta disyuntiva. Por lo general en español las diferencias interlectales con respecto a la entonación tienen que ver con el hecho de que un nivel tonal puede ser más grave o más agudo que el mismo nivel en otro lecto. Las diferencias principales entre la entonación del inglés de EE.UU. y del español en general son las siguientes: (1) el inglés alcanza un nivel 3 en la última sílaba tónica de locución en el habla no enfática, y el español sólo el 2, reservando el 3 para el énfasis; (2) el inglés marca continuidad anterior con la suspensión en vez de con el semiascenso; (3) el inglés utiliza más que el español el ascenso para resaltar o enfatizar una palabra con propósitos comunicativos y además se alcanza en ese uso un nivel 4 al cual no llega nunca el español. Las diferencias significativas entre ambas lenguas ocurren en la esfera de la entonación lógica y no en la esfera de la entonación emotiva.

Ejercicios

Ejercicio de pronunciación no. 45:
Afirmaciones vs. preguntas absolutas

Utilice el descenso (↓) al final de las afirmaciones. Utilice el ascenso (↑) al final de las preguntas absolutas. No suba el tono al nivel 3. Escuche y repita lo que dice la grabación o su instructor/a.

1. Ya llegó Susana↓.
2. ¿Ya llegó Susana↑?
3. Puedo verte esta noche↓.
4. ¿Puedo verte esta noche↑?
5. Entendió lo que dijiste↓.
6. ¿Entendió lo que dijiste?↑
7. Costó más de dos mil dólares↓.
8. ¿Costó más de dos mil dólares↑?
9. Y Pepe sabe cómo llegar allá↓.
10. ¿Y Pepe sabe cómo llegar allá↑?

Ejercicio de pronunciación no. 46:
Preguntas pronominales

Pronuncie las preguntas pronominales que aparecen solas con la misma entonación que la de una afirmación. Debe haber descenso al final. Pronuncie en cambio con ascenso las mismas preguntas cuando van precedidas por *¿Eh?*, suponiendo que repite la pregunta anterior porque no oyó bien la respuesta. La pregunta *¿Eh?* debe pronunciarse también con ascenso. Escuche y repita lo que dice la grabación o su instructor/a.

1. ¿Cómo se hace↓?
2. ¿Eh↑? ¿Cómo se hace↑?
3. ¿Quiénes no han venido↓?
4. ¿Eh↑? ¿Quiénes no han venido↑?
5. ¿Cuándo llegan ellos↓?
6. ¿Eh↑? ¿Cuándo llegan ellos↑?
7. ¿Cuál de los dos prefieres↓?
8. ¿Eh↑? ¿Cuál de los dos prefieres↑?
9. ¿Por qué no quieres ir al cine↓?
10. ¿Eh↑? ¿Por qué no quieres ir al cine↑?

Ejercicio de pronunciación no. 47:
Preguntas disyuntivas

Utilice el semiascenso (↗) para marcar el final de la primera alternativa—suba el tono pero no tanto como en una pregunta absoluta. Baje el tono al final de la segunda alternativa, pero menos que en una afirmación. Escuche y repita lo que dice la grabación o su instructor/a.

1. ¿Te sirvo té↗ o café↓?
2. ¿Sigue enferma↗ o ya está bien↓?
3. ¿Hablamos de eso ahora↗ o luego↓?
4. ¿Ella es peruana↗ o boliviana↓?
5. ¿Me tiño el pelo de azul↗ o de púrpura↓?
6. ¿Estás lista↗ o quieres más tiempo↓?
7. ¿Nos vamos↗ o nos quedamos un rato más↓?

Ejercicio de pronunciación no. 48:
Entonación de oraciones compuestas y complejas

Cada una de estas oraciones contiene dos grupos fónicos. Utilice el semiascenso para indicar que el primer grupo fónico no es una oración completa sino parte de otra más grande. El descenso al final del segundo grupo fónico indica que la oración ha terminado. Escuche y repita lo que dice la grabación o su instructor/a.

1. Quieres sacar buenas notas↗ y sin embargo nunca estudias↓.
2. Vuelva dentro de una hora↗ o espérelo aquí si desea↓.
3. Si me entero de algo↗, te llamaré inmediatamente↓.
4. Ya le he dicho muchas veces↗ que no quiero salir con él↓.
5. La fiesta fue un fracaso↗ porque no vino gente divertida↓.
6. Como cancelaron todos los vuelos↗, tuvimos que ir en autobús↓.

Para pensar

1. ¿Qué hace posible que en la comunicación entre hispanohablantes de lectos muy distintos no se produzcan sistemáticamente malentendidos causados por diferencias en la entonación?

2. ¿Cómo difieren desde el punto de vista de la entonación la locución *Y* ('And'), dicha entre silencios para indicar que se va a decir otra cosa y la locución *¿Y?* dicha para pedir que la otra persona agregue algo a lo que ya dijo?

3. Diga si en una conversación en la cual no se usa el énfasis, la pregunta *¿Por qué no compras algo?*, y la respuesta dada a ella: *Porque no tengo dinero*, tienen o no exactamente el mismo patrón entonacional. Explique su respuesta.

4. Diga si la locución *Ana tiene novio: Leo*, dicha para informarle a Juan que Ana tiene novio y que su nombre es Leo, tiene o no exactamente el mismo patrón entonacional que la locución *Ana tiene novio, Leo*, dicha a Leo para informarle que Ana tiene novio. Explique su respuesta.

5. Describa de qué modo difieren entre sí, desde el punto de vista de la entonación, las dos pronunciaciones de la palabra *hermano* y las dos de la palabra *Juan* en el siguiente par de oraciones: (1) *Con ayuda de su hermano, Juan puso un negocio*, (2) *Con ayuda de su hermano Juan, puso un negocio*. En la primera el que ayuda es el hermano de Juan; en la segunda el que ayuda es Juan, y ayuda a una persona que la oración no menciona.

Capítulo 20

Fonología aplicada del español para anglohablantes

20.1. Fonología aplicada y errores de pronunciación

En los capítulos 9 a 19 hemos tratado de presentar una visión general del sistema fónico común a los lectos hispánicos. Para cada fenómeno hemos mencionado las diferencias lectales que consideramos de interés, en parte por ser más generales que otras en términos del número de hablantes que las manifiestan, y en parte porque se dan en los distintos lectos del español hablado en EE.UU. Hemos incluido también diferencias entre el español en general y el inglés de EE.UU. en general, dados nuestros deseos que el libro sirva en gran parte como un manual de pronunciación dirigido a anglohablantes.

Claro que en las páginas precedentes hemos dado mucha mayor atención a la pronunciación nativa del español y el punto de vista ha sido principalmente el de una fonología teórico-descriptiva. Por contraste, en el presente capítulo el foco estará específicamente en la pronunciación no nativa del español manifestada por hablantes de edad adulta del inglés de EE.UU., y el punto de vista será el de una **fonología aplicada**.

Aunque la fonología aplicada en general asume los conocimientos que da la fonología teórico-descriptiva, aquélla contrasta sin embargo en sus propósitos con ésta. Una fonología teórico-descriptiva del español examina los fenómenos de la pronunciación nativa y los describe en términos de algún modelo de la fonología mental, sin más propósito que el de aumentar nuestro conocimiento sobre la organización fonológica del español. En cambio una fonología aplicada del español se propone precisamente aplicar ese conocimiento a un fin práctico, que es el de *remediar* las posibles desviaciones que pueda efectuar en la pronunciación del español cualquier persona que no posea una gramática mental comparable a la nativa.

Cuando esas desviaciones las efectúan nativohablantes, se consideran **defectos del habla** ('speech defects'), que a su vez indican algún defecto neurológico, ya sea innato o patológico. Aunque creemos que esas desviaciones son de gran importancia científica y social, no las examinaremos en este libro. Por otra parte también creemos que toda persona que se dedique a remediar defectos del habla en hispanohablantes de cualquier edad debe tener conocimiento de cómo funciona el sistema normal, es decir, debe estudiar fonología española y adquirir conciencia de la variación lectal.

Las desviaciones que nos interesan aquí son las que efectúan personas cuya lengua materna no es el español sino el inglés de EE.UU. A esas desviaciones las llamaremos aquí **errores de pronunciación**, sin que esa frase denote ninguna insuficiencia física o mental. Es completamente natural que se cometan errores puesto que al no haberse adquirido completamente la fonología mental de la segunda lengua se tiende a no utilizar elementos y principios de la misma que no se han adquirido aún y a utilizar en cambio elementos y principios de la lengua materna.

Dado que la meta de la fonología aplicada de una segunda lengua es eliminar en lo posible los errores de pronunciación, surge la pregunta de cuál es la mejor manera de alcanzar esa meta. El estudio científico de la adquisición de una segunda lengua por personas de edad adulta ha confirmado que en el caso normal la interacción con nativohablantes de la misma lengua no lleva a la adquisición automática que es característica de la lengua materna. Hay sin embargo casos excepcionales de personas que llegan a alcanzar una habilidad comparable a la de nativohablantes, inclusive sin haber recibido instrucción alguna. Por supuesto que para esas personas no hacen faltan libros como éste. Aquí nos preocupa exclusivamente el caso normal. En lo normal entra el hecho, confirmado también por la investigación científica, que en igualdad de todo otro factor, recibir instrucción en una segunda lengua hace más probable acercarse al dominio de esa lengua que simplemente tener que comunicarse en ella en situaciones de la vida real. Definitivamente hay más posibilidades de éxito si el contacto espontáneo con nativohablantes en un ambiente real va precedido por el estudio organizado de la segunda lengua. Claro que hay que considerar también qué tipo de instrucción se recibe. Detengámonos un momento en la adquisición de la sintaxis. Se ha visto que los métodos llamados 'comunicativos', que por lo general no incluyen información gramatical explícita como parte de las actividades pedagógicas, no hacen que desaparezcan errores sintácticos, que se manifiestan incluso después de años de estudio. Con respecto a este fenómeno conviene aclarar que se puede adquirir inconscientemente por lo menos parte de la gramática de la segunda lengua. Se adquiere precisamente *lo que es posible* en esa lengua y que puede deducirse de escucharla y leerla en un ambiente pedagógico. Es decir, en ese ambiente, a través de la comunicación oral y la lectura podemos adquirir estructuras sintácticas por el mero hecho de estar expuestos a ellas. Lo que nos es difícil llegar a saber en la edad adulta es *lo que no es posible* en la segunda lengua, ya que lógicamente no recibimos pruebas de ello a través de la mera exposición. Es decir, las muestras auténticas que nos dan de una segunda lengua en la enseñanza no contienen estructuras erróneas. Además, si nadie nos dice que algo que hemos dicho es erróneo y nadie nos informa cómo debe decirse, ¿cómo podemos enterarnos entonces de que lo que hemos dicho está mal?

En la adquisición de nuestra lengua materna cometemos errores también, pero los superamos casi sin ayuda. A pesar de que la mayoría de la gente cree que en la niñez superamos los errores únicamente porque nos corrigen, la realidad es que la corrección juega un papel casi insignificante en la adquisición de la primera lengua, y con el tiempo adquirimos inconscientemente, sin instrucción explícita y prácticamente sin necesidad de corrección, la misma gramática mental que posee la gente adulta. Si lo mismo pasara con segundas lenguas, no haría falta enseñarlas formalmente a personas adultas: bastaría el contacto comunicativo con los que las hablan. El problema de quienes estudian una segunda lengua después de la pubertad es que no se enteran de muchos de sus errores a menos que se les indique cuáles son. Una manera de informarles, que parece muy lógica, es a través de la corrección explícita, diciéndoles que algo no se dice o no se escribe como lo han hecho y dándoles el equivalente nativo. Por otra parte la corrección explícita puede tener consecuencias psicológicas negativas. Es posible, sin embargo, dar información sobre los errores sin paralizar a nadie cada vez que abra la boca con la intención de decir algo en un ambiente comunicativo. Con respecto a la sintaxis, esa información puede impartirse en los libros y en las clases y reforzarse con la práctica oral y escrita.

El dominio actual ejercido por la posición 'comunicacionista' sobre la pedagogía de segundas lenguas ha llevado a que se acepte mucho la recomendación de no practicar en clase estructuras que no tengan ninguna intención comunicativa. Se condena por ejemplo, como método de aprender cierta estructura sintáctica, la repetición, fuera de contexto, de sucesivas oraciones aisladas que manifiestan esa estructura, en la creencia de que esto no contribuye de ningún modo a la adquisición inconsciente de la segunda lengua. En cuanto a la pronunciación, en el momento actual, a principios del siglo XXI, lo típico (y sintomático) es que un libro de primer año de español de nivel universitario en EE.UU. no contenga ejercicios de pronunciación a realizar en la clase. Por nuestra parte en la enseñanza de la pronunciación adoptamos cierta filosofía trasladada del campo de la música, y que puede expresarse diciendo que para dominar el uso de un instrumento musical, al extremo de interpretar en él acertadamente piezas de gran complejidad estética, es indispensable hacer ejercicios ('practicar escalas') de poco o ningún contenido expresivo, con el objeto de llegar a la automaticidad de los movimientos.

Esa filosofía nos ha llevado a incluir en este libro ejercicios de pronunciación basados en la repetición de palabras, frases u oraciones. Estos sirven para practicar los fenómenos de la pronunciación española que a nuestro juicio causan las mayores dificultades de comunicación entre hablantes del inglés de EE.UU. y nativohablantes del español que no saben inglés. Por una parte, si no se dominan esos fenómenos, se crea "acento" en las personas no nativas, disminuyendo por tanto la inteligibilidad de lo que dicen. Por otra parte, el no tener conciencia de lo que puede pasar en español hace que el habla nativa resulte menos inteligible al oído no nativo. Creemos que estos ejercicios sirven últimamente para incrementar la probabilidad de la comunicación porque en el mejor de los casos disminuyen la probabilidad de no entender o entender mal lo que se ha escuchado.

Los ejercicios han sido precedidos en todos los casos por información explícita sobre las diferencias entre el inglés y el español en relación con los

Normalmente las personas adultas que estudian una segunda lengua no pueden adquirir inconscientemente todos los elementos y principios de esa lengua y se benefician de la información explícita y de la práctica. Esto incluye la imitación y repetición de sonidos.

fenómenos practicados. Esa información la sintetizamos en este capítulo, añadiendo otras consideraciones.

20.2. Causas de los errores e influencia de la ortografía

Antes de describir errores específicos cometidos por anglohablantes en la pronunciación del español, conviene empezar por describir las causas de los errores en general. Todo sistema fónico se compone de elementos y principios. Entre los elementos están los fonemas. En general un error consiste en utilizar o no utilizar cierto fonema o cierto principio. Más específicamente, consiste en utilizar en la segunda lengua un fonema o principio de la primera lengua que no existe en la segunda o en no utilizar un fonema o principio de la segunda lengua que no existe en la primera. Aumentando la especificidad, podemos decir que los errores cometidos por anglohablantes en la pronunciación del español como segunda lengua pueden clasificarse en los cuatro tipos siguientes:

1. Utilizar fonemas ingleses en lugar de fonemas españoles, por ejemplo /n/ + /j/ en vez de /ɲ/, o /eʲ/ en vez de /e/;
2. Aplicar a clases de sonidos que existen en las dos lenguas procesos que les aplican en inglés pero no en español; por ejemplo aspirar /p t k/ o reducir vocales átonas a shwa;
3. No aplicar a clases de sonidos que existen en las dos lenguas procesos que les aplican en español pero no en inglés; por ejemplo no desplosivizar los plosivos sonoros, o no desnuclearizar vocales;
4. Aplicar principios del inglés en los fenómenos no segmentales como lo son la acentuación y la entonación.

Hay que decir que en no pocos casos los errores son causados por la influencia de la ortografía. Una persona adulta que está recibiendo instrucción en una segunda lengua normalmente entra en contacto por primera vez con una palabra de esa lengua a través de la vista y no del oído. Es decir, normalmente ve la palabra escrita antes de oírla pronunciada por otra persona. La experiencia indica que, dado que el alfabeto español —hablamos del alfabeto ortográfico— es muy similar al alfabeto inglés, si la persona en cuestión es hablante nativa del inglés, supondrá inconscientemente que en las palabras españolas las letras tienen el mismo valor fonemático (es decir, representan los mismos fonemas) que en la ortografía inglesa y tenderá a pronunciar las palabras españolas, cuya forma visual conoce, utilizando el inventario de sonidos y principios del inglés hasta tanto no aprenda el valor fonemático que tienen las letras en la ortografía española. Por ejemplo, si desconoce (o no ha llegado a dominar) cómo se pronuncia el fonema español /r/ tenderá a pronunciar con [ɹ] las palabras españolas que empiezan con r, ya que esa letra representa al fonema /ɹ/ en la ortografía inglesa.

La influencia negativa de la ortografía en la pronunciación de una segunda lengua es probablemente máxima en los llamados **cognados**. Se trata de pares de palabras cuyos miembros son de dos lenguas distintas y ambas palabras se asemejan total o parcialmente en su ortografía (sobre todo en la raíz) por el hecho de derivarse históricamente, total o parcialmente, de una misma palabra de una tercera lengua. A veces en la evolución histórica el elemento en común de los cognados ha llegado a tener un significado distinto en las dos lenguas y se habla entonces de **cognados falsos** (también llamados "falsos amigos"). Por ejemplo, *actualmente* ('at the present time') y *actually* ('en realidad') son cognados falsos, como lo son *constipado* ('suffering from a cold') y *constipated* ('estreñido').

En lo que sigue describimos los errores característicos cometidos por anglohablantes en la pronunciación del español como segunda lengua, tomando muy en cuenta la influencia de la ortografía. Empezamos por describir los errores relativos a las distintas clases de sonidos, para luego pasar a los relativos a la acentuación y la entonación.

Los errores de pronunciación se deben principalmente al uso en español de sonidos y principios del inglés y a la inaplicación de principios del español que no existen en inglés. Muchos errores son provocados por las semejanzas ortográficas entre las dos lenguas, sobre todo en los cognados.

20.3. Errores en la pronunciación de obstruyentes

Errores caracteristicos en la pronunciación de obstruyentes son los siguientes:

1. Aspirar /p t k/ en ciertos entornos;
2. No desplosivizar /b d g/ en ningún entorno;
3. Pronunciar /t d/ como alveolares;
4. Vibrantizar /t d/ entre vocales;
5. Realizar /ʒ/ como [j] en todos los entornos;
6. No realizar los fonemas fricativos sordos como sonoros ante consonante sonora.

Veamos en detalle cada uno de estos casos. En primer lugar, los fonemas plosivos sordos /p t k/ tienden a realizarse aspirados a principio de palabra o de sílaba tónica, que son los entornos en que se aspiran los plosivos sordos del inglés, apareciendo [pʰ tʰ kʰ] en lugar de [p t k].

En cuanto a la pronunciación de /b d g/, el no realizarlos nunca continuos se debe simplemente a que en el inglés en general no existe el proceso de desplosivización que se manifiesta en la gran mayoría de los lectos hispánicos. Para /b/ debe agregarse que puede realizarse como [v] por influencia de la ortografía.

En cuanto al pronunciar /t/ y /d/ como alveolares en vez de dentales, especialmente en su realización plosiva, eso se debe a que en inglés la cresta alveolar, y no la cara interior de los dientes superiores, es la región donde debe ocurrir el contacto o acercamiento de la lámina en los plosivos coronales anteriores. La vibrantización de /t/ y /d/ entre vocales ocurre por existir tal proceso en el inglés de EE.UU.

En cuanto a la pronunciación de /ɟ/ como [j] en vez de [ʝ] o [ɟ], se debe a que en inglés el único fonema corono-anteriodorsal no nuclear es precisamente el semivocálico /j/. En inglés no hay fonemas consonánticos corono-anteriodorsales—no hay lo que la tradición llama consonantes palatales. Hay dos factores que refuerzan el que se pronuncie [j] en lugar tanto de [ʝ] como de [ɟ]. Uno es que en español en muchos casos /ɟ/ se representa en la escritura con la letra *y*, que es la misma letra con la cual se representa el fonema /j/ del inglés; es éste el caso de todas las palabras que empiezan con *y* seguida de letra vocal, como *yarn*, *yes*, *yield*, *yoke*, *you*, etc.). El otro factor es que en algunos casos en el habla nativa el alófono continuo de /ɟ/ no es la fricativa [ʝ] sino la aproximante [j], que es el mismo sonido que el alófono fiel del inglés /j/.

Finalmente, no asimilar los fricativos sordos a la consonante sonora siguiente se debe a que ese proceso no existe en inglés, aunque sí en los lectos hispánicos en los cuales no se suprimen los gestos bucales de /f s x/ posnucleares (ni de /θ/ en los lectos que lo tienen). Por ejemplo, en ingles, en *less gain* /s/ no se realiza como [z] en ningún estilo, pero en español, *les gané* se pronuncia [lez.ɣa.né] en los lectos en cuestión.

20.4. Errores en la pronunciación de nasales

Dos errores característicos en la pronunciación de los fonemas nasales son:

1. No asimilar /m/ al punto de articulación de la consonante que la sigue;
2. Realizar /ɲ/ como [nj].

El primero de esos errores se debe a que en inglés la asimilación sólo afecta, entre las nasales, a /n/. En español en alegreto, la realización de /m/ es, por ejemplo, [ɱ] en *álbum familiar* y [n] en *álbum sensacional*. En inglés, sin embargo, tanto en *the album failed* como en *the album sold* aparece el alófono fiel [m].

En cuanto a [nj] por /ɲ/, se debe a que en inglés no existen consonantes corono-anteriodorsales, por lo cual, al percibirse los rasgos distintivos de /ɲ/, éstos se asignan a únicas fases de dos segmentos distintos: [+Consonántico, +Nasal,] a la única fase de un primer segmento, y [–Nuclear, Dorsal, –Retraído] a la única fase de un segundo segmento, siendo Coronales ambos. Como el único fonema consonántico del inglés que es [+Nasal, Coronal] es /n/, éste resulta el primer segmento, y como el único fonema del inglés que es [–Nuclear, Coronal, –Anterior, Dorsal] es /j/, éste resulta el segundo segmento.

20.5. Errores en la pronunciación de laterales

Como hemos visto, /l/ no es el único fonema lateral que existe en el dominio hispánico. Dada la inexistencia de fonemas corono-anteriodorsales en inglés, el fonema lateral coronodorsal ʎ se percibe como la secuencia /lj/, por las mismas razones que /ɲ/ se percibe como la secuencia /nj/, pronunciándose [lj]. Ahora bien, no es de ningún modo un error frecuente, dado que el número de nativohablantes que tienen ʎ en su sistema es relativamente bajo.

Mucho más frecuentes son los dos errores que se producen en la realización del fonema lateral coronal /l/, y son los siguientes:

1. Ensordecer /l/ prenuclear después de plosiva sorda tautosilábica;
2. Velarizar /l/ posnuclear.

El primer error se debe a que en el inglés de EE.UU. es obligatorio realizar /l/ prenuclear como su alófono infiel sordo, [l̥], cuando está después de /p t k/ prenucleares. El grupo prenuclear /tl/ no existe en inglés pero suponemos que un/a anglohablante tenderá a ensordecer /l/ en la pronunciación de, por ejemplo, *Tlascala*, ya que tiende a hacerlo en, por ejemplo, *plato* y *clase*.

El segundo error relativo a /l/ se debe a que es igualmente obligatorio en el inglés de EE.UU. realizar /l/ posnuclear como [ɫ], segmento que, como hemos mencionado antes, es corono-posteriodorsal, por presentar al mismo tiempo contacto de la lámina con la cresta alveolar y acercamiento del posteriodorso al velo. Este último gesto da a [ɫ] lo que en la fonética tradicional recibe el nombre de "coloración de [o]" por acercarse al timbre de una vocal retraída media. Por contraste, [l], que ocurre en español tanto en posición prenuclear como posnuclear, tiene "coloración de [i]" por acercarse al timbre de una vocal irretraída alta.

Debe recordarse que hay hablantes de inglés de EE.UU. que en inglés realizan /l/ como [ɫ] cuando /l/ esta delante de vocal átona débil como en *Billy* y *folly*. Este fenómeno se transfiere al español y se escucha [ɫ] en palabras como *bilis* y *sale*.

20.6. Errores en la pronunciación de róticos

Ya haya en español un solo fonema rótico o dos, lo característico entre anglohablantes es pronunciar tanto [ɾ] como [r] como uno de los sonidos róticos del inglés. En posición prenuclear tanto [ɾ] como [r] tienden a reemplazarse por la aproximante semivocal retrofleja del inglés, [ɹ]. Por ejemplo, se usa este sonido en vez de [r] en *roto, perro, Enrique*, etc.; y se usa en vez de [ɾ] en *pero, ahora, problema, abre, tres, cuadro, crema, gracias*, etc. Una consecuencia de pronunciar todo segmento rótico prenuclear como [ɹ] es que desaparece el contraste entre palabras que difieren únicamente en que una contiene [ɾ] y la otra [r], pronunciándose iguales por ejemplo *caro* y *carro*, *cero* y *cerro*, *mira* y *mirra*, *ahora* y *ahorra*, *curo* y *curro*, etc.

Es posible que entre estudiantes que aprenden gran parte de su vocabulario a través de la lectura, el uso de [ɹ] en vez de una vibrante se deba principalmente al hecho de que las vibrantes se representan en la ortografía española con *r* o *rr*, que es precisamente como se representa [ɹ] en la ortografía inglesa. Muy probablemente esta similitud se ve reforzada por la existencia de cognados como *radio, repetir, rima, rosa, coral, irracional*, etc.

Considérese por otra parte el caso de anglohablantes de corta edad, es decir, niños, que no saben leer y han entrado en contacto con nativohablantes del español en una situación no escolar. Por ejemplo, sus padres han ido a vivir a un país de habla española. Aunque en el caso normal esos niños adquirirán la pronunciación nativa con relativa rapidez, cometen errores al principio del contacto, incluyendo el hecho de que pronuncian las vibrantes prenucleares como [ɹ]. Esto es de esperar porque [ɹ] comparte ciertos rasgos con las vibrantes. Éstas son, como [ɹ], coronales anteriores no laterales y no nasales y tienen, como el sonido inglés, una fase aproximante, aunque también tienen por supuesto una breve fase plosiva que no tiene [ɹ]. Ahora bien, por la coincidencia parcial en rasgos, el sonido inglés que más se parece tanto a [ɾ] como a [r] es precisamente [ɹ]. Esta semejanza causa también que una persona adulta considere inconscientemente que la forma subyacente de una palabra con vibrante contiene /ɹ/ aun si solamente la ha escuchado y no la ha visto todavía escrita.

Pasemos a las vibrantes en posición posnuclear. Advertimos que lo que sigue se aplica únicamente a hablantes de lectos del inglés de EE.UU. en los cuales hay róticos posnucleares (ya que en algunos lectos éstos se eliden). Como hemos visto anteriormente, aun si se admite que hay dos fonemas vibrantes, no hay contraste psicológico entre [ɾ] y [r] posnucleares. La vibrante que aparece en posición posnuclear cuando no se aplica ningún proceso que lleve a la infidelidad es [ɾ], por lo cual se considera este segmento como el alófono fiel del fonema que lo subyace. Por esa razón, decir que en esa posición aparece /ɾ/ vale para las dos teorías sobre el número de fonemas vibrantes. En la mayoría de los casos /ɾ/ posnuclear tiende a realizarse como [ɹ] por anglohablantes. Sin embargo en las palabras que terminan en la secuencia /eɾ/ existe la tendencia a remplazarla por [ɚ], la vocal rótica del inglés de EE.UU., que es la única vocal de, por ejemplo, *her*. Esto se debe probablemente al hecho de que en inglés es el sonido final de muchas palabras que terminan en *er* en la escritura, ya sea esta vocal el único segmento de un sufijo, como en *buyer, seller, taller* y *cleaner*, o parte de un morfema como en *answer, cancer, her, never* y *river* . Entre las palabras que se pronuncian terminadas erróneamente en [ɚ] están sustantivos como *mujer, placer* y *chofer* y todos los infinitivos de los verbos de la segunda conjugación, por ejemplo *ser, ver, tener* y *comer*.

Añadimos una observación con respecto a la pronunciación de [ɾ] en general. Debe recordarse que este sonido existe en el inglés de EE.UU., pero como alófono infiel de /t d/. En nuestra experiencia ayuda a mejorar la pronunciación el que se adquiera conciencia de la existencia de este sonido y del hecho de que no es alófono del mismo fonema en las dos lenguas. Esto se logra en parte presentando explícitamente el contraste entre palabras que difieren únicamente en que una contiene /t/ o /d/ y la otra /ɾ/ e invitando a que se practique la pronunciación de esas palabras, lo cual hemos hecho en este libro. En el ejercicio de pronunciación n°. 22, localizado en el capítulo 14, hemos presentado pares como *todo* y *toro* y tríos como *moto, modo* y *moro*.

20.7. Otros errores consonánticos causados por la influencia de la ortografía

Hay otros errores relativos a las consonantes provocados por la ortografía además de los que hemos señalado hasta ahora. Estos tienen que ver con la pronunciación de ciertas letras en ciertos entornos y son causados por el hecho de que el valor fonemático que tienen esas letras en esos entornos es distinto en inglés y en español. Las letras en cuestión son *c, d, s, t, x* y *z*. En la mayoría de los casos los errores ocurren en la pronunciación de cognados.

Para mejorar la pronunciación, no sólo de /ɾ/ sino de /t/ y /d/, es útil que se adquiera conciencia de que [ɾ] existe en inglés y que se practique la diferencia en la pronunciación de esos tres sonidos, de modo que se aprenda que en español [ɾ] no es alófono de /t/ ni de /d/ sino de /ɾ/.

Con respecto a la pronunciación de *c*, debe observarse que en las palabras inglesas en las cuales el segmento final de la raíz se representa con *c* y ésta va seguida de *i* que a su vez va seguida al menos por otra letra vocal, el valor fonemático de *c* es /ʃ/ (que es el fonema final de, por ejemplo, *cash*), como puede apreciarse en la pronunciación de palabras como *gracious, delicious, facial* y *social*. El error consiste en pronunciar la secuencia *ci* como [ʃ] en vez de como [sj] (o [θj] en castellano de Castilla), inclusive en palabras que no son propiamente cognados como *gracias*, pero principalmente en cognados como *gracioso, delicioso, facial* y *social*.

El error relativo a *d* ocurre en la pronunciación de cognados que terminan en *-dial* y *-dual*, como *cordial, primordial, gradual* e *individual* y consiste en pronunciar *d* como [dʒ] (que es tanto el segmento inicial como el final de *judge*) en vez de [ð], por ser /dʒ/ el valor fonemático de esa letra en las palabras inglesas correspondientes.

Hay dos errores relativos a *s*. Uno muy frecuente es su pronunciación como [z] en vez de [s] en cognados en los cuales aparece entre vocales, incluyendo nombres propios como *Rosa* y *Susana* y nombres comunes como *visita, presidente* y *música*. La razón es que los cognados ingleses tienen /z/ donde los equivalentes españoles tienen /s/. Este error también se da en el nombre *José*, que es de uso frecuente en inglés y se ha adaptado a la fonología inglesa, por lo cual, al usarse en español, puede pronunciarse erróneamente como *[hoʷ.zéʲ]* en vez de [xo.sé] (o [ho.sé] en los lectos que tienen /h/). Es conveniente repetir una vez más que el fonema /z/ no existe en español.

El otro error relativo a *s* es pronunciar como [ʒ] la secuencia [sj] en ciertos cognados terminados en *-sión* como *excursión* y *televisión*, ya que las formas subyacentes de las palabras inglesas correspondientes contienen no /s/ sino /ʒ/.

En cuanto a *t*, se pronuncia erróneamente como [tʃ] en las secuencias *ti* + vocal y *tu* + vocal en cognados como *bastión, cuestión, actual* y *bestial* por ser /tʃ/ (que es el primer y último segmento de, por ejemplo, *church*) el valor fonemático que tienen en las palabras inglesas correspondientes.

Pasamos al caso de *x*. Con excepción de ciertas palabras de origen mexicano en las cuales representa al fonema /x/, entre ellas *México* ([mé.xi.ko]), *Oaxaca* ([ǫa.xá.ka]), *Xalapa* ([xa.lá.pa]) y sus respectivos derivados, esta letra representa, o al fonema /s/ solo (por ejemplo en *xerografía* y *xilófono*) o a la secuencia /ks/, que es heterosilábica si la sigue una vocal (como en *examen*) y tautosilábica si sigue consonante (como en *éxtasis*) o pausa (como en *tórax*). En el único caso en que aparece el alófono infiel [z] de /s/ es cuando a una palabra terminada en /ks/ la sigue una que empieza en consonante sonora, por ejemplo en *ex marido* o *tórax grande*.

Por contraste, en inglés, el valor fonemático de *x* es /z/ a principio de palabra (como en *xylophone*) y entre vocales es /gz/ en muchas palabras (por ejemplo en *exam, exist* y *exotic*), aunque no en todas (es /ks/ en, por ejemplo, *axiom* y *exodus*).

Debe señalarse que en español, en alegreto, el grupo /ks/ suele pronunciarse [ɣs] al reducirse la consonante velar, de modo que por ejemplo *examen* se pronuncia [eɣ.sá.men]. En cuanto a la pronunciación de /ks/ ante consonante, por ejemplo en *extra* y *explicar*, debe apuntarse que en algunos lectos se elide /k/ en alegreto (además aspirándose /s/) y en otros lectos el fonema velar simplemente no es parte de la forma subyacente y *extra* y *explicar* se pronuncian [és.tra] y [es.pli.kár], inclusive en andante. Los errores relativos a *x* son pronunciarla [z] en vez de [s] a principio de palabra (por ejemplo en *xilófono*) y pronunciarla [gz] en vez de [ks] o [ɣs] entre vocales en cognados como *existir, examen, exagerar, exhibir* y *exótico*.

Por último el error relativo a *z* consiste en pronunciarla como [z] en vez de [s] (o de [θ] en castellano de Castilla) por ser /z/ su valor fonemático. Esto ocurre en cognados transparentes como *zona* y *ozono*, en cognados menos obvios como *razón* y *azul* (compárese *azure*, que sin embargo contiene /ʒ/ en vez de /z/) y en general en no cognados que se escriban con *z*, como *vez, cabeza* y *corazón*.

20.8. Errores en la pronunciación de vocoides

En cuanto a la pronunciación de los vocoides, son errores

características los siguientes:

1. Pronunciar /e/ y /o/ como diptongos en vez de vocales simples en sílaba abierta (es decir no terminada en consonante), especialmente a final de palabra: *[nówᵂ.loᵂ.séʲ] por *no lo sé* en vez de [nó.lo.sé]; esto se debe a que las vocales del inglés más parecidas a /e/ y /o/ españolas son precisamente las fases nucleares de las vocales complejas /eʲ/ y /oᵂ/, pero éstas no ocurren sin su fase semivocálica en inglés, de modo que al transferirse al español se pronuncian terminadas en semivocal;

2. Pronunciar como [ə] (shwa) ciertas vocales átonas tal como se haría en inglés con las vocales de acento débil; esto tiende a eliminar el contraste entre palabras al hacer que se pronuncien iguales, por ejemplo, *banano* ('banana tree') y *banana* ('banana'), *pesada* ('heavy') y *pisada* ('footprint'), *sobras* ('leftovers') y *sobres* ('envelopes'), *cañada* ('ravine') y *cuñada* ('sister-in-law'), etc.;

3. Pronunciar [i] en vez de [j] en las palabras que contienen los diptongos [ja], [je] y [jo] después de consonante, por no ocurrir en inglés esos diptongos en ese entorno, resultando que palabras como *viaje*, *lluvia*, *miedo*, *nadie*, *dioses* y *julio* se pronuncien con tres sílabas en vez de con dos, por haber hiato en vez de diptongo en ellas; por ejemplo *[mi.éʲ.roᵂ] por *miedo* (nótese también la diptongación de /e/ y /o/ y la vibrantización de /d/);

4. Remplazar los diptongos [we] y [wi] por hiatos después de /f/ y de consonante sonora, ya que en ese entorno no se dan en inglés esos diptongos; y así *fuera*, *bueno*, *dueño*, *muevo*, *nuevo*, *luego* y *ruinas* tienden a pronunciarse con tres sílabas en vez de dos (por ejemplo, *[lu.éʲ.goᵂ] en vez de [lwé.ɣo] (nótese también la diptongación de las vocales medias y la no desplosivización de /g/);

5. Pronunciar como diptongo la primera vocal de un hiato español que sea alta, por una parte porque las vocales más parecidas a /a/, /e/ y /o/ del español son precisamente la primera fase de las vocales diptongales /aʲ/, /eʲ/ y /oᵂ/ del inglés, y éstas no se pronuncian sin su fase semivocal; y por otra parte porque en inglés la primera vocal de un hiato es muchas veces una vocal compleja, esto es, un diptongo, como se ve en *giant* ([dʒaʲ.ənt]), *lion* ([laʲ.ən]), *poet* ([pʰoᵂ.ət]), y *Lois* ([loᵂ.əz]). Ejemplos de este tipo de error son decir *[bá.əz] en vez de [bá.es] por el apellido *Báez* (nótese también el uso erróneo de [ə] y de [z]); *[léʲ.ən] en vez de [lé.an] por *lean*, del verbo *leer* (usando también erróneamente [ə]); y *[poᵂ.éʲ. ma] por *poema* en vez de [po.é.ma];

6. Pronunciar como hiato el diptongo [ew] por no existir en inglés dicho diptongo, pero pronunciando además /e/ como el diptongo [eʲ]. Un ejemplo es pronunciar *Europa* como *[eʲ.u.ɹóᵂ.pə]. (Nótese además el uso del rótico inglés así como de [oᵂ] y de [ə]);

7. No efectuar la desnuclearización, ya sea de vocales altas o de

medias, en los casos en que debería ocurrir, ya que el proceso no existe en inglés; ejemplos (en los cuales transcribimos también otros errores característicos) son decir *[mi.éɾ.má.noʷ] por *mi hermano*, en vez de [mjéɾ.má.no]; *[la.u.ni.veɹ.zi.ɾád] por *la universidad*, en vez de [law.ni.βéɾ.si.ðáð]; *[seʲ.oʷ.jóʷ] por *se oyó*, en vez de [se̞o.jó]; *[nóʷ.əs.tá.ba] por *no estaba*, en vez de [no̞és.táβa];

8.   No efectuar ni fusión ni alargamiento en el contacto de vocales idénticas en los casos en que deberían ocurrir, ya que no ocurren en inglés, y crear además una breve pausa entre las dos vocales, o insertar entre ellas una plosiva glotal; por ejemplo, decir *[ɟá.ma|a|a.li.sja] (donde 'l' simboliza pausa) o *[ɟa.maʔaʔalí.sja] por *Llama a Alicia*, en vez de [ɟá.ma.lí.sja].

20.9. Foco en las vocales en cognados

En los errores relativos a los vocoides que hemos descrito juega seguramente un papel la influencia de la ortografía, que es máxima en cognados. A los errores ya apuntados debemos agregar los siguientes, que consisten en dar a las vocales en cognados el valor fonemático que tienen en inglés:

Errores característicos relativos a los vocoides son usar las vocales medias complejas del inglés /eʲ/ y /oʷ/ en vez de /e/ y /o/; pronunciar vocales átonas como shwa; pronunciar hiatos en vez de diptongos cuando éstos no existen en inglés; pronunciar la primera vocal de un hiato como una vocal compleja; no desnuclearizar las vocales átonas en contacto con otra vocal; y no hacer ni fusión ni alargamiento en el contacto entre vocales idénticas.

1.   Pronunciar *a* como [æ] en vez de [a] en, por ejemplo, *absoluto, acción, aspirina, mecánico, taxi, clase* y *bambú*;

2.   Pronunciar *e* como [ɛ] en vez de [e] en, por ejemplo, *elegante, emigrante, enemigo, energía, época* y *estimar*;

3.   Pronunciar *i* como [ɪ] en vez de [i] en, por ejemplo, *inferior, inteligente, sincero, misterio, filtro, típico, símbolo, nicotina,* e *imposible*;

4.   Pronunciar *o* como [ɑ] en vez de [o] en, por ejemplo, *Colorado, doctor, constipado, oficina, hospital, pronto, contemplar, conversación, opcional, fenómeno, nocturno, fósil, probable* y *consolar*;

5.   Pronunciar *u* como el diptongo [ju] en vez de [u] en, por ejemplo, *cura, oscuro, mulo, humor, mural, puro, figura* y *particular*.

20.10. Errores relativos a los principios de silabeo

El error más conspicuo relativo al silabeo consiste en pronunciar como posnuclear la consonante final de una palabra que en una oración (o en una frase) va seguida de una palabra que empieza en vocal. Supongamos que la oración sea *Es un honor estar aquí*, y supongamos, para simplificar, que el único tipo de error que se comete es con respecto al silabeo de la última consonante de las primeras cuatro palabras, que son las que terminan en consonante. En el peor de los casos el silabeo es *[és.ún.o.nóɾ.es.táɾ.a.kí], donde cada palabra presenta las mismas sílabas que cuando la palabra se pronuncia aislada. Sin embargo en el habla nativa la misma oración se pronuncia [é.sú.no.nó.res.tá.ra.kí]. Los errores se deben a que el sistema fónico del inglés no contiene el principio de que una consonante tiene que estar en la misma sílaba que el vocoide que la sigue. Esto se manifiesta en el hecho de que en inglés una consonante final de prefijo ante vocal no tiene que ser automáticamente prenuclear como en español. Por ejemplo *inept* puede pronunciarse de modo que su primera sílaba sea [ɪn] (aunque también ocurre la pronunciación en la cual la primera sílaba es [ɪ]). Por contraste en español, en cualquier estilo, incluso en largo, el silabeo de *inepto* es [i.nép.to] y no puede ser ningún otro, incluyendo *[in.ep.to].

Otro error relativo al silabeo tiene que ver con /s/ entre consonantes. En ese caso en español /s/ nunca está en la misma sílaba que la consonante siguiente: /s/ es posnuclear y la consonante siguiente es siempre prenuclear, debido a principios que determinan que en un grupo prenuclear el primer elemento puede ser únicamente un fonema labial o un plosivo con un solo rasgo unario. Por lo tanto no puede ser /s/. Ejemplos (dejando las palabras en ortografía corriente) son *cons.pi.rar* e *ins.tru.men.to*. Sin embargo en inglés, tanto /s/ como la consonante siguiente son prenucleares, y así, por ejemplo, *con.spire* e *in.stru.ment*, ya que en inglés puede haber grupos prenucleares en los cuales el primer elemento es /s/ y además en inglés se maximiza en lo posible el número de consonantes prenucleares. Esto llega a causar que los cognados españoles se silabeen como *con.spi.rar* e *in.stru.men.to*.

20.11. **Errores relativos a la acentuación y al ritmo**

Los errores relativos a la acentuación se manifiestan sobre todo en cognados y en palabras de tres o más sílabas, y consisten principalmente en asignar a una vocal el grado no débil de acento (primario o secundario) que tiene esa vocal en la palabra inglesa correspondiente. Por ejemplo, en las siguientes palabras, todas cognados, puede asignarse erróneamente acento primario a su primera sílaba por tenerlo en esa sílaba la palabra inglesa correspondiente: *adversario, arquitecto, clorofila, comisario, etiqueta, fotocopia, influencia, incremento, matrimonio, monetario* y *metalenguaje*. En las mismas palabras se asigna acento secundario a la sílaba que debe tener acento primario.

En palabras como *arbitrario* e *incompleto* puede darse en su primera sílaba el acento secundario que tienen sus cognados ingleses, que es más prominente que el acento secundario del inglés, no sólo en estas palabras, sino en todos los casos.

En general tiende a asignarse a las vocales de las raíces que son cognados de raíces españolas el grado de acento que tienen en inglés, que puede ser primario o secundario. Esto lleva a error cuando el acento debe ser débil en español. Por ejemplo en el infinitivo *funcionar* tiende a darse acento primario a su primera sílaba y secundario a la última. Inclusive puede aparecer acento primario en la raíz de formas conjugadas del mismo verbo (*[fún.sjo.na] por *funciona*). En los infinitivos *introducir, interrumpir* y *representar* puede aparecer erróneamente acento secundario en su primera sílaba por tenerlo la raíz en inglés. También puede aparecer acento secundario en formas conjugadas como *interrumpe, representa*, etc. En *exagerar* puede aparecer acento secundario en su segunda sílaba por tenerlo la raíz inglesa.

En compuestos, ya sean cognados o no, puede aparecer acento primario o secundario (con el grado que tiene en inglés) en su primer elemento y el grado no débil opuesto en su segundo elemento. Un ejemplo es *[tó.ka.ðìs.kos] (omitimos errores segmentales) donde la tilde grave indica acento secundario. Y en [à.ɣwa.ma.rí.na] por *aguamarina* se da el patrón del cognado *aquamarine*.

En cuanto al ritmo, recuérdese que éste es acentual en inglés: la sílaba que recibe el acento primario es más larga que las demás, pero es silábico en español: todas las sílabas tienen más o menos la misma duración. El error en cuanto al ritmo consiste precisamente en alargar en español las vocales tónicas y hacer más breves las átonas.

20.12. **Errores relativos a la entonación**

Los principales errores relativos a la entonación son los siguientes:

1. Utilizar en la última sílaba tónica de locuciones no enfáticas el nivel 3 de entonación por ser lo normal en inglés, aunque en español dicho nivel se alcanza únicamente en el habla enfática; el resultado es que en esos casos la entonación suena más animada de lo normal al oído hispánico;
2. Utilizar el nivel 4 de entonación en el habla enfática en vez del 3 que es el que se utiliza en español, igualmente dando la impresión de mayor animación de lo normal;
3. Utilizar la suspensión en vez del semiascenso para marcar continuidad interior, lo cual crea el efecto contrario al de los dos primeros casos: la entonación suena menos animada de lo normal.

Resumen

Los errores característicos de anglohablantes que aprenden español como segunda lengua se deben a la utilización de sonidos y procesos del inglés y a la no utilización de sonidos y procesos del español en su español en desarrollo. Los errores más característicos relativos a las consonantes son los de aspirar /p/, /t/ y /k/, realizar /t/ y /d/ como [ɾ] (vibrantización), no desplosivizar /b/, /d/ y /g/, pronunciar /l/ como [ɫ] y pronunciar todo sonido rótico del español como un rótico del inglés—ya sea la aproximante retrofleja [ɹ] o la vocal rótica [ɚ]. Los errores más característicos relativos a los vocoides son pronunciar /e/ y /o/ como diptongos; reducir ciertas vocales átonas a shwa; pronunciar como hiatos diptongos españoles que, o no existen en inglés (*[i.e.] por [je]), o no aparecen en ciertos contextos en inglés (*[u.i] por [wi] después de /l/); pronunciar como diptongos las vocales no altas en hiatos (*[aʲ.e] por [a.e.]); no desnuclearizar las vocales átonas altas y medias; y no efectuar ni la fusión ni el alargamiento de vocales idénticas en contacto. En cuanto al silabeo, errores característicos son el de pronunciar /s/ entre consonantes como prenuclear en vez de posnuclear y el de no respetar el principio de que una consonante prevocoidal tiene que ser prenuclear. No pocos errores son causados por la influencia, sobre todo en cognados, de la ortografía, al asignarse a las vocales y consonantes ortográficas el valor fonemático que tienen en inglés, especialmente a las letras *v*, *z* y *x*. Entre los errores de acentuación se destacan asignar el acento primario en un cognado donde lo tiene en inglés aunque no coincida con el español (*animal* como proparoxítona en vez de oxítona), incluyendo pronunciar con acento primario una raíz verbal si lo tiene en inglés; y utilizar el acento secundario del inglés en palabras de cuatro o más sílabas. Los errores principales de entonación son utilizar en el habla no enfática el nivel 3, importado del inglés, emplear en el habla enfática el nivel 4, igualmente importado del inglés, y marcar la continuidad interior con la suspensión en vez del semiascenso.

Ejercicios

Ejercicio de pronunciación no. 49:
Pronunciación de la letra x

Escuche y repita lo que dice la grabación o su instructor/a.

1. xilófono
2. xerografía
3. Xochimilco
4. México
5. exacto
6. examen
7. exagerar
8. existir
9. exhibir
10. exilio
11. exonerar
12. exótico
13. reflexión
14. conexión
15. explicar
16. expresar
17. extra

Ejercicio de pronunciación no. 50:
Pronunciación de las letras c, s y z en cognados

Escuche y repita lo que dice la grabación o su instructor/a.

1. gracioso
2. delicioso
3. especial
4. facial
5. social
6. usual
7. casual
8. visual
9. visión
10. visita

11. presidente
12. miserable
13. música
14. azul
15. Venezuela
16. razón
17. razonable

Ejercicio de pronunciación no. 51: Pronunciación de las letras t y d en cognados

Escuche y repita lo que dice la grabación o su instructor/a.

1. situado
2. actuado
3. cuestión
4. bastión
5. puntual
6. actual
7. habitual
8. bestial
9. ritual
10. intelectual
11. gradual
12. graduación
13. residual
14. individual

Ejercicio de pronunciación no. 52: Pronunciación de la letra a en cognados

Escuche y repita lo que dice la grabación o su instructor/a.

1. taxi
2. clase
3. Kansas
4. factor
5. acción
6. bambú
7. capitán

8. sandalia

9. San José

10. mecánico

11. absoluto

12. gasolina

13. aspirina

14. California

15. Santa Bárbara

Ejercicio de pronunciación no. 53: Pronunciación de la letra e en cognados

Escuche y repita lo que dice la grabación o su instructor/a.

1. eclipse

2. ecología

3. editor

4. elegante

5. élite

6. emigrante

7. enemigo

8. energía

9. emotivo

10. época

11. estimar

12. eterno

Ejercicio de pronunciación no. 54: Pronunciación de la letra i en cognados

Escuche y repita lo que dice la grabación o su instructor/a.

1. inferior

2. imposible

3. inspector

4. intelecto

5. inteligente

6. íntimo

7. Finlandia

8. líquido

9. libertad

10. misterio

11. significa

12. sincero

13. símbolo

14. simpatía

15. típico

Ejercicio de pronunciación no. 55: Pronunciación de la letra o en cognados

Escuche y repita lo que dice la grabación o su instructor/a.

1. dólar

2. doctor

3. pronto

4. fósil

5. cónsul

6. popular

7. opcional

8. consolar

9. hospital

10. probable

11. posible

12. fenómeno

13. Colorado

14. monasterio

15. filósofo

Ejercicio de pronunciación no. 56: Pronunciación de la letra u en cognados

Escuche y repita lo que dice la grabación o su instructor/a.

1. mulo

2. cura

3. humor

4. mural

5. oscuro

6. impuro

7. museo
8. figura
9. monumento
10. ocupado
11. particular
12. inmunidad

Ejercicio de identificación de errores no. 1

Un verdadero principiante de español como segunda lengua que nunca había recibido instrucción fonética pronunció ciertas palabras, frases y oraciones españolas como se transcriben a continuación. Trate de descifrar qué quiso decir en cada caso.

1. [pʰéʲ.dɹoʷ]
2. [tʰɹáʲ.əz]
3. [mə.njá.nə]
4. [nóʷ.vóʲ]
5. [mú.i.kən.sá.ɾə]
6. [tʃɪ.kí.ɾə]
7. [nóʷ.loʷ.séʲ]
8. [se.njə.ɹí.ɾə]
9. [hu.éʲ.goʷ]
10. [eɫ.sá.bə.ɾə]
11. [ɛs.tá.ɾəz. u.ní.ɾəz]
12. [ə.mɚ.i.kʰá.nə]
13. [¿sɚ.oʷ.ɛs.táɹ?]
14. [éz.ún.li.bɹoʷ.mú.i.ká.ɹoʷ]
15. [tʰóʷ.ɾə.la.hén.teʲ]

Ejercicio de identificación de errores no. 2

Describa brevemente el error característico que puede tener lugar en la realización del sonido o secuencia de sonidos representados por la letra o letras en negrita en las siguientes palabras, frases y oraciones cuando son pronunciadas por anglohablantes que estudian español como segunda lengua.

1. **T**engo hambre.
2. ¿Por **qu**é no comemos?
3. mi **g**ato
4. mi ga**t**ita
5. en el mes de ma**y**o
6. Tiene el pelo **r**ojo.

7. Quiero se**r** abogada.

8. Quiero ser aboga**d**o.

9. tres mi**l** dólares

10. **D**iego

11. **L**uisa

12. ¿Por qué no lo t**r**aes?

13. se**ñ**oras

14. No **l**o conozco.

15. S**é** lo que quiero.

16. **T**u amistad es importante para mí.

17. Nunca he estado en el Reino **U**nido.

18. **S**e olvidó de mí.

19. Eso empie**z**a **a** las seis de la tarde.

20. [En estilo andante] ¿Qué di**ce** **é**l?

21. El pre**s**idente habló con nosotros.

22. Gracias, **d**octor.

23. Me dio una ro**s**a.

24. Mi color favorito es el a**z**ul.

Ejercicio de identificación de errores no. 3

Descubra y describa por lo menos veinte errores diferentes que podrían ocurrir en la lectura de estos versos del poeta cubano José Martí (1853–1895) por un/a anglohablante que está estudiando español como segunda lengua y no domina todavía la pronunciación del español. Por lo menos seis de los errores deben tener que ver con la pronunciación de las consonantes, por lo menos seis con la pronunciación de los vocoides y por lo menos tres con el silabeo o resilabeo. Un error relativo a una consonante determinada o un vocoide determinado cuenta una sola vez.

Yo soy un hombre sincero
de donde crece la palma
y antes de morirme quiero
echar mis versos del alma.
Mi verso es de un verde claro
y de un carmín encendido.
Mi verso es un ciervo herido
que busca en el monte amparo.
Con los pobres de la tierra
quiero yo mi suerte echar.
El arroyo de la sierra
me complace más que el mar.

Para pensar

1. Describa e ilustre con ejemplos dos casos en que el error de pronunciación consista en aplicarle a un fonema español que tiene los mismos rasgos distintivos de un fonema inglés un proceso que existe en inglés pero no en español. El fonema del español no puede pertenecer a la misma clase de fonemas en los dos casos.

2. Diga si la siguiente afirmación es verdadera o falsa y explique su respuesta: "En inglés no existe ningún sonido que el oído español interprete como un alófono de un fonema que existe en español pero no en inglés."

3. Explique si tiene sentido o no decirle a alguien que está estudiando español como segunda lengua que las palabras españolas *examen* y *exacto* no contienen la secuencia de consonantes presente en la palabra inglesa *eggs*.

4. En el mundo hispánico existe el apellido Gaeta, que se pronuncia [ga.é.ta] ([ɣa.é.ta] en los contextos en que /g/ se desplosiviza.). Supongamos que hay una nueva cantante llamada María Gaeta y que un hispanohablante, que nunca ha oído hablar de ella, escucha su nombre por la radio, pronunciado por un anglohablante nativo que no sabe español. Explique por qué el hispanohablante, que es yeísta, le preguntó a otro hispanohablante si el apellido de esta nueva cantante se escribe *Gayera* o *Gallera*.

5. Explique por qué el saludo *Buenas tardes*, dicho utilizando un patrón entonacional normal por una hispanohablante a una anglohablante que sabe relativamente poco español como segunda lengua, le sonó un poco "seco" a la anglohablante; y por qué el saludo *Good afternoon*, dicho utilizando un patrón entonacional igualmente normal por una anglohablante a una hispanohablante que sabe relativamente poco inglés como segunda lengua, le sonó extrañamente 'entusiasta' a la hispanohablante.

6. Explique por qué pronunciar las palabras *ven* y *cavidad* de manera que contengan el sonido [v] no se interpretaría como un error de pronunciación en todas partes del mundo hispánico.

7. Supongamos que haya una pareja de cantantes costarricenses, hombre y mujer, que en su vida artística usan los nombres María Luisa Pérez y José Luis Gómez y se hacen famosos en Estados Unidos y exigen que los llamen exactamente así en este país (y no simplemente María Pérez y José Gómez). Explique por qué cuando una persona que no sabe español pronuncia estos nombres como parte de un anuncio en inglés e incluye en ellos 'Luisa' y 'Luis', tal como quieren esos cantantes, el nombre de ella así pronunciado tiene dos sílabas más y una sílaba tónica más que como se pronuncia en español, mientras que el nombre de él sólo tiene una sílaba más y una sílaba tónica más que como se pronuncia en español.

Apéndice: Respuestas a las secciones Para pensar

Del capítulo 1

1. Los tres significados son: (a) variedad de una lengua que se habla en un lugar determinado; (b) variedad defectuosa o incorrecta de una lengua; (c) sistema de comunicación oral que a diferencia de una lengua no tiene escritura.
2. Porque la lengua es algo abstracto que se manifiesta en sus lectos. La lengua no existe fuera de sus lectos.
3. Porque hay aislamiento entre las regiones. La gente de cada región vive separada de la gente de las demás regiones y el aislamiento mantiene las diferencias entre las distintas formas de hablar.
4. La gramática mental del español de una persona que lo está estudiando no se parece todavía suficientemente a la gramática mental de una persona que ya habla español.

Del capítulo 2

1. Para el primer caso sirve cualquier palabra que empiece con *h* porque esta letra no representa ningún sonido. Ejemplos son *ha, hemos, hacia* y *humano*. Para el segundo caso sirve cualquier palabra en la cual *x* esté entre dos letras vocales porque en esa posición *x* representa la combinación [ks]. Ejemplos son *éxito, éxodo* y *examen*.
2. Para el primer caso puede usarse la letra *k*, que representa al sonido [k] en *kilómetro*. Para el segundo caso puede usarse cualquiera de los ejemplos en los cuales las letras *j* y *x* no representan los sonidos representados por los símbolos [j] y [x].
3. Podría decirse lo siguiente. En primer lugar, cuando hablamos no pronunciamos letras sino sonidos. Pero además, si por "pronunciar letras" queremos decir leer algo en voz alta, obviamente el niño no sabe leer.
4. El tono baja al final de la primera y sube al final de la segunda.
5. En el primer caso, aunque ha habido cambios de tono, el timbre de la vocal se ha mantenido uniforme. En el segundo caso, aunque el tono se ha mantenido uniforme, se ha cambiado el timbre.

Del capítulo 3

1. En todos los casos los dos sonidos son consonantes, pero puede decirse además lo siguiente: (A) son resonantes y sonoros; (B) sólo tienen en común ser consonantes; (C) son orales; (D) son fricativos y sordos; (E) son orales, sonoros, resonantes y vibrantes; (F) son orales, sonoros y resonantes; (G) son orales y obstruyentes; (H) son orales, obstruyentes, plosivos y sordos.
2. La afirmación es falsa porque hay sonidos obstruyentes sonoros como [b], [d] y [g].
3. La afirmación es falsa porque hay sonidos orales sordos como [p], [t], [k], [f], [s], etc.
4. El obstáculo al paso del aire es total en las plosivas pero es parcial en las fricativas. Tienen en común ser obstruyentes.

5. Las africadas tienen una fase plosiva y las fricativas no. Tienen en común ser obstruyentes.
6. Las africadas tienen una fase fricativa y las plosivas no. Tienen en común ser obstruyentes.
7. En las laterales el aire se escapa por los lados y en las nasales se escapa por la nariz. Tienen en común ser sonoras y resonantes.
8. En las vibrantes hay un obstáculo total y a continuación paso libre del aire por la parte central de la boca. En las laterales el obstáculo total y el paso libre del aire son simultáneos. Además, el aire en las laterales se escapa por los lados de la lengua. Tienen en común ser resonantes orales.
9. Consonantes líquidas o, simplemente, líquidas.

Del capítulo 4

1. La afirmación es verdadera. Ejemplos son los pares [f]-[s] y [m]-[n] mencionados en la sección 4.1.
2. La afirmación es verdadera. Los símbolos [t] y [d] se usan en español para las plosivas *dentales* y en inglés para las plosivas *alveolares*.
3. La afirmación es falsa. Véase la descripción de los sonidos dentales y labiodentales en la sección 4.3, y además la lista de consonantes nasales en la sección 4.7.
4. La afirmación es verdadera. Se trata de los contoides aproximantes, que son variantes de las fricativas débiles pero no son fricativas.
5. La afirmación es falsa. En las consonantes palatales la lámina se acerca a la región alveopalatal y el anteriodorso se acerca a la región palatal.
6. La afirmación es falsa. En la articulación de la fricativa velar sorda [x] el posteriodorso se acerca a la región velar.

Del capítulo 5

1. Un error es haber escrito el alófono entre líneas oblicuas y el otro es haber escrito el fonema entre corchetes. Lo que debe decirse es que [ɾ] puede ser alófono de /t/.
2. Porque las letras no tienen alófonos: son los fonemas los que tienen alófonos.
3. La palabra *voy* empieza con el sonido [b] a principio de *¿Voy o no voy?* pero empieza con el sonido [β] cuando sigue a la palabra *no* en la misma oración.
4. Amy pronunció el fonema /d/ como [ɾ] y Lourdes lo percibió como el alófono del fonema español /ɾ/. Es decir, oyó la palabra *cara*.

Del capítulo 6

1. Los rasgos son Resonante y Nasal; [b] tiene el valor negativo para ambos rasgos y [m] el valor positivo para ambos.
2. El rasgo Lateral. Las laterales tienen el valor positivo para ese rasgo y las vibrantes el rasgo negativo.
3. Porque tiene que ser Alto o no serlo. No puede ser a la vez Alto y no Alto.
4. [a] es la única vocal baja, pero para [o] hace falta decir que es [–Alta], ya que [u] es también [–Baja, +Retraída].

5. Porque [k] es Dorsal y el primero de esos rasgos se aplica únicamente a Labiales y el segundo únicamente a Coronales.

6. (A) Vocales. (B) Semivocales. (C) Obstruyentes palatales. (D) Obstruyentes bilabiales. (E) Obstruyentes velares. (F) Consonantes líquidas. (G) Consonantes vibrantes.

Del capítulo 7

1. Falso, ya que en los casos en que ha tenido lugar elisión, no hay ningún segmento representando al fonema afectado.

2. Falso, ya que existen casos de fortalecimiento como el de la pronunciación de /ɾ/ como [r] a final de palabra en el habla enfática.

3. Falso. En español, a diferencia del inglés, /t/ y /d/ no se vibrantizan; y en inglés, a diferencia del español, /b d g/ no se desplosivizan.

4. La forma subyacente de *ser* es /seɾ/ y su forma fonética es [sé] en *ser razonable*, pero el hablante percibe [sé] como /seɾ/ porque sabe inconscientemente que hay un principio fonológico que determina que /ɾ/ no se pronuncie (se elida) delante de otra vibrante.

Del capítulo 8

A. En todos los casos hay tantas vocales como sílabas porque en cada sílaba hay una sola vocal. En *avisarte* hay cuatro, en *funcional* hay tres, en *americanismo* hay seis, en *inspeccionar* hay cuatro, en *inepto* hay tres, en *inimaginable* hay seis y en *constancia* hay tres.

B.
1. Dos prenucleares y ninguna posnuclear.
2. Dos prenucleares y ninguna posnuclear (la letra y representa a la semivocal [j] a final de palabra).
3. Una prenuclear y ninguna posnuclear.
4. Cuatro prenucleares y ninguna posnuclear.
5. Tres prenucleares y dos posnucleares.
6. Tres prenucleares y una posnuclear.
7. Dos prenucleares y una posnuclear.

C.
1. La afirmación es falsa porque hay palabras que contienen un solo morfema, como *mar*. Otros ejemplos de palabras así son *yo*, *tú*, *por*, *ya* y *vez*.
2. La afirmación es falsa porque hay palabras compuestas como *abrelatas*, *tocadiscos*, etc. que tienen su propia entrada léxica. Estas palabras no hay que formarlas cada vez que se usan, sino que se formaron una sola vez cuando se crearon.
3. La afirmación es falsa porque en el componente morfológico no se aplica ningún proceso fonológico. La palabra *amores* resulta de combinar el singular con el alomorfo /es/ del morfema de pluralidad para la formación de esa palabra, que tiene lugar en el componente morfológico.
4. La afirmación es falsa porque la letra *i* representa en este caso a la semivocal [j]. Al tener *patio* dos sílabas, tiene solamente dos vocales, que son [a] y [o].

Del capítulo 9

1. El fonema español no tiene un alófono aspirado en ningún entorno; es decir, ninguno de sus alófonos está asociado al rasgo [+glotis extendida]. El fonema inglés no tiene un alófono sonoro continuo ([β]) en posición posnuclear.
2. El alófono fiel del fonema español es dental mientras que el del fonema inglés es alveolar. El fonema español no tiene un alófono aspirado como el del inglés. El fonema inglés tiene un alófono infiel vibrante, [ɾ].
3. Sonorización y desplosivización.
4. Falso, porque el alófono velar que resulta no es el resultado de asociar al alófono de /p t/ los rasgos de lugar de articulación de una consonante velar adyacente. Por otra parte, el que el resultado sea [ɣ], que es sonoro y continuo, se debe a la asimilación a rasgos de la vocal que lo precede, pero eso no es velarización.

Del capítulo 10

1. El fonema /d/ del español tiene un alófono obstruyente continuo, [ð], que tiene una sola fase. El fonema /d/ del inglés no tiene un alófono así. Por otra parte el fonema inglés tiene un alófono vibrante, [ɾ], con una fase no continua y otra continua, y el fonema /d/ del español no tiene un alófono así.
2. El sonido [ɾ] es alófono infiel del fonema inglés /d/, pero es alófono fiel del fonema español /ɾ/. He aquí otro caso: el sonido [ð] es alófono infiel del fonema español /d/, pero es alófono fiel del fonema inglés /ð/ (como en *then*, *there*, etc.)
3. Es falso decir que ese fenómeno es independiente de la tendencia al menor esfuerzo ya que en [eʎ.ɟa.mó] por *él llamó* hay asimilación de lugar de articulación: la lengua está en la misma posición en la articulación de la lateral y en la articulación de la obstruyente. Sería más complicado pronunciar la lateral como [l], alveolar, y tener entonces que mover la lengua a la posición de [ɟ], palatal. Sería además más complicado separar la lengua para realizar /ɟ/ como fricativa que dejarla adherida para pronunciarla como la plosiva [ɟ], que es lo que sucede.
4. Ha tenido lugar un proceso fonológico, el de vibrantización, porque si *seda* se percibe como *cera*, eso quiere decir que la anglohablante pronunció *seda* como [sé.ɾa]. Es decir, realizó /d/ como [ɾ].

Del capítulo 11

1. La afirmación es falsa, ya que en el español de Buenos Aires existe el fonema /ʒ/, que es sonoro.
2. El fonema es /s/ y el alófono que aparece es [z], por estar /s/ delante de una consonante sonora.
3. La forma fonética fiel de *exigencias* es [ek.si.xén.sjas] en un lecto así, de modo que la alternativa correcta es B: los cuatro fonemas son, en el orden en que aparecen, /s/, /x/, /s/ y /s/.
4. (A) [lo.e.pó.so]; (B) [lo.heh.pó.so] ([h] final de [loh] tiene que ser prenuclear a nivel fonético por el principio de que una consonante ante vocal siempre

está en la misma sílaba que ésta ; (C) [lo.seh.pó.sos] ([s] final de [los] tiene que ser prenuclear por el mismo principio que acabamos de mencionar).

Del capítulo 12

1. La afirmación es verdadera, ya que [m] puede ser alófono (fiel) de/ m/, como en *madre* y *cama*, pero puede ser alófono (infiel) de /n/, por ejemplo en [sim.pen.sár] por *sin pensar.* Lo mismo se puede decir de [n], que es alófono (fiel) de /n/ en, por ejemplo, *nata* y *cana*, pero es alófono (infiel) de /m/ en, por ejemplo, [ál.bun.sen.sa.sjo.nál] por *álbum sensacional.* También se puede decir de [ɲ], que es alófono (fiel) de /ɲ/ en, por ejemplo, *ñandú* y *niño*, pero es alófono (infiel) de /n/ en, por ejemplo, [siɲ.ɟé.so] por *sin yeso.*
2. La afirmación es verdadera, como se ve en los ejemplos que acabamos de dar en el #1.
3. Lo más lógico es estar de acuerdo con B. Si la forma subyacente de *pan* es /pan/, entonces puede decirse que la de *en* es /en/. Además, [e.ŋó.ha] es la pronunciación de una frase, no de una palabra y podemos decir que quienes pronuncian así tienen efectivamente en su fonología mental el proceso de velarización inasimilativa, que hace que /n/ posnuclear se pronuncie [ŋ]. El fonema /n/ está en posición posnuclear a final de palabra lo mismo en *en* que en *pan*. En cambio en *panes* está en posición prenuclear y por eso no se velariza. El hecho de que [ŋ] en la pronunciación de *en hojas* como [e.ŋó.ha] esté en posición posnuclear se debe al principio (que se aplica *después* de la velarización) de que una consonante ante vocal tiene que estar en la misma sílaba que ésta.

Del capítulo 13

1. (A) Como *mayo*; (B) como *macho*.
2. Aunque [ʎ] es alófono infiel de /l/ cuando este fonema está ante consonante coronodorsal, como en las frases *el yeso* y *él llamó*, es sin embargo el alófono fiel de /ʎ/ en los lectos que tienen este fonema, por ejemplo en [ʎa.mó] por *llamó*.
3. (A) [ʎ], /ʎ/; (B) [ʎ], [l̩]; (C) [ʒ], /ʒ/; (D) [ɟ], /ɟ/; (E) [l̩], /l/.

Del capítulo 14

1. La afirmación es falsa, y la refuta lo que sucede en posición final absoluta, es decir, cuando a una palabra que termina en vibrante no la sigue otra palabra. No hay ninguna palabra en español que en su forma fiel (integrada únicamente por alófonos fieles) termine en [r]. En una teoría con dos fonemas el único fonema que puede aparecer en esa posición es /ɾ/. Ahora bien, en el habla enfática /ɾ/ en esa posición se pronuncia [r], como en [ké.ka.lór] por *¡Qué calor!*, donde [r] es alófono infiel de /ɾ/.
2. En las dos teorías las dos palabras tienen el mismo número de fonemas vibrantes: dos. Para la teoría del fonema único las formas subyacentes son, respectivamente, /pɾerekisito/ y /aɾeglaria/. O sea, las dos palabras contienen dos /ɾ/. Para la teoría con dos fonemas róticos las formas subyacentes son, respectivamente, /pɾerekisito/ y /aɾeglaria/. En ambas palabras aparecen /r/ y /ɾ/ una sola vez. O sea las dos palabras contienen una /ɾ/ y una /r/.

3. Porque la forma subyacente es /kerriamos/. Que no haya vocal temática, es decir, que la forma no sea */kereriamos/ es una excepción morfológica, no fonológica—no existe ningún proceso que elida esa vocal. La forma subyacente debe separarse en sílabas de la siguiente manera: /ker.ri.a.mos/ y entonces sucede la multiplización y subsecuente elisión de /r/ que da como resultado la forma fonética [ke.rí.a.mos].

4. (A) Sí puede hablarse de un fonema /x/ dentro de una teoría con dos fonemas róticos. Uno de los fonemas es /ɾ/, cuyo alófono fiel es [ɾ]; y el otro es /x/, cuyo alófono fiel es [x]. La diferencia con el estándar de la mayoría de los países es que ese lecto tiene /x/ donde el estándar tiene /r/. (B) No puede hablarse de multiplización ya que no existe [r]; pero si se insiste en que hay un solo fonema vibrante, entonces hay que suponer que en ese lecto hay un proceso de velarización de /ɾ/.

Del capítulo 15

1. La afirmación es verdadera porque toda semivocal tiene que estar inmediatamente precedida o seguida de una vocal, como parte de un diptongo o de un triptongo.

2. La afirmación es falsa. La forma subyacente de, por ejemplo, *imagina*, tiene cuatro vocales, pero en la pronunciación en alegreto de la oración *lo imagina* la primera vocal, /i/, se desnucleariza, realizándose como la semivocal [j] de modo que la forma fonética de dicha palabra contiene únicamente tres vocales

3. Para /a/ además de [+Nuclear] sólo hace falta [+Bajo] ya que es el único fonema que tiene ese rasgo. Para describir /i/ no basta con [+Alto] además de [+Nuclear], ya que /u/ es también [+Nuclear, +Alto]. Ahora bien, si agregamos que /i/ es también [−Retraído], no hacen falta más rasgos además de [+Nuclear] ya que /i/ es el único segmento nuclear que tiene los rasgos [+Alto, −Retraído].

4. Porque todo triptongo es una combinación tautosilábica de una vocal con dos semivocales.

5. La lista podría consistir en las palabras *piano*, *viejo*, *piojo* y *fuimos*.

6. Porque el anglohablante tendería a realizar /e/ como [eʲ], que aunque se considere en inglés psicológicamente como un solo segmento, es físicamente una secuencia de vocal media no retraída y semivocal alta no retraída, como lo es el diptongo [ej] del español.

Del capítulo 16

1. La afirmación es falsa. Las dos oraciones contienen las mismas palabras (aunque no en el mismo orden) porque *decírmelo* no es una palabra sino una frase. Las dos oraciones contienen tres palabras tónicas: *no*, *quiso* y *decir*; y dos palabras átonas: *me* y *lo*.

2. La afirmación es verdadera porque *explíquenos* no es una palabra sino una frase que se compone de la forma verbal *explique*, que es paroxítona, y del pronombre clítico *nos*, que es átono.

3. La afirmación es falsa. Las palabras del tipo *papá* no tienen ninguna vocal extramétrica.

4. La afirmación es falsa. *Volumen* tiene una sola vocal extramétrica, la última de la base; *volúmenes* tiene dos vocales extramétricas, la última de la base y además la /e/ del alomorfo /es/ del morfema de pluralidad.

5. La afirmación es verdadera. En algunas formas verbales la vocal posbásica no es extramétrica. Ejemplos son las formas del pretérito que son oxítonas y terminan en vocal, como *viví* y *vivió*.

6. La afirmación es verdadera. Las oxítonas que, como *irlandés*, terminan en vocal + /s/, se tildan porque no se tildan las paroxítonas terminadas en vocal + /s/ a pesar de que son excepcionales (porque terminando en consonante deberían ser oxítonas) por haber muchas de ellas.

7. La afirmación es verdadera. Los polisílabos paroxítonos que deben tildarse en la ortografía son los que en la ortografía no terminan en vocal seguida de *n* o *s*, es decir, palabras como *cáncer*, *carácter*, *fácil*, *difícil*, *césped*, *lápiz*, etc., y todas contienen una vocal extramétrica que es la última vocal de la base y está en la sílaba que sigue a la sílaba tónica.

8. La afirmación es falsa. Hay tres palabras tónicas, que son *qué*, *fue* y *dijo*; y tres palabras átonas, que son *lo*, *que* y *te*.

9. La afirmación es falsa porque si quien primero pronunció se hubiera basado en la forma escrita, la pronunciación sería [kaɾ.téɾ].

10. La afirmación es verdadera. La conjunción *cuando* no tiene ninguna vocal métrica, de modo que sus dos vocales son extramétricas. *Venga* y *llame* tienen una vocal extramétrica cada una, que es su vocal terminal posbásica; y en el clítico *me* su unica vocal es extramétrica por ser palabra átona. Total: cinco vocales extramétricas.

Del capítulo 17

1. La afirmación es falsa. Lo normal es que el vocoide alto sea una semivocal y que se pronuncie como tal en cualquier estilo, como es el caso de *patio* y *arduo*. Por contraste palabras como *gentío* y *búho* constituyen el caso excepcional.

2. La afirmación es verdadera porque si [j] fuera alófono infiel de /i/ en la pronunciación de [pjá.no] en presto, entonces la pronunciación de *piano* en andante sería [pi.á.no] pero es [pjá.no], lo cual indica que la forma subyacente es /pjano/ y no /piano/.

3. La afirmación es verdadera porque si la forma subyacente de *cambio* fuera /kambio/, se pronunciaría *[kam.bí.o] en andante. Pero que la forma subyacente sea /kambjo/ explica la pronunciación en andante, ya que la primera vocal métrica es /a/.

4. La afirmación es verdadera ya que la conjunción *y*, cuya forma subyacente es /i/, se pronuncia como la fricativa [ʝ] entre vocales, como en [kú.βa.ʝes.pá.ɲa] por *Cuba y España*.

5. La afirmación es falsa porque la contracción silábica puede deberse enteramente a la desnuclearización, como en [mja.mí.ɣo] por *mi amigo*, donde no ha habido elisión.

6. La afirmación es verdadera. /e/ subyacente se ha desnuclearizado, realizándose como [e̯], pero no ha habido desplazamiento acentual, ya que el adverbio *ya* es palabra tónica y la /e/ inicial de *empezamos* es átona.

7. La afirmación es verdadera porque a veces resulta un triptongo cuando a un diptongo existente a nivel subyacente lo sigue una vocal átona alta, como cuando *odio y temor* se pronuncia [ó.ðjoj.te.mór]. Solamente se ha desnuclearizado /i/, que es el único segmento de la palabra *y*. La forma subyacente de *odio* no contiene /i/ sino /j/.

8. La afirmación es verdadera. La fusión ocurre en ese caso en alegreto y presto si la primera vocal es átona. Ejemplos son [dé.ja] por *de ella* y [mí.xo] por *mi hijo*.

9. La afirmación es verdadera. Por ejemplo, es común que en la pronunciación del nombre *María* /i/ se desnuclearice en alegreto y haya además desplazamiento del acento a /a/, como en [ma.rjá.βí.no] por *María vino*. También pueden desnuclearizarse en alegreto dentro de palabra las vocales medias, como en [ká̬e̬] por *cae* y [po̬é.ta] por *poeta*.

10. Depende de qué se entienda por tipo. En todos los lectos la contracción silábica resulta o de la desnuclearización o de la elisión. Visto desde ese punto de vista la afirmación es falsa. Ahora bien, si consideramos que la desnuclearización acompañada de ascenso vocálico (pronunciar por ejemplo *se oyó* como [sjo.jó] en vez de [se̬o.jó]) es un tipo distinto de desnuclearización, entonces la afirmación es verdadera.

Del capítulo 18

1. Es incorrecto decir que el fenómeno ocurre cuando /r/ está en posición posnuclear dentro de la palabra a nivel subyacente porque, si así fuera, entonces *¡Qué calor hace!* se pronunciaría *[ké.ka.ló.rá.se] en vez de [ké.ka.lo.rá.se]. Es mejor pensar que el fenómeno ocurre simplemente cuando /r/ está en posición posnuclear a nivel fonético; y no tiene lugar en el caso de *¡Qué calor hace!* precisamente porque a nivel fonético [r] es prenuclear, como toda consonante delante de una vocal.

2. La forma subyacente de *hay* es /aj/: tiene una sola vocal y por lo tanto tiene una sola sílaba. En cambio la forma subyacente de *ahí* es /ai/: tiene dos vocales y por lo tanto tiene dos sílabas. (Por cierto en *ahí* la vocal final no es extramétrica porque no es posbásica: /i/ es parte de la base y es por tanto la primera vocal métrica a la izquierda del borde derecho de la palabra.)

3. En realidad no hay ningún principio que prohíba que el silabeo sea [áβ.la], dada la existencia de palabras como *sublunar* y *subliminal*. Por otra parte, *sub* se siente como un prefijo y prácticamente como una palabra distinta. En general, si la secuencia es VCCV, el silabeo es V.CCV si CC es un grupo prenuclear permisible. En cuanto a *[aβl.a], este silabeo viola dos principios: el PS-6, porque la segunda consonante de un grupo posnuclear sólo puede ser /s/ y aquí es /l/; y el PS-3 porque la consonante /l/ y la vocal /a/ no están en la misma sílaba.

4. No puede ser *[ást.ro] porque la segunda consonante de un grupo posnuclear sólo puede ser /s/ (PS-6); y no puede ser *[á.stro] porque no puede haber más de dos consonantes prenucleares (PS-5).

5. El triptongo no puede ser *[jo̯a̯] (SVS) porque la sonancia no puede aumentar del núcleo al posnúcleo (ya sabemos que [a̯] no existe), pero puede ser [jo̯a] (SSV) porque la sonancia puede aumentar del prenúcleo al núcleo.

6. Las pronunciaciones son [e.βa.lwǝ̃ǝ̃.er.nés.to] y [e.βa.lwǽw.xé.nja].

Del capítulo 19

1. Aunque un lecto puede diferir de otro en que la entonación es relativamente más aguda o relativamente más grave que el del otro, la relación entre los tonos es la misma.

2. En el primer caso el tono ni sube ni baja al final, indicando que se trata de una locución incompleta. En el segundo caso el tono sube al final, indicando que se trata de una pregunta y que le toca hablar a la otra persona.

3. La pregunta y la respuesta tienen exactamente el mismo patrón entonacional porque la pregunta es una pregunta pronominal que se hace por primera vez, y ese tipo de pregunta pronominal tiene el mismo patrón entonacional que una afirmación, y la respuesta es en efecto una afirmación. En ambas locuciones hay descenso al final y ambas empiezan al nivel 1 por empezar con una sílaba átona, y el cambio al nivel 2 tiene lugar en su primera sílaba tónica, que en la pregunta es la única sílaba de *qué* y en la respuesta es la única sílaba de *no*.

4. No tienen exactamente el mismo patrón entonacional. En la primera, la secuencia *Ana tiene novio* termina en descenso puesto que es una afirmación completa, a la cual sigue otra afirmación completa, aunque tenga una sola palabra. (Puede pensarse que *Leo* en esa locución equivale a *Es Leo*.) En cambio, en la segunda la misma secuencia, *Ana tiene novio*, termina en semiascenso para marcar que es parte de una locución mayor.

5. En la primera la palabra *hermano* termina en semiascenso, nivel que es más alto que el 2, para marcar que con esa palabra termina una unidad sintáctica interior que es parte de una oración, mientras que la palabra *Juan* empieza y continúa a nivel 2 por ser parte de la afirmación *Juan puso un negocio*. En cambio, en la segunda oración, es la palabra *Juan* la que termina en semiascenso para marcar el fin de la unidad interior *Con ayuda de su hermano Juan* y la palabra *hermano* se pronuncia a nivel 2 en toda su duración.

Del capítulo 20

1. Un caso es el de aplicarle a una plosiva sorda el proceso de aspiración, pronunciando por ejemplo /p/ como [pʰ]. Otro caso es el de aplicarle a una plosiva coronal anterior el proceso de vibrantización, pronunciando por ejemplo /t/ como [ɾ].

2. La afirmación es falsa. En inglés existe [ɾ] como alófono de /t/ y /d/, y el oído español puede interpretarlo como alófono del fonema /ɾ/, percibiendo por ejemplo *cada* como *cara* porque alguien que está aprendiendo español pronunció *cada* como [ká.ɾa] al aplicarle a /d/ el proceso de vibrantización.

3. Tiene sentido porque en esas palabras la secuencia representada en la ortografía por la letra *x* es, en lo subyacente, /ks/, que se realiza como [ks] en andante y como [s] en alegreto, y nunca como [gz], que es sin embargo la secuencia que aparece en inglés en los cognados *exam* y *exact*, y además en *eggs*.

4. En primer lugar, el anglohablante tenderá a pronunciar el hiato /ae/ como [aʲ.e] pero ésto se percibe por el oído hispánico como la secuencia /a.ʝe/ dado que [j] puede ocurrir entre vocales como alófono aproximante de /ʝ/. En

segundo lugar, el anglohablante tenderá a vibrantizar /t/, es decir, a pronunciarlo como [ɾ]. En resumen, el input que recibe el hispanohablante es [ga.jé.ɾa], que se interpreta, según los principios fonológicos del español, como /gaɟeɾa/. Siendo yeísta, el hispanohablante sabe que el fonema /ɟ/ puede representarse en la ortografía tanto con *y* como con *ll*, pero no conociendo un apellido así, no sabe si se escribe con *y* o con *ll*; de ahí su pregunta.

5. En el primer caso la percepción se debe a que en la entonación no enfática de *Buenas tardes* nunca se llega al nivel 3, que es sin embargo característico de la entonación de la última sílaba tónica en inglés no enfático. En el segundo caso la percepción se debe a la misma diferencia entre las dos lenguas. El nivel 3 se alcanza en español únicamente en el habla enfática, que es más animada que el habla no enfática y por eso *Good afternoon*, dicho con entonación no enfática en inglés, suena sin embargo entusiasta en comparación con el *Buenas tardes* no enfático.

6. Por lo menos en el español de Chile no se interpretaría como un error porque es común pronunciar con [v] las palabras que se escriben con *v*. Hay además personas de diversos lectos que tienden a pronunciar *v* como [v] (por lo menos en andante) pensando que es lo correcto.

7. La persona que no sabe español pronunciará *María* con tres sílabas y pronunciará *Luisa* igualmente con tres sílabas, para un total de seis sílabas. Además pronunciará *María* con una sílaba tónica, que será la penúltima de ese nombre, de manera que de las seis sílabas, dos son tónicas. Suponiendo que pronuncie bien todos los sonidos pero asigne los acentos mal, la pronunciación será [ma.ría.lu.í.sa]. En cambio en español la pronunciación del nombre compuesto es [ma.ɾja.lwí.sa], con cuatro sílabas, y solamente una de ellas es tónica. La razón es que el nombre *María* es átono cuando es el primer elemento de un nombre compuesto y como consecuencia /i/ se desnucleariza, resultando una sílaba menos. En cuanto al nombre compuesto de él, en la pronunciación errónea *José* se pronuncia como palabra tónica y *Luis* (también palabra tónica) se pronuncia con dos sílabas ([lu.ís]. El resultado es cuatro sílabas, y dos de ellas son tónicas. Suponiendo que pronuncie todos los sonidos bien pero que asigne los acentos mal, la pronunciación será [xo.sé.lu.ís]. En cambio en la pronunciación nativa, hay tres sílabas, pero de ellas, una sola es tónica: *José* se pronuncia átona y *Luis* tiene una sola sílaba ya que contiene el diptongo [wi]. O sea, la pronunciación es [xo.se.lwís].

Glosario de términos

Notas preliminares

Para cada término se da entre paréntesis su traducción inglesa. El género de los sustantivos, masculino o femenino, se nota únicamente para las palabras que terminan en letra consonante y para las terminadas en letra vocal que se apartan del principio de que las terminadas en *a* son femeninas y las terminadas en *o* son masculinas. El número, singular o plural, se indica únicamente para las palabras terminadas en *s*. La clave de abreviaturas utilizadas es como sigue:

> *adj*: adjetivo;
>
> *cf*: contrástese con;
>
> *f*: femenino;
>
> *m*: masculino;
>
> *n:* sustantivo;
>
> *p*: plural;
>
> *s:* singular.

Todo término que aparece en negrita dentro de una definición tiene su propia definición en el glosario.

Definiciones

acento (stress) *n*. Prominencia perceptual relativa del núcleo de una sílaba en comparación con los núcleos de las demás sílabas dentro de una misma palabra o **frase fonológica.**

acento débil (weak stress). El grado más bajo de prominencia acentual, tanto en inglés como en español.

acento primario (primary stress). El grado más alto de prominencia acentual, tanto en inglés como en español.

acento secundario (secondary stress). Grado intermedio de prominencia acentual que tiene función distintiva en inglés pero no en español.

AFI (IPA) *n*. Alfabeto Fonético Internacional.

afijo (affix) *n*. Morfema que se añade a una **raíz** o a una **base** en la formación de una palabra.

africada (affricate) *n*. Nombre tradicional dado a cada miembro de la clase de sonidos africados; la frase las **africadas** suele emplearse para nombrar dicha clase. (Cf. **africado**.)

africado (affricate) *adj*. Se dice de todo sonido consonántico complejo compuesto de una fase plosiva seguida de una fase continua, normalmente fricativa.

aguda (last-stressed) *adj*. Se dice tradicionalmente de toda palabra que recibe el acento primario en su última sílaba. (Cf. **oxítona, oxítono**.)

agudo (high [in pitch]) *adj*. Se dice de un tono con una frecuencia fundamental relativamente alta.

alegreto (allegretto) *n.* Estilo rápido y descuidado, característico del habla espontánea en un ambiente informal y relajado. (Cf. **presto**.)

alofonía (allophony) *n.* Conjunto de alófonos de un fonema determinado.

alófono (allophone) *n.* Manifestación física observable de un fonema determinado que es siempre parte de una forma fonética.

alófono fiel (faithful allophone) *n.* Alófono que está asociado a los mismos rasgos binarios y unarios que el fonema que lo subyace. (Cf. **alófono infiel**.)

alófono infiel (unfaithful allophone) *n.* Alófono que difiere en por lo menos un rasgo del fonema que lo subyace, y es por tanto físicamente diferente al **alófono fiel**.

alomorfos (allomorph) *n, p.* Variantes de un mismo **morfema abstracto** que difieren entre sí en no estar compuestos de los mismos segmentos.

Alto (High) *n.* Nombre del rasgo binario dominado por el rasgo unario Dorsal cuyo valor positivo está asociado a todo sonido dorsal alto y su valor negativo a todo sonido dorsal no alto.

alto (high) *adj.* Se dice de todo sonido dorsal en cuya articulación el dorso se eleva de la **posición neutral**.

alveolar (alveolar) *adj.* Se dice de: (a) la región de la cavidad oral constituida por la **cresta alveolar**; (b) todo sonido que se articula haciendo que la lengua toque o se acerque a dicha región.

alveopalatal (alveopalatal) *adj.* Se dice de: (a) la región del paladar duro a la cual se puede acercar naturalmente la lámina de la lengua y que está inmediatamente después de la cresta alveolar; (b) todo sonido que se articula haciendo que la lámina toque o se acerque a dicha región.

amplitud (amplitude) *n, f.* Distancia máxima de la cual se separa de su posición de reposo un cuerpo vibrante en proporción a la energía con la cual vibra, correspondiendo en la esfera psicológica al **volumen**.

andante (andante) *n, m.* Estilo lento y cuidadoso que no equivale sin embargo a pronunciar las palabras en aislamiento, por lo cual pueden ocurrir en él algunos de los procesos que ocurren en alegreto. (Cf. **largo**.)

anteriodorso (anteriodorsum) *n.* Porción del dorso de la lengua que se acerca naturalmente a la región palatal. (Cf. **posteriodorso**.)

Anterior (Anterior) *n.* Nombre del rasgo binario dominado por el rasgo unario Coronal cuyo valor positivo está asociado a todo sonido coronal anterior y su valor negativo a todo sonido coronal **inanterior**.

anterior (anterior) *adj.* Se dice de todo sonido coronal en el cual la lámina se coloca delante de la región alveopalatal de la boca.

aparato fonador (speech apparatus) *n.* Conjunto de órganos de la anatomía humana que intervienen en la producción del habla.

apical (apical) *adj.* Se dice de todo sonido coronal en el cual el obstáculo se forma con la punta de la lengua.

ápice (tip, apex) *n, m.* Punta de la lengua.

aproximante (approximant). 1. *n, f.* Miembro de la clase de sonidos aproximantes; la frase **las aproximantes** puede emplearse para nombrar dicha clase. 2. *adj.* Se dice de todo sonido no nuclear producido con flujo continuo del aire por la porción central de la boca sin ruido consonántico. (Cf. **aproximante contoidal, aproximante vocoidal.**)

aproximante contoidal (consonant-like approximant) *n, f.* Aproximante que se realiza con gestos parecidos a los de una consonante pero reducidos, de manera que no hay ruido consonántico.

aproximante vocoidal (vowel-like approximant) *n, f.* Aproximante que se realiza con gestos parecidos a los de una vocal pero reducidos, de manera que no puede ser el núcleo de una sílaba. Sinónimo de **semivocal**.

aritenoides (arythenoid cartilages) *n, m, p.* Par de cartílagos móviles contenidos en la laringe cuyo movimiento causa que las cuerdas vocales se unan o se separen.

articulación (articulation) *n, f.* Producción de los sonidos del habla.

articulador inmóvil (passive articulator) *n, m.* Parte inmóvil de la cavidad oral con respecto a la cual se mueve algún articulador móvil.

articulador móvil (active articulator) *n, m.* Órgano que se mueve para producir algún sonido del habla.

ascenso (rise) *n.* Subida del tono de la voz que tiene lugar al final de una locución y hace que ésta se perciba como una pregunta absoluta.

asignación acentual (stress assignment) *n, f.* Determinación por el sistema fonológico de qué sílaba debe recibir el acento primario.

asimilación (assimilation) *n, f.* Nombre dado a todo proceso de simplificación que consiste en asociar a un segmento fonético, considerado el segmento afectado, uno o más rasgos distintivos de un sonido vecino que no está(n) asociado(s) a la forma subyacente del sonido afectado, resultando éste último alófono infiel del fonema que lo subyace.

aspiración (aspiration) *n, f.* 1. Nombre dado en la fonología española al fenómeno de pronunciar una fricativa oral sorda (especialmente /s/) como la fricativa glotal [h] a consecuencia de suprimirse los gestos bucales de la fricativa y no suprimirse la fricación glotal equivalente a la sordez. 2. Nombre dado en la fonología inglesa al fenómeno de pronunciar las plosivas sordas /p/, /t/ y /k/ con un soplo extra de aire a principio de palabra o de sílaba tónica a causa de presentar la glotis una configuración más extendida que en la sordez.

ataque (onset) *n, m.* Parte de la sílaba que precede a la **rima** (véase) y que equivale en muchos casos al **prenúcleo**, pero no para todas las teorías que utilizan este concepto. (Para algunos análisis una semivocal prenuclear es parte del ataque y para otros es parte de la rima.) No se utiliza en este libro.

átono (unstressed) *adj.* Que no recibe acento primario.

Bajo (Low) *n.* Nombre del rasgo binario dominado por el rasgo unario Dorsal cuyo valor positivo está asociado a todo sonido dorsal bajo y su valor negativo a todo sonido dorsal no bajo.

bajo (low) *adj.* Se dice de todo sonido dorsal en cuya articulación el dorso desciende de la posición neutral. (Cf. **alto**.)

base (stem) *n, f.* Combinación de raíz y afijo(s) a la cual se añade otro afijo en la formación de una palabra simple.

bilabial (bilabial) *adj.* Se dice de todo sonido que se articula uniendo o acercando los dos labios.

boca (mouth). Cavidad bucal.

borde (edge) *n, m.* Frontera abstracta que señala donde empieza o donde termina una palabra después de su formación en el componente morfológico de la gramática mental.

bronquios (bronchi) *n, m, p.* Los dos tubos que saliendo cada uno de un pulmón se unen en la tráquea.

bucal (buccal) *adj.* Relativo a la boca o cavidad bucal. (Véase **gestos bucales**.)

campanilla (uvula) *n, f.* **Úvula**.

castellano (Spanish) *n.* Nombre original de la lengua española, preferido en la actualidad por hablantes de regiones de España fuera de Castilla y de varios países suramericanos.

castellano de Castilla (Castilian) *n.* Nombre informal que se utiliza en esta obra para el **geolecto peninsular centronorteño**.

cavidad bucal (buccal cavity) *n, f.* Cavidad localizada entre la cavidad faríngea y la abertura al exterior en la cual están localizados la lengua, los dientes y los labios, conociéndose en el lenguaje ordinario como **la boca.**

cavidad nasal (nasal cavity) *n, f.* Cavidad a la cual, al descender el velo, pasa el aire espirado haciéndola vibrar y causando el timbre característico de los sonidos nasales.

cielo de la boca (roof of the mouth) *n.* Pared superior de la cavidad oral que comprende la **cresta alveolar,** el **paladar duro** y el **paladar blando.**

clítico (clitic) *n.* Tipo de palabra que es siempre átona cuando se combina en una frase fonológica con una palabra tónica. Entre los clíticos están los artículos definidos, las preposiciones, las conjunciones y los pronombres de objeto verbal inseparables de los verbos como *me, te, lo, se, nos,* etc., pero el término se usa principalmente para referirse a ese tipo de pronombres.

coalescencia (coalescence) *n.* Realización de una secuencia de dos o más fonemas distintos como un solo alófono que combina rasgos distintivos de los fonemas representados.

coda (coda) *n.* Sinónimo de posnúcleo. No se utiliza en este libro. (Cf. **rima**.)

componente morfológico (morphological component) *n.* Parte de la gramática mental que incluye el **lexicón** y los principios que rigen la formación de palabras. Su output son las palabras mostrando sus **bordes.**

consonante (consonant) *n, f.* Nombre tradicional dado a cada miembro de la clase de sonidos consonánticos; la frase **las consonantes** suele emplearse para nombrar dicha clase. (Cf. **consonántico**.)

Consonántico (Consonantal) *n, m.* Nombre del rasgo binario cuyo valor positivo está asociado a todo sonido consonántico y su valor negativo a todo sonido vocoidal.

consonántico (consonantal) *adj.* Se dice de todo sonido cuya articulación incluye la formación de un obstáculo total o parcial a la corriente de aire espirado y en este último caso con vibraciones aperiódicas características de los ruidos.

consonantización (consonantization) *n, f.* Realización de un fonema vocoidal como un alófono consonántico.

Continuo (Continuant) *n.* Nombre del rasgo binario cuyo valor positivo está asociado a la única fase de un sonido continuo o a la fase continua (normalmente fricativa) de una africada, y su valor negativo a la única fase de un sonido no continuo o a la fase no continua (plosiva) de una africada.

continuo (continuant) *adj.* Se dice de todo sonido articulado con paso libre del aire espirado por la porción central de la boca.

contoide (contoid) *n, m.* Clase de sonidos que comprende las consonantes y las **aproximantes contoidales**.

contracción silábica (syllabic contraction) *n, f.* Fenómeno que consiste en presentar la forma fonética de una locución menos sílabas que su forma subyacente, por haberse desnuclearizado o elidido una o más vocales. (Cf. **desnuclearización, elisión.**)

corona (crown or corona) *n.* Lámina de la lengua, de donde el adjetivo **coronal** para los sonidos articulados con ella.

Coronal (Coronal) *n, m.* Nombre del rasgo unario asociado a todo sonido coronal.

coronal (coronal) *adj.* Se dice de todo sonido articulado haciendo que la lámina o corona de la lengua toque o se acerque o la región alveopalatal o a una región localizada delante de ésta (en español y en inglés a las regiones alveolar, dental e interdental).

corono-anteriodorsal (corono-anteriodorsal) *adj.* Se dice de todo sonido **coronodorsal** que se articula haciendo que la lámina toque o se acerque a la región alveopalatal y que al mismo tiempo el anteriodorso toque o se acerque a la región palatal. Corresponde al término tradicional **palatal**.

coronodorsal (coronodorsal) *adj.* 1. Se dice de todo sonido que se articula utilizando la lámina y una parte del dorso (ya sea el anteriodorso o el posteriodorso), por lo cual está asociado al mismo tiempo a los rasgos unarios Coronal y Dorsal. Utilizamos el término frecuentemente en este libro para referirnos a las palatales tradicionales (que son propiamente **coronoanteriodorsales**), con el objeto de distinguirlas de las alveopalatales tradicionales, que están asociadas únicamente al rasgo Coronal.

corono-posteriodorsal (corono-posteriodorsal) *adj.* Se dice de todo sonido **coronodorsal** que se articula haciendo que la lámina toque o se acerque a alguna región delante de la región alveopalatal y que al mismo tiempo el posteriodorso toque o se acerque a la región velar. Un ejemplo es la lateral velarizada del inglés, [ɫ].

cresta alveolar (alveolar ridge) *n.* Protuberancia rugosa del cielo de la boca que está situada antes del paladar duro y constituye la región alveolar. Se llama así por estar detrás de los alveolos de los dientes superiores.

cricoides (crycoid cartilage) *n, m, s.* Uno de los cartílagos inmóviles que forman la laringe.

cuerdas vocales (vocal chords,vocal folds) *n, p.* Las dos membranas elásticas gemelas perpendiculares a las paredes de la laringe cuya vibración constituye el fenómeno de la voz o fonación.

dental (dental) *adj.* Se dice de todo sonido que se articula haciendo que la lámina de la lengua toque o se acerque a la cara interior de los dientes superiores.

descenso (fall) *n.* Bajada de tono que tiene lugar al final de una locución y hace que ésta se perciba como una afirmación.

deslizada (glide) *n.* Sinónimo de semivocal. No se utiliza en este libro.

deslizamiento (gliding) *n.* Sinónimo de desnuclearización. No se utiliza en este libro.

desnuclearización (denuclearization) *n, f.* Proceso de reducción que consiste en que un fonema vocálico que a nivel subyacente está en hiato con otra vocal se realiza como un alófono infiel semivocálico, es decir, [–Nuclear], siendo por tanto parte de un diptongo o triptongo.

desplosivización (deplosivization) *n, f.* Realización de un fonema plosivo como un alófono infiel continuo a consecuencia de la asociación al rasgo [+Continuo] de un sonido adyacente.

dientes superiores (upper teeth) *n ,m, p.* Los dientes situados en la mandíbula superior.

diptongo (diphthong) *n.* Secuencia **tautosilábica** de dos vocoides: uno vocálico, que constituye el núcleo, y otro semivocálico que puede estar antes o después del núcleo.

Distribuido (Distributed) *n.* Nombre del rasgo binario dominado por el rasgo unario Coronal cuyo valor positivo está asociado a todo sonido coronal distribuido y su valor negativo a todo sonido coronal indistribuido.

distribuido (distributed) *adj.* Se dice de todo sonido coronal que se articula con la lámina en una configuración de relativamente mayor longitud en relación con la dirección del aire espirado, siendo éste el caso de la configuración laminal en vez de la apical. (Cf. **indistribuido.**)

Dorsal (Dorsal) *n, m.* Nombre del rasgo unario asociado a todo sonido dorsal.

dorsal (dorsal) *adj.* Se dice de todo sonido que se articula haciendo que el dorso de la lengua toque o se acerque a la región palatal o a una región de la cavidad oral localizada detrás de la región palatal.

elisión (deletion) *n, f.* Ausencia de representación física de un fonema a nivel fonético a causa de suprimirse todos los **gestos articulatorios** que requiere su realización.

elleísmo (elleismo) *n.* Presencia en el sistema fónico de un lecto hispánico de dos fonemas consonánticos orales asociados a los rasgos [Coronal, –Anterior], representándose uno de ellos en la ortografía por la letra *ll* y el otro por la letra *y*. (Cf. **yeísmo.**)

elleísta (elleista) *adj.* Se dice tanto de un lecto como de un/a hablante del mismo que manifiesta elleísmo.

ensordecimiento (devoicing) *n.* Supresión de la vibración de las cuerdas vocales en la articulación de un sonido normalmente sonoro, causando que un fonema sonoro se realice como un alófono infiel sordo. (Cf. **sonorización**.)

entonación (intonation) *n, f.* Combinación de cambios y mantenimientos de tono que acompaña a toda locución.

entonación emotiva (emotive intonation) *n, f.* Tipo de entonación que refleja alguna emoción, sentimiento o actitud.

entonación lógica (logical intonation) *n, f.* Tipo de entonación que se corresponde con alguna forma comunicativa como la afirmación, la pregunta o el mandato.

entorno (environment) *n.* Contexto fónico en que un proceso fonológico tiene lugar, expresable en términos del segmento o segmentos adyacentes al segmento afectado, o en términos de la posición que ocupa el segmento afectado en una sílaba o una palabra.

epéntesis (epenthesis) *n, f.* Proceso que resulta en la aparición en la forma fonética de una palabra de un segmento que no es alófono de ninguno de los fonemas que aparecen en su forma subyacente.

escala de sonancia (sonority scale) *n.* Escala en que se disponen los sonidos del habla humana según su grado de **sonancia**.

esdrújula (antepenult-stressed) *adj.* Se dice tradicionalmente de toda palabra que recibe el acento primario en su antepenúltima sílaba. (Cf. **proparoxítono**, **proparoxítona**.)

espirantización (spirantization) *n, f.* Nombre tradicional para la **desplosivización** que da como resultado una fricativa débil. No se utiliza en ese libro. (Cf. **espirante**.)

espirante (spirant) *n, f.* Sinónimo tradicional de fricativa. No se utiliza en este libro.

estilo de pronunciación (style of pronunciation) *n.* Manera de pronunciar relacionada con cierto grado de lentitud o rapidez y/o cierto grado de tensión o relajamiento de los músculos que intervienen en la articulación.

Estridente (Strident) *n.* Nombre del rasgo binario cuyo valor positivo está asociado a toda fricativa estridente y su valor negativo a toda fricativa inestridente.

estridente (strident) *adj.* Se dice de todo sonido fricativo que se articula con un grado notable de ruido debido a la turbulencia impartida al aire espirado al pasar por una constricción parcial suficientemente estrecha. (Cf. **inestridente**.)

explosivo (explosive) *adj.* Se dice de todo sonido plosivo que se articula formando el obstáculo total característico de esa clase de sonido y resolviéndolo abruptamente. (Cf. **implosivo**.)

extrametricidad (extrametricality) *n, f.* Cualidad de un segmento de no contar para la asignación del acento primario.

extramétrico (extrametrical) *adj.* Se dice de un segmento que no cuenta para la asignación del acento primario.

faringe (pharynx) *n, f.* Cavidad situada entre la laringe y la cavidad oral y a la cual está también conectada el esófago.

fase (phase) *n, f.* Único momento de un sonido simple o cada uno de los dos momentos de un sonido complejo.

fidelidad (faithfulness) *n, f.* Tendencia a presentar la forma fonética de una palabra el mismo número de segmentos con los mismos rasgos distintivos que su forma subyacente.

fonación (phonation) *n, f.* Vibración de las cuerdas vocales. Sinónimo de **voz**.

fonema (phoneme) *n, m.* Forma psicológica invariable de un sonido.

fonética (phonetics) *n, f.* Estudio de los sonidos del habla humana desde el punto de vista físico.

fonética articulatoria (articulatory phonetics) *n, f.* Parte de la fonética que estudia la articulación o producción de los sonidos del habla humana.

fónico (sound) *adj.* Perteneciente o relativo a los sonidos del habla en general.

fonología (phonology) *n.* 1. Parte de la gramática mental de una lengua que constituye el sistema fónico de esa lengua. 2. Estudio del sistema fónico de las lenguas humanas en general o de una lengua en particular.

fonología generativa (generative phonology) *n.* Tipo de fonología teórica que postula formas subyacentes para las palabras de una lengua así como principios que determinan cómo se realizan fonéticamente las palabras.

forma fonética (phonetic form) *n.* Una de las posibles formas físicas de una palabra, compuesta de alófonos. (Cf. **forma subyacente**.)

forma subyacente (underlying form) *n.* Forma mental invariable de una palabra, compuesta de fonemas. (Cf. **forma fonética**.)

fortalecimiento (fortition, strengthening) *n, f.* Realización de un fonema como un alófono que requiere mayor esfuerzo articulatorio que el alófono fiel.

frase fonológica (phonological phrase) *n, f.* Combinación de una palabra tónica con una o más palabras átonas (clíticos) que se pronuncia como si fuera una sola palabra por tener un solo acento primario.

frecuencia (frequency) *n.* Número de vibraciones por segundo de un cuerpo vibrante.

frecuencia fundamental (fundamental frequency). Frecuencia con la cual vibran las cuerdas vocales en la producción de determinado sonido, correspondiendo en lo psicológico al **tono** particular de ese sonido. (Cf. **frecuencias secundarias**.)

frecuencias secundarias (secondary frequencies). Conjunto de frecuencias con las cuales vibran las distintas partes de un cuerpo vibrante durante la producción de un sonido, correspondiendo en lo psicológico al **timbre** particular de ese sonido

fricativa (fricative) *n.* Nombre tradicional dado a cada miembro de la clase de sonidos fricativos; la frase **las fricativas** suele emplearse para nombrar dicha clase. (Cf. **fricativo**.)

fricativo (fricative) *adj.* Se dice de todo sonido consonántico obstruyente que se articula formando una estrechez que constituye un obstáculo parcial al aire espirado, creándose cierto grado de ruido.

fusión (fusion) *n, f.* Nombre tradicional dado a la realización de dos o más fonemas idénticos adyacentes como un solo alófono por elisión del otro o de los otros.

geolecto (geolect) *n.* Lecto de una lengua que es común a hablantes que residen en una localidad geográfica determinada.

geolecto peninsular centronorteño (north-central peninsular geolect). Geolecto hispánico dominante del centro y norte de España peninsular que constituye el estándar del español europeo; llamado también **castellano de Castilla** en este libro.

gesto articulatorio (articulatory gesture) *n.* Movimiento ejecutado por un articulador móvil en la producción de un sonido del habla.

gestos bucales (buccal gestures) *n.* Gestos articulatorios efectuados en la cavidad bucal por la lengua o los labios.

gestos laríngeos (laryngeal gestures) *n.* Gestos articulatorios efectuados en la laringe por las cuerdas vocales.

gestos vélicos (velic gestures) *n.* Gestos articulatorios efectuados por el velo como articulador móvil.

glotal (glottal). 1. *n, f.* Miembro de la clase de obstruyentes glotales; la frase **las glotales** suele emplearse para nombrar dicha clase. 2. *adj.* Se dice de: (a) la región constituida por las cuerdas vocales como lugar de articulación; (b) todo sonido obstruyente que se articula con las cuerdas vocales ejecutando, total o parcialmente, gestos diferentes a los que se realizan en la fonación.

glotis (glottis) *n, f, s.* Nombre dado al espacio entre las cuerdas vocales.

gramática mental (mental grammar) *n.* Conjunto de principios y elementos que según la teoría lingüística reside en el cerebro humano y que compuesto de una fonología, una morfología, una sintaxis, una semántica y un diccionario mental o lexicón, determina tanto la articulación como la comprensión de las locuciones de una lengua.

gramema (grameme) *n, m.* Morfema que sirve para marcar una categoría gramatical. (Cf. **lexema**.)

grave (low [in pitch]) *adj.* Se dice de un tono con una frecuencia fundamental relativamente baja.

grupo entonacional (intonation group) *n.* Grupo de palabras que se pronuncian sin pausa entre las mismas.

habla (speech) *n, m.* Manifestación oral del lenguaje.

heterosilábico (heterosyllabic) *adj.* Se dice de un sonido que no está en la misma sílaba que otro sonido. (Cf. **tautosilábico**.)

hiato (hiatus) *n.* Secuencia heterosilábica de dos vocales. (Cf. **diptongo**.)

implosivo (implosive) *adj.* Se dice de todo sonido plosivo que se articula formando el obstáculo total característico de ese tipo de obstruyente sin resolverlo abruptamente. (Cf. **explosivo**.)

inanterior (nonanterior) *adj.* Se dice de todo sonido coronal en cuya articulación la lámina toca o se acerca a la región alveopalatal pero no a ninguna región delante de ésta. (Cf. **anterior**.)

inestridente (non-strident) *adj*. Se dice de todo sonido fricativo que se articula con un grado relativamente bajo de ruido debido a que no hay turbulencia en el aire espirado por no ser lo suficientemente estrecha la constricción parcial característica de los sonidos fricativos. (Cf. **estridente**.)

infijo (infix) *n*. Afijo que en la formación de una palabra se inserta en la raíz. (Ejemplo: -*it*- en *Carlitos*.)

indistribuido (non-distributed) *adj*. Se dice de todo sonido coronal que se articula con la lámina en una configuración de relativamente menor longitud en relación con la dirección del aire espirado; es éste el caso de la configuración apical en vez de la laminal. (Cf. **distribuido**.)

interdental (interdental) *adj*. Se dice de todo sonido que se articula haciendo que la lengua se acerque al borde de los dientes superiores.

intervocálico (intervocalic) *adj*. Se dice de un sonido que está entre dos vocales.

irretraído (non-back) *adj*. Se dice de todo sonido dorsal en cuya articulación el dorso no se retrae de la posición neutral.

Labial (Labial) *n*. Nombre del rasgo unario asociado a todo sonido labial.

labial (labial) *adj*. Se dice de todo sonido en cuya articulación intervienen uno o los dos labios.

labiodental (interdental) *adj*. Se dice de todo sonido que se articula haciendo que el labio inferior haga contacto con los dientes superiores.

lámina (blade) *n*. Porción de la lengua que sale naturalmente de la boca cuando se saca la lengua sin esfuerzo y que puede tocar o acercarse naturalmente a la región alveopalatal o a cualquier región localizada delante de ésta.

laminal (laminal) *adj*. Se dice de la configuración no puntiaguda adoptada por la lámina en la articulación de un sonido coronal distribuido

largo (largo) *n*. Estilo extremadamente lento y cuidadoso que equivale a pronunciar cada palabra en aislamiento. (Cf. **andante**.)

laringe (larynx) *n, f*. Órgano en forma de caja formada por cartílagos y músculos que constituye la porción superior de la tráquea y que contiene las cuerdas vocales.

laríngeo (laryngeal) *adj*. Relativo a la laringe. (Véase **gestos laríngeos**.)

Lateral (Lateral) *n*. Nombre del rasgo binario cuyo valor positivo está asociado a todo·segmento lateral y su valor negativo a todo segmento no lateral.

lateral (lateral). 1. *n, f*. Nombre tradicional dado a cada miembro de la clase de sonidos consonánticos laterales; la frase **las laterales** suele emplearse para nombrar dicha clase. 2. *adj*. Se dice de todo sonido consonántico resonante que se articula de modo que el aire espirado fluya por los lados de la lengua al mismo tiempo que ésta forma un obstáculo total en el centro de la cavidad oral.

laxo (lax) *adj*. Lo contrario de tenso. (Véase **Tenso**.)

lecto (lect) *n*. Variedad de una lengua. (Cf. **geolecto, sociolecto**.)

lenición (lenition, weakening) *n, f*. Realización de un fonema como un alófono infiel que requiere menos esfuerzo articulatorio que el alófono fiel.

letra (letter) *n*. Símbolo perteneciente al alfabeto ortográfico, nunca utilizado como el nombre de un símbolo del alfabeto fonético con el objeto de evitar la confusión entre letra y sonido.

lexema (lexeme) *n, m.* Morfema que no marca una categoría gramatical. (Cf. **gramema**.)

lexicón (lexicon) *n, m.* Parte de la gramática mental que contiene los elementos léxicos de esa lengua y está asociada a su **componente morfológico.**

líquida (liquid) *n, f.* Nombre tradicional dado a cada miembro de la clase de sonidos líquidos; la frase **las líquidas** suele emplearse para nombrar dicha clase. (Cf. **líquido**.)

líquido (liquid) *adj.* Se dice de todo sonido consonántico resonante oral.

llana (penult-stressed) *adj.* Se dice tradicionalmente de toda palabra que recibe el acento primario en su penúltima sílaba. (Cf. **paroxítono, paroxitónica**.)

locución (utterance) *n, f.* Expresión oral compuesta de una o más palabras.

lugar de articulación (place of articulation) *n, m.* Categoría que comprende todo término que sirve para clasificar un sonido o distinguirlo de otro atendiendo a *dónde* se articula o a los articuladores móviles utilizados. (Cf. **modo de articulación**.)

mandíbula inferior (lower jaw) *n.* Parte móvil de la mandíbula cuyo movimiento determina la abertura relativa de la cavidad oral, jugando por tanto un papel fundamental en el timbre de los vocoides.

mandíbula superior (upper jaw) *n.* Parte inmóvil de la mandíbula donde están situados los dientes superiores.

medio (mid) *adj.* Se dice de todo vocoide que no es ni alto ni bajo.

modo de articulación (manner of articulation) *n.* Categoría que comprende todo término que sirve para clasificar un sonido o distinguirlo de otro atendiendo a *cómo* se articula. (Cf. **lugar de articulación**.)

monosílabo (monosyllable) *n.* Palabra que tiene una sola sílaba.

morfema (morpheme) *n, m.* Unidad gramatical mínima que no puede dividirse en partes que tengan su propio significado. (Cf. **palabra**.)

morfema abstracto (abstract morpheme). Morfema que no se compone de fonemas y que se manifiesta únicamente en sus **alomorfos,** que sí se componen de fonemas y están contenidos todos en la entrada léxica de ese morfema.

Nasal (Nasal) *n.* Nombre del rasgo binario cuyo valor positivo está asociado a todo sonido nasal y su valor negativo a todo sonido no nasal.

nasal (nasal). 1. *n, f.* Nombre tradicional dado a cada miembro de la clase de sonidos consonánticos nasales; la frase **las nasales** suele emplearse para nombrar dicha clase. 2. *adj.* Se dice de todo sonido que se articula bajando el velo de modo que el aire espirado pase a la cavidad nasal y la haga vibrar, saliendo a continuación el aire por la nariz.

nivel fonético (phonetic level) *n, m.* Nivel de análisis de la pronunciación en que las palabras, frases u oraciones se ven como secuencias de alófonos. (Cf. **nivel subyacente**.)

nivel prefonético (pre-phonetic level). Cualquier nivel abstracto, incluyendo cualquiera en el cual los sonidos hayan sufrido ciertos procesos fonológicos pero no todos—por ejemplo el silabeo de palabras pero no el de frases y oraciones.

nivel subyacente (underlying level) *n*. Nivel de análisis de la pronunciación en que las palabras, frases u oraciones se ven como secuencias de fonemas.

nivel tonal (pitch level). Nivel alcanzado por el tono en un momento determinado de una locución.

nuclear (nuclear) *adj*. Se dice de todo sonido que puede ser **núcleo** de sílaba.

núcleo (nucleus, head) *n*. Sonido cuya presencia es obligatoria para la estructura de una sílaba y que puede aparecer solo o estar precedido o seguido por cierto número de sonidos dentro de la misma sílaba.

obstruyente (obstruent) 1. *n, f*. Nombre tradicional dado a cada miembro de la clase de sonidos consonánticos obstruyentes; la frase **las obstruyentes** suele emplearse para nombrar dicha clase. 2. *adj*. Se dice de todo sonido consonántico que se articula estableciendo un obstáculo total o parcial al paso del aire espirado sin que por ninguna otra parte del aparato fonador haya paso libre del aire. (Cf. **resonante**.)

oral (oral) *adj*. Se dice de todo sonido articulado en la cavidad oral con el **velo** alzado, de modo que el aire salga únicamente por la boca. (Cf. **nasal**.)

oxítona (oxytonic) *adj*. Se dice de toda palabra que recibe el acento primario en su última sílaba.

oxítono (oxytone) *n*. Palabra que recibe el acento primario en su última sílaba.

palabra (word). Unidad léxica que puede por sí sola formar una locución y es analizable en morfemas, pudiendo contener uno o más morfemas.

paladar (palate) *n, m*. Parte del cielo de la boca localizada después de la cresta alveolar.

paladar blando (soft palate) *n, m*. Parte del paladar que no tiene hueso detrás, también llamada **velo**, y que constituye la región velar.

paladar duro (hard palate) *n, m*. Parte del paladar que tiene hueso detrás y que comprende las regiones alveopalatal y palatal.

palatal (palatal) *adj*. Se dice de: (a) la región del paladar duro a la cual se acerca naturalmente el anteriodorso; (b) todo sonido que se articula haciendo que el anteriodorso toque o se acerque a dicha región.

paroxítona (paroxytonic) *adj*. Se dice de toda palabra que recibe el acento primario en su penúltima sílaba.

paroxítono (paroxytone) *n*. Palabra que recibe el acento primario en su penúltima sílaba.

patrón entonacional (intonation pattern) *n, m*. Entonación característica de un determinado tipo de locución.

plano fonético (phonetic level). Sinónimo de **nivel fonético**.

plano subyacente (underlying level). Sinónimo de **nivel subyacente**.

plosiva (plosive) *n*. Nombre tradicional dado a cada miembro de la clase de sonidos obstruyentes plosivos; la frase **las plosivas** suele emplearse para nombrar dicha clase. (Cf. **plosivo**.)

plosivo (plosive) *adj*. Se dice de todo sonido consonántico obstruyente que se articula formando un obstáculo total al paso de aire espirado.

polisílabo (polysyllabic word) *n.* Palabra que tiene más de una sílaba. (Cf. **monosílabo**.)

posición neutral (neutral position) *n, f.* Posición que adopta el dorso de la lengua justo antes de comenzar a hablar y que corresponde en español a su posición en la articulación de la vocal media irretraída [e].

posnuclear (post-nuclear) *adj.* 1. Se dice de: (a) un contoide o semivocal que sigue al núcleo; (b) la posición en que está un contoide o semivocal que sigue al núcleo.

posnúcleo (post-nucleus) *n.* Parte de la sílaba que sigue al núcleo.

posteriodorso (posteriodorsum) *n.* Porción del dorso de la lengua que se acerca naturalmente a la región velar y a la uvular. (Cf. **anteriodorso**.)

pre-acentual (pre-stress assignment) *adj.* Se dice de la forma de una palabra antes de la aplicación del **principio de asignación acentual.**

prefonético (pre-phonetic) *adj.* Véase **nivel prefonético.**

pregunta absoluta (yes-or-no question) *n.* Pregunta que puede responderse *sí* o *no*.

pregunta disyuntiva (either-or question) *n.* Pregunta que ofrece más de una alternativa a la persona interrogada.

pregunta pronominal (wh- question) *n.* Pregunta que utiliza un pronombre interrogativo.

prenuclear (pre-nuclear) *adj.* Se dice de: (a) un contoide o semivocal que precede al núcleo; (b) la posición en que está un contoide o semivocal que precede al núcleo.

prenúcleo (pre-nucleus) *n.* Parte de la sílaba que precede al núcleo.

presto (presto) *n.* Estilo más rápido y descuidado que el **alegreto.**

principio de asignación acentual (stress-assignment principle) *n.* Principio fonológico que determina qué vocal recibe el acento primario.

principio de las tres ventanas (three-window principle) *n.* Principio fonológico que determina que el acento primario sólo puede estar en la última, penúltima o antepenúltima sílaba de una palabra.

proceso fonológico (phonological process) *n.* Ejecución de instrucciones dadas por el cerebro al aparato fonador que resultan en que una palabra se pronuncia de una manera que difiere de la forma fonética de esa palabra que contiene exclusivamente alófonos fieles.

puntiaguda (pointy) *adj.* Se dice de la configuración que adopta la lámina de la lengua en la articulación de las coronales apicales.

raíz (root) *n, f.* 1. Morfema que constituye el núcleo de la palabra y al cual se añaden uno o más **afijos.** 2. Parte más posterior de la lengua, situada después del dorso, que puede acercarse naturalmente a la pared faríngea en la articulación de sonidos faríngeos, de los cuales carecen tanto el español como el inglés.

rasgo (feature) *n.* Característica física de un sonido que constituye la unidad mínima del análisis fonológico.

rasgo binario (binary feature). Rasgo que tiene dos valores, uno positivo marcado '+' y otro negativo marcado '–', que a su vez se consideran rasgos por servir los dos para distinguir entre sonidos.

rasgo distintivo (distinctive feature). Rasgo que sirve para distinguir un fonema de otro.

rasgo unario (unary feature). Rasgo que tiene solamente valor positivo por no existir una clase natural de sonidos basada en no tener ese rasgo.

Redondeado (Round) *n*. Nombre del rasgo binario dominado por el rasgo unario Labial cuyo valor positivo está asociado a los sonidos labiales que se articulan con redondeamiento de los labios (bilabiales) y su valor negativo a los sonidos labiales que se articulan sin redondeamiento (labiodentales).

redondeado (round) *adj*. Se dice de todo sonido labial cuya articulación incluye redondear los labios.

redondeamiento (lip rounding). Acción de redondear los labios en la articulación de un sonido.

reducción (reduction) *n, f*. Simplificación segmental que consiste en realizar un fonema con gestos articulatorios que son más simples y breves que los que requiere el alófono fiel de ese fonema. (Cf. **supresión**.)

regla fonológica (phonological rule) *n, f*. Nombre tradicional dado a todo principio de la estructura fonológica particular de una lengua que especifica a qué clase de sonidos y en qué entornos se aplica un proceso fonológico.

representación fonética (phonetic representation) *n, f*. Sinónimo de **forma fonética**.

representación subyacente (underlying representation). Sinónimo de **forma subyacente**.

resilabeo (resyllabification) *n*. Nombre tradicional dado al fenómeno de que un alófono está en una posición silábica distinta a la del fonema que lo subyace.

Resonante (Sonorant) *n, m*. Nombre del rasgo binario cuyo valor positivo está asociado a los sonidos resonantes y su valor negativo a los sonidos obstruyentes.

resonante (sonorant) 1. *n, f*. Nombre tradicional dado a cada miembro de la clase de sonidos resonantes; la frase **las resonantes** suele emplearse para nombrar dicha clase. 2. *adj*. Se dice de: (a) todo sonido, ya sea vocoidal o consonántico, cuya articulación va acompañada de vibración espontánea de las cuerdas vocales; (b) todo sonido consonántico que combina, simultáneamente (nasales y laterales) o de manera secuencial (vibrantes), un obstáculo total en la cavidad oral y paso libre del aire.

Retraído (Back) *n*. Nombre del rasgo binario dependiente del rasgo unario Dorsal cuyo valor positivo está asociado a todo sonido dorsal retraído y su valor negativo a todo sonido dorsal irretraído.

retraído (back) *adj*. Se dice de todo sonido dorsal en cuya articulación el dorso se retrae de la posición neutral.

retrofleja (retroflex) *n*. Nombre tradicional dado a cada miembro de la clase de sonidos retroflejos; la frase **las retroflejas** suele emplearse para nombrar dicha clase. (Cf. **retroflejo**.)

retroflejo (retroflex) *adj*. Se dice de todo sonido coronal en cuya articulación la sublámina o cara inferior ('underside') de la lámina toca o se acerca a la región alveolar o a la alveopalatal.

rima (rhyme) *n.* Parte de la sílaba que se compone del núcleo y del posnúcleo (llamado éste **coda** en los análisis que utilizan este concepto). No se utiliza en este libro.

rótico (rhotic) *adj.* 1. Se dice en la fonética contemporánea de todo segmento resonante oral no lateral representado en la ortografía por la letra *r*. 2. Se dice en este libro de todo segmento representado en la ortografía por la letra *r*, lo cual incluye alófonos infieles obstruyentes de fonema vibrante.

segmento (segment) *n.* Todo sonido visto como un ente discreto, ya sea simple o complejo, dentro de una representación, ya sea subyacente o fonética.

semiascenso (semi-rise) *n.* Subida del tono a un nivel menos alto que el que se alcanza en el ascenso.

semidescenso (semi-fall) *n.* Bajada del tono a un nivel menos bajo que el que se alcanza en el descenso.

semivocal (semivowel) 1. *n, f.* Miembro de la clase de aproximantes vocoidales; la frase **las semivocales** suele emplearse para nombrar dicha clase. 2. *adj.* Se dice de toda aproximante vocoidal que puede aparecer o en el prenúcleo o el posnúcleo como parte de un diptongo o triptongo.

seseante (seseante) *adj.* Se dice tanto de un lecto como de un/a hablante del mismo que manifiesta **seseo**

seseo (seseo) *n.* Ausencia del fonema /θ/, teniendo la letra *c* en las combinaciones *ce* y *ci* y la letra *z* en todos los casos el **valor fonemático** de /s/.

sílaba (syllable) *n.* Unidad fonológica que consiste en un núcleo obligatorio (que en español siempre es vocálico), acompañado o no por segmentos no nucleares.

silabeo (syllabification) *n.* Asignación de los segmentos de una palabra a las sílabas a las cuales pertenecen, según principios particulares a cada lengua.

simplificación (simplification). Realización de un fonema como un alófono infiel que requiere menos energía que el alófono fiel de ese fonema.

sinalefa (synalepha) *n.* Nombre tradicional dado a la contracción silábica cuando ésta ocurre como resultado del contacto entre sonidos que están en palabras distintas a consecuencia de agruparse éstas en frases u oraciones.

sinéresis (synersis) *n, f.* Nombre tradicional dado a la contracción silábica cuando ésta ocurre como resultado del contacto entre sonidos dentro de una misma palabra.

sociolecto (sociolect) *n.* Lecto de hablantes pertenecientes a una clase social determinada.

sonancia (sonority). Volumen inherente a cada sonido. (Cf. **escala de sonancia.**)

sonoridad (voice). Presencia de vibración de las cuerdas vocales en la articulación de un sonido.

sonorización (voicing) *n, f.* Vibración de las cuerdas vocales en la articulación de un sonido normalmente sordo, causando que un fonema sordo se realice como un alófono infiel sonoro. (Cf. **ensordecimiento.**)

Sonoro (Voiced) *n.* Nombre del rasgo binario cuyo valor positivo está asociado a todo sonido sonoro y su valor negativo a todo sonido sordo.

sonoro (voiced) *adj.* Se dice de todo sonido que se articula acompañado de vibración de las cuerdas vocales.

sordez (voicelessness) *n.* Ausencia de vibración de las cuerdas vocales en la articulación de un sonido.

sordo (voiceless) *adj.* Se dice de todo sonido cuya articulación no va acompañada de vibración de las cuerdas vocales.

subyacer [a un sonido o palabra] (to underlie [a sound or a word]) *verbo.* Ser la forma mental invariable [de un sonido o palabra].

sufijo (suffix). Tipo de afijo que dentro de una palabra aparece después de la raíz o de la base. (Cf. **prefijo**.)

supresión (supression) *n, f.* Simplificación segmental que consiste en realizar un fonema suprimiendo alguno o todos los gestos que requiere el alófono fiel del mismo fonema. (Cf. **reducción**.)

suspensión (level intonation) *n, f.* Mantenimiento del tono (ausencia de ascenso o descenso) que al final de una locución indica que ésta está incompleta.

tautosilábico (tautosyllabic) *adj.* Se dice de un sonido que está en la misma sílaba que otro sonido. (Cf. **heterosilábico**.)

Tenso (Tense) *n.* Nombre del rasgo binario que sirve para distinguir entre pares de sonidos, que siendo similares con respecto a otros rasgos, se diferencian en requerir uno, llamado **tenso**, mayor tensión muscular que el otro, llamado **laxo**, estando el tenso asociado al valor positivo del rasgo y el laxo a su valor negativo.

tildación (accentuation) *n, f.* Marcación del acento primario por medio de una tilde, ya sea en la transcripción fonética o en la ortografía.

tilde (accent mark) *n, f.* Pequeña raya oblicua que en una transcripción fonética se coloca siempre sobre el símbolo fonético que representa a la vocal tónica de una palabra, y sólo en ciertos casos en la escritura sobre la letra que representa a dicha vocal, siguiendo en ello criterios que no son todos de carácter fonológico.

timbre (timbre, quality) *n, m.* Cualidad perceptual característica de un sonido que lo distingue de todo otro sonido y que depende del conjunto de frecuencias secundarias con que vibra el cuerpo que lo emite.

tiroides (thyroid cartilage) *n, m.* Cartílago inmóvil principal de la laringe.

tonal (tone) *adj.* Perteneciente o relativo al tono.

tónico (stressed) *adj.* Que recibe acento primario.

tono (pitch) *n.* Sensación psicológica producida por una frecuencia fundamental determinada.

transcripción coloquial (eye dialect, eye-dialect transcription) *n.* Escritura que refleja algún fenómeno de pronunciación utilizando únicamente símbolos ortográficos y de la que son ejemplos *wanna*, *pot o' tea*, *gotcha*, etc. en inglés; y *ejto* (por [éh.to]) en español.

transcripto (transcribed) *adj.* Escrito en símbolos de un alfabeto fonético.

tráquea (trachea) *n.* Tubo del aparato respiratorio en el que se unen los bronquios y cuya porción superior está en la laringe.

triptongo (triphthong) *n*. Secuencia tautosilábica de tres vocoides.

triptongo morfológico (morphological triphthong). Triptongo que aparece dentro de una palabra.

triptongo sintáctico (syntactic triphthong). Triptongo que se forma como consecuencia del contacto entre palabras en frases u oraciones.

úvula (uvula) *n*. Pequeña carnosidad en forma de uva que cuelga de la parte más posterior del velo.

uvular (uvular) *adj*. Se dice de: (a) la región constituida por la úvula; (b) todo sonido que se articula haciendo que el posteriodorso toque o se acerque a la úvula.

valor fonemático de una letra (phonemic value of a letter) *n, m*. Fonema representado por la letra en cuestión.

variación fonológica (phonological variation) *n, f*. Alternancia en un mismo entorno del alófono fiel de un fonema y uno o más de sus alófonos infieles como resultado de no ser obligatorio algún proceso que afecta a ese fonema.

variación lectal (dialectal variation). Presencia de diferencias sistemáticas entre los lectos de una misma lengua.

velar (velar) *adj*. Se dice de: (a) la región constituida por el velo o paladar blando; (b) todo sonido que se articula haciendo que el posteriodorso toque o se acerque a dicha región.

velarización (velarization) *n, f*. Realización de un fonema no asociado al rasgo Dorsal como un alófono infiel que es [Dorsal, +Alto, +Retraído] (o sea, velar).

vélico (velic) *adj*. Relativo o perteneciente al velo como articulador móvil. (Véase **gestos vélicos**.)

velo (velum) *n*. Nombre dado al **paladar blando.**

vibrante (tap or trill) 1. *n, f*. Nombre tradicional dado a cada miembro de la clase de sonidos vibrantes; la frase **las vibrantes** suele emplearse para nombrar dicha clase. 2. *adj*. Se dice de todo sonido consonántico resonante oral que consiste en una o más secuencias de una fase plosiva muy breve seguida de una fase aproximante.

vibrante múltiple (trill). Vibrante en la cual la secuencia de plosiva y aproximante ocurre más de una vez.

vibrante simple (tap, flap). Vibrante en la cual la secuencia de plosiva y aproximante ocurre una sola vez.

vibrantización (pronunciation of a plosive as a tap or flap). Realización vibrante de un fonema plosivo por reducción del contacto con el articulador inmóvil y adición de una fase aproximante por asociación al rasgo [+Continuo] de una vocal adyacente.

vocal (vowel) *n, f*. Miembro de la clase de vocoides nucleares; la frase **las vocales** suele emplearse para nombrar dicha clase.

vocal híbrida (hybrid vowel). Alófono vocálico infiel que combina rasgos de dos o más vocales no altas subyacentes adyacentes y que surge en la realización como triptongo de una secuencia subyacente de cuatro o cinco vocoides.

vocal terminal posbásica (post-stem terminal vowel). Vocal terminal de una palabra paroxítona que es siempre extramétrica para la asignación acentual.

vocálico (vocalic) *adj.* Relativo o perteneciente a una vocal.

vocoidal (vocoidal) *adj.* Perteneciente o relativo a los vocoides.

vocoide (vocoid) *n, m.* Sonido que se articula sin ningún tipo de obstáculo al paso del aire espirado y no es una variante reducida de una consonante.

volumen (volume, loudness) *n, m.* Sensación psicológica causada por la amplitud de una vibración, que a su vez depende del grado de energía con la cual vibra el cuerpo vibrante.

yeísmo (yeismo) *n.* Presencia en el sistema fónico de un lecto hispánico de un solo fonema consonántico oral sonoro asociado a los rasgos [Coronal, –Anterior], que se representa en la ortografia tanto con *y* como con *ll*. (Cf. **elleísmo**.)

yeísta (yeista) *adj.* Se dice tanto de un lecto como de un/a hablante del mismo que manifiesta yeísmo.

Bibliografía selecta

Esta bibliografía no pretende de ningún modo ser exhaustiva sino representativa de la fonología contemporánea, tanto española como general, en el último tercio del siglo XX y principios del presente siglo, sin olvidar textos fundamentales más antiguos. Se recogen únicamente estudios publicados, y únicamente aquéllos escritos en español o en inglés.

I. Fonología y fonética en general

Archangeli, Diana, y D. Terence Langendoen, eds. 1997. *Optimality theory: an overview*. Oxford, UK: Blackwell.

Burton-Roberts, Noel, Phillip Carr y Gerard Docherty, eds. 2000. *Phonological knowledge: conceptual and empirical issues*. Oxford, UK: Oxford University Press.

Bybee, Joan. 2001. *Phonology and language use*. Cambridge, UK: Cambridge University Press.

Chomsky, Noam, y Morris Halle. 1968. *The sound pattern of English*. New York: Harper & Row.

Denes, Peter B., y Elliot N. Pinson. 1993. *The speech chain: the physics and biology of spoken language*. 2da edición. New York: W. H. Freeman.

Goldsmith, John, ed. 1995. *The handbook of phonological theory*. Oxford, UK: Blackwell.

International Phonetic Association. 1999. *Handbook of the International Phonetic Association*. Cambridge, UK: Cambridge University Press.

Kenstowicz, Michael. 1994. *Phonology in generative grammar*. Oxford, UK: Blackwell.

Ladefoged, Peter, e Ian Maddieson. 1996. *The sounds of the world's languages*. Oxford, UK: Blackwell.

Laver, John. 1994. *Principles of phonetics*. Cambridge, UK: Cambridge University Press.

McCarthy, John J. 2002. *A thematic guide to optimality theory*. New York: Cambridge University Press.

Roca, Iggy, y Win Johnson. 1999. *A course in phonology*. Oxford, UK: Blackwell.

II. Fonología inglesa

Hammond, Michael. 1999. *The phonology of English: a prosodic Optimality-Theoretic approach*. Oxford, UK: Oxford University Press.

Harris, John. 1994. *English sound structure*. Oxford, UK: Oxford University Press.

Jones, Daniel (Peter Roach, James Hartman y Jane Setter, eds.). 2003. *Cambridge English Pronouncing Dictionary*. Cambridge, UK: Cambridge University Press.

Kenyon, John S., y Thomas Knott. 1953. *A pronouncing dictionary of American English*. Springfield, MA: G. & C. Merriam.Kreidler, Charles W. 1989. *The pronunciation of English*. Oxford, UK: Blackwell

———. 1997. *Describing spoken English: an introduction*. New York: Routledge.

III.   Fonología española: teoría, descripción y variación dialectal

[Nota: se incluyen manuales de lingüística española que contienen capítulos de fonología así como antologías y actas de conferencias y simposios que contienen artículos o capítulos de fonología española.]

Alarcos Llorach, Emilio. 1964. *Fonología española*. 4ta. edición. Madrid: Gredos.

Alba, Orlando, comp. 1982. *El español del Caribe*. Santiago de los Caballeros, RD: Universidad Católica Madre y Maestra.

Azevedo, Milton M. 1992. *Introducción a la lingüística española*. Englewood Cliffs, NJ: Prentice Hall.

Bjarkman, Peter C. 1989. Radical and conservative Spanish dialects: theoretical accounts and pedagogical implications. En Bjarkman y Hammond, 237–62.

Bjarkman, Peter C., y Robert M. Hammond, eds. 1989. *American Spanish pronunciation: theoretical and applied perspectives*. Washington, D.C.: Georgetown University Press.

Bowen, J. Donald, y Robert P. Stockwell. 1955. The phonemic interpretation of semivowels in Spanish. *Language* 31:236–40.

——. 1956. A further note on Spanish semivowels. *Language* 32:290–92.

Boyd-Bowman, Peter. 1960. *El habla de Guanajuato*. México, D.F.: UNAM.

Bradley, Travis G. 1999. Assibilation in Ecuadorian Spanish: a phonology-phonetics account. En *Formal perspectives on Romance linguistics*, ed. J. Marc Authier, Barbara E. Bullock y Lisa Reed. Amsterdam: John Benjamins, 57–71.

Campos, Héctor, y Fernando Martínez-Gil, eds. 1991. *Current studies in Spanish linguistics*. Washington, D.C.: Georgetown University Press.

Carreira, María. 1991. The alternating diphthongs in Spanish: a paradox revisited. En Campos y Martínez-Gil, 407–45.

Cedergren, Henrietta. 1978. En torno a la variación de la [s] final de sílaba en Panamá: análisis cuantitativo. En López Morales 1978, 37–50.

Cedergren, Henrietta, Pascale Rousseau y David Sankoff. 1986. La variabilidad de /r/ implosiva en el español de Panamá y los modelos de ordenación de reglas. En Núñez-Cedeño, Páez Urdaneta y Guitart, 13–20.

Chela-Flores, Berta, y Godsuno Chela-Flores. 1994. *Hacia un estudio fonetológico del español hablado en Venezuela*. Caracas: Fondo Editorial Tropykos.

——. 2002. Old and new issues in Spanish dialectology: the Venezuelan data. *Dialectologia et Geolinguistica* 10:31–39.

Chela-Flores, Godsuno. 1986. Las teorías fonológicas y los dialectos del caribe hispánico. En Núñez-Cedeño, Páez Urdaneta y Guitart, 21–30.

——. 1995. Minimality, naturalness, and other constraints on phonological change: the Spanish data. *Neuphilologische Mitteilungen* 96:453–59.

——. 1998a. Interpretación y explicación fonológicas. *Español Actual* 69:19–28.

——. 1998b. *Orígenes y estado actual del español de Venezuela*. Cumaná, Venezuela: Ediciones Comisión Regional Macuro 500 años.

Colina, Sonia. 1999. Reexamining Spanish glides: analogically conditioned variation in vocoid sequences in Spanish dialects. En Gutiérrez-Rexach y Martínez-Gil, 121–34.

Contreras, Heles. 1963. Sobre el acento en español. *Boletín de Filología* 15:223–37.

——. 1964. ¿Tiene el español un acento de intensidad? *Boletín de Filología* 16:237–39.

——. 1969. Vowel fusion in Spanish. *Hispania* 52:60–62.

Cotton, Eleanor Greet, y John M. Sharp. 1988. *Spanish in the Americas*. Washington, D.C.: Georgetown University Press.

Cressey, William W. 1978. *Spanish phonology and morphology: a generative view*. Washington, D.C.: Georgetown University Press.

——. 1989. A generative sketch of Castilian Spanish pronunciation: a point of reference for the study of American Spanish. En Bjarkman y Hammond, 48–70.

Danesi, Marcel. 1982. The description of Spanish /b, d, g/ revisited. *Hispania* 42:373–76.

D'Introno, Francesco, y Juan Manuel Sosa. 1986. Elisión de la /d/ en el español de Caracas: aspectos sociolingüísticos e implicaciones teóricas. En Núñez-Cedeño, Páez Urdaneta y Guitart, 135–63

D'Introno, Francesco, Jorge M. Guitart, y Juan C. Zamora. 1988. *Fundamentos de lingüística hispánica*. Madrid: Playor.

D'Introno, Francesco, Enrique del Teso, y Rosemary Weston. 1995. *Fonética y fonología actual del español*. Madrid: Cátedra.

Eddington, David. 2000. Spanish stress assignment within the analogical modeling of language. *Language* 76:92–109.

Figueroa Esteva, Max, Luis R. Choy López, y Puica Dohotaru. 1991. Para la caracterización fonética y fonológica del habla urbana actual de Cuba. *Revista Cubana de Ciencias Sociales* 24:20–34.

Goldsmith, John. 1979. Subsegmentals in Spanish phonology: an autosegmental approach. En *Linguistics Symposium on Romance Languages 9*, ed. William W. Cressey y Donna Jo Napoli. Washington, D.C.: Georgetown University Press, 1–16.

Guitart, Jorge M. 1976. *Markedness and a Cuban dialect of Spanish*. Washington, D.C.: Georgetown University Press.

——. 1978a. A propósito del español de Cuba y Puerto Rico: hacia un modelo no sociolingüístico de lo sociodialectal. En López Morales 1978, 77–92.

——. 1978b. Aspectos del consonantismo habanero: reexamen descriptivo. *Boletín de la Academia Puertorriqueña de la Lengua Española* 6:95–114.

——. 1978c. Conservative versus radical dialects in Spanish: implications for language instruction. *Bilingual Review* 5:57–64.

——. 1980. Breve esquema conceptual de la fonología generativa. En Guitart y Roy 1980, 61–112.

——. 1983. Fonología. En López Morales 1983.

——. 1996. Spanish in contact with itself and the phonological characterization of conservative and radical styles. En *Spanish in contact: issues in bilingualism*, John B. Jensen y Ana Roca, eds. Somerville, MA: Cascadilla Press, 151–58.

——. 1997. Variability, multilectalism, and the organization of phonology in Caribbean Spanish dialects. En Martínez-Gil y Morales-Front, 515–36.

——. 2000. Del dominio relativo de la variación estilística de los sonidos róticos del español de Puerto Rico a la luz de la teoría de las subfonologías. *Revista de Estudios Hispánicos* 27:169–82.

——. 2003. Unary features in phonology and Spanish palatals. En *Linguistic theory and language development in Hispanic languages: Papers from the 5th Hispanic Linguistics Symposium and the 4th Conference on the Acquisition of Spanish and Portuguese*, ed. Silvina Montrul y Francisco Ordóñez, eds. Sommerville, MA: Cascadilla Press, 113–18.

Guitart, Jorge M., y Joaquín Roy, comps. 1980. La estructura fónica de la lengua castellana. Barcelona: Anagrama.

Gutiérrez-Rexach, Javier, y Fernando Martínez-Gil, eds. 1999. *Advances in Hispanic Linguistics: Papers from the 2nd Hispanic Linguistics Symposium*, Volume 1. Somerville, MA: Cascadilla Press.

Hammond, Robert M. 1978. An experimental verification of the phonemic status of open and closed vowels in Caribbean Spanish. En López Morales 1978, 93–143.

——. 1982. El fonema /s/ en el español jíbaro: cuestiones teóricas. En Alba 1982, 157–69.

——. 1986. En torno a una regla global en la fonología del español de Cuba. En Núñez-Cedeño, Páez Urdaneta y Guitart, 31–40.

——. 1988. El fonema ʔRʔ en el español de Puerto Rico-un estudio sociolingüístico. *Revista de Estudios Hispánicos* 14:179–91.

——. 1989. Standard SPE phonological frameworks for describing American Spanish pronunciation. En Bjarkman y Hammond, 31–47.

——. 1999. On the non-occurrence of the phone [rʻ] in the Spanish sound system. En Gutiérrez-Rexach y Martínez-Gil, 135–51.

——. 2000a. The multiple vibrant liquid in the discourse of U.S. Hispanics. En *Research on Spanish in the United States: Linguistic issues and challenges*, ed. Ana Roca. Somerville, MA: Cascadilla Press, 290–304.

——. 2000b. The phonetic realizations of /rr/ in Spanish: a psychoacoustic analysis. En *Hispanic linguistics at the turn of the millennium: papers from the 3rd Hispanic Linguistics Symposium*, ed. Héctor Campos, Elena Herburger, Alfonso Morales-Front y Thomas J. Walsh. Somerville, MA: Cascadilla Press, 80–100.

Harris, James W. 1969. *Spanish phonology*. Cambridge, MA: MIT Press.

——. 1975. *Fonología generativa del español*. Barcelona: Planeta.

——. 1980. Lo morfológico en una gramática generativa: alternancias vocálicas en las formas verbales del español. En Guitart y Roy 1980, 141–99.

——. 1983. *Syllable structure and stress in Spanish: a nonlinear analysis*. Cambridge, MA: MIT Press.

——. 1984. Autosegmental phonology, lexical phonology, and Spanish. En *Language sound structure*, ed. Mark Aronoff y Richard T. Oehrle. Cambridge, MA: MIT Press, 67–82.

——. 1985. Autosegmental phonology and liquid assimilation in Havana Spanish. En King y Maley, 127–48.

——. 1989. How different is verb stress in Spanish? *Probus* 1:241–58.

——. 1991. With respect to metrical constituents in Spanish. En Campos y Martínez Gil 1991, 447–73.

——. 1995. Projection and edge-marking in the computation of stress in Spanish. En *The handbook of phonological theory*, ed. John Goldsmith. Oxford UK: Blackwell, 867–87.

Harris, James W., y Ellen M. Kaisse. 1999. Palatal vowels, glides, and obstruents in Argentinian Spanish. *Phonology* 16:117–90.

Hochberg, Judith. 1988. Learning Spanish stress. *Language* 64:683–706.

Hooper, Joan Bybee, y Tracy D. Terrell. 1975. Stress assignment in Spanish. *Glossa* 10:74–110.

Hualde, José Ignacio. 1989. Silabeo y estructura morfémica en español. *Hispania* 72:821–31.

———. 1991. On Spanish syllabification. En Campos y Martínez-Gil, 475–93.

———. 1994. La contracción silábica en español. En *Gramática del español*, comp. Violeta Demonte, México D.F., El Colegio de México, 629–47.

———. 1999. Patterns in the lexicon: hiatus with unstressed high vowels in Spanish. En Gutiérrez-Rexach y Martínez-Gil, 182–97.

———. 2000. How general are linguistic generalizations? En *CLS 36, vol. 1, The Main Session*, ed. Arika Orent y John Boyle. Chicago: Chicago Linguistics Society, 167–77.

Hualde, José Ignacio, Antxon Olarrea y Anna María Escobar. 2001. *Introducción a la lingüística hispánica*. Cambridge, UK: Cambridge University Press.

Hualde, José Ignacio, y Mónica Prieto. 2002. On the diphthong/hiatus contrast in Spanish: some experimental results. *Linguistics* 40:217–34.

Jiménez Sabater, Max A. 1975. *Más datos sobre el español de la República Dominicana*. Santo Domingo, RD: Instituto Tecnológico de Santo Domingo.

Kelm, Orlando. 1987. An acoustic study on the differences of contrastive emphasis between native and non-native Spanish speakers. *Hispania* 70:627–33.

———. 1995. Acoustic measurement of Spanish and English pitch contours: native and non-native speakers. *Hispanic Linguistics* 6/7:435–48.

King, Larry D., y Catherine A. Maley. *Current Issues in Linguistic Theory, Volume 36: Selected papers from the XIIIth Linguistic Symposium on Romance Languages*. Amsterdam/Philadelphia: John Benjamins.

Kvavik, Karen H. 1974. An analysis of sentence-initial and final intonational data in two Spanish dialects. *Journal of Phonetics* 2:351–61.

———. 1976. Research and pedagogical materials on Spanish intonation: a re-examination. *Hispania* 59:406–17.

Kvavik, Karen H., y Carroll L. Olsen. 1974. Theories and methods in Spanish intonational studies. *Phonetica* 30:65–100.

Lipski, John M. 1985. /S/ in Central American Spanish. *Hispania* 68:143–49.

———. 1989a. /S/ voicing in Ecuadorian Spanish: patterns and principles of consonantal modification. *Lingua* 779: 49–71.

———. 1989b. Spanish yeísmo and the palatal resonants: towards a unified analysis. *Probus* 1:171–203.

———. 1990. Spanish taps and trills: phonological structure of an isolated opposition. *Folia Linguistica* 24:153–74.

———. 1994. *Latin American Spanish*. New York: Longman.

———. 1995. Blocking of Spanish /s/-aspiration: the vocalic nature of consonantal disharmony. *Hispanic Linguistics* 6/7:287–328.

———. 1996. *El español americano* (versión española de Lipski 1994). Madrid: Cátedra.

——. 1997. Spanish word stress: the interaction of moras and minimality. En Martínez-Gil y Morales-Front, 559–93.

——. 1999. The many faces of Spanish /s/ weakening: (re) alignment and ambisyllabicity. En Gutiérrez-Rexach y Martínez–Gil, 198–213.

Lope Blanch, Juan M. 1968. *El español de América*. Madrid: Ediciones Alcalá.

López Morales, Humberto, comp. 1978. *Corrientes actuales en la dialectología del Caribe Hispánico*. Río Piedras: Editorial de la Universidad de Puerto Rico.

——. 1979. *Dialectología y sociolingüística: temas puertorriqueños*. Madrid: Playor.

——. comp. 1983. *La lingüística actual*. Madrid: Playor.

Lozano, María del Carmen. 1979. *Stop and spirant alternations: fortition and spirantization processes in Spanish phonology*. Bloomington, IN: Indiana University Linguistics Club.

Martínez-Gil, Fernando. 1991. The insert/delete parameter, redundancy rules, and neutralization processes in Spanish. En Campos y Martínez-Gil, 495–571.

Martínez-Gil, Fernando, y Alfonso Morales-Front, eds. 1997. Issues in the phonology and morphology of the major Iberian languages. Washington, D.C.: Georgetown University Press.

Morin, Regina. 1999. Spanish substantives: how many classes? En Gutiérrez-Rexach y Martínez-Gil, 214–30.

Navarro Tomás, Tomás. 1965 [1921]. *Manual de pronunciación española*. Madrid: Consejo Superior de Investigaciones Científicas.

——. 1966. *Manual de entonación española*, 3ra. edición. México, D.F.: Colección Málaga.

Nibert, Holly J. 1999. A perception study of intermediate phrasing in Spanish intonation.En Gutiérrez-Rexach y Martínez-Gil, 231–47.

Núñez-Cedeño, Rafael. 1980. *La fonología moderna y el español de Santo Domingo*. Santo Domingo, RD: Editora Taller.

——. 1985a. On the three-tiered syllabic theory and its implications for Spanish. En King y Maley, 261–86.

——. 1985b. Stress assignment in Spanish verb forms. En *Current issues in Hispanic phonology and morphology*, ed. Frank Nuessel. Bloomington, IN: Indiana University Linguistics Club, 55–76.

——. 1987. Intervocalic /d/ rhotacism in Dominican Spanish: a non-linear analysis. *Hispania* 70:363–68.

——. 1989. La /r/, único fonema vibrante en español. *Anuario de Lingüística Hispánica* 5:153–71.

——. 1994. The inalterability of Spanish geminates and its effect on the Uniform Applicability Condition. *Probus* 6:23–41.

Núñez-Cedeño, Rafael, Iraset Páez Urdaneta y Jorge M. Guitart. 1986. *Estudios sobre la fonología del español del Caribe*. Caracas: Fundación La Casa de Bello.

Núñez-Cedeño, Rafael, y Alfonso Morales-Front. 1999. *Fonología generativa contemporánea de la lengua española*. Washington D.C.: Georgetown University Press.

Obediente Sosa, Enrique. 1983. *Fonética y fonología: fundamentos generales y estudio comparativo entre el español general y el español venezolano*. Mérida, Venezuela: Universidad de los Andes.

Perissinotto, Georgio. 1975. *Fonología del español hablado en la ciudad de México: ensayo de un método sociolingüístico*. México, D.F.: El Colegio de México.

Poplack, Shana. 1986. Acondicionamiento gramatical de la variación fonológica en un dialecto puertorriqueño. En Núñez-Cedeño, Páez Urdaneta y Guitart, 205–22.

Quilis, Antonio. 1993. *Tratado de fonética y fonología españolas*. Madrid: Gredos.

Quilis, Antonio, y Joseph Fernández. 1985. *Curso de fonética y fonología españolas*. Madrid: Consejo Superior de Investigaciones Científicas.

Resnick, Melvyn C. 1975. *Phonological variants and dialect identification in Latin American Spanish*. La Haya: Mouton.

Roca, Iggy. 1988. Theoretical implications of Spanish word stress. *Linguistic Inquiry* 19:393–423.

——. 1991. Stress and syllables in Spanish. En Campos y Martínez Gil, 599–635.

——. 1997. There are no "glides", at least in Spanish: an optimality account. *Probus* 9:233–65.

Saciuk, Bohdan. 1977. Las realizaciones múltiples o polimorfismo del fonema /y/ en el español puertorriqueño. *Boletín de la Academia Puertorriqueña de la Lengua Española* 5:133–54.

Sankoff, David. 1986. Ordenamiento de reglas variables: /r/ implosiva en un dialecto puertorriqueño. En Núñez-Cedeño, Páez Urdaneta y Guitart, 109–15.

Saporta, Sol. 1956. A note on Spanish semivowels. *Language* 32:287–90.

Saporta, Sol, y Heles Contreras. 1962. *A phonological grammar of Spanish*. Seattle, WA: University of Washington Press.

Schnitzer, Marc L. 1997. *Fonología contrastiva español-inglés: Spanish-English contrastive phonology*. San Juan, PR: Piedras Press.

Sosa, Juan Manuel. 1999. *La entonación del español*. Madrid: Cátedra.

Stockwell, Robert P., J. Donald Bowen, e Ismael Silva-Fuenzalida. 1956. Spanish juncture and intonation. *Language* 32:641–65.

Stockwell, Robert P., y J. Donald Bowen. 1965. *The sounds of English and Spanish*. Chicago: University of Chicago Press.

Terrell, Tracy D. 1978. La aportación de los estudios dialectales antillanos a la teoría fonológica. En López Morales 1978, 217–37.

——. 1979. Final /s/ in Cuban Spanish. *Hispania* 62:599–612.

——. 1986. La desaparición de /s/ posnuclear a nivel léxico en el habla dominicana. En Núñez-Cedeño, Páez Urdaneta y Guitart, 117–34.

——. 1987. La aspiración y elisión en el español porteño. *Anuario de Letras* 16:41–66.

——. 1989. Teaching Spanish pronunciation in a communicative approach. En Bjarkman y Hammond, 196–214.

Whitley, M. Stanley. 1995. Spanish glides, hiatus, and conjunction lowering. *Hispanic Linguistics* 6/7:355–85.

——. 2003. *Spanish-English contrasts: a course in Spanish linguistics*, 2da. edición. Washington, D.C.: Georgetown University Press.

Wireback, Kenneth J. 1999. On the word-internal velarization of /n/ in Cuban radio broadcasting. En Gutiérrez-Rexach y Martínez-Gil, 291–300.

Zamora Munné, Juan Clemente, y Jorge M. Guitart. 1988. *Dialectología hispanoamericana: teoría, descripción, historia*, 2da edición. Salamanca: Publicaciones del Colegio de España.

Zamora Vicente, Alonso. 1985. *Dialectología española*. Madrid: Gredos.

Zlotchew, Clark. 1974. The transformation of the multiple vibrant to the velar fricative of Puerto Rico. *Orbis* 23:81–84.

IV. Manuales de pronunciación de español para anglohablantes

Barrutia, Richard, y Armin Schwegler. 1994. *Fonética y fonología españolas*. Nueva York: John Wiley & Sons.

Dalbor, John B. 1997. *Spanish pronunciation: theory and practice*, 3ra edición. Nueva York: Holt, Rinehart and Winston.

Hadlich, Roger, James S. Holton y Matías Montes. 1968. *A drillbook of Spanish pronunciation*. New York: Harper & Row.

Hammond, Robert M. 2001. *The sounds of Spanish: analysis and application (with special reference to American English)*. Somerville, MA: Cascadilla Press.

Teschner, Richard. 1999. *Camino oral: fonética, fonología y práctica de los sonidos del español*, 2da edición. New York: McGraw Hill.

Índice analítico

Las palabras inglesas aparecen en cursiva y entre paréntesis.